Peter Klement, Franco Michela, Markus Palme

Active Directory

Peter Klement, Franco Michela, Markus Palme

Active Directory

2. Auflage

Peter Klement, Franco Michela, Markus Palme: Active Directory
Microsoft Press Deutschland, Konrad-Zuse-Str. 1, 85716 Unterschleißheim
Copyright © 2003 Microsoft Press Deutschland

Das in diesem Buch enthaltene Programmmaterial ist mit keiner Verpflichtung oder Garantie irgendeiner Art verbunden. Autor, Übersetzer und der Verlag übernehmen folglich keine Verantwortung und werden keine daraus folgende oder sonstige Haftung übernehmen, die auf irgendeine Art aus der Benutzung dieses Programmmaterials oder Teilen davon entsteht.

Das Werk einschließlich aller Teile ist urheberrechtlich geschützt. Jede Verwertung außerhalb der engen Grenzen des Urheberrechtsgesetzes ist ohne Zustimmung des Verlags unzulässig und strafbar. Das gilt insbesondere für Vervielfältigungen, Übersetzungen, Mikroverfilmungen und die Einspeicherung und Verarbeitung in elektronischen Systemen.

Die in den Beispielen verwendeten Namen von Firmen, Organisationen, Produkten, Domänen, Personen, Orten, Ereignissen sowie E-Mail-Adressen und Logos sind frei erfunden, soweit nichts anderes angegeben ist. Jede Ähnlichkeit mit tatsächlichen Firmen, Organisationen, Produkten, Domänen, Personen, Orten, Ereignissen, E-Mail-Adressen und Logos ist rein zufällig.

15 14 13 12 11 10 9 8 7 6 5 4 3 2 1
05 04 03

ISBN 3-86063-676-6

© Microsoft Press Deutschland
(ein Unternehmensbereich der Microsoft GmbH)
Konrad-Zuse-Str. 1, D-85716 Unterschleißheim
Alle Rechte vorbehalten

Fachlektorat: Andreas Luther, Florian Helmchen
Korrektorat: Karin Baeyens, Siegen
Satz: Cordula Winkler, mediaService, Siegen (www.media-service.tv)
Umschlaggestaltung: Hommer Design GmbH, Haar (www.HommerDesign.com)
Layout und Gesamtherstellung: Kösel, Kempten (www.KoeselBuch.de)

Inhaltsverzeichnis

Vorwort . . . . **XIII**
    Warum dieses Buch? XIII
    Kapitelübersicht XIV
        Kapitel 1: Konzepte des Active Directory XIV
        Kapitel 2: X.500 XIV
        Kapitel 3: LDAP XIV
        Kapitel 4: DNS XV
        Kapitel 5: Microsoft DNS-Implementierung XV
        Kapitel 6: Die Bedeutung von WINS und DHCP im Active Directory XV
        Kapitel 7: Directory XV
        Kapitel 8: Sicherheitsmechanismen XV
        Kapitel 9: Verzeichnisreplikation XV
        Kapitel 10: Implementieren von Active Directory XV
        Kapitel 11: Migration XVI
        Kapitel 12: Programmierschnittstellen XVI

1   Konzepte des Active Directory **1**
    Überblick 1
        Was ist ein Verzeichnisdienst? 1
        Was ist Active Directory? 2
        Active Directory in Windows Server 2003 3
        Objekte 5
        Das Verzeichnis 5
        Das Schema 5
        Die Replikation 6
        Der Global Catalog (GC) 6
        Das Sicherheitskonzept 6
        Unterstützung von Internet-Standards 7
        Namenskontext 8
        Clients 10
    Logischer Aufbau 10
        Domäne 10
        Organizational Unit (OU) 13
        Tree 14
        Forest 16
    Physischer Aufbau 17
        Standorte 18

2 X.500 ... 21
Die Geschichte ... 21
Überblick ... 23
Die Modelle ... 24
    Benutzerinformationsmodell ... 24
    Administratorinformationsmodell ... 25
    DSA-Informationsmodell ... 25
Aufbau der Directory Information Base (DIB) ... 26
    Directory Information Tree (DIT) ... 27
    Objckte ... 28
    Attribute ... 29
    Namenskontext ... 29
Schema ... 30
    Aufbau des DIT ... 31
    Objektklassen ... 32
    Arten der Objektklassen ... 32
    Hierarchie der Objekt-Klassen ... 33
    Attributtypen ... 34
    Syntax der Attribute ... 34
Verteilte Datenbanken ... 35
    Komponenten ... 35
    Namensauflösungen ... 37
    Protokolle ... 39
    Directory Access Protocol (DAP) ... 39
    Directory System Protocol (DSP) ... 39
    Replikation ... 39
    Sicherheitsaspekte ... 42
    Einfache Authentifizierung ... 42
    Strenge Authentifizierung ... 43
    Digitale Signaturen ... 44
    Einsatz im Verzeichnis ... 46
    Access Control Lists (ACLs) ... 46

3 LDAP ... 49
Die Geschichte ... 49
Überblick ... 50
    Server oder Client? ... 50
    Unterschiede zwischen LDAPv2 und LDAPv3 ... 51
Komponenten von LDAP ... 52
    Das Datenmodell ... 53
    Nachrichtenelemente ... 53
Operationen ... 53
    Verbindung ... 54
    Suchen ... 54
    Ändern ... 55
    Erweiterte Operationen ... 56

LDAP und die URL-Schreibweise	56
Uniform Resource Locator (URL)	56
LDAP-URL	57
Sicherheitsaspekte	58
Keine Authentisierung	58
Einfache Authentisierung (Simple Bind)	58
SASL (Simple Authentication and Security Layer)	58
Windows Server 2003 – LDAP-Erweiterungen	59
Dynamische Einträge	59
Sichere Active Directory-Verbindungen	59
Virtuelle Listen	59
Fast Bind und Connection Re-Use-Unterstützung	60
Windows Server 2003 – AD/AM	60

4 Domain Name System (DNS) — 65

Die Geschichte	65
Überblick	67
Der Domain Name Space	67
Die Hierarchie	67
Domänen	68
Die Daten (Resource Records)	69
Die Zonen	69
Die Server	70
Primary-DNS-Server	70
Secondary-DNS-Server	70
Cache-Only-DNS-Server	71
Forwarder	71
Root-Hints	72
Die Namensauflösung	72
Rekursive Fragen	73
Iterative Fragen	74
Inverse Fragen	74
IP-Addr Lookup	74

5 Die DNS-Implementierung von Microsoft — 75

Überblick	75
Standard-DNS-Funktionalitäten	76
Dynamic Update	76
Secure Dynamic Update	78
Incremental Zone Transfer	78
Unicode-Unterstützung	81
Stub Zones und bedingte Weiterleitungen	82
Integration im Active Directory	83
Speicherung der Zonendaten	83
Replikation der DNS-Zonen	85
Active Directory-Dienste im DNS	87

Client-Features	88
Client Side Caching	89
DNS-Server-List-Optimierung	89
Weitere neue DNS-Funktionalitäten in Windows Server 2003	89

6 Die Bedeutung von WINS und DHCP im Active Directory   91

DHCP	91
Überblick	91
DHCP-Server	92
DHCP-Client	93
DHCP-Relay-Agent	93
DHCP-Konfiguration	94
DHCP-Architektur	95
DHCP und Windows 2000	96
DHCP und Windows Server 2003	99
WINS	99
NetBIOS-Namen	99
Funktionsweise von WINS	101
WINS-Server	103
WINS-Client	104
WINS-Proxy	105
WINS-Konfiguration	106
WINS-Architektur	106
WINS und Windows 2000	109
WINS und Windows Server 2003	111
Die Zukunft von WINS	111

7 Das Directory   113

Die Struktur	113
Agenten	114
Directory Service Agent (DSA)	116
Datenbank-Layer	116
Extensible Storage Engine (ESE)	116
Datenbank-Dateien	117
Der Ablauf von Transaktionen	118
Logischer Aufbau des Directory	120
Namenskontext	120
RootDSE	121
Der Directory Information Tree (DIT)	122
Einbindung in die Server-Architektur	123
Architektur	123
Das Security-Subsystem	124
Wartungsmöglichkeiten	125
Die Datenbank	126
FSMOs	127
Metadaten	129
Das Schema	129

Was ist ein Schema? 129
   Das Schema im Active Directory 130
   Überlegungen zur Schemaänderung 131
   Tools 132
   Der Schema-Cache 132
   Object Identifier (OID) 133
   Klassen erstellen und ändern 134
   Attribute erstellen und ändern 136
   Standardsicherheit einer Objektklasse 137
   Deaktivierung von Klassen und Attributen 138

8 Sicherheitsmechanismen **139**
   Das Kerberos-Protokoll 140
      Begriffsklärung 140
      Die Voraussetzungen für den Einsatz von Kerberos 141
      Das Kerberos-Prinzip 141
      Der Authentifizierungsprozess 142
      Der Ticket Granting Server (TGS) 144
      Realms 145
      Delegation 147
   Access Control 149
      Der Security Descriptor 149
      Das Access Token 150
      Authentifizierungsmethoden 150
      Authentifizierung mit dem Kerberos-Protokoll 151
      Kerberos vs. NTLM 155
   Group Policy 155
      Group Policy Object (GPO) 156
      Local Group Policy Object (LGPO) 157
   IPSec 157
      Arbeitsmodi 158
      Sicherheitsbereiche 159
      Integration in Windows Server 2003 160
   Neue Features in Windows Server 2003 162
      Kerberos S4U-Delegation 162
      Access Control Lists 163
      Group Policies 164
      IPSec 165

9 Verzeichnisreplikation **167**
   Architektur 167
   Replikationsablauf 168
      Update Sequence Number (USN) 169
      High-Watermark-Vektor 173
      Up-To-Dateness-Vektor 174
      Konfliktbearbeitung 176

Replikationsmodell 178
    Knowledge Consistency Checker (KCC)................................ 179
    Standortinterne Replikation... 179
    Standortübergreifende Replikation................................... 185
    Bildung der Replikationstopologie................................... 190
    Replikationsverzögerung... 190
    Sofortige Replikation... 191
Global Catalog 192

10 Implementieren von Active Directory   195

Überblick... 195
    Der Kontext eines Active Directory-Projekts......................... 195
    Analyse der IT-Infrastruktur.. 197
Zusammenstellen der Informationen 198
    Das Administrationsmodell... 199
    Die Verteilung der Organisation..................................... 200
    Sicherheitsaspekte.. 201
    Netzwerkinfrastruktur... 202
    Zukünftige Änderungen und Wachstum.................................. 203
Active Directory-Design... 203
    Planen der Forests.. 205
    Definieren der Namensräume.. 206
    Festlegen der Domänen... 210
    Aufbauen der Domänen-Struktur mittels OUs........................... 215
    Festlegen der Active Directory-Standorte............................ 220
    Planen der DNS-Infrastruktur.. 225
    Beispiele für Domänenmodelle.. 230

11 Migration zu Active Directory   241

Migrationsplanung... 242
    Ist-Analyse... 243
    Definition des Zielzustandes.. 244
    Definieren der Migrationsschritte................................... 244
    Wiederherstellungsplan erstellen.................................... 245
    Planung der Domänenrestrukturierung................................. 246
Wichtige Begriffe 247
    Windows 2000 Active Directory Domainmodus........................... 247
    Windows Server 2003 Funktionsebenen................................. 249
    SID History... 251
Von Windows NT nach Windows Server 2003 254
    Windows NT-Domänenmodelle... 254
    Inplace Upgrade... 258
    Neuer Windows Server 2003-Forest.................................... 262
    Migrationsbeispiele... 264
Von Windows 2000 nach Windows Server 2003 268
    Inplace Upgrade... 268
    Neuer Windows Server 2003-Forest.................................... 270
Restrukturierung der bestehenden Domänenstruktur...................... 270

12 Programmierschnittstellen ... **273**
ADSI Einführung ... 273
Architektur ... 276
Einsatz von ADSI ... 277
    AdsPath ... 277
    Erzeugen eines Objekts ... 278
    Die RootDSE ... 279
    Objekte verwalten ... 280
OLE DB und ADSI ... 280
    Das Konzept von OLE DB ... 280
    Abfragen im Active Directory mit ActiveX Data Objects ... 281
Verwalten des AD mit ADSI ... 284
    Benutzerverwaltung ... 284
    Anlegen von Benutzern ... 284
    Löschen von Benutzern ... 286
    Ändern der Attribute von mehreren Benutzern ... 286

Stichwortverzeichnis ... **291**

Die Autoren ... **297**

Vorwort

XIII	Warum dieses Buch?
XIV	Kapitelübersicht

Warum dieses Buch?

Unsere Welt wird in zunehmendem Maße vernetzt. Dadurch sind für jeden Anwender inzwischen oft Terabyte an Daten auf einer Vielzahl von Computern zugänglich. Um aus diesen Daten auch nützliche Informationen entstehen zu lassen, müssen die Daten zur richtigen Zeit, am richtigen Ort und auch nur von den berechtigten Personen gefunden werden. Dies gestaltet sich in vielen Netzwerken als außerordentlich komplexe Aufgabe. Um die sicherlich noch weiter zunehmende Zahl von Computern, Benutzern, Netzwerkkomponenten und Daten in den Griff zu bekommen, bedarf es Methoden, um diese als Objekte strukturiert zu verwalten und den Benutzern sowie den Administratoren einen effizienten Zugriff darauf zu ermöglichen.

Mit Windows 2000 führte Microsoft den Verzeichnisdienst Active Directory ein, der eine ideale Basis für die Verwaltung und Bereitstellung von unterschiedlichsten Ressourcen bildet. Microsoft Windows Server 2003 ist die konsequente Weiterentwicklung und bringt viele kleine, aber sehr nützliche Änderungen an diesem Verzeichnisdienst. Allerdings ist das Active Directory kein Programm, das einfach aufgerufen werden kann und dann die Verwaltung des Netzwerkes übernimmt, sondern vielmehr ein Werkzeug, das einem bei dieser Arbeit behilflich sein kann. Damit das Active Directory die Arbeit wirklich erleichtert, bedarf es bei der Einführung einer sehr umfangreichen und detaillierten Analyse und Planungsphase. Entfällt diese und wird das Active Directory nur »einfach so« installiert, so wird in vielen Fällen sicherlich keine Erleichterung der Administration erreicht, sondern manchmal diese noch erschwert. Das Upgrade von Windows 2000 auf Windows Server 2003 ist bei weitem nicht so aufwändig, muss aber dennoch sorgfältig geplant werden.

Um diese Planung erfolgreich durchführen zu können, braucht man allerdings unbedingt ein detailliertes Verständnis der zugrunde liegenden Technologien und Standards. Dies war auch unsere Intention beim Schreiben dieses Buches. Wir wollten kein Buch, das sich damit beschäftigt, wie das Active Directory installiert und gewartet wird, d.h. welcher Befehl auf welcher CD benutzt bzw. welches Fenster geöffnet werden muss, um dann diese oder jene Eigenschaft einzustellen. Dies ist alles sehr gut in den Handbüchern, der Onlinehilfe und zahllosen Internetseiten nachzulesen. Wir wollen vielmehr das *Warum* und die damit verbundenen Abläufe im Hintergrund des Active Directory vermitteln. Diese grundlegenden Informationen haben wir in vielen anderen Büchern, die wir in den vergangenen Jahren gelesen haben, vermisst und auch immer wieder in unseren Seminaren festgestellt, dass viele Teilnehmer grundlegende Begriffe und Zusammenhänge nicht kennen. Aus diesem Grund haben wir auch auf jegliche Screenshots verzichtet und uns auf Skizzen beschränkt, die den konzeptionellen Aufbau und die Abläufe im AD erläutern. Wir hoffen, mit diesem Buch diese wichtigen Grundlagen in möglichst verständlicher Form aufbereitet zu haben und damit die Basis für eine erfolgreiche Einführung des Active Directory zu schaffen.

An dieser Stelle wollen wir auch allen Beteiligten danken, die bei der Erstellung dieses Buches mitgewirkt und uns damit wirklich sehr geholfen haben. Ein besonderes Dankeschön möchten wir hierbei an Andreas Luther richten, der uns als Microsoft Program Manager in Redmond mit wichtigen Informationen versorgt und die fachliche Korrektur in Teilen übernommen hat. Auch Hansjörg Straub wollen wir für seine Reviewbeiträge herzlich danken. Des Weiteren ein Dankeschön an unseren Lektor Florian Helmchen, der sich um die Organisation dieses Projektes gekümmert hat. Zuletzt noch ein besonders Dankeschön an unsere Frauen, die wieder mal mehrere Monate Stress ertragen mussten und sicherlich oft ungerechtfertigt als Blitzableiter dienten. Wir tun es nie wieder – bis zum nächsten Mal.

Kapitelübersicht

Dieses Buch kann in die drei Abschnitte *Standards*, *Implementierung von Active Directory in Windows Server 2003* und *Planung des Active Directory* untergliedert werden. Im ersten Teil werden die allgemeinen Standards beschrieben, welche Microsoft als Grundlage für die Entwicklung des Verzeichnisdienstes eingesetzt hat. Der zweite Teil beschäftigt sich dann mit der konkreten Implementierung dieser Standards im Active Directory und der Eingliederung des Verzeichnisdienstes in das Betriebssystem. Teil drei gibt dann Tipps und Empfehlungen für die Planung des Active Directory sowie Strategien für Migration von bestehenden Windows-Netzwerken in eine Active Directory-Umgebung.

Über Feedback zu diesem Buch an *buch@activedirectory.de* würden wir uns sehr freuen. Weiterführende Quellen sowie Informationen und Tools werden wir auf der Website zum Buch, *http://www.activedirectory.de* zur Verfügung stellen.

Kapitel 1: Konzepte des Active Directory

In diesem Kapitel möchten wir einen allgemeinen Überblick über das Active Directory geben und die verschiedenen Komponenten kurz beschreiben. Dies dient dazu, die in den folgenden Kapiteln beschriebenen Konzepte und Standards bereits den entsprechenden Begriffen zuordnen zu können und diese damit leichter zu verstehen.

Kapitel 2: X.500

Da sich das Active Directory in weiten Bereichen seines Datenmodells und der Namenskonventionen an den X.500-Standard hält, beschreiben wir in diesem Kapitel dessen Spezifikationen und Konzeption. Ein guter Einblick in X.500 erleichtert das Verständnis für den internen Aufbau und die Abläufe des Active Directory. Zu diesem Kapitel empfehlen wir dringend ein großes Glas Wasser bereitzustellen, um die trockenen Informationen hinunterspülen zu können.

Kapitel 3: LDAP

Das Active Directory verwendet als primäres Zugriffsprotokoll nicht das DAP aus dem X.500-Standard, sondern das standardisierte Internetprotokoll LDAP. Dieses Protokoll und vor allem seine Abgrenzung gegenüber X.500 beschreiben wir in diesem Kapitel. Des Weiteren gehen wir hier auf den neuen Microsoft LDAP-Server AD/AM ein.

Kapitel 4: DNS

Da das Active Directory den Namensraum des DNS nutzt, haben wir hier die gesamte Funktionsweise und Philosophie des Domain Name Systems zusammengefasst. Leser, die bereits über gute Erfahrungen mit DNS verfügen, können dieses Kapitel getrost nur überfliegen und direkt in ▶ Kapitel 5 einsteigen.

Kapitel 5: Microsoft DNS-Implementierung

Hier möchten wir die Implementierung des DNS-Servers von Windows Server 2003 vorstellen und hierbei insbesondere auf die Integration in das Active Directory und die Bedeutung von so genannten Service-Records eingehen.

Kapitel 6: Die Bedeutung von WINS und DHCP im Active Directory

Das Active Directory setzt ein TCP/IP-Netzwerk für seinen Betrieb voraus. Für die automatische Vergabe der IP-Adressen und Parameter kann hierbei das DHCP-Protokoll verwendet werden. Auch die Namensauflösung über WINS ist noch möglich, auch wenn sie nur noch aus Kompatibilitätsgründen Verwendung findet. Beide Mechanismen und ihre Integration in das Active Directory möchten wir hier beschreiben.

Kapitel 7: Directory

In diesem Kapitel möchten wir auf den internen Aufbau sowie die Wartungsaufgaben und Möglichkeiten des Directory selbst eingehen. Ferner beschreiben wir hier, wie das Active Directory in die Architektur des Betriebssystems integriert ist und aus welchen Komponenten es besteht.

Kapitel 8: Sicherheitsmechanismen

Mit der Einführung von Active Directory wurde das komplette Sicherheitskonzept des Betriebssystems geändert und an gängige Standards angepasst. In diesem Kapitel stellen wir die Sicherheitsprotokolle Kerberos und IPSec sowie das Sicherheitskonzept der Group Policies vor.

Kapitel 9: Verzeichnisreplikation

Um die Verzeichnisdaten für die Anwender schnell zur Verfügung stellen zu können, wird das komplette Verzeichnis im Multimaster-Replikationsverfahren auf alle Domänencontroller verteilt. Zur effizienten Planung dieses unternehmenskritischen Vorgangs stellen wir hier den Replikationsablauf an sich, die Bewältigung von Konfliktsituationen sowie den Aufbau der Replikationstopologie vor.

Kapitel 10: Implementieren von Active Directory

In diesem Kapitel werden die Komponenten und Konzepte der vergangenen Kapitel zusammengeführt und daraus Richtlinien und Vorgehensweisen für eine sinnvolle Planung des Active Directory erarbeitet. Nur durch diese Planung können die Vorteile des Verzeichnisdienstes auch voll ausgeschöpft werden.

Kapitel 11: Migration

Da in sehr vielen Unternehmen bereits Netzwerke mit NT- oder Active Directory-Domänen eingesetzt werden, möchten wir hier Empfehlungen für die erfolgreiche Migration auf die aktuelle Version des Active Directory geben. Da jede Migration mit erheblichem Aufwand verbunden ist, stellen wir zu Beginn dieses Kapitels Grundlagen für die Planung solcher Projekte vor.

Kapitel 12: Programmierschnittstellen

Im letzten Kapitel beschreiben wir die Programmierschnittstellen, mit denen man von Programmen oder Skripts aus das Active Directory bearbeiten kann. Wir beschränken uns hier allerdings überwiegend auf die ADSI-Schnittstelle, welche als Standard für die Automatisierung von administrativen Vorgängen angesehen werden kann.

1 Konzepte des Active Directory

1	Überblick
10	Logischer Aufbau
17	Physischer Aufbau

Überblick

Dieses Kapitel soll Ihnen die Konzepte des Active Directory in groben Zügen vermitteln. Damit möchten wir Sie in die Begriffswelt einführen und einen Überblick über die Zusammenhänge des Active Directory schaffen. Diese Einführung bildet die Grundlage für die folgenden Kapitel, in denen dann auf die Einzelheiten der diversen Mechanismen und Konzepte eingegangen wird. Lassen Sie sich also bitte nicht durch die vermeintlich oberflächliche Beschreibung der Konzepte entmutigen.

Was ist ein Verzeichnisdienst?

Wir leben heute in einer Informationsgesellschaft im Zeitalter der elektronischen Kommunikation. Informationen entwickeln sich zu einem zentralen Dreh- und Angelpunkt unseres Lebens und verzeichnen einen steigenden Zuwachs an Bedeutung. Schneller Austausch von Informationen entscheidet über die Wettbewerbsfähigkeit von Unternehmen und Konzernen. Selbst kleine Firmen sind ohne Kommunikationsmedien wie Telefon und Fax kaum mehr denkbar. Aber auch im privaten Bereich werden Kommunikationsmöglichkeiten immer bedeutender.

Durch die stetig steigende Globalisierung wachsen die Distanzen zwischen Kommunikationspartnern immer mehr. Das kurze Telefonat mit dem Geschäftspartner in Italien oder den USA ist schon nahezu zur Routine geworden. Dies stellt neue Anforderungen an unsere Kommunikationstechnik. Begriffe wie »Outsourcing«, »Strategische Standorte« oder »Telearbeit« bedeuten nichts anderes, als Arbeit nach Bedarf zu verteilen. Dies bewirkt eine Umorganisation der Informationsstrukturen bzw. deren Verteilung. Telefon und Fax reichen nicht mehr aus, um den steigenden Bedarf an Kommunikation und Informationsverarbeitung zu bewältigen. Der Einzug der Personal Computer in die Geschäfts- und Privatwelt hat diese Entwicklung erst möglich gemacht. Informationen werden in gigantischem Ausmaß in Computernetzen bereitgehalten und stehen einer riesigen Anzahl von Benutzern zur Verfügung. Anwender tauschen weltweit in Sekundenschnelle Informationen per E-Mail aus. *Alles ist möglich* – aber gerade dahinter verbirgt sich auch die Gefahr für das System, in ein Informationschaos abzudriften.

Um mit jemandem zu kommunizieren, ist die Kenntnis seiner Adresse notwendig. Diese Aussage klingt trivial, ist aber von entscheidender Bedeutung. Innerhalb einer kleinen Firma ist es einfach, mit einem Telefonverzeichnis die Nummer bzw. Adresse des gewünschten Ansprechpartners zu ermitteln.

Was passiert allerdings, wenn man mit jemand außerhalb der eigenen Organisation kommunizieren will? Wie kommt man am besten an seine Telefonnummer oder Adresse? Wie kann man mehr Informationen zu seiner Person bekommen? Ist sie oder er auch per E-Mail erreichbar? Vor dieser Problematik stand sicher jeder schon unzählige Male. Die gängige Lösung, ein Telefonbuch, ist zwar sehr praktisch, weist aber gravierende Nachteile auf. Allein schon physikalisch ist es viel zu groß und die Daten sind nie auf dem neuesten Stand (man denke nur an die meterlangen Bücherreihen in einem Postamt und stelle sich das Ganze für ein globales Telefonverzeichnis vor). Eine andere Möglichkeit ist ein Anruf bei der Auskunft. Dies verschiebt die Problematik nur auf eine andere Organisation, führt häufig leider auch nicht zu dem gewünschten Ergebnis und ist darüber hinaus teuer. Die Einschränkungen eines individuellen Telefonverzeichnisses sind eindeutig: mangelnder Umfang und unzureichende Aktualität. Eine Lösung für dieses Problem ist ein globales Verzeichnis bzw. ein Verzeichnisdienst im Sinne einer großen Datenbank. Dieses Verzeichnis muss sämtliche Informationen aufnehmen, die von beliebigen Objekten relevant sind. Da niemand die Art und den Umfang der zu verwaltenden Daten im Voraus kennt, muss ein Verzeichnisdienst die Möglichkeit bieten, die gespeicherten Objekte beliebig zu erweitern bzw. neue Typen hinzuzufügen. Des Weiteren kann niemand jemals abschätzen, wie viele Daten im Laufe der Zeit im Verzeichnis abgelegt werden. Da die Vergangenheit zeigt, dass die Menge der zur Verfügung stehenden Daten rapide anwächst und sich an diesem Trend vermutlich auch in Zukunft nichts ändern wird, muss ein Verzeichnisdienst eine beliebig große Menge an Informationen speichern können. Diese Aufgabe kann sicherlich nicht von einer zentralen Stelle aus bewerkstelligt werden, da die technischen Möglichkeiten dies heutzutage noch einschränken. Ein Verzeichnisdienst muss daher verteilt arbeiten, sodass er sich beliebig skalieren lässt. Damit ein Verzeichnisdienst von den Anwendern akzeptiert und angenommen wird, muss eine gute Performance und ständige Verfügbarkeit gewährleistet sein. Auch dies lässt sich nur durch Aufteilung der Aufgaben auf mehrere Maschinen erreichen. Zu guter Letzt spielt auch das Thema Sicherheit bei einem Verzeichnisdienst eine entscheidende Rolle. Niemand wird Informationen in einem Verzeichnis ablegen, wenn nicht gewährleistet ist, dass nur befugte Personen auf diese Informationen zugreifen dürfen.

Diese fünf Punkte, Erweiterbarkeit, Skalierbarkeit, Verfügbarkeit, Performance und Sicherheit, bilden die hauptsächlichen Anforderungen an einen Verzeichnisdienst, unabhängig davon, welches Betriebssystem darunter agiert.

Aufbauend auf einem Verzeichnisdienst implementieren immer mehr Unternehmen ein so genanntes Identiy Management. Getrieben wird diese Entwicklung von dem Kostendruck auf die IT, der eine Automatisierung in weiten Bereichen des operativen Betriebes erforderlich macht. Wichtige Aspekte des Identity Management sind Anwender-Provisioning und De-Provisioning sowie Single Sign-On für alle Benutzer.

Was ist Active Directory?

Active Directory ist der Verzeichnisdienst von Microsoft, der zusammen mit Windows 2000 Server eingeführt wurde. Dieser Dienst vereinigt das Domain Name System (DNS), die X.500-Namenskonventionen und das Lightweight Directory Access Protocol (LDAP). Diese mächtige Kombination ermöglicht es, sowohl applikationsspezifische Verzeichnisse als auch Verzeichnisse von Netzwerkbetriebssystemen in einem allgemein zugänglichen Verzeichnis zur Verfügung zu stellen.

Betrachtet man den Aufbau des Verzeichnisdienstes, so kann man erkennen, dass dieser aus mehreren Komponenten besteht, die auf logische Weise interagieren (Abbildung 1.1). Die Architektur des Verzeichnisdienstes von Windows Server 2003 (im Rest des Buchs nur noch Active Directory oder AD genannt) wird mit den folgenden Komponenten implementiert:

- Eine Datenbank, in der Objekte gespeichert werden können. Diese Datenbank ist als relationale ESE (Extensible Storage Engine) -Datenbank realisiert und wird **Verzeichnis** genannt.
- Das **Schema** entspricht einer Menge von Regeln, welche die Syntax und die Gültigkeit der verschiedenen Objekte und ihrer Daten definieren.
- Der **Replikationsdienst**, welcher das Verzeichnis bzw. Teile davon auf andere Server repliziert. Auf diese Weise wird eine gewisse Redundanz und damit erhöhte Verfügbarkeit und Zugriffsgeschwindigkeit auf die Daten gewährleistet.
- Der Abfragemechanismus zum schnellen Auffinden von Informationen. Dies ist mit dem **Global Catalog** realisiert, der eine definierbare Menge von Daten für jeden Benutzer bereithält.
- Ein **Sicherheitskonzept**, das auf Policies (Richtlinien) und Access Control Lists (Zugriffssteuerungslisten, ACLs) basiert und es ermöglicht, Zugriffsrechte für einzelne Objekte zu vergeben. Dieses ist vollständig in die Authentifizierungsmethoden von Windows Server 2003 integriert.

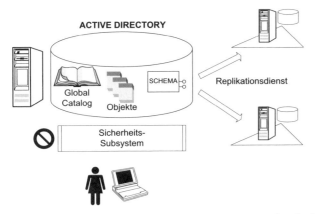

Abbildung 1.1: Das Active Directory ist eine Datenbank, deren Aufbau von einem Schema geregelt wird. Sie stellt Methoden zur schnellen Generierung von Abfragen zur Verfügung und wird, je nach Bedarf, im Netzwerk repliziert. Der Zugang auf die Daten wird durch die Vergabe von Rechten für authentifizierte Benutzer geregelt.

Active Directory in Windows Server 2003

Die neue Version des Active Directory im Windows Server 2003 zeichnet sich durch zahlreiche Verbesserungen in folgenden Bereichen aus:

- Verwaltbarkeit
- Migration
- Implementierung
- Softwareentwicklung

Durch die neuen und verbesserten Funktionalitäten können die Gesamtkosten (Total Cost of Ownership) reduziert und die Effizienz des Betriebs erhöht werden. Auf diese Funktionalitäten wird in den restlichen Kapiteln des Buchs noch ausführlich eingegangen. Um sich jedoch schon an dieser Stelle einen ersten Überblick verschaffen zu können, werden im Folgenden einige ausgewählte Neuigkeiten und Verbesserungen kurz vorgestellt.

- **Functional Levels** Mit Hilfe der Functional Levels wird festgelegt, welche Funktionalitäten des Active Directory in einer Domäne oder in einem Forest verfügbar sind. Dies ist vor allem im Zusammenhang mit der Migrationsplanung interessant und wird im ▶ Kapitel 11 ausführlich behandelt.
- **Verbesserter Inter-Site Topology Generator (ISTG)** Die Algorithmen wurden verbessert, um die CPUs der Domänencontroller weniger zu belasten. Damit ist nun eine größere Anzahl von Standorten in einem Forest möglich.
- **Optimierte Replikation** Durch die so genannte Linked-Value-Replication werden einzelne Werte in Linked Valued Attributes repliziert, z.B. wenn sich die Mitgliedschaft in einer Gruppe geändert hat, wird nur die Änderung zwischen Domänencontrollern repliziert. In Windows 2000 musste die gesamte Mitgliederliste der Gruppe repliziert werden. Das neue Replikationsprotokoll reduziert den Netzwerkverkehr und erlaubt Gruppen mit einer viel größeren Anzahl von Mitgliedern. Mehrere Millionen von Mitgliedern wurden getestet und können bedenkenlos verwendet werden.
- **Erweiterte Migrationswerkzeuge** Das Active Directory-Migrationsprogramm (Active Directory Migration Tool, ADMT) wurde in Windows Server 2003 erweitert. Nun wird auch die Migration von Passwörtern unterstützt. Außerdem gibt es eine neue Schnittstelle für Skriptprogrammierung und eine Kommandozeileschnittstelle.
- **Application Partitions** Mit dem Active Directory des Windows Servers 2003 können im Verzeichnis neue Namenskontexte definiert werden. Diese werden als Application Partitions (Anwendungspartitionen) bezeichnet und können sämtliche Objekte beinhalten, mit Ausnahmen der so genannten Security Principals (Benutzer, Gruppen und Computer). Die Administratorin kann festlegen, auf welche Domänencontroller im Forest diese Informationen repliziert werden. Objekte, die in einer Application Partition abgelegt sind, werden nicht in den Global Catalog repliziert.
- **DNS in Application Partitions** DNS ist die erste Applikation, die Application Partitions nutzt, um den Netzwerkverkehr zu reduzieren. Durch die Verwendung von Application Partitions müssen die DNS-Daten nur noch zu den Domänencontrollern repliziert werden, die auch tatsächlich einen DNS-Server installiert haben. Außerdem werden DNS-Daten in Application Partitions nicht mehr zum Global Catalog repliziert, was deutlich an Netzwerkverkehr spart.
- **Erweiterte Deaktivierung von Attributen und Klassen** Es ist nun möglich, selbst erstellte Attribute und Klassen im Schema zu deaktivieren und die OID, den LDAP-Display Name sowie die GUID wieder zu verwenden. Mehr dazu im ▶ Kapitel 7.
- **Umbenennen von Domänen und Domänencontrollern** Sowohl der DNS- als auch den NetBIOS-Name einer Domäne oder eines Domänencontrollers können geändert werden. Dies erfordert allerdings einen Neustart sämtlicher Computer in der Domäne. Durch eine Umbenennung kann *keine* neue Root-Domäne im Forest geschaffen werden.
- **WMI Provider für die Überwachung der Replikation und Trusts** Die WMI-Schnittstelle (Windows Management Instrumentation) des Betriebssystems wurde um einen neuen Provider erweitert. Es ist nun für Anwendungen möglich, die Replikation und Trusts über die standardisierte WMI-Schnittstelle zu überwachen. Dies ist vor allem für Werkzeuge der Netzwerk- und Systemmanagements interessant.
- **Group Policy Management Console (GPMC)** Mit diesem neuen Werkzeug können die Group Policies besser verwaltet werden. Außerdem ist es möglich, die Auswirkungen von Änderungen der Group Policies zu testen, bevor sie aktiviert werden.
- **Cross Forest Trusts** Mit der neuen Version des Active Directory können zwischen Forests (Gesamtstrukturen) bidirektionale Kerberos-Vertrauensstellungen aufgebaut werden. Damit ist eine übergreifende Authentifizierung und Autorisierung der Benutzer möglich, ohne Unmengen von expliziten Vertrauensstellungen zwischen den einzelnen Domänen der Forests aufbauen zu müssen.

- **AD/AM** Active Directory/Application Mode (AD/AM) ist ein LDAP-Directory, das technologisch auf dem AD basiert, aber ausschließlich über die LDAP-Schnittstelle kommuniziert. Gedacht ist dieses Produkt für Anwendungen, die ihre Daten in einem Verzeichnis über eine standardisierte Schnittstelle ablegen wollen.

Objekte

Objekte im Sinne des X.500-Standards bestehen aus einer definierten Menge von Attributen. Die Menge der Attribute eines Objektes wird Klasse genannt (hier wird die Definition von Klasse vereinfacht; die exakte Bedeutung ist im Abschnitt »Objektklassen« in ▶ Kapitel 2 beschrieben). Um einen konsistenten Aufbau des Verzeichnisses zu gewährleisten, muss auch die Syntax der Attribute in einem Regelwerk festgelegt sein.

Betrachten wir hierbei ein Objekt *Benutzer-Account*. Hierbei handelt es sich um die Abbildung einer real existierenden Person auf ein virtuelles Objekt im Computer. Dieses Objekt wird von der Klasse *User* abgeleitet. Die Klasse *User* ist im Schema definiert und beschreibt dort, welche Attribute zu einem Objekt *Benutzer-Account* gehören. Wird nun ein neuer *Benutzer-Account* angelegt, so stehen für diesen die in der Klasse *User* definierten Attribute zur Verfügung, z.B. *accountExpires*, *profilePath*, *description* etc. Die Regeln der Klasse überwachen auch, dass nicht versehentlich falsche bzw. unsinnige Einträge in die Attribute vorgenommen werden. Somit wird beispielsweise verhindert, dass beim Attribut *accountExpires* der Wert »Mickey Mouse« eingetragen wird, anstatt eines gültigen Datums.

Das Verzeichnis

Das Verzeichnis des Active Directory ist stark an das X.500-Modell und dessen Datenstruktur angelehnt (siehe ▶ Kapitel 2). An diesem Ort werden Informationen zu allen Objekten, seien sie aus der realen Welt, wie Eigenschaften eines Druckers, oder aus der virtuellen Welt des Computers, wie Keys zur Verschlüsselung, abgelegt. Im Active Directory wird das Verzeichnis als Forest bezeichnet. Dieser kann wiederum in verschiedene Domänen aufgeteilt werden. Damit wird das Verzeichniss partitioniert. Die Domänen innerhalb eines Forests werden über so genannte Trees organisiert. Diese Begriffe werden später in diesem Kapitel detailliert erläutert. Zunächst ist für den Begriff Verzeichnis festzuhalten, dass dieses den Ort repräsentiert, an dem alle Objekte im Netzwerk abgelegt werden, dass es mehrere Millionen Einträge bewältigen kann und an das Datenmodell des X.500-Standards angelehnt ist.

Die Einzelheiten des Verzeichnisses und seine Wartungsmöglichkeiten werden im ▶ Kapitel 6 erläutert.

Das Schema

Die Definitionen und Gültigkeitsregeln (Syntax) von Attributen und Klassen des Active Directory sind im so genannten Schema gespeichert. Mit dem Schema wird eine einfache und konsistente Generierung von Objekten gewährleistet. Das Schema selbst ist im Verzeichnis gespeichert und wird beim Start des Systems in den Arbeitsspeicher geladen. Somit ist sichergestellt, dass auf die Schema-Informationen stets schnell zugegriffen werden kann. Um im Active Directory auch alle Objekte eines Unternehmens abbilden zu können, ist das Schema beliebig erweiterbar. Je nach Bedarf können neue Attribute und Klassen definiert werden. Das geschieht mit Hilfe des Snap-Ins *Schema-Verwaltung* oder direkt über die Active Directory Service Interfaces (ADSI).

Das Schema selbst und seine Wartung wird in ▶ Kapitel 6 detailliert unter die Lupe genommen. Dort werden der Aufbau gezeigt und Tipps für die Planung und Erweiterung gegeben.

Die Replikation

Ein Benutzer oder Dienst sollte jederzeit und so schnell wie möglich auf die Ressourcen des Netzwerkes zugreifen können. Auch sollen Änderungen an Ressourcen von überall aus im Netzwerk möglich sein. Idealerweise sollte die gesamte Interaktion mit dem System für den Benutzer völlig transparent und damit einfach bleiben. Dies kann dadurch gewährleistet werden, dass die Informationen auf mehreren Servern synchron gespeichert sind und Änderungen automatisch zu allen Servern weitergeleitet werden. Wie bereits erwähnt, hat jede Domäne im Active Directory eine eigene Partition im Verzeichnis. Eine Domäne besteht hierbei aus einem oder mehreren gleichberechtigten Domänencontrollern. Innerhalb einer Domäne führen alle Domänencontroller dasselbe Verzeichnis. Das Active Directory verwendet zum Austausch der Änderungen am Verzeichnis die Multimasterreplikation. Diese Methode erlaubt es, dass Einträge in das Verzeichnis auf einem beliebigen Domänencontroller vorgenommen werden können und dann auf alle anderen Domänencontroller repliziert werden.

Im ▶ Kapitel 9 wird näher auf die Details der Replikationsvorgänge eingegangen. Insbesondere werden hier dann die Lösung von Konfliktfällen und die Belastung des Netzwerkes genauer betrachtet und Tipps für effiziente Replikationsmodelle gegeben.

Der Global Catalog (GC)

Der Global Catalog (GC) ist eine Rolle im Active Directory, die einem oder mehreren ausgesuchten Domänencontrollern des gesamten Verzeichnisses zugewiesen werden kann. Ein solcher Domänencontroller wird dann auch Global-Catalog-Server genannt. Der Global Catalog hält häufig benötigte, ausgewählte Attribute aller Objekte des gesamten Verzeichnisses (nicht nur einer Domäne) und ermöglicht deren Indizierung. Standardmäßig ist der erste installierte Domänencontroller gleichzeitig auch der Global-Catalog-Server. Je nach Größe und geographischer Verteilung des Netzwerkes können auch mehrere Global-Catalog-Server definiert werden. Hinter der Rolle des Global Catalog verbirgt sich sowohl ein Dienst, der als eine Art Suchmaschine anzusehen ist, als auch eine Datenbank. Auf diese Weise sind Objekte schnell zu finden, auch wenn deren Position im Verzeichnis nicht genau bekannt ist. Besonders relevant wird dies, wenn das Verzeichnis über mehrere Domänen verteilt wird (siehe Domänen später in diesem Kapitel). Bei den Einträgen im Global Catalog ist zu beachten, dass es sich hierbei um eine Untermenge der im Verzeichnis zur Verfügung stehenden Attribute handelt. Es werden mehrere Attribute für jedes Objekt des Verzeichnisses gespeichert. Als Attribute im Global Catalog werden diejenigen ausgewählt, auf welche die meisten Abfragen gerichtet sind. Bei einem Objekt *User-Account* könnten dies beispielsweise *name* und *telephoneNumber* sein. Jeder Administrator mit den entsprechenden Rechten zur Änderung des Schemas kann entscheiden, welche Attribute eines Objektes in den Global Catalog aufgenommen werden. Ausgenommen davon sind nur die von Microsoft fix definierten Standardattribute, die immer zum GC repliziert werden müssen.

Das Sicherheitskonzept

Alle Objekte im Active Directory sind über eine Zugriffssteuerungsliste (Access Control List, ACL) gesichert. Über diese ACL ist zu definieren, wer auf ein Objekt wie zugreifen darf, wer es verwalten darf bzw. ob ein Objekt für einen Benutzer überhaupt sichtbar ist. Somit ist z.B. festzulegen, dass Benutzer1 die Attribute eines Objektes ändern, Benutzer2 hingegen die Attribute nur lesen kann und Benutzer3 das Objekt nicht einmal sieht. Darüber hinaus können auch noch spezielle Rechte auf einzelne Attribute vergeben werden.

Das Active Directory unterstützt hierbei Vererbung und die Delegierung der Zuständigkeit für gewisse Administrationsbereiche. Das Konzept der Vererbung erlaubt es, ausgewählte Rechte an alle nachfolgenden Objekte in der Hierarchie des Verzeichnisses durchzureichen. Somit können über einen einzigen administrativen Eingriff ganze Teilbäume des Verzeichnisses mit Tausenden von Objekten gleichermaßen abgesichert werden. Über die Delegierung von Aufgaben wird es einem Administrator ermöglicht, gewisse Teilbereiche seiner Tätigkeit an andere Administratoren abzugeben, ohne dabei gleich seine gesamten Rechte übertragen zu müssen. Diese Administratoren haben dann nur Zugriff auf bestimmte Container-Objekte (Objekte, welche andere Objekte enthalten) und können dann nur diese verwalten.

Um die Arbeit der Anwender mit den Systemen generell abzusichern, wurde im AD mit den Policies eine weitere Sicherheitsfunktion implementiert. Policies beschreiben das allgemeine Verhalten einer Maschine gegenüber dem Anwender. Hierzu zählen beispielsweise die angezeigten Symbole auf der Oberfläche oder auch die Verfügbarkeit einzelner Programme auf einer Maschine. Ein Administrator kann Objekten oder Container-Objekten Policies zuweisen und somit diese Objekte absichern. Über den Vererbungsmechanismus können dann diese Sicherheitsrichtlinien auf ganze Teilbäume des Verzeichnisses übertragen werden.

Windows Server 2003 unterstützt eine ganze Reihe von Sicherheitsprotokollen, sodass ein Unternehmen je nach Bedarf eine individuell angepasste Sicherheitsstrategie implementieren kann. Dies reicht von nahezu keiner Absicherung, bei der jede Maschine im Netzwerk nahezu alles darf, bis hin zu einer Hochsicherheits-Umgebung, in der genau definiert ist, welche Maschine sich auf welche Art mit einer anderen Maschine unterhalten darf. Eine tragende Rolle spielen in diesem Konzept das IPSec und das Kerberos-Protokoll. IPSec erlaubt einen sicheren Austausch von Daten zwischen zwei Instanzen. Es arbeitet auf der Transportebene des TCP/IP-Protokolls und ist daher für die Applikationen und die Anwender völlig transparent. Das Kerberos-Protokoll hingegen muss von den einzelnen Applikationen unterstützt werden, ermöglicht aber dann eine gesicherte Authentisierung der einzelnen Benutzer und Dienste. Dieses Protokoll wird auch von Windows Server 2003 selbst für die Authentifizierung der Benutzer bei der Anmeldung an eine Maschine genutzt. Des Weiteren werden auch Protokolle wie Secure Sockets Layer (SSL) und Distributed Password Authentification (DPA) unterstützt. Aus Gründen der Abwärtskompatibilität kann für die Authentisierung von Windows NT-Maschinen auch noch das NTLM-Protokoll verwendet werden.

Detaillierte Einzelheiten über die in Active Directory implementierten Sicherheitsmechanismen werden in ▶ Kapitel 8 beschrieben.

Unterstützung von Internet-Standards

Eine der komplexesten Aufgaben des Active Directory besteht darin, eine standardisierte Schnittstelle für den Zugang zum kompletten Netzwerk bereitzustellen. Nur auf diese Weise ist ein einfacher und damit auch von den Benutzern akzeptierter Zugang zu den Netzwerkressourcen realisierbar. Es muss vermieden werden, dass der Benutzer jeden im Netzwerk eingesetzten Verzeichnisdienst separat anfragen muss und dazu die Bedienungsweise der unterschiedlichsten Schnittstellen erlernen muss. Das Active Directory wurde so konzipiert, dass mit seiner Hilfe nicht nur das eigene Verzeichnis, sondern auch beliebige andere Verzeichnisdienste, unabhängig von deren Betriebssystem, genutzt werden können. Dieses große Ziel ist nur durch den Einsatz von allgemein gültigen Standards zu realisieren. Das Active Directory unterstützt die Standard-Internetprotokolle, verwendet die dort gängigen Methoden zur Namensauflösung und stellt eine allgemeine Schnittstelle für den Zugriff auf die Dienste und die Kommunikation mit anderen Verzeichnissen zur Verfügung.

Das Problem der Namensauflösung wird im Active Directory auf dieselbe Weise realisiert, wie sie sich bereits seit Jahren erfolgreich im Internet etabliert hat. Das Domain Name System (DNS) ist der Dreh- und Angelpunkt für sämtliche Bereiche der Namensauflösung im AD. DNS stellt den weltweit meistgenutzten Verzeichnisdienst dar und arbeitet heutzutage in nahezu jedem Netzwerk. Das DNS ist für die Zuordnung von IP-Adressen zu Maschinennamen zuständig. Die Namen der Domänen im Active Directory sind als DNS-Einträge realisiert. Somit braucht der Anwender, der sich in den vergangenen Jahren mühevoll an Namen wie *www.activedirectory.de* oder *www.ea-consultants.net* gewöhnt hat, keine neue Namensschreibweise zu lernen, wenn er nach Ressourcen im Active Directory sucht. Der Name *activedirectory.de* beispielsweise ist sowohl ein eingetragener Name des DNS als auch der Name einer Active Directory-Domäne.

Als Kommunikationsprotokoll wird vom Active Directory das Lightweight Directory Access Protocol (LDAP) eingesetzt. Ist der MS Internet Information Server als Schnittstelle verfügbar, kann auch HTTP (Hypertext Transfer Protocol) für die Kommunikation mit dem Active Directory verwendet werden (Abbildung 1.2).

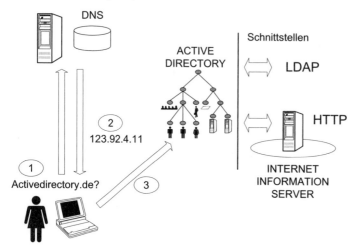

Abbildung 1.2: *Die Namenskonvention des Active Directory folgt dem DNS-Konzept, die Kommunikationsprotokolle sind LDAP und HTTP (mit Internet Information Server als Schnittstelle).*

LDAP ist ein Internetstandard, um auf Verzeichnisdienste zuzugreifen, und wurde als Alternative zum ressourcenhungrigen Directory Access Protocol (DAP) der X.500-Familie entwickelt.

HTTP ist das Standardprotokoll zum Anzeigen von Seiten im World Wide Web. Jedes Objekt im Active Directory kann als Webseite dargestellt werden. Dies ist deshalb möglich, da Erweiterungen des Internet Information Server unterstützt werden, welche die Abfragen an Active Directory-Objekte in HTML-Seiten übersetzen. Somit haben Benutzer, die schon an einen Web-Browser gewöhnt sind, einen einfachen Zugang zum Active Directory. (Es müssen natürlich vorher die entsprechenden Applikationen programmiert werden.)

Namenskontext

Wie bei jedem Verzeichnisdienst, so dreht sich auch beim Active Directory alles um Namen. Jedes Objekt innerhalb des AD ist über einen eindeutigen Namen ansprechbar. Dieser wird als Distinguished Name bezeichnet. Im Zusammenhang mit Verzeichnisdiensten wird der Gültigkeitsbereich eines Namens als Namenskontext bezeichnet. Im Internet, das mit etwas Wohlwollen auch als Verzeichnis betrachtet werden kann, ist der Namenskontext das DNS. Im Active Directory ist der Aufbau des Namenskontexts an den X.500-Standard angelehnt. Mit einfachen Worten ausgedrückt, ist ein Namenskontext nichts anderes als die Umgebung, in der ein Name einem Objekt zugeordnet werden kann. Betrachtet man nochmals das Beispiel Internet, so kann der Name *www.microsoft.com* in die IP-Adresse *207.46.131.13* aufgelöst werden. Dies funktioniert nur deswegen, weil das TCP/IP-Protokoll das DNS verwendet und sich daher in dessen Namenskontext befindet. Über den Namen eines Objekts kann man dessen Eigenschaften abfragen. Dazu muss allerdings zunächst eine Zuordnung (Auflösung) des Namens stattfinden.

Auf diese Weise kann beispielsweise für den Namen Administrator eine passende E-Mail-Adresse bzw. eine andere Information über den »Herrn des Netzwerkes« ermittelt werden. Ein armer Anwender, der gerade wieder mal verzweifelt versucht, eine knifflige Rechenaufgabe mit Excel 11 zu lösen, braucht nur den Namen Administrator zu wissen, um über eine Anfrage an das Active Directory dessen E-Mail-Adresse zu ermitteln. Schon kann er sein Problem in einer Supportanfrage beschreiben und per E-Mail versenden. Bei manchen Anwendern, speziell bei denen, die noch nie so richtig interessiert hat, was ein Computer überhaupt macht, ist allerdings der Verzeichnisdienst »fleckige alte Telefonliste« doch vorzuziehen.

Somit *muss* im Active Directory jedes Objekt durch einen Namen eindeutig identifiziert werden. Standardmäßig wird vom Active Directory hierzu die LDAP-Namenskonvention verwendet. Diese verlangt, dass jedes Objekt über seinen Distinguished Name (DN) anzusprechen ist. Darüber hinaus unterstützt das Active Directory mehrere weitere Standards, die das gleiche Ziel haben: ein Objekt eindeutig über seinen Namen zu identifizieren. Hier zunächst eine Beschreibung der gebräuchlichsten Namenskonventionen:

LDAP Distinguished Name (DN)

Das Active Directory ist hierarchisch aufgebaut und besteht aus Container-Objekten und leaf-Objekten. Container-Objekte können andere Objekte enthalten, leaf-Objekte können dies nicht. Ein leaf-Objekt ist beispielsweise ein bestimmter Benutzer. Als Beispiel für ein Container-Objekt kann das Objekt *Users* dienen. *Users* ist der Standardbehälter für neu angelegte Benutzer und wird automatisch vom AD bei der Installation des Directory Dienstes erzeugt. Der DN eines Objektes wird durch die Position des Objektes im Verzeichnis gebildet, genauer gesagt durch den Pfad zu dieser Position. Befindet sich beispielsweise das leaf-Objekt CN=*peterk* im Container OU=*SuperUsers* der Domäne DC=*activedirectory*, die sich wiederum in der Domäne DC=*de* befindet, dann sieht der DN für dieses Objekt folgendermaßen aus:

CN=peterk,OU=SuperUsers,DC=activedirectory,DC=de

Hierbei ist zu beachten, dass die Objektbeschreibungen wie CN (Common Name), OU (Organizational Unit) oder auch DC (Domain Component) fester Bestandteil des Namens sind.

LDAP Relative Distinguished Name (RDN)

Der Relative Distinguished Name ist der Teil des DN, der das Objekt relativ zu seinem Namenskontext beschreibt. Der RDN muss nur innerhalb des Namenskontexts eindeutig sein. Daher liefert in unserem Beispiel auch nur eine Abfrage, die sich streng auf den Suchkontext SuperUser bezieht, ein eindeutiges Ergebnis.

LDAP Uniform Resource Locator (URL)

Der LDAP-URL besteht aus dem Präfix *LDAP://*, dem Namen des Servers, auf dem sich das Objekt befindet, plus dem DN des Objekts. LDAP-URLs kommen vorwiegend in Skripts oder unkomfortablen LDAP-Clients zum Einsatz, welche auf das Active Directory zugreifen möchten.

LDAP://hal.activedirectory.de/CN=peterk,OU=SuperUsers,DC=activedirectory,DC=de

User Principal Name (UPN)

Im Active Directory hat jeder Benutzer einen User Principal Name (UPN). Die Syntax basiert auf dem Internet Standard RFC 822 und dient zur eindeutigen Identifikation von Benutzern. Der UPN besteht aus den beiden Teilen UPN-Präfix (Benutzername) und UPN-Suffix (Domänenname). Beide Teile werden zusammengeschrieben und durch ein @ getrennt:

peterk@activedirectory.de

Das Präfix wird auch Security Principal Name genannt. Der Security Principal Name muss innerhalb einer Domäne eindeutig sein und ist kompatibel mit dem Benutzernamen von Windows NT. Das Suffix kann vom Administrator definiert werden und völlig unabhängig vom Domänennamen sein, z.B. Joe, Benutzer in der Domäne *Sales.MSNBC.com,* kann einen UPN von *JoeU@microsoft.com* haben. Es ist nahe liegend, die Mailbox des Benutzers identisch zu dessen UPN zu benennen. Auf diese Weise braucht sich ein Benutzer nur einen Namen zu merken, mit dem er sich gleichzeitig am System anmelden und den er als E-Mail-Adresse weitergeben kann.

Clients

Unter dem Active Directory-Client versteht man die Software, welche den Zugang zum Active Directory ermöglicht. Der AD-Client sucht einen Domänencontroller im Netzwerk und meldet sich bei diesem an. Nach der Anmeldung können die veröffentlichten Ressourcen im Active Directory verwendet werden. Active Directory-Clients stehen derzeit für folgende Systeme zur Verfügung:

- Windows Server 2003
- Windows XP
- Windows 2000
- Windows NT 4.0 mit Active Directory-Client
- Windows 9x mit Active Directory-Client
- Software, die LDAP spricht, wie z.B. der Internet Explorer oder der Netscape Navigator

Logischer Aufbau

Domäne

Die Basiseinheit für die Organisation des Active Directory bildet die Domäne. Sie repräsentiert einen logischen Zusammenschluss von Objekten, übernimmt aber bedeutend mehr Aufgaben als die gleichnamige Verwaltungseinheit von Windows NT. Zunächst soll in diesem Abschnitt die Organisation und der Aufbau einer einzelnen Domäne betrachtet werden. Im Anschluss daran werden Fälle aufgezeigt, in denen das Active Directory über mehrere Domänen verteilt gebildet wird.

Eine Domäne ist eine logische Einheit, die zur Administration des Active Directory benötigt wird. Diese Verwaltungseinheit besteht aus Objekten wie z.B. Benutzern, Computern, Netzwerkdiensten und beliebigen weiteren Ressourcen (Abbildung 1.3). All diese Objekte sind unter einem gemeinsamen Namenskontext adressierbar und werden im Active Directory gespeichert. Je Domäne kann das AD mehrere Millionen Einträge aufnehmen, sodass der Größe in der Realität kaum Grenzen gesetzt sind.

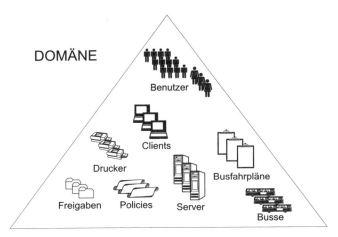

Abbildung 1.3: *Die Domäne ist eine logische Gruppierung von Netzressourcen und Netzbenutzern, die unter einem Namen zu finden sind.*

Folgende Vorteile entstehen durch die Einführung des Domänenkonzeptes:

- **Skalierbarkeit** Jede Domäne speichert nur ihre eigenen Objekte. Sind mehr Objekte zu verwalten als die Hardware der Domänencontroller bearbeiten kann, so muss nur eine neue Domäne angelegt werden. Auf diese Weise kann das Active Directory beliebig viele Objekte enthalten, je nachdem, wie viele Domänen angelegt wurden. In den ▶ Kapiteln 6 und 10 wird detailliert auf die Problematik der Domänengrenzen eingegangen.
- **Sicherheit** Jede Domäne kann als Grenze für bestimmte Sicherheitsrichtlinien wie Account- und Group Policies betrachtet werden. Allerdings stellen Domänen keine Grenzen zwischen Administratoren dar. Alle Administratoren in allen Domänen in einem Directory sind gleichberechtigt und können Daten, die in anderen Domönen gespeichert sind, einsehen oder ändern.
- **Verwaltung** Die Domäne ermöglicht eine Abbildung der Unternehmensorganisation auf die logische Struktur des Netzwerkes. Somit wird speziell großen Unternehmen die Möglichkeit gegeben, stets flexibel auf Änderungen der Organisationsstruktur zu reagieren.

Eine Domäne wird durch Einrichtung des ersten Domänencontrollers angelegt. Im AD, bei dem sich alles um den Begriff Namenskontext dreht, muss diese neu eingerichtete Domäne mit einem gültigen DNS-Namen benannt werden (dieser Name muss nicht zwangsläufig bei ICANN registriert sein, es ist aber empfehlenswert). Gültige DNS-Namen sind beispielsweise *ea-consultants.net*, *activedirectory.de* usw. Um noch zu früheren Windows-Versionen kompatibel zu sein, müssen auch NetBIOS-Domänennamen unterstützt werden. Deren Namen lauten dann beispielsweise *ea-consultants* oder *activedirectory*. Ein Windows Server 2003-Domänencontroller unterstützt auch die NetBIOS-Domänennamen, sodass sich auch Clients ohne AD-Unterstützung an einem Windows Server 2003-Domänencontroller anmelden können (Abbildung 1.4).

Eine Domäne besteht aus einer Vielzahl von Objekten, die über das Netzwerk zugänglich sind. Diese Objekte werden im Active Directory gespeichert. Durch Aufsetzen des ersten Domänencontrollers wird auch das Verzeichnis aufgebaut. In einer Domäne können mehrere Domänencontroller vorhanden sein. Jeder dieser Domänencontroller hält das gesamte Verzeichnis dieser Domäne, sodass Änderungen auf alle vorhandenen Domänencontroller repliziert werden müssen. Für die Replikation wurde die Multimasterreplikation gewählt. Diese erlaubt es, dass Änderungen am Verzeichnis auf jedem Domänencontroller vorgenommen werden können und von dort aus an die anderen Domänencontroller weitergeleitet werden. Diese Methode erfordert allerdings einen ausgeklügelten Mechanismus, um Konfliktsituationen – ein Objekt wurde beispielsweise auf zwei Domänencontrollern gleichzeitig geändert – sicher aufzulösen.

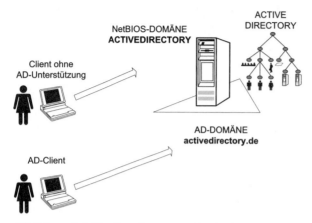

Abbildung 1.4: *Ein Domänenname im Active Directory ist ein DNS-Name. Allerdings besteht auch die Möglichkeit, einen NetBIOS-Domänennamen zu definieren, sodass sich auch Clients ohne AD-Unterstützung anmelden können.*

Alle Domänencontroller sind gleich – wie in einer Demokratie. Allerdings gibt es auch hier, wie im richtigen Leben, Domänencontroller, die gleicher als andere sind. Diese übernehmen dann so genannte Flexible Single Master Operation (FSMO) -Aufgaben. Auf den FSMO-Servern werden bestimmte, für das Verzeichnis besonders kritische Operationen durchgeführt. Insgesamt gibt es fünf Arten von FSMO-Rollen. Als Beispiel einer solchen kritischen Operation ist hier eine Änderung am Schema des AD aufgeführt (Abbildung 1.5). Das Schema repräsentiert im AD das Gehirn und spielt somit eine ganz entscheidende Rolle. Wird jetzt an dieser empfindlichen Stelle von verschiedenen Seiten herumgedoktert, so besteht die Gefahr, dass Teile des Gehirns beschädigt werden. Um dies zu vermeiden, wird der erste Domänencontroller im AD automatisch zum Schemamaster erklärt. Wie der Name FSMO schon sagt (das F steht für »flexible«), muss dies nicht so bleiben, sondern diese Rolle kann einem beliebigen anderen Domänencontroller zugeordnet werden.

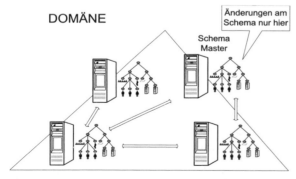

Abbildung 1.5: *Eine Domäne kann aus mehreren Domänencontrollern bestehen, die alle die gleiche Funktion haben und sich gegenseitig das Verzeichnis replizieren. Manche haben allerdings eine Spezialrolle wie z.B. die des Schemamasters. Änderungen am Schema können nur hier vorgenommen werden.*

Weitere FSMO-Rollen sind der RID-Pool-Master, der Domain-Names-Master, der PDC-Emulator und der Infrastructur-Master.

Organizational Unit (OU)

Die Organisationseinheit (Organizational Unit, OU) ist ein Objekt im Active Directory. Eine OU ist ein Container-Objekt. Dies bedeutet, dass in eine OU andere Objekte wie z.B. Benutzer, Gruppen, Computer oder andere OUs aufgenommen werden können. Die OU ist fest einer Domäne zugeordnet und kann auch nur Objekte aus dieser Domäne aufnehmen. Somit ist die OU ein ideales Hilfsmittel, um eine hierarchische Struktur innerhalb einer Domäne abzubilden. Diese Hierarchie der OUs ist völlig unabhängig von den Hierarchiebeziehungen zwischen den Domänen. Auf diese Weise kann innerhalb jeder Domäne zusätzlich zur übergeordneten Domänenstruktur eine weitere hierarchische Untergliederung vorgenommen werden. In einer Organisation mit mehreren Domänen können somit verschiedene Hierarchien gebildet werden, unabhängig davon, was in anderen Domänen gemacht wird. Somit lassen sich beispielsweise unterschiedliche Geschäftsbereiche eines Unternehmens in Domänen abbilden und innerhalb dieser Geschäftsbereiche können völlig unterschiedliche Strukturen mit Hilfe von OUs angelegt werden.

Bei Windows NT bestand die einzige Möglichkeit, eine Hierarchie abzubilden darin, Ressource- und Account-Domänen zu gründen und diese über Trusts zu verbinden. Im AD genügt dank der OUs eine Domäne, um die Struktur einer ganzen Organisation abzubilden. OUs werden in einer grafischen Oberfläche als Ordner dargestellt und ähneln daher sehr der Darstellung von Verzeichnissen im Windows Explorer (Abbildung 1.6).

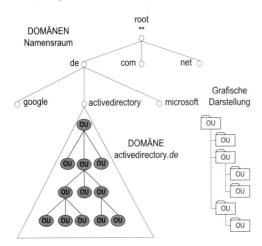

Abbildung 1.6: *Die OUs sind Active Directory-Objekte und dienen zur Abbildung der Organisationsstruktur, um z.B. Verwaltungsaufgaben zu verteilen.*

Die Stärke der OUs liegt in den von ihnen gebotenen Verwaltungsmöglichkeiten. Ein Administrator kann Zugriffsrechte für OUs an Benutzer oder Benutzergruppen vergeben und damit auch an andere delegieren. Über den Vererbungsmechanismus können diese Rechte dann auf alle Objekte innerhalb dieser OU übertragen werden. Auf diese Weise lassen sich ganze Abteilungen vor gewissen Benutzern verstecken bzw. der Zugriff auf diese Objekte einschränken. Des Weiteren können auf diese Weise administrative Aufgaben auf mehrere Personen verteilt werden, ohne gleich alle Rechte aus der Hand zu geben. Weist beispielsweise eine Organisation mehrere Abteilungen auf und gibt es in jeder Abteilung eine EDV-Gruppe, so wäre es eine Möglichkeit, pro Abteilung eine OU im Active Directory zu erstellen. Anschließend können dann den verantwortlichen Gruppen die Rechte zur Verwaltung »ihrer« OU erteilt werden. Dies würde eine deutliche Arbeitsentlastung für den Administrator bringen und trotzdem sicherstellen, dass kein Unbefugter Einblick in die Bereiche der unterschiedlichen Abteilungen erlangt.

Die Kombination von Domänen und OUs ermöglicht somit eine flexible Verwaltung einer unbegrenzten Anzahl von Objekten im Netzwerk. Auf diese Weise lässt sich jede Organisation im Active Directory abbilden.

Anzumerken ist in diesem Zusammenhang, dass die OU nicht als Eintrag im DNS erscheint. Somit gibt es zwar für eine OU *sales* in der Domäne *activedirectory.de* einen Eintrag im DNS, der auf die Domäne *activedirectory.de* verweist, allerdings wird kein Eintrag *sales.activedirectory.de* angelegt. Eine OU ist ein normales Objekt im AD und unterliegt daher den zuvor erwähnten Namenskonventionen für Objekte.

Tree

Bisher haben wir eine Domäne nur als einzelnes Gebilde betrachtet. Sie besteht aus einem oder mehreren Domänencontrollern, die jeweils das Verzeichnis halten und sich Änderungen gegenseitig replizieren. Jede Domäne benötigt einen eindeutigen Namen, der gleichzeitig auch als DNS-Name verwendet wird. Innerhalb einer Domäne lässt sich durch den Einsatz von OUs eine hierarchische Struktur aufbauen, über die sich die Unternehmensstruktur abbilden lässt und die es ermöglicht, administrative Aufgaben zu delegieren.

Ein weiteres Element im Konzept des Active Directory ist der Tree (Domänenstruktur). Darunter versteht man einen hierarchischen Zusammenschluss von einer oder mehreren Domänen, die einen kontinuierlichen Namenskontext bilden. Sobald die erste Domäne aufgesetzt wird, bildet diese automatisch auch die Wurzel eines neuen Trees. An diese Wurzel lassen sich dann in beliebiger Tiefe weitere Domänen anhängen, vorausgesetzt all diese Domänen folgen immer dem existierenden Namenskontext. Besteht also als Wurzel eine Domäne *activedirectory.de*, so können daran die Domänen *it.activedirectory.de*, *sales.activedirectory.de* usw. angehängt werden (Abbildung 1.7).

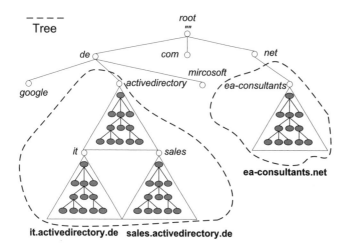

Abbildung 1.7: *Ein Tree ist eine hierarchische Zusammenfassung einer oder mehrerer Domänen, die einen kontinuierlichen Namenskontext bilden.*

Betrachtet man einen Tree von Domänen, so stellt sich umgehend die Frage nach dem Sinn dieser Aufteilung, wo es doch bereits OUs gibt. Auch diese lassen eine Abbildung der Unternehmensstruktur zu, und das ohne den Overhead weiterer Domänen. Es gibt allerdings noch genügend Gründe, die für eine Aufteilung des Verzeichnisses über mehrere Domänen hinweg sprechen. Hier zunächst eine kurze Auflistung dieser Gründe:

- Bei dezentraler Auslegung der Organisation sollen die Benutzer und Ressourcen von unterschiedlichen Administratoren verwaltet werden.
- Es existieren mehrere Organisationen, für die eigene Sicherheitsrichtlinien auf Domänenebene implementiert werden sollen.
- Das Unternehmen ist auf mehrere geographische Standorte verteilt, die nur über sehr langsame WAN-Leitungen verbunden sind. Diese Leitungen sollen vor der Belastung durch die domäneninterne Verzeichnisreplikation verschont werden.
- Es wird ein Upgrade von einem bestehenden Domänen-Modell durchgeführt und das Unternehmen möchte die bestehende Struktur beibehalten.
- Unternehmenspolitische Entscheidungen für autonome Einheiten mit verschiedenen Namen.

Damit der Zugriff auf Objekte in anderen Domänen des Trees ermöglicht wird, müssen Vertrauensstellungen (Trusts) zwischen den Domänen eingerichtet werden. Zwei oder mehrere Domänen, die zusammen einen Tree bilden, sind über so genannte *two-way transitive Kerberos Trusts* verbunden. *Two-way* bedeutet in diesem Fall, dass die Vertrauensstellung in beide Richtungen geht. *Transitiv* bedeutet, dass das Vertrauen von einer Domäne zu einer anderen durchgereicht wird (Abbildung 1.8). Auf diese Weise vermeidet man eine unnötige Vielzahl von Vertrauensstellungen, da bei transitiven Vertrauensstellungen folgende Regel gilt: Vertraut Domäne A der Domäne B und die Domäne B der Domäne C, dann vertraut auch automatisch die Domäne A der Domäne C. Bei 3 Domänen benötigt man also nur 2 Vertrauensstellungen. Bei n Domänen n-1 Vertrauensstellungen. Die nontransitiven Trusts von NT-Domänen verlangen hingegen (n*(n-1)) Vertrauensstellungen, also 6 Trusts für 3 Domänen, falls alle Domänen einander vertrauen sollen, und sind daher bei weitem aufwändiger zu verwalten.

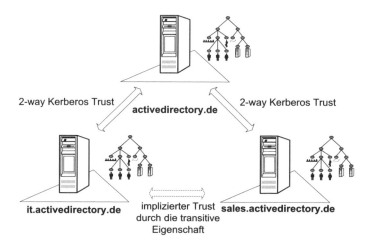

Abbildung 1.8: *Trees sind Domänen, die durch two-way transitive Vertrauensstellungen verbunden sind.*

Die Vertrauensstellungen werden automatisch durch die Verbindung zweier Domänen generiert und benutzen das Kerberos Sicherheitsprotokoll. Nach der erfolgreichen Einbindung einer Domäne in einen Tree werden alle Netzwerkressourcen des Trees für alle anderen Domänen im Tree sichtbar. Des Weiteren kann sich ein Benutzer an jedem beliebigem Server mit seiner Benutzerkennung anmelden, unabhängig davon, in welcher Domäne diese gehalten wird. Ferner können für die Benutzer- und Gruppenkennungen aller Domänen Rechte auf alle Objekte des Trees vergeben werden.

Alle Domänen eines Trees müssen einem gemeinsamen Schema folgen. Dadurch wird sichergestellt, dass im ganzen Tree stets gleichartig aufgebaute Objekte mit denselben Attributen verwendet werden. Des Weiteren teilen sich alle Domänen eines Trees einen gemeinsamen Global Catalog (Abbildung 1.9). Dies ermöglicht eine schnelle Suche nach den gängigsten Attributen von Objekten, da diese domänenübergreifend an einer zentralen Stelle abgelegt sind.

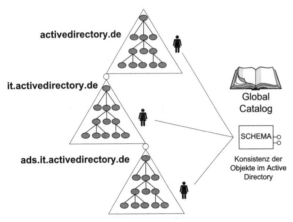

Abbildung 1.9: Domänen in einem Tree teilen sich ein gemeinsames Schema und den Global Catalog.

Forest

Der Forest ist das gesamte Verzeichnis, er wird auch als Gesamtstruktur bezeichnet. Er kann aus einer Domäne oder aus ein oder mehreren Trees bestehen. Der Forest kann als großer Container betrachtet werden, in dem alle Objekte des Verzeichnisses enthalten sind (Abbildung 1.10). Die Root-Domäne des ersten aufgesetzten Trees stellt den höchsten Punkt in der Hierarchie des Forests dar. Von dieser Root-Domäne leitet sich auch der Name des Forests ab. Alle anderen Trees müssen dieser Domäne vertrauen. In dieser Root-Domäne wird eine Liste aller Trees des Forests geführt.

Alle Domänen in einem Forest verfügen über ein gemeinsames Schema und einen Global Catalog. Ein Forest erlaubt es, verschiedene Namensräume innerhalb einer Administrationseinheit zu vereinigen und alle Vorteile des Active Directory über verschiedene Namenskontexte hinweg nutzen zu können. Somit können beispielsweise die Domänen *activedirectory.de* und *ea-consultants.net* unter einem administrativen Dach zusammengefasst werden. Natürlich stellt sich hier die Frage: Wann wird ein Forest in mehrere Trees unterteilt? Dies wird ausführlich im ▶ Kapitel 10 besprochen. Hier zunächst ein kurzes allgemeines Statement: Active Directory-Suchoperationen werden immer entweder an den Global Catalog geleitet (gesamtes Directory, beinhaltet alle Trees), oder an eine bestimmte Domäne. Wenn die Suchoperation an eine bestimmte Domäne geleitet ist und die Suche eine tiefe Suche ist, dann werden innerhalb eines Trees LDAP-Verweise (Referrals) an Child-Domänen zurückgegeben, aber eben nur an Child-Domänen, nicht an Nachbar-Trees. Der Client kann sich dann entscheiden, ob er dem Verweis nachgehen will.

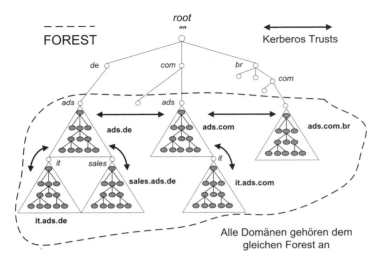

Abbildung 1.10: *Ein Forest ist eine Zusammenfassung von zwei oder mehreren Trees, die sich ein gemeinsames Schema und den Global Catalog teilen.*

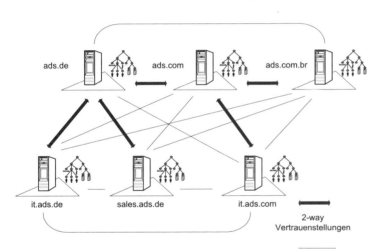

Abbildung 1.11: *Domänen eines Forests sind mit two-way-Vertrauensstellungen verbunden.*

Physischer Aufbau

Der logische Aufbau des Active Directory bildet in den seltensten Fällen die physische Topologie des Netzwerkes ab. Das physische Netzwerk entspricht den Standorten der Arbeitsplätze und Server sowie der zur Verfügung stehenden Netzwerkbandbreite. Domänen, OUs, Trees und Forests bilden die logische Struktur des Netzwerkes. Um auch die physische Struktur des Netzes in das AD zu integrieren, kommt hier die AD-Verwaltungseinheit *Standort* zum Einsatz. Standorte ermöglichen es, die bestehende oder aufzubauende Netzwerktopologie an den logischen Aufbau zu koppeln und somit die Kommunikation der einzelnen Komponenten zu optimieren.

Standorte

Standorte sind als ein oder mehrere IP-Subnetze definiert, die mit hoher Bandbreite miteinander verbunden sind. Aus Sicht der Maschinen kann ein Standort auch als eine Gruppe von Rechnern angesehen werden, die über schnelle Leitungen miteinander verbunden sind. Im Regelfall entspricht ein Standort des AD auch einem geographischen Standort (Abbildung 2.14).

Der logische Aufbau des Active Directory bedingt, dass die Domänencontroller miteinander kommunizieren. Innerhalb einer Domäne muss das Verzeichnis verteilt werden. Domänen eines Forests haben ein gemeinsames Schema, eine gemeinsame Konfiguration und einen Global Catalog. Auch diese Inhalte müssen verteilt werden. Die Art und Weise, wie die einzelnen Domänencontroller ihre Daten austauschen, kann über die Definition von Standorten festgelegt werden. Hierbei ist darauf zu achten, dass Clients stets schnell auf einen Domänencontroller zugreifen können, um sich am AD anzumelden bzw. um Objekte darin zu suchen.

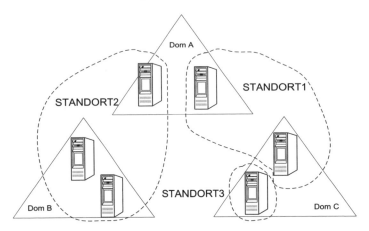

Abbildung 1.12: *Standorte sind als ein oder mehrere IP-Subnetze definiert und sorgen dafür, dass das AD die Netzwerktopologie kennt und die optimale Performance und Verfügbarkeit bietet.*

Der Administrator konfiguriert die Standortinformationen, indem er Subnetze und Standorte definiert und dann die Verbindung zwischen den Standorten logisch definiert. Server und Clients werden dann automatisch diesen Standorten zugewiesen. Da Standorte auf IP-Subnetzen beruhen, kann die IP-Adresse eines Computers dazu verwendet werden, ihn dem richtigen AD-Standort zuzuweisen. Das Active Directory nutzt diese Informationen, um ihre Kommunikation auf dem bestmöglichen Weg abzuwickeln. Auf diese Weise können Anfragen an das AD sowie die Replikation und interne Kommunikation optimiert werden. Möchte beispielsweise ein Client auf einen Netzwerkdienst zugreifen, so ermittelt das Active Directory zunächst anhand der IP-Adresse des Clients dessen Standort. Nun kann die Anfrage an einen Domänencontroller dieses Standorts gerichtet werden. Per Definition besteht zwischen den beiden Maschinen, da sie ja am selben Standort ansässig sind, eine schnelle Netzverbindung, sodass die Anfrage schnell bearbeitet werden kann.

Die Verzeichnispartition einer Domäne wird auf jedem Domänencontroller der Domäne gehalten. Teile des Verzeichnisses werden sogar im gesamten Forest weitergeleitet (Global Catalog). Die Informationen werden mit Hilfe des Replikationsdienstes ausgetauscht. Die Optimierung dieser Replikationsvorgänge stellt eine große Herausforderung an die Administration und die Fähigkeiten des AD dar. Glücklicherweise übernimmt das Active Directory diese Optimierung zu weiten Teilen selbstständig. Die Replikation an sich und ihre Optimierung ist allerdings Thema von ▶ Kapitel 9 und wird dort detailliert behandelt.

Innerhalb eines Standortes repliziert das AD nahezu in Echtzeit, wogegen über Standortgrenzen hinweg eine deutlich längere Zeitspanne vergeht, ehe die Daten übertragen werden. Auch müssen die Änderungen am AD zwischen Standorten nur einmal gesendet werden, auch wenn sich an jedem Standort mehrere Domänencontroller befinden. Durch eine geschickte Optimierung der Replikationswege und Intervalle lassen sich deutliche Verbesserungen bei der Belastung des Netzwerkes erzielen, wobei ein großer Teil der Arbeit vom Active Directory selbst übernommen wird (Abbildung 1.13).

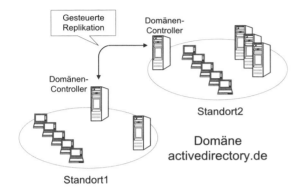

Abbildung 1.13: Bei der Definition von Standorten muss beachtet werden, dass die Netzwerkdienste je Standort zur Verfügung stehen. Nur so ist eine schnelle Verfügbarkeit der angeforderten Informationen gewährleistet.

Zusammenfassend können Standorte als eine Komponente des AD angesehen werden, mit der das physikalische Netzwerk abgebildet werden kann, wogegen Domänen die logische Struktur eines Unternehmens widerspiegeln. Logischer und physischer Aufbau sind voneinander unabhängig. Dies bedeutet, dass mehrere Domänen innerhalb eines Standortes definiert werden können und umgekehrt auch mehrere Standorte in einer Domäne. Des Weiteren ist noch zu beachten, dass Standorte in keiner Weise den Namensraum des Active Directory beeinflussen.

Diese Einführung sollte Ihnen nun eine gewisse Grundidee von den Begriffen und Konzepten des Active Directory vermittelt und die Lust auf mehr Informationen zu diesem Thema geweckt haben. In den nun folgenden Abschnitten werden wir zunächst genauer auf die Standards, auf denen das Active Directory basiert, eingehen. Diese leider doch sehr trockene Materie bildet die Grundlage für ein gutes Verständnis der anschließend beschriebenen Implementierung.

Die letzten Kapitel behandeln dann die Vorgehensweisen für eine konkrete Einführung bzw. Migration zum Active Directory.

2 X.500

21	Die Geschichte
23	Überblick
24	Die Modelle
26	Aufbau der Directory Information Base (DIB)
30	Schema
35	Verteilte Datenbanken

In diesem Kapitel wird die X.500-Spezifikation beschrieben. Obwohl Active Directory kein reines X.500-Verzeichnis ist, benutzt es sein Datenmodell, seine Namenskonventionen und manche seiner Konzepte.

Dieses Kapitel dient als Einstieg für die Leser, welche sich eine gute Grundlage für die Implementierung eines Verzeichnisdienstes erarbeiten wollen. An dieser Stelle werden viele Konzepte und Konventionen beschrieben, die auch im Active Directory zum Einsatz kommen. Dies erleichtert das Verständnis der nachfolgenden Kapitel und schafft einen allgemeinen Überblick. In vielen Fällen werden die Konzepte nicht eins zu eins in das Active Directory übernommen, die Grundkonzepte sind allerdings in vielen Fällen sehr ähnlich.

Die Geschichte

Einer der ersten Verzeichnisdienste, der diesen Namen auch verdient, war der WHOIS-Dienst. Dieser wurde 1982 und 1985 in RFC 812 bzw. RFC 954 spezifiziert. Die Idee dahinter war, einen Verzeichnisdienst mit Informationen zu IP-Kreisen und den jeweiligen Administratoren des Netzes anzubieten. Die Datenbank entstand damals im Defense Data Network Network Information Center (DDN NIC), d.h. der Organisation, die zuständig war für die Verteilung von Domänennamen und IP-Kreisen. Für eine solche Organisation war es einfach, diese Einträge in die Datenbank vorzunehmen, denn alle Anmeldungen mit den relevanten Informationen (Firmenname, Adressen, zuständige Administratoren etc.) mussten dort sowieso bearbeitet werden. Neben vielen Vorteilen hatte die WHOIS-Datenbank aber auch alle Nachteile einer zentralisierten globalen Datenbank. Lange Antwortzeiten während der Stoßzeiten waren eher die Regel als die Ausnahme, die Größe der Datenbank zwang die Administratoren, die Informationen pro Eintrag zu reduzieren, Änderungen oder neue Einträge mussten an eine zentrale Stelle gesendet werden und dort manuell eingetragen werden. Im Laufe der Zeit stieg die Zahl der neuen Internetbenutzer so horrend, dass es unmöglich wurde für das NIC, alle in einer Datenbank zu speichern und zu warten. Somit entstanden mehrere WHOIS-Datenbanken. Gleichzeitig erzeugten Organisationen eigene WHOIS-Datenbanken, um ihre Mitarbeiter eintragen zu können und ihre Daten zu veröffentlichen. Das führte dazu, dass man, um an eine Information zu kommen, vorher wissen musste, auf welchem WHOIS-Server sich diese befand.

Dies machte es notwendig, eine Spezifikation zu definieren, um die Problematik des zentralen Verzeichnisdienstes zu beseitigen. Anfang 1983 begannen zwei Gremien gleichzeitig zu arbeiten: das CCITT (Committee for International Telegraph and Telephone), jetzt in ITU (International Telecommunication Union) umbenannt, und die ISO (International Standards Organisation). Ersteres war mehr an einem Dienst interessiert, der Telefonnummern und X.400 O/R-Adressen der abgefragten Personen liefert, auch *White Pages* genannt. Das zweite Gremium war hauptsächlich an einem Namensdienst für die OSI (Open System Interconnection) -Anwendungen interessiert. Damit wurde die Basis für die X.500-Spezifikation gelegt. Der Prozess der Standardisierung ist komplex und hat oft politische Hintergründe. Es werden oft verschiedene landes- oder organisationsabhängige Interessen vertreten, und nicht die Interessen der breiten Masse. Häufig erinnert er auch an die *unendliche Geschichte*. Die zwei Gremien arbeiteten ab 1986 doch noch zusammen und so definierten sie 1988 das CCITT X.500 Blue Book, welches ISO 9594 entspricht. Eine zweite erweiterte Version entstand 1993, die letzte Version stammt aus dem Jahr 2001. Als gängiger Name hat sich aber schlicht und einfach X.500 eingebürgert. Einen Überblick über die Bestandteile und Features des X.500-Standards wird in diesem Kapitel gegeben.

Die Definition von X.500 lautet:

Internationale ISO/ITU-T-Standards für einen plattformunabhängigen verteilten Verzeichnisdienst.

Der Verzeichnisdienst wird durch ein global verteiltes Verzeichnis repräsentiert, das auf hierarchisch angeordneten Objekten mit den dazugehörigen Protokollen basiert. Die Hauptaufgabe des Verzeichnisdienstes ist die Zuordnung von Namen eines Objekts zu einer Menge von Werten und Eigenschaften. Objekte können hier z.B. Personen, Verteilerlisten oder auch Anwendungen sein.

Ein Anwender kann die Objekte mittels geeignetem Browser beliebig durchsuchen.

Die Sammlung der Standards, die zusammen den Verzeichnisdienst X.500 bilden, sind hier aufgeführt:

- X.500 : Überblick über Konzepte, Modelle und Dienste
- X.501 : Die Modelle
- X.511 : Definitionen der Dienste
- X.518 : Prozeduren für verteilte Operationen
- X.519 : Protokollspezifikationen
- X.520 : Attribute
- X.521 : Objektklassen
- X.509 : Sicherheitsaspekte
- X.525 : Replikation
- X.530 : System Management für die Verwaltung des Verzeichnisses

Die Hauptmerkmale des X.500-Verzeichnisdienstes werden hier kurz erläutert, in den nächsten Abschnitten wird ausführlicher auf die einzelnen Komponenten eingegangen.

- **Dezentralisierte Verwaltung** Jeder Standort mit X.500 ist nur für seinen Teil des Verzeichnisses verantwortlich. Somit können Änderungen leicht und schnell durchgeführt werden.
- **Erweiterte Suche** X.500 stellt einfache Suchmechanismen zu Verfügung, sodass Anwender beliebig komplexe Abfragen durchführen können.

- **Globaler Namenskontext** X.500 stellt einen einzigen homogenen Namenskontext zur Verfügung.
- **Strukturierte Informationsbasis** X.500 definiert die Informationsbasis (Schema) für das Verzeichnis so, dass Administratoren diese leicht erweitern können.

Überblick

Das Verzeichnis als Ganzes ist sehr komplex und schwierig zu verstehen. Eine Methode, um dies zu erleichtern, ist die Einführung von vereinfachten Modellen. Jedes Modell präsentiert nur einen Ausschnitt des Verzeichnisses mit relativ geringer Komplexität. Dies bedeutet, der Verzeichnisdienst X.500 wird aus verschiedenen Blickwinkeln betrachtet und zu guter Letzt kann man das Ganze verstehen. Es ist, als wenn man einen komplexen Computer betrachten würde. Als Ganzes ist er hoch kompliziert. Wenn man ihn allerdings aus verschiedenen Ansichten heraus betrachtet, hat man eine reale Chance, das komplexe Gebilde zu begreifen. Man kann z.B. die *Kiste* aus dem Blickwinkel des Benutzers betrachten und somit ein Benutzermodell einführen. In diesem Modell betrachtet man nur die Bildschirmausgabe, die Tastatur und die Maus. Dinge wie Architektur oder das Betriebssystem interessieren hier nicht, denn in diesem Modell geht es nur um die Mensch-Maschine-Schnittstelle. Weiter kann man sich ein Hardware-Modell vorstellen. Hier geht es dann sehr wohl um die Architektur, denn dieses Modell betrachtet das Gerät nur als Sammlung elektronischer bzw. mechanischer Teile. Der Benutzer interessiert in diesem Modell nicht. Diese Reihe von Modellen lässt sich beliebig erweitern, und jedes trägt zum besseren Verständnis eines Computers bei.

Bevor nun die Modelle eingeführt werden, soll zuerst ein Überblick gegeben werden, was ein Verzeichnis überhaupt darstellt (genauso wie man erst beschreiben würde, was ein Computer ist: Kann man ihn essen? Streicheln? Was macht er eigentlich?).

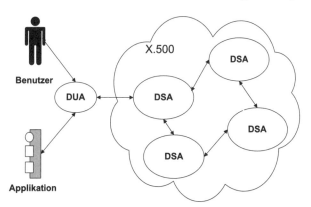

Abbildung 2.1: Der DUA kann von einem Benutzer oder einer Applikation gesteuert werden und dient als Schnittstelle zum X.500-Verzeichnis. Dieses wird durch eine bestimmte Menge von DSAs repräsentiert.

Hier eine kurze, aber äußerst aussagekräftige Definition:

Das Verzeichnis ist eine Sammlung von offenen Systemen (Directory System Agents [DSAs]), die zusammen kooperieren, um eine verteilte Datenbank zu bilden. Diese Datenbank beinhaltet eine beliebige Menge von Objekten mit den dazugehörigen Attributen. Die Benutzer des Verzeichnisses, Menschen oder Applikationen, können diese Informationen in Abhängigkeit von ihren Zugriffsrechten lesen oder ändern. Jeder Benutzer, der auf die Datenbank zugreift, wird durch einen DUA (Directory User Agent) repräsentiert. Ein DUA wird als eine Applikation, ein Prozess oder ein Programm betrachtet.

Wie in der Abbildung 2.1 dargestellt, ist das Verzeichnis also eine Sammlung von Daten (meistens werden Personen bzw. Organisationen dargestellt), die von mehreren Systemen (DSAs), welche zusammenarbeiten, bereitgestellt wird.

Die Modelle

Die Auflistung und Beschreibung aller möglichen Modelle würde über das Ziel dieses Buches weit hinausgehen, deshalb beschränken wir uns hier auf die für das Verständnis von X.500 wesentlichen drei Modelle:

- Benutzerinformationsmodell
- Administratorinformationsmodell
- DSA-Informationsmodell

Im Anschluss daran werden dann die einzelnen Komponenten des Verzeichnisses, Objekte, Attribute und deren Namenskonventionen vorgestellt.

Benutzerinformationsmodell

In diesem Modell wird die Sicht eines *normalen* Anwenders auf das Verzeichnis festgelegt. Man kann sich einen Anwender vorstellen, der durch die für ihn transparente Schnittstelle auf das Verzeichnis zugreift, sich Daten anzeigen lässt oder diese ändern will. Der Anwender kennt nur sein Programm und weiß, welche Symbole er anwählen muss, um seine Daten zu bearbeiten. Welche X.500-Objekte sich dahinter verbergen, bleibt ihm größtenteils verborgen und interessiert ihn vermutlich auch nicht (Abbildung 2.2). Um Daten zu bearbeiten und die dahinter stehenden Objekte auszuwählen, müssen diese einen eindeutigen Namen besitzen. Diese Konvention muss dem Anwender vertraut sein und ist auch in diesem Modell beschrieben.

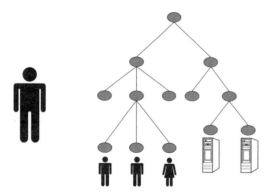

Abbildung 2.2: *Der Benutzer »sieht« nur die Daten, die für ihn zugänglich gemacht wurden, Einzelheiten über das Datenmodell bleiben ihm verborgen.*

Dieses Modell enthält keine Restriktionen, welche und wie viele Daten gespeichert werden können. Soll allerdings eine X.500-Implementation weltweit zugänglich sein, dann gibt es Spezifikationen im Standard, die eine Obergrenze an Informationen definieren, um internationale Benutzung zu ermöglichen.

Administratorinformationsmodell

Das Administratorinformationsmodell ist dem Benutzerinformationsmodell sehr ähnlich, allerdings werden hier zusätzlich Informationen zur Verwaltung des Systems definiert (Abbildung 2.3). Ein Paradebeispiel hierfür sind die Benutzerrechte (Zugriffssteuerungslisten, ACLs) oder Timestamp-Informationen. Diese können von einem *normalen* Anwender nicht gesehen werden. Für die Administration des Verzeichnisses sind diese Informationen jedoch extrem wichtig und gehören daher zum Administratormodell.

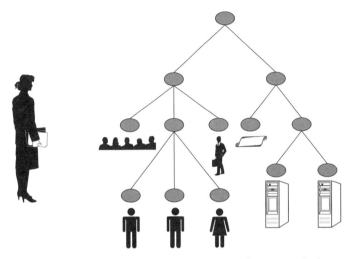

Abbildung 2.3: *Der Administrator »sieht« mehr Daten als der normaler Benutzer, auch in diesem Modell wird die Datenbank als Ganzes gesehen.*

Auch dieses Modell präsentiert die Datenbank als Ganzes. Die Informationen des Verzeichnisses werden so dargestellt, als wären sie in einer zentralen Datenbank gespeichert.

DSA-Informationsmodell

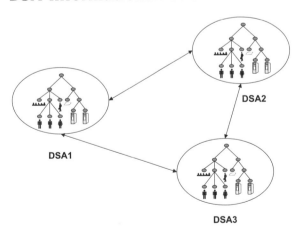

Abbildung 2.4: *Das DSA-Informationsmodell beschreibt das Verzeichnis als mehrere Komponenten, die miteinander interagieren.*

Die vorherigen Modelle beschreiben das Verzeichnis als eine einzige große Datenbank. Die Darstellung des Verzeichnisses als mehrere kooperierende Komponenten (DSAs) wird dort abstrahiert. Das DSA-Informationsmodell hingegen definiert, welche Informationen ein DSA haben soll, um z.B. mit anderen DSAs kommunizieren zu können (Abbildung 2.4). Es ist nahe liegend, dass ein Anwender keinen Zugang zu diesen Informationen hat.

Aufbau der Directory Information Base (DIB)

Alle Informationen des Verzeichnisses werden als Directory Information Base (DIB) bezeichnet. Die DIB besteht aus Einträgen, die sich wiederum in eine beliebige Sammlung von Informationen, auch Attribute genannt, untergliedern.

Es gibt drei Arten von Einträgen:

- Objekt
- Alias
- Untereintrag

Letztere sind für Verzeichnisoperationen und administrative Tätigkeiten bestimmt und passen daher nicht in das Benutzermodell.

Aus der Sicht eines Benutzers bestehen die Daten des Verzeichnisses aus Objekten. Jedes Objekt besteht wiederum aus verschiedenen Informationen (Attribute), und diese können wiederum einen oder mehrere Werte besitzen. Dieser Zusammenhang wird in Abbildung 2.5 dargestellt.

Die Einträge der DIB sind baumartig strukturiert. Dieser Baum wird Directory Information Tree (DIT) genannt, seine Verzweigungspunkte stellen die Objekte dar. Wenn man in diesem Baum z.B. eine Organisation abbildet, werden normalerweise die Abteilungen höher im Baum eingetragen (näher an der Root), Personen oder Ressourcen dagegen weiter unten.

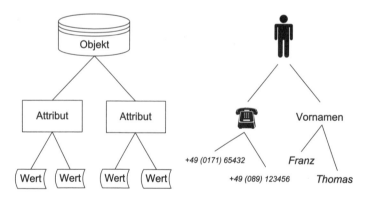

Abbildung 2.5: *Die Daten im Verzeichnis werden als Objekte dargestellt, ein Objekt besteht aus mehreren Attributen, diese wiederum enthalten einen oder mehrere Werte.*

Jedes Objekt ist durch einen Namen gekennzeichnet. Dieser Name ist einzigartig, sodass jedes Objekt eindeutig identifizierbar ist (wie die Nummer im Personalausweis). Dieser Name, auch Distinguished Name (DN) genannt, wird durch die baumartige Struktur der Datenbank aufgebaut. Manche Einträge werden als Alias bezeichnet. Diese speziellen Einträge haben keine Werte, sondern verweisen auf andere Objekte. Dies bietet die Möglichkeit, mehrere Namen für ein Objekt zu verwenden. In Datenbanken taucht oft die Problematik der konsistenten Datenhaltung auf. Der Datenbankadministrator muss gewährleisten, dass ein Anwender (oder ein anderer Administrator) nicht in der Lage ist, falsche Werte einzutragen. Hierzu wird normalerweise eine Reihe von Regeln in die Datenbank eingebaut. Diese Regeln werden im X.500-Verzeichnis als Schema bezeichnet.

Directory Information Tree (DIT)

Um große Datenmengen abzubilden und diese auch wieder schnell zu finden, ist eine flache Datenbankstruktur nicht einsetzbar. Dies ist der Grund dafür, dass X.500 seine Objekte in einer baumartigen, beliebig tief verschachtelbaren Struktur ablegt. Dieser Aufbau kommt auch der Struktur unserer Organisationen sehr nahe. Herr Maier arbeitet in der Buchhaltung in einer Filiale, die Teil einer Organisation im Land Deutschland ist.

Der DIT besteht aus mehreren Komponenten (Abbildung 2.6):

- Root
- Verzweigungspunkte
- Verbindungen

Die **Root** ist ein besonderes Objekt, da es keine Daten beinhaltet und auch als einziges Objekt keinen direkten Vorgänger besitzt. Sie wurde im DIT-Modell rein aus Gründen der Vollständigkeit und logischen Konsistenz eingebaut.

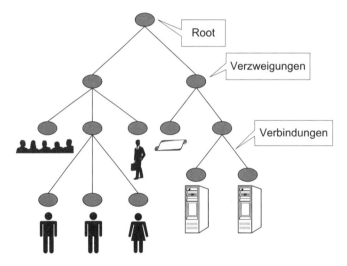

Abbildung 2.6: Der Directory Information Tree (DIT) beschreibt die Datenbankstruktur. Die Komponenten sind Einträge bzw. Objekte, die auch als Verzweigungen bezeichnet werden. Die Root dieses Baumes ist ein besonderes Objekt, das keinen Vorgänger besitzt. Die Verbindungen des Baumes definieren die Hierarchie zwischen den Objekten.

Verzweigungspunkte sind Objekte, die mindestens eine Verbindung haben (ihren direkten Vorgänger). Es wird hierbei zwischen leaf- und non-leaf-Objekten unterschieden. Besitzt ein Objekt keine Unterobjekte mehr, so spricht man von einem leaf-Objekt. Ein solches Objekt könnte beispielsweise einen Drucker darstellen. Objekte, die mindestens einen Untereintrag besitzen, werden als non-leaf-Objekte bezeichnet. Ein solches Objekt könnte beispielsweise der Computer sein, an den der Drucker angeschlossen ist (Abbildung 2.7).

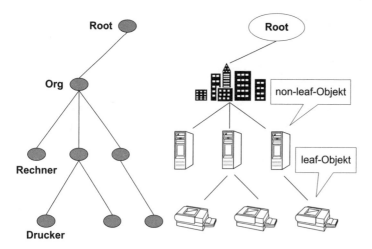

Abbildung 2.7: *Die verschiedene Objekte im Verzeichnis: Root, leaf-Objekte, non-leaf Objekte, (Container)*

Verbindungen definieren den Zusammenhang zwischen Objekten. Wenn ein Objekt ein untergeordnetes Objekt *besitzt*, so wird eine Verbindung zu diesem Objekt eingerichtet.

Objekte

Das Verzeichnis dient zur Speicherung und Verwaltung von Informationen über Objekte. Ein Objekt in Sinne von X.500 soll ein in der realen Welt existierendes Objekt abbilden (Abbildung 2.8). Meistens werden als Objekte Länder, Organisationen, Abteilungen, Personen, Gegenstände etc. verwendet. Das Verzeichnis bildet die Objekte in einer baumartigen Struktur ab. Ein Objekt des Verzeichnisses kann eine 1:1-Beziehung, eine 1:n-Beziehung oder auch eine n:1 Beziehung mit einem Objekt der realen Welt haben. Ein Drucker z.B. aus der realen Welt kann als X.500-Objekt *Drucker* abgebildet werden. Die reale Person *Herr Hüttinger* kann als X.500-Objekt *Person* und gleichzeitig als X.500-Objekt *Mitarbeiter* eingetragen werden (1:n). Ein X.500-Objekt *Familie* hingegen weist auf mehrere reale Personen wie Vater, Mutter, Kinder, Hund etc hin.

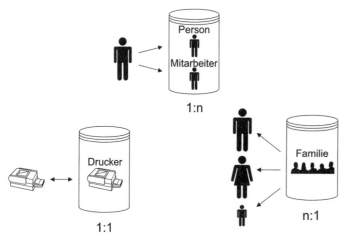

Abbildung 2.8: *Abbildung der in der realen Welt existierenden Objekte durch X.500-Objekte*

Attribute

Attribute sind Informationen und dienen zur Beschreibung von Objekten. Ein Objekt ist durch ein oder mehrere Attribut/e gekennzeichnet. Attribute wiederum bestehen aus einem Attributtyp, um die Information zu klassifizieren, und einem oder mehreren Attributwerten. Ein Attributtyp kann z.B. eine E-Mail-Adresse sein und der dazugehörige Attributwert *info@comcon-gmbh.net*.

Attribute können vom Systemverwalter beliebig definiert werden. Die Standards schränken dies nicht ein.

Namenskontext

Jedes Objekt im Verzeichnis muss sich von allen anderen Objekten durch einen eindeutigen Namen unterscheiden. Wenn das nicht gewährleistet ist, könnte ein Benutzer nicht nach eindeutigen Objekten suchen. Der eindeutige Name eines Objekts wird Distinguished Name (DN) genannt. Der DN wird durch eine Verkettung mehrerer Namen gebildet. Da jedes Objekt (außer der Root) einen Namen besitzen muss und dieser sich von den Objekten, die ebenfalls demselben Objekt untergeordnet sind, unterscheiden muss, wird dieser Name Relative Distinguished Name (RDN) genannt. Jedes Objekt erhält von seinem übergeordneten Objekt dessen DN und hängt daran seinen RDN an (Abbildung 2.9). Somit bekommt jedes Objekt seinen DN und ist auf diese Weise eindeutig identifizierbar.

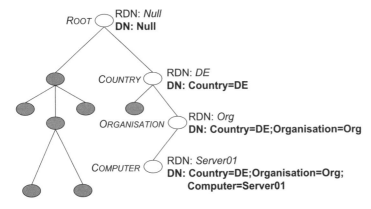

Abbildung 2.9: Der Namenskontext des Verzeichnisses wird durch die Verkettung von RDNs der einzelnen Objekte gebildet.

Manchmal ist es nützlich, wenn ein Objekt unter mehreren Namen erreichbar ist. Wie bereits erwähnt, bietet der X.500-Standard die Möglichkeit, Aliasnamen zu bilden (Abbildung 2.10). Ein Alias ist ein eigenständiges Objekt mit eigenem DN, nur mit dem Unterschied, dass dieses Objekt als Attributwert nur einen Verweis auf das eigentliche Objekt besitzt, ähnlich dem Konzept der Zeiger in der Programmierung.

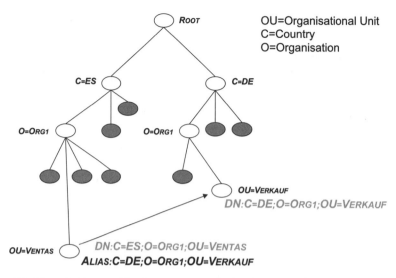

Abbildung 2.10: Das Aliaskonzept ermöglicht, dass ein Objekt unter mehreren Namen erreichbar ist.

Schema

Eine der großen Herausforderungen im Leben eines Datenbankadministrators besteht in der Gewährleistung einer konsistenten Struktur seiner Datenbanken. Diese Problematik ist in der Natur des Menschen begründet: dem ständigen Drang zum Individualismus! Im Falle einer Datenbank bedeutet dies, dass jeder versucht, die Inhalte so zu gestalten, dass sie ihm den bestmöglichen Nutzen bringen. Die Konsequenz daraus ist nahe liegend und leider viel zu oft Realität: doppelte Einträge, unbrauchbare Objekte, gleichartige Einträge mit unterschiedlicher Syntax etc. In jeder brauchbaren Datenbank müssen daher eine Reihe von Objekten, Datentypen, Strukturen und Regeln definiert werden. Bei X.500 spricht man hierbei von einem Schema. Das Schema kann als eine Menge von Regeln betrachtet werden. Diese Regeln beziehen sich auf die Struktur des Verzeichnisses, Standards für Namenskonventionen, Datentypen der Attribute, obligatorische und optionale Attribute für Objekte usw.

Das Schema vermeidet z.B., dass ein Administrator einem Objekt ein falsches Attribut zuweist (z.B. Attribut »Gehalt« für einen Computer) oder einen falschen Eintrag in der Hierarchie des DIT vornimmt (ein Land einer Person unterordnet – auch wenn dies leider manchmal der Realität entspricht).

Hier ein Überblick über die wichtigsten Inhalte des Schemas:

1. **Namenskonventionen** Art und Weise, wie DNs (Distinguished Names) aufgebaut werden.
2. **DIT-Strukturregeln** Vorschläge über die Beziehungen der Objekte (Aufbau der Hierarchie).
3. **Objektklassenregeln** Welche Attribute muss/darf ein Objekt haben, von welchem Objekt wird es abgeleitet und welche Objekte können von diesem abgeleitet werden.
4. **Attributtypregeln** Darf ein Attribut mehrere Werte enthalten? Syntaxregeln, ob es von anderen Attributen abgeleitet wurde, oder die Suchkriterien, die angewendet werden können.

Die Abbildung 2.11 zeigt die Komponenten des Schemas und die entsprechenden Elemente des Verzeichnisses.

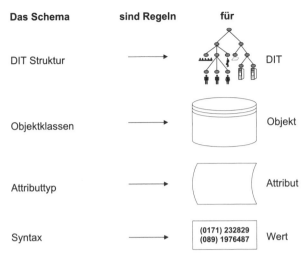

Abbildung 2.11: Das Schema definiert die Regeln für den korrekten Aufbau eines Verzeichnisses.

Die nächsten Abschnitte erklären ausführlicher die wichtigen Komponenten des Schemas.

Aufbau des DIT

Die Regeln, die den Aufbau des DIT bestimmen, sind nicht als zwingend zu verstehen (im Sinne der einzelnen Verzeichnisse), sondern nur als Vorschläge. Sie sind notwendig, um zu vermeiden, dass Objekte an den falschen Platz des DIT eingetragen werden. Da der DN (Distinguished Name) von der Hierarchie der Datenbank abgeleitet wird, wäre es fatal, einen falschen Eintrag vorzunehmen. Es ist auch nicht sinnvoll, wenn z.B. eine Person ihrem Auto untergeordnet wird oder ein Computer direkt unter einem Land eingeordnet wäre. Die Abbildung 2.12. zeigt, wie ein DIT aufgebaut sein könnte.

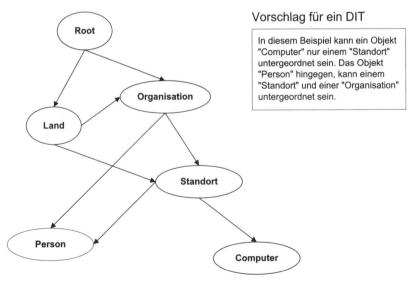

Abbildung 2.12: Die Hierarchie der Objekte im Verzeichnis wird im Schema festgehalten.

Die Ellipsen zeigen die Objekte (oder Objektklassen) und die Pfeile die jeweiligen unter- bzw. übergeordneten Objekte.

Objektklassen

Eine Objektklasse definiert Regeln für die Einträge in ein Objekt. Objektklassen beschreiben also, welche Attribute in ein Objekt eingetragen werden. Somit ist sichergestellt, dass alle Objekte einer Klasse die gleichen Eigenschaften besitzen. Ein Objekt kann nur einer Objektklasse angehören. Die Spezifikation einer Objektklasse definiert, welche Attribute zwingend und welche optional sind. Wenn wir als Beispiel eine Objektklasse *Computer* nehmen und in dieser Klasse als zwingende Attribute Name und IPAdresse definieren, dann müssen alle Objekte der Klasse *Computer* diese Attribute enthalten. Optionale Attribute könnten hier *WeitereProtokolle* und *SpezielleDienste* sein. Ein Computer, der z.B. keine speziellen Dienste ausführt, besitzt keinen Inhalt für das optionale Attribut. Die Abbildung 2.13 zeigt eine vorstellbare Konfiguration einer Objektklasse.

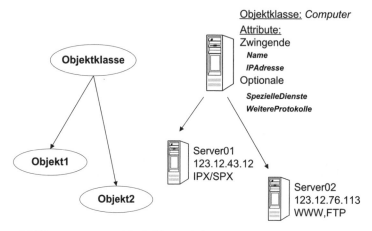

Abbildung 2.13: *Die Objektklasse definiert, welche Attribute in ein Objekt eingetragen werden.*

Zusammenfassend sind folgende Informationen notwendig, um eine Objektklasse zu definieren:
- Attribute (zwingende und optionale) und ihre Syntax
- Objektbezeichner (hier handelt sich um eine eindeutige Identifikation (ID), die vom Verzeichnisdienst generiert wird)
- Welche Objektklassen unter- oder übergeordnet sind
- Welcher Objektklassenart sie zugehört (siehe unten)

Arten der Objektklassen

In der X.500-Spezifikation werden drei Arten von Objektklassen definiert: *structural*, *auxiliary* und *abstract*:
- **Structural** Diese Klasse definiert den Platz im DIT, der von Objekten dieser Klasse eingenommen werden kann, und seine Attribute.
- **Abstract** Diese Art kann als Vorlage interpretiert werden. Die Objekte, die dieser Klasse angehören, werden nicht im DIT eingetragen und dienen nur dazu, andere Objektklassen abzuleiten. Ein

Beispiel dazu ist die Klasse *top*, sie befindet sich auf der oberste Ebene des DIT und dient der Vollständigkeit. Jedes Objekt muss der Klasse *top* angehören und mindestens einer weiteren.

- **Auxiliary** Diese Art wird benutzt, um gemeinsame Charactere eines Objekts zu gruppieren, ohne seine Position im DIT zu beeinflussen. Man könnte z.B. eine Objektklasse *AutoBenutzer* vom Typ *Auxiliary* definieren. Diese beschreibt Personen, die einen Dienstwagen benutzen dürfen (die Glücklichen!). Als Attribute stehen *Führerscheinnummer*, *GefahreneKm* etc. zur Verfügung. Diese Objektklasse kann dann den Glücklichen beigefügt werden, ohne deren Position im DIT zu verändern (siehe Bild unten).

Hierarchie der Objekt-Klassen

Die Arbeit mit Objektklassen kann schnell in ein Chaos ausarten, wenn nicht grundlegende Regeln eingeführt werden. Eines der Hauptprobleme ist die unkontrollierte Vermehrung von Objektklassen (wie bei den Menschen). Neu einzuführende Objektklassen sind bestehenden oft sehr ähnlich. In einer Firma besteht die Objektklasse *Auto* und es soll die Objektklasse *Omnibus* eingeführt werden. Nun müssten alle Eigenschaften des *Omnibus*, die denen der Objektklasse *Auto* doch sehr ähnlich sind, neu erzeugt werden und darüber hinaus noch etliche weitere. Um dies zu vermeiden, wurde bei der X.500-Spezifikation das Prinzip der Vererbung durch Subklassen eingeführt. Dies bedeutet in unserem Beispiel, dass eine Objektklasse *Fahrzeuge* zu erzeugen ist, in der Attribute zusammengefasst sind, die in jedem Fahrzeug auftreten. Die neue Objektklasse *Omnibus* wird dann aus der Objektklasse *Fahrzeuge* abgeleitet (Abbildung 2.15). Die Objektklasse *Omnibus* erbt alle Attribute eines Fahrzeuges und man kann zusätzliche Attribute definieren, die speziell für einen Omnibus zutreffen (z.B. *MaxPassagiere*, *Höhe*, *Breite* etc.).

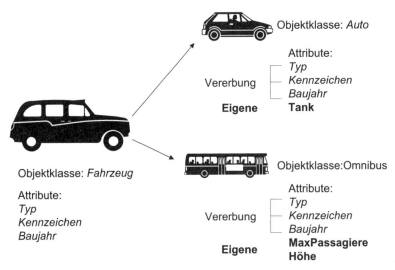

Abbildung 2.14: Das Konzept der Vererbung vereinfacht die Erstellung neuer Objekte und vermeidet deren unkontrollierte Vermehrung.

Im X.500-Standard ist eine generelle Objektklasse *top* definiert. Alle andere Objektklassen sind per Definition Subklassen von *top*. Gleichgültig welche Attribute in *top* definiert sind, werden diese an alle anderen Klassen des Verzeichnisses vererbt. Dieses Verfahren findet auch in jeder anderen Subklasse Anwendung, es werden stets alle Attribute von der Überklasse vererbt.

Attributtypen

Attribute sind die Grundelemente von Objekten. Sie enthalten die notwendigen Informationen, um ein Objekt zu beschreiben. Ein Attribut besteht im Allgemeinen aus einem oder mehreren Werten, die durch die Syntax der Attribute beschrieben werden (siehe dazu nächsten Abschnitt), deren Gültigkeitsbereich, einem Attributbezeichner (eindeutige Zahl zur Identifizierung) und, falls ein Attribut von einem anderen abgeleitet worden ist (ähnlich wie bei Objekt-Klassen), seinem übergeordneten Attribut. Um die Attribute zu beschreiben, wird eine spezielle Sprache verwendet: ASN.1 (Abstract Syntax Notation One). ASN.1 wurde zunächst von der CCITT (Standard X.409) zur Beschreibung von Datenstrukturen für den Bereich *Elektronische Post* definiert. Später wurde ASN.1 als Standard 8824 von der ISO verabschiedet und wird auch für Kommunikationsprotokolle eingesetzt.

```
(*****************************************************************)
(* ASN.1 DIRECTORY DATA-TYPE TEMPLATE                           *)
(*                                                              *)
(*****************************************************************)
(* Directory name - based on X.501                              *)
(*****************************************************************)

DirectoryName              LABEL     = ddirn            T=special case
                           STRUCTURE = CHOICE
                             TAG     = (C 0 C)
                           CHILDREN  = { <drdns, U 16 C,O,0> }

RDNSequence                LABEL     = drdns            T=MH_DIRECTORY
                           STRUCTURE = SEQUENCE OF      C=DS_C_DS_DN
                           LIMIT     = 0
                           CHILDREN  = { <drdnm, U 17 C,O,0> }

RelativeDistinguishedName  LABEL     = drdnm            T=DS_RDNS
                           STRUCTURE = SET OF           C=DS_C_DS_RDN
                           LIMIT     = 0
                           CHILDREN  = { <davas, U 16 C,O,0> }

AttributeValueAssertion    LABEL     = davas            T=DS_AVAS
                           STRUCTURE = SEQUENCE         C=DS_C_AVA
                           CHILDREN  = { <dobid, U  6 P,M,0> }
```

Abbildung 2.15: *ASN.1-Syntax (Beispiel aus einer Attribute Definition des Exchange Server)*

Die Beschreibung der Attribute ist notwendig, um zu vermeiden, dass z.B. ein Anwender beim Attribut *Größe in cm* des Objektes *Person 10.450.000* eintragen kann, sondern nur realistische Werte, also Zahlen zwischen *50* und *250*.

Syntax der Attribute

Es können eine unzählige Menge von Attributen und zugehörigen Werten definiert werden. Von Personeninformationen wie *Name, Vorname, Alter, Adresse* etc. bis hin zu Computerkomponenten wie *ID, Preis, Beschreibung* etc. Jeder Wert eines Attributes besitzt seine spezielle Syntax. Die Syntax definiert die Datentypen eines Wertes. Für ein Attribut *Name* ist es beispielsweise nahe liegend, den Datentyp STRING zu verwenden, für ein Attribut *Gewicht* REAL usw. Auch für die Syntax der Werte wird ASN.1 benutzt. Die Sprache besteht aus einfachen Datentypen (BOOLEAN, INTEGER, REAL, STRING etc.) und Anweisungen, um diese zusammenzusetzen (SET, SEQUENCE etc.). Um z.B. eine IP-Adresse zu definieren, würde man eine SEQUENCE aus 4 OCTET nehmen. Eine ausführliche Beschreibung der ASN.1-Sprache würde den Rahmen dieses Buches sprengen, deswegen werden nur die Konzepte der Syntax der Attribute vorgestellt.

Zusammenfassend kann diese strenge Standardisierung als Mittel angesehen werden, das die Konsistenz der Verzeichnisinformationen gewährleistet. Hierzu werden erst Datentypen definiert, denen dann Attribute und eine Position im Verzeichnis zugewiesen wird. Diese können zur einfacheren Administration in Objektklassen zusammengefasst werden. Als Beschreibungssprache für diesen Prozess dient ASN.1.

Verteilte Datenbanken

In den vorherigen Abschnitten ist das Verzeichnis als eine große Einheit beschrieben worden. Das entspricht dem Benutzer- bzw. Administratorinformationsmodell. In der Definition des X.500-Systems (vgl. ▶ Kapitel 2, Überblick) wird das Verzeichnis allerdings als *kooperierend offenes System* beschrieben, was bedeutet, dass die Informationen über mehrere Systeme verteilt werden können. Jedes dieser Systeme wird als DSA (Directory System Agent) bezeichnet. Die Standards definieren nicht, wie die DSA implementiert werden soll. Daher kann es sich in der Realität bei einem Verzeichnis um eine relationale, hierarchische oder objektorientierte Datenbank handeln. Der Benutzer greift auf das System über den DUA (Directory User Agent) zu. In diesem Abschnitt werden die zwei Komponenten DSA und DUA näher beschrieben.

Komponenten

Directory User Agent (DUA)

Der Directory User Agent ist als die Komponente anzusehen, die mit dem Verzeichnis kommuniziert, und ist somit als eine Art *Benutzerschnittstelle* zu betrachten (obwohl der DUA nicht nur von Personen gesteuert werden kann). Die Art und Weise, wie der DUA mit dem System interagiert, ist standardisiert. Es handelt sich um eine bestimmte Menge von Operationen (Lesen, Ändern, Abfragen) und deren Rückgabewerte (Informationen oder Fehler). Diese Operatoren sind als Directory Access-Protokoll (DAP) zusammengefasst (Abbildung 2.16). Bei den meisten real existierenden Verzeichnisdiensten konnte sich das DAP aufgrund seiner komplexen Abfragemechanismen und des benötigten OSI-Protokollstacks nicht durchsetzen. Hier setzt sich in zunehmendem Maße das von der Internetgemeinde im RFC 1777 beschriebene Lightweight Directory Access-Protokoll (LDAP) durch. Hierzu allerdings mehr im ▶ Kapitel 3.

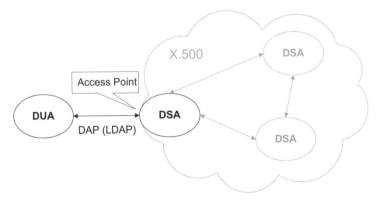

Abbildung 2.16: Der DUA greift auf das Verzeichnis über einen Access Point zu.

Wie der DUA mit dem Benutzer interagiert, wird in der X.500-Spezifikation nicht festgelegt. Ein gutes Beispiel für einen DUA ist das Adressbuch von Outlook Express. Der Benutzer kann mit diesem Tool nach einer Person in einem X.500-Verzeichnis suchen (es wird das LDAP-Protokoll für den Zugriff verwendet). Der Anwender braucht keine X.500-Kenntnisse (zum Glück!), um eine Person zu suchen. Er muss lediglich einen Namen oder eine E-Mail-Adresse eintippen und hoffen, dass sich der zugehörige Datensatz im Verzeichnis befindet.

Directory System Agent (DSA)

Eine herausragende Eigenschaft des verteilten Verzeichnisses (die gesamte Information im Verzeichnis wird auch Directory Information Base (DIB) genannt) ist, dass ein Benutzer, egal von wo aus er die Abfrage ausführt, immer die relevanten Informationen bekommt. Um dies zu erreichen, ist es notwendig, dass jeder DSA, der vom Benutzer abgefragt wird, weiß, wo sich die gewünschten Informationen befinden. Somit kann der abgefragte DSA dieses Wissen dem DUA zurückgeben oder einen anderen DSA kontaktieren, falls er die Informationen nicht enthält. Die Kommunikation zwischen zwei DSAs wird durch das Directory System Protokoll (DSP) standardisiert.

Im Folgenden werden nun die verschiedenen Methoden der Kommunikation zwischen DUA-DSA und DSA-DSA beleuchtet. Für diese Form der Kommunikation gibt es zwei grundlegende Methoden (*Verkettet* und *Referenz*) und eine dritte, die als Mischform aus den ersten beiden zu betrachten ist (*Hybrid*). Bei der *Verkettet* (Chaining) -Methode wird, wie das Wort schon verrät, die Abfrage des DUA an dessen *Home*-DSA (*Home*-DSA steht hier für den Standard-DSA, an den sich der DUA zuerst wendet) gestellt (Abbildung 2.17). Falls die Informationen dort nicht aufzufinden sind, sendet der *Home*-DSA die Abfrage weiter an einen anderen DSA. Dieses Spiel wiederholt sich, bis die Informationen gefunden sind oder die Abfrage für endgültig gescheitert erklärt wird. Die Informationen wandern dann denselben Weg wieder zurück, bis sie beim DUA angelangt sind. Für den DUA ist diese Ermittlungsmethode völlig transparent, denn er erhält seine Informationen von der Stelle, an die er sich gewendet hat.

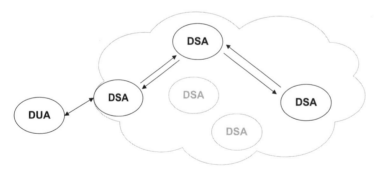

Abbildung 2.17: Das Prinzip der Verkettung (Chaining)

Die *Referenz* (Referrals) Methode funktioniert hier völlig anders. Der DUA stellt wie gewohnt seine Abfrage an sein *Home*-DSA. Falls die Informationen dort nicht gefunden werden, leitet der DSA die Anfrage nun nicht weiter, sondern gibt dem DUA die Adresse und den Namen (Access Point) eines weiteren DSA zurück. Der DUA bindet sich dann direkt an den neuen DSA und sendet erneut die Abfrage (Abbildung 2.18).

Die *Hybrid*-Methode ist eine Mischung aus den vorher beschriebenen. In diesem Fall gestattet der DSA beide Möglichkeiten und kann somit flexibler für verschiedene DUA-Implementierungen eingesetzt werden.

Die Methoden, in denen auf andere DSAs referenziert wird, bergen die Gefahr, dass der DUA erkennt, wie die Daten verteilt sind. Die DUA-Implementation muss aber diese Vorgehensweise auch zulassen und sich mit mehreren DSAs verbinden können. Der große Vorteil dieser Methode besteht darin, dass die Daten direkt von dem referenzierten DSA zum DUA übertragen werden können, anstatt den langen Weg über mehrere DSAs antreten zu müssen.

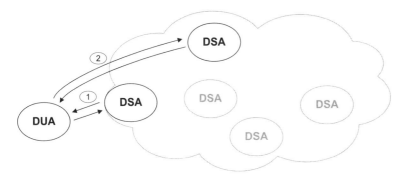

Abbildung 2.18: Das Prinzip der Referenz (Referral): Der DUA bekommt vom DSA (1) die Referenz für einen anderen DSA, der dann (2) abgefragt wird.

Zusammenfassend kann die X.500-Datenbank als System dargestellt werden, das dem Anwender bestimmte Dienste für den Zugriff auf Informationen zur Verfügung stellt. Der Benutzer kommuniziert über eine Software (DUA) mit dem Informationsspeicher. Dieser kann von einem oder mehreren Systemen (DSA) verwaltet werden. Die Kommunikation zwischen Benutzer und Datenbank wird über das Directory Access-Protokoll (DAP) oder Lightweight Directory Access-Protokoll (LDAP) geregelt. Ist die Datenbank auf mehrere Systeme verteilt, so kommunizieren diese über das Directory System-Protokoll (DSP).

Namensauflösungen

In den vorangegangenen Abschnitten wurden die verschiedenen Verfahren beschrieben, mit denen DSAs ihre Informationen ermitteln. Hier soll nun beleuchtet werden, warum ein DSA gerade speziell auf einen anderen DSA referenziert. Um sich an einen anderen DSA zu binden, muss der abfragende DSA wissen, welche Informationen (bzw. welchen Teil der Datenbank) andere DSAs verwalten. Hierzu ist die komplette Datenbank (der DIT) im Sinne der Hierarchie unter Berücksichtigung bestimmter Regeln verteilt. Auch die Beschreibung dieser Verteilung ist auf die DSAs verteilt. Die Regeln, die bei dieser Verteilung anzuwenden sind, können folgendermaßen zusammengefasst werden:

- Die Datenbank ist in Teilbäumen gespeichert.
- Ein Teilbaum kann beliebig groß (klein) sein, z.B. auch die ganze Datenbank enthalten.
- Ein Teilbaum kann nur als zusammenhängender Zweig bestehen (Abbildung 2.19).
- Jeder Teilbaum muss von genau einem DSA verwaltet werden.

In jedem DSA sind Strukturinformationen über den Aufbau der DIT gespeichert. Diese Informationen werden als *Namenskontext* bezeichnet. Ein Namenskontext enthält die Informationen über den Anfang des vom DSA verwalteten Teilbaumes sowie Informationen über den Vorgänger und die Nachfolger. Ein DSA weiß dementsprechend, für welchen Teilbaum er zuständig ist, z.B. O=Microsoft, OU=Entwicklung, und er kennt den DSA, der ihm übergeordnet ist, in diesem Beispiel O=Microsoft. Ferner hat er Informationen über all seine direkt untergeordneten DSAs und deren Teilbäume, z.B. O=Microsoft, OU=Entwicklung, OU=Windows2003.

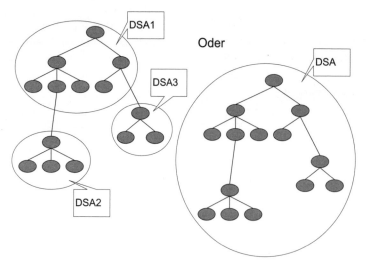

Abbildung 2.19: Teilbäume des Verzeichnisses werden von genau einem DSA verwaltet.

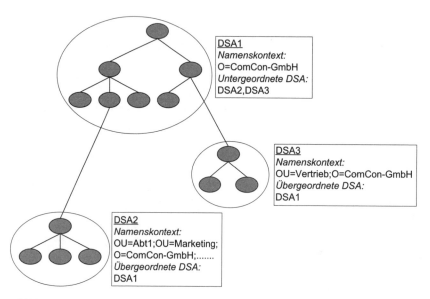

Abbildung 2.20: Jeder DSA speichert die Informationen über den Anfang seines Teilbaumes und die über- und untergeordneten DSAs.

Unter diesen Voraussetzungen ist es möglich, jeden Eintrag im Verzeichnis zu finden, denn jeder DSA kann eine Abfrage zumindest in die richtige Richtung weiterleiten (Abbildung 2.20). Angenommen, ein DUA fragt nach dem Eintrag Country=DE, O=ComCon-GmbH, OU=Entwicklung, CN=Franco Michela. Falls der angefragte *Home*-DSA nur Country=DE, O=ComCon-GmbH verwaltet, ist es für ihn kein Problem, anhand der Informationen im Namenskontext die Abfrage an den zuständigen DSA weiterzuleiten oder den DUA darüber zu informieren.

Protokolle

In diesem Abschnitt werden die beiden Protokolle (DAP und DSP) vorgestellt, mit denen die Komponenten des Verzeichnisses (DUA und DSA) kommunizieren.

Directory Access Protocol (DAP)

Spricht der Directory User Agent (DUA) seinen zuständigen Directory System Agent (DSA) an, so geschieht dies über das Directory Access Protocol (DAP). Die erste Kommunikationssequenz zwischen den beiden Systemen ist der Verbindungsaufbau. Hier werden Daten zur Authentifizierung des DUA bzw. des dahinter agierenden Benutzers gesendet. Es wird unterschieden zwischen einfacher und strenger Authentifizierung. Weiter werden im Standard zusätzliche Parameter für den Verbindungsaufbau definiert, wie Zeit der Verbindung, Protokollversion etc. Analog ist auch ein Verbindungsabbau definiert.

Die anderen Operationen, die im Protokoll bereitgestellt sind, beziehen sich auf:

- Leseoperationen
  - Lesen
  - Vergleichen
  - Verlassen
- Suchen
  - Auflisten
  - Suchen
- Ändern
  - Eintrag hinzufügen
  - Eintrag löschen
  - Eintrag ändern
  - DN ändern
- Fehler

Directory System Protocol (DSP)

X.500 definiert für die Kommunikation der DSAs untereinander das Directory System Protocol (DSP). Dieses unterscheidet sich nicht grundlegend vom DAP und kann als Ergänzung des DAP angesehen werden. Der DSA fügt den Anfragen, die an ihn gerichtet werden, in den meisten Fällen nur weitere Parameter hinzu und leitet diese dann an den nächsten DSA weiter. Die zusätzlichen Parameter enthalten Informationen über den Weg, den die Anfrage bereits durchlaufen hat, und über die daran beteiligten DSAs. Somit wird sichergestellt, dass die Ergebnisse der Anfrage wieder an ihren Ausgangspunkt (den DUA) zurückkehren. Die Fehlerbehandlung erfolgt auf die gleiche Art und Weise wie im DAP definiert.

Replikation

Für die Entscheidung, Daten zu replizieren, also nicht mehr nur an einer Stelle vorzuhalten, gibt es unterschiedliche Gründe. Im Wesentlichen lassen sich diese auf die Themen Performance und Verfügbarkeit beschränken.

In Bezug auf Performance ist es nahe liegend, dass eine große Anzahl von Anfragen an einen einzelnen DSA zu längeren Antwortzeiten führt. Werden die Daten hingegen auf mehreren Systemen identisch vorgehalten, so können die Anfragen parallel abgearbeitet werden, was sich durch schnellere Reaktion bemerkbar macht. Das Thema Verfügbarkeit ist in diesem Zusammenhang nahezu selbsterklärend, da durch die mehrfache Datenhaltung die Abhängigkeit von einem einzelnen System eliminiert wird.

Diese Vorteile werden leider durch einen höheren Aufwand und das Risiko *veralteter* Daten erkauft. Der erhöhte Aufwand ist durch zwei Aspekte begründet. Es wird eine höhere Anzahl administrativer Strukturinformationen je DSA benötigt, die auch verwaltet werden müssen, und es sind weitere Protokolle zu definieren, um die Replikation sicher durchzuführen. Die Thematik der *up-to-date*-Daten ist in diesem Fall als nicht besonders dramatisch anzusehen, denn in der Regel steht das Verhältnis der Abfragen und Änderungen 99:1. Auf 99 Abfragen kommt also durchschnittlich eine Änderung, sodass das Hauptaugenmerk bei solchen Systemen auf die schnelle Abarbeitung der Anfragen zu richten ist.

Es gibt zwei gängige Arten der Replikation. Das Master- und das Multimaster-Modell. Die Master-Methode ist sehr einfach, da die Daten an einer Stelle gehalten werden (Master) und von dort aus die Replikation auf den zugehörigen Partner (Slave) erfolgt. Änderungen sind nur im Datenbestand des Masters zulässig, sodass hier per Definition keine Inkonsistenzen auftreten können. Von dieser zentralen Stelle aus werden die Daten dann an die Replikationspartner kopiert. Dieses Prinzip verwendet auch Microsoft in NT 4.0-Domänenumgebungen. Die Directory Database befindet sich auf dem PDC und wird von dort aus auf alle BDCs verteilt.

Im Multimaster-Modell gibt es, wie der Name schon sagt, mehrere Master. Die Daten können auf diesen Systemen verändert werden und müssen dann von dort aus auf die anderen Master repliziert werden. Das Multimaster-Modell ist schwieriger zu implementieren, da die Replikation in zwei Richtungen erfolgt und Konfliktsituationen (derselbe Datensatz wurde gleichzeitig auf zwei Systemen geändert) abzufangen sind. Dafür ist das System flexibler und besser skalierbar.

Abbildung 2.21: Das Prinzip des Shadowing

Der X.500-Standard hat sich für die Master-Methode entschieden und bezeichnet die Replikation als Shadowing. Die Analogie zu einem Schatten ist zwar nicht besonders glücklich gewählt (ein Schatten ist nur ein schwarzer Umriss und spiegelt nicht die hübschen Gesichter der Autoren wider), aber mit ein bisschen Phantasie durchaus akzeptabel. Der Schatten bildet das Original ab (Abbildung 2.21). Je nach Lichtverhältnissen kann das ganze Original dargestellt werden oder nur ein Teil davon. Wenn sich das Original bewegt, verändert sich auch der Schatten. Das Original ist unsere Master-Instanz und der Schatten ist die Slave-Instanz. Der Lichteinfluss ist mit den Vereinbarungen zwischen den DSAs zu vergleichen, die zwei Instanzen treffen müssen, bevor das Shadowing stattfinden kann.

Es sind zwei Arten von Shadowing definiert, *primary shadowing* und *secondary shadowing*. Im Falle des *primary shadowing* gelten folgende Regeln:

- Der Master-DSA ist der einzige Informationsverteiler (für einen bestimmten Teil des DIT).
- Jeder Slave-DSA besitzt eine direkte Vereinbarung mit dem Master-DSA.
- Veränderungen der Daten können nur am Master-DSA vorgenommen werden.

Im Falle des *secondary shadowing* gelten folgende Regeln:

- Der Master-DSA ist nicht der einzige Informationsverteiler (für eine bestimmte Menge von Daten).
- Manche Slave-DSAs besitzen keine direkte Vereinbarung mit dem Master-DSA.
- Veränderungen der Daten können nur am Master-DSA vorgenommen werden.

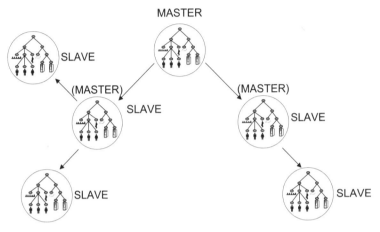

Abbildung 2.22: secondary shadowing

Da die Informationen vom Master-DSA zuerst auf eine kleine Anzahl Slave-DSAs verteilt und von dort aus auf die restlichen Slaves kopiert werden, ist das *secondary shadowing* bei sehr großen Systemen empfehlenswert, um den Master-DSA zu entlasten (Abbildung 2.20).

Die Menge der Shadowdaten kann sich vom einzelnen Attribut bis hin zu ganzen Verzeichnis-Teilbäumen ausdehnen. Was zu replizieren ist, wird durch Vereinbarungen geregelt. Hierbei kann es sich um rechtliche Vereinbarungen – wenn zwei getrennte Organisationen Daten replizieren –, oder um rein administrative Vereinbarungen handeln. Beispiele der Inhalte solcher Vereinbarungen sind Sicherheitsregelungen, Shadowingmodus (*primary* oder *secondary*), Shadowinginhalte oder auch Geld (im Falle von rechtlichen Vereinbarungen).

Um das Shadowing durchführen zu können, werden neben den formellen Vereinbarungen zwischen den DSAs auch Protokolle für die konkrete Durchführung benötigt. Der X.500-Standard definiert hierfür das Directory Operational Binding Management Protocol (DOP) und das Directory Information Shadowing Protocol (DISP). DOP wird verwendet, um die Vereinbarungen zwischen den DSAs beschreiben und erzeugen zu können. Das DISP hingegen wird benötigt, um die Daten zwischen den DSAs sicher zu transferieren.

Sicherheitsaspekte

Einer der wichtigsten Aspekte bei der Definition des X.500-Standards ist die Sicherheit. Allgemein kann der Begriff Sicherheit in einem kurzen prägnanten Satz zusammengefasst werden.

Wer darf *was*?

Das *Wer* entspricht im folgenden Absatz der Identität einer Person, die sich hinter einem DUA verbirgt. Wenn sich beispielsweise die Person Margit am System anmeldet, muss sichergestellt werden, dass dies auch tatsächlich Margit ist. Dieser Prozess wird Authentifizierung genannt. Im täglichen Leben werden wir durch unseren Ausweis authentifiziert.

Das *Was* entspricht den Operationen, zu denen ein Benutzer berechtigt ist. Sobald ein Benutzer einmal authentifiziert ist, wird anhand einer Access Control List (ACL) darüber entschieden, wie er auf ein Objekt zugreifen darf. In den nächsten beiden Abschnitten werden zwei Methoden zur Authentifizierung und das Prinzip der ACLs vorgestellt.

Einfache Authentifizierung

Das Prinzip der einfachen Authentifizierung basiert auf zwei Informationen: dem Namen eines Objektes und dem zugeordneten Kennwort. Der Sender schickt diese Informationen dem Empfänger und dieser vergleicht sie mit einer von ihm gehaltenen Liste. Falls beide übereinstimmen, wird der Sender akzeptiert und kann nun Zugriffe auf andere Objekte beantragen (Abbildung 2.23). Dies geschieht im DAP-Protokoll in der Funktion Verbindungsaufbau.

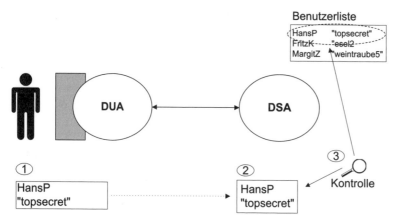

Abbildung 2.23: *Einfache Authentifizierung: Der Benutzer gibt seinen Namen und sein Passwort ein (1), diese werden über das Netz gesendet (2) und der DSA überprüft die Angaben in der Benutzerliste (3).*

Die Schwachstelle dieser Methode liegt darin, dass die Sicherheitsinformationen (Name und Passwort) als Klartext durch das Netzwerk gesendet werden. Für einen Hacker ist es ein Leichtes, diese Informationen zu filtern und das Passwort zu ermitteln. Eine verbesserte Methode besteht darin, das Passwort zu verschlüsseln, bevor es gesendet wird. Dieses Prinzip basiert auf einer Funktion zur Verschlüsselung des Passwortes. Die Funktion ist allerdings nicht in der Lage, das Passwort wieder zu entschlüsseln. Der Empfänger verfügt nur über ein durch die gleiche Funktion verschlüsseltes Passwort und kann nun beide verschlüsselten Passwörter miteinander vergleichen und somit die Gültigkeit des Benutzers ermitteln (Abbildung 2.24).

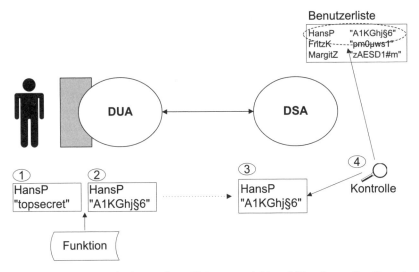

Abbildung 2.24: Einfache Authentifizierung mit Verschlüsselung: Der Benutzer gibt seinen Namen und sein Passwort ein (1), das Passwort wird mit einer Funktion verschlüsselt (2) und die Daten über das Netz gesendet (3). Der DSA überprüft diese Angaben in der Benutzerliste (4).

Der Vorteil ist, dass nur ein verschlüsseltes Passwort über das Netz gesendet wird und das System nur verschlüsselte Passwörter hält (deswegen ist es bei Betriebssystemen, welche diese Methode anwenden, auch für Administratoren nicht möglich, die Passwörter der Benutzer zu lesen). Eine weitere Möglichkeit der Verschlüsselung besteht darin, das Passwort mit Zufallszahlen und Zeitangaben zu verschlüsseln und diese dann zu versenden. Auch ein gemeinsamer Einsatz der beiden Methoden ist denkbar.

Strenge Authentifizierung

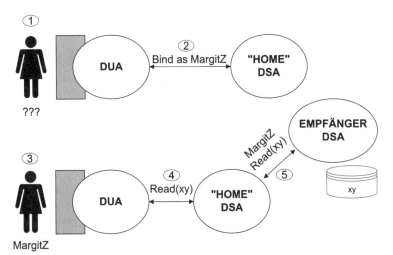

Abbildung 2.25: Strenge Authentifizierung: Der Benutzer (1) bindet sich an seinen »Home«-DSA (2) und ist dadurch beim System bekannt (3). Findet nun eine beliebige Operation statt (4), so leitet der »Home«-DSA die Anfrage an den Ziel-DSA weiter (5).

Die einfache Authentifizierung hat in großen Systemen entscheidende Nachteile. In einem verteilten System kann eine Benutzeranfrage mehrere DSAs durchlaufen. Die Authentifizierung erfolgt allerdings nur zwischen dem DUA und dessen *Home*-DSA. Wie soll der *Empfänger*-DSA wissen, um welchen Benutzer es sich handelt? Eine Methode wäre, dass der *Home*-DSA die Benutzerinformationen zusammen mit der Anfrage weiterleitet (Abbildung 2.25).

Dies setzt allerdings voraus, dass der Empfänger-DSA den Sender-DSA vertrauen muss und darüber hinaus sichergestellt ist, dass die Informationen auf ihrem Weg nicht verfälscht werden. Dies kann durch den Einsatz digitaler Signaturen vermieden werden. Digitale Signaturen sind die Basis der strengen Authentifizierung und kommen im X.500-Standard zum Einsatz. Hier wird nun erst das Prinzip der digitalen Signatur erklärt, um daran anschließend auf deren Einsatz im Verzeichnis einzugehen.

Digitale Signaturen

Digitale Signaturen basieren auf dem Prinzip der asymmetrischen Verschlüsselung. Bei der asymmetrischen Verschlüsselung wird ein Schlüsselpaar erzeugt, das aus einem privaten und einem öffentlichen Schlüssel besteht. Die beiden Schlüssel haben eine mathematische Beziehung zueinander und besitzen die Eigenschaft, dass Informationen, die mit dem einen Schlüssel codiert sind, nur mit dem zugehörigen Partner entschlüsselt werden können. Diese Eigenschaft gilt in beide Richtungen. Der öffentliche Schlüssel wird der Allgemeinheit zur Verfügung gestellt, wohingegen der private Schlüssel nur einem Benutzer zugeordnet ist.

Unter dieser Voraussetzung lassen sich folgende Fälle konstruieren:

1. Ein beliebiger Benutzer möchte dem Inhaber des privaten Schlüssels eine geheime Nachricht zukommen lassen. Der Benutzer braucht diese Nachricht nur mit dem öffentlichen Schlüssel zu codieren und dem Empfänger zu senden. Die Abhängigkeit des Schlüsselpaares erlaubt es diesem nun, mit Hilfe seines privaten Schlüssels die Nachricht zu entschlüsseln. Auf diese Weise stellt der Absender sicher, dass nur der korrekte Empfänger die Nachricht lesen kann.

2. Ein Benutzer möchte, dass der Empfänger sicher ist, von wem die Nachricht kommt, die er empfangen hat. Der Absender verschlüsselt die Nachricht mit seinem privaten Schlüssel. Da jeder beliebige Benutzer über Zugriff auf den öffentlichen Schlüssel verfügt, kann diese von jedem gelesen werden. Der Empfänger kann auf diese Weise allerdings sicherstellen, dass die Nachricht von genau diesem Absender stammt, da ja sonst niemand über den privaten Schlüssel verfügt.

Das Problem der Identität und die Richtigkeit der Daten wäre somit gelöst, aber leider verfügt nicht jeder Arbeitsplatz über die Rechenleistung eines Großrechners (noch nicht). Der Haken liegt in der Komplexität der Verschlüsselung mit Hilfe des asymmetrischen Verfahrens. Die Codierung ist ein sehr rechenintensiver Prozess und kann mit der heute am Arbeitsplatz zur Verfügung stehenden Rechenleistung nur auf kleine Datenmengen angewendet werden.

Aufgrund der oben genannten Einschränkungen kommt bei der Authentifizierung das in den Abbildungen 2.26 und 2.27 dargestellte Verfahren zum Einsatz.

Auf die abzusichernden Daten wird ein Hash-Algorithmus angewendet und damit eine eindeutige Zahl berechnet. Diese Zahl wird mit dem privaten Schlüssel des Absenders codiert, wobei als Ergebnis eine digitale Signatur entsteht. Die unverschlüsselte Nachricht wird nun zusammen mit der Signatur versendet. Der Empfänger entschlüsselt die Signatur mit dem ihm zugänglichen öffentlichen Schlüssel des Senders und bekommt eine Zahl zurück. Nun muss er nur noch den gleichen Hash-Algorithmus auf die Nachricht anwenden und bekommt hoffentlich dieselbe Zahl. Auf diesem Weg ist sichergestellt, dass die Nachricht vom richtigen Sender kommt und unterwegs nicht verändert wurde. Dass die Nachricht auf ihrem Weg möglicherweise von anderen Benutzern auch gelesen wurde, kann so nicht verhindert werden.

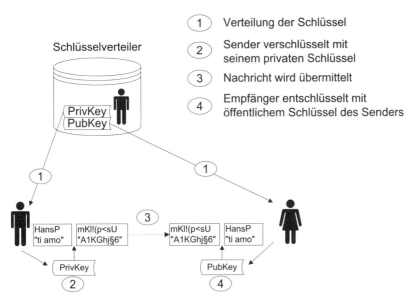

Abbildung 2.26: Prinzip der Verschlüsselung mit öffentlichen und privaten Schlüsseln

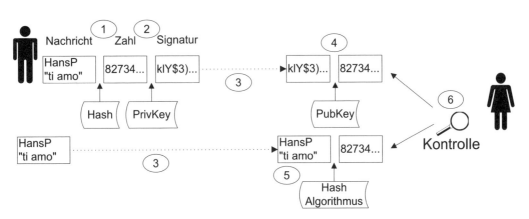

Abbildung 2.27: Der Ablauf der digitalen Signatur

Einsatz im Verzeichnis

Das Prinzip der digitalen Signatur wird auch auf das X.500-Verzeichnis angewendet. Als Beispiel nehmen wir an, ein Benutzer möchte eine Operation im Verzeichnis ausführen, z.B. einen Eintrag ändern. Der DUA, welcher den Benutzer repräsentiert, sendet eine mit digitaler Signatur versehene Anfrage an seinen *Home*-DSA. Dieser weiß nun, was der DUA möchte, und leitet die Anfrage weiter, sofern sie nicht von diesem DSA selbst bearbeitet werden kann. Eine Authentifizierung ist nicht notwendig (außer sie wird gewünscht), da auf den meisten beteiligten DSAs keinerlei Aktionen stattfinden und die Abfrage nur weitergeleitet wird. Nur der DSA, welcher die gewünschten Informationen verwaltet, muss die Signatur entschlüsseln und kann mit Hilfe des Hash-Algorithmus die Identität des Benutzers und die Integrität der Anfrage kontrollieren.

Um diese Methode anzuwenden, muss der DSA den öffentlichen Schlüssel des Benutzers kennen. Ein nahe liegendes Verfahren zum Publizieren der Schlüssel besteht darin, die Schlüssel ebenfalls im Verzeichnis zu speichern. Eine andere Methode hinterlegt die öffentlichen Schlüssel bei einer Certificate Authority (CA). Eine CA ist eine Instanz, eine Behörde oder ein kommerzielles Unternehmen, die für die Vergabe von Schlüsselpaaren zuständig ist und die Veröffentlichung der öffentlichen Schlüssel übernimmt. Es wird hier nicht weiter auf die Thematik der CAs eingegangen. Eine im Internet bekannte Zertifizierungsstelle kann unter *http://www.verisign.com* gefunden werden.

Die beschriebene Methode wird auch 1-Weg-Authentifizierung genannt. Es sind auch 2-Weg- und 3-Weg-Authentifizierungen definiert. Im Prinzip sind sie ähnlich aufgebaut wie die 1-Weg-Authentifizierung, nur dass sich bei diesen Verfahren der Empfänger ebenfalls dem Sender authentifiziert, um ein höheres Maß an Sicherheit zu gewährleisten.

Access Control Lists (ACLs)

Das Prinzip der Zugriffssteuerung ist in X.500 sehr einfach und einleuchtend gelöst. Per Definition hat zuerst kein Benutzer auf ein Objekt des Verzeichnisses Zugriff. Rechte müssen explizit vergeben werden, um den Zugang zu gewähren. Diese Information wird für jedes Objekt in einer Access Control List (ACL) gespeichert. Möchte ein DUA auf ein Objekt zugreifen, so wird überprüft, ob er in der ACL mit dem entsprechenden Zugriffsrecht eingetragen ist. Erst dann kann er die gewünschte Operation ausführen. Dies erfolgt deswegen so problemlos, da sich der DUA über die zuvor beschriebenen Mechanismen bereits am zuständigen DSA authentifiziert hat und somit seine eindeutige Identität nachgewiesen ist.

Das Verzeichnis kann in verschiedene Sicherheitsbereiche aufgeteilt werden. Jeder Bereich ist in Bezug auf die Sicherheit völlig unabhängig von allen anderen. So können beliebig viele Sicherheits-Administratoren eingesetzt werden, wobei jeder nur für seinen Bereich zuständig ist (Abbildung 2.28).

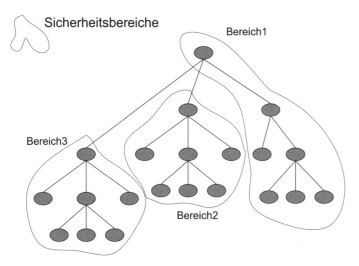

Abbildung 2.28: *Unterteilung des Verzeichnisses in Sicherheitsbereiche*

3 LDAP

49 Die Geschichte
50 Überblick
52 Komponenten von LDAP
53 Operationen
56 LDAP und die URL-Schreibweise
58 Sicherheitsaspekte
59 Windows Server 2003 – LDAP-Erweiterungen
60 Windows Server 2003 – AD/AM

In diesem Kapitel wird zunächst ein Überblick über die Entstehung von LDAP und seine Abgrenzung zu X.500 gegeben. Des Weiteren wird das Protokoll selbst, seine Funktionen und Aufrufe beschrieben. Dieses Kapitel dient als Basiswissen und ist besonders für diejenigen wichtig, die per LDAP-Client auf das Active Directory zugreifen oder ADSI (siehe Kapitel ▶ 12) einsetzen wollen.

LDAP dient auch als das primäre Kommunikationsprotokoll des Active Directory. Die gesamte Interaktion des Client mit dem Active Directory während des Logon-Prozesses und bei Suchanfragen wird mit LDAP abgewickelt. Darüber hinaus erfolgt auch die gesamte Kommunikation der Domänencontroller untereinander per LDAP. Somit ist das Verständnis dieses Protokolls von zentraler Bedeutung.

Die Geschichte

Die Abkürzung LDAP steht für *Lightweight Directory Access Protocol*. Wie aus dem Namen ersichtlich, handelt es sich hierbei um eine abgespeckte Version des Directory Access Protocol (DAP), das den Zugriff eines Client auf den X.500-Verzeichnisdienst definiert (siehe ▶ Kapitel 2). Die Problematik des DAP bestand in dem für die damalige Zeit enormen Bedarf an Ressourcen, da DAP auf dem wenig verbreiteten OSI-Protokoll-Stack basiert. Für heutige Computersysteme ist diese Argumentation nicht mehr haltbar, jedoch hat sich LDAP bereits in vielen Bereichen etabliert und weist viele Vorteile auf.

LDAP ist ein Gemeinschaftsprodukt der Internetgemeinde, hat daher viele Eltern und wie die meisten Produkte, die auf diesem Weg entstanden sind, einen äußerst pragmatischen und funktionellen Ansatz. Anfang der 90er-Jahre stellte die IETF (Internet Engineering Task Force) einen Vorläufer von LDAP in Form der RFC 1202 und RFC 1249 vor. Die erste reale LDAP-Version wurde 1995 unter starker Beteiligung der University of Michigan erarbeitet und im RFC 1487 (späterer RFC 1777) niedergeschrieben. Bekannt wurde dieser Standard unter dem Namen LDAPv2. In den vergangenen

Jahren wurde der Standard erneut überarbeitet und verbessert und die aktuelle Version LDAPv3 wurde 1997 im RFC 2251 veröffentlicht. Die meisten aktuellen Implementierungen unterstützen beide Versionen.

Überblick

Das LDAP-Protokoll lässt sich in folgender Definition zusammenfassen:

Methode, um textorientierte Abfragen von einem LDAP-Client zu einem LDAP-Server direkt über den TCP/IP-Protokoll-Stack abzuwickeln.

Ein wichtiger Aspekt dieser Definition ist die Aussage, dass LDAP direkt auf TCP aufsetzt. Auf diese Weise fällt der riesige Overhead weg, der im DAP durch die Verwendung der OSI-Darstellungs- und Sitzungsschicht hervorgerufen wird. Dies äußert sich durch einen moderaten Umgang mit den Rechnerressourcen und einer deutlich gesteigerten Performance bei Zugriffen auf das Verzeichnis.

Der Begriff LDAP-Server ist in diesem Zusammenhang auf den ersten Blick ein bisschen verwirrend. LDAP ist definiert als ein Protokoll und nun ist an dieser Stelle die Rede von einem Server. Bei näherer Betrachtung spiegelt diese Aufteilung in eine Client- und eine Serverkomponente das Konzept von LDAP, die Entlastung der Clients wider.

Im Vergleich zu anderen Verzeichnisprotokollen hat LDAP mehrere entscheidende Vorteile:

- Eine Standardmethode für Internet Clients, Server und Applikationen, um Verzeichnisinformationen zu erreichen, ist gegeben.
- Einfache Abfragemechanismen, um den Protokolloverhead der Clients zu verringern und somit ein geringes Transfervolumen zu erzielen. Dies spielt besonders bei langsamen Internetverbindungen eine entscheidende Rolle.
- Mit TCP/IP als Protokollgrundlage wird die Implementierung auf den meisten Plattformen vereinfacht.
- Die Entwicklung durch die Internet-Gemeinde erfolgt relativ hersteller- und staatenunabhängig und erlaubt effiziente und handfeste Lösungen.

Server oder Client?

Die Entwicklung des LDAP-Protokolls hin zu einem LDAP-Server ist aus purer Notwendigkeit heraus geboren. Der Ausgangspunkt war das DAP-Protokoll auf dem Client, mit dessen Hilfe die Kommunikation mit einem Server des X.500-Verzeichnisses ermöglicht wurde (Abbildung 3.1).

Um die beschriebenen Nachteile des DAP zu umgehen, wurden die LDAP-Standards der Version 2 definiert. Hier wird auch ein X.500-Verzeichnis angesprochen. Zugriffe auf ein X.500-Verzeichnis erfolgen über einen Directory System Agent (DSA), der aber unglücklicherweise die LDAP-Aufrufe nicht versteht. Um die Verständigung zwischen beiden Welten sicherzustellen, musste eine Instanz eingeführt werden, die LDAP-Aufrufe in DAP-Aufrufe umsetzt und umgekehrt. Diese Instanz wird LDAP-Gateway oder auch LDAP-Server genannt.

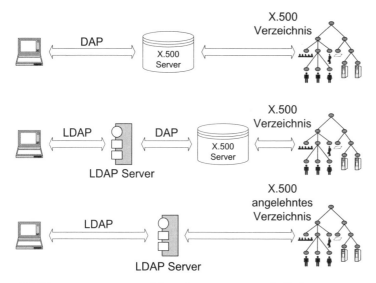

Abbildung 3.1: Die Entwicklung des LDAP-Protokolls hin zu einem LDAP-Server

LDAP wurde immer bekannter und setzte sich aufgrund seiner Vorteile in den meisten Client-Implementierungen durch. Der nächste Schritt war eine logische Konsequenz aus dieser Entwicklung, denn es stellte sich die Frage: Warum überhaupt den Umweg über einen X.500-Verzeichnisdienst gehen? Es entwickelten sich *LDAP-Datenbanken*, die an X.500 angelehnt waren und auf die direkt von LDAP-Clients zugegriffen werden konnte.

LDAPv3 erwartet kein X.500-System auf der Serverseite, sondern kann auch auf ein an X.500 angelehntes System zugreifen. Ein solches System wird auch *LDAP-Server* oder *Stand-Alone-LDAP-Server* genannt. Da LDAP nicht alle Möglichkeiten von X.500 unterstützt, braucht ein LDAP-Server nur den Spezifikationen der *LDAP-Schnittstelle* zu genügen. Von der Client-Seite aus gesehen erfolgt der Zugriff völlig transparent, da der Client nicht erkennt, ob er mit einem Gateway-Server oder einem *Stand-Alone-Server* kommuniziert.

Unterschiede zwischen LDAPv2 und LDAPv3

Ehe in den folgenden Abschnitten das LDAP-Protokoll unter die Lupe genommen wird, werden hier schon vorab die Unterschiede zwischen den Versionen 2 und 3 abgeklärt. Dies ist notwendig, um einen Überblick über die Protokolle zu bekommen und die Abgrenzungen zu X.500-Systemen zu erkennen. Nachdem hier die Erweiterungen zu Version 3 beschrieben werden, beziehen sich die folgenden Abschnitte auf die Implementierung der Version 3.

Bei der Spezifikation von LDAPv3 wurde besonderes Augenmerk auf die Abwärtskompatibilität des neuen Standards gerichtet. Alle Elemente und Funktionen von LDAPv2 werden auch in der derzeit neuesten Version (v3) unterstützt. Dies bedeutet, dass ein v2-Client sich problemlos mit einem v3-Server verbinden kann. Ob ein v3-Client auch mit einem LDAP-Gateway der Version 2 problemlos kommunizieren kann, ist von der Implementierung des Clients abhängig. Die RFCs treffen hierzu keine Aussage.

Die Erweiterungen der Version 3 können im Wesentlichen wie folgt zusammengefasst werden:
- LDAP-Server können auf eine Clientanfrage mit einer Referenz auf einen anderen Server antworten. Das ist notwendig, wenn die Informationen auf mehrere Server verteilt sind und die gewünschte Information sich nicht auf dem angefragten Server befindet.
- Unterstützung der SASL-Authentifizierung zusätzlich zu der von v2 unterstützten einfachen (unverschlüsseltes Passwort) und Kerberos-v4-Sicherheit.
- Attribute und DN sind im ISO-10646-Zeichensatz codiert (international).
- Die verfügbaren Operationen (Verbinden, Lesen, Schreiben etc.) können erweitert werden.
- Die meisten Datentypen können als Zeichenketten codiert werden (somit entfällt in vielen Fällen die ASN.1-Syntax).

Komponenten von LDAP

LDAP definiert den Ablauf des Informationsaustausches zwischen Client und Server. Die »Informationen« sind nichts anderes als Anfragen an den Verzeichnisdienst und dessen Antworten (Abbildung 3.2). LDAP lässt sich hierbei aus zwei Blickwinkeln betrachten. Zum einen lässt sich das Modell aus der Sicht der abzufragenden Daten heraus sehen (Datenmodell), andererseits kann auch der Vorgang des Datenaustausches betrachtet werden (Nachrichtenelemente).

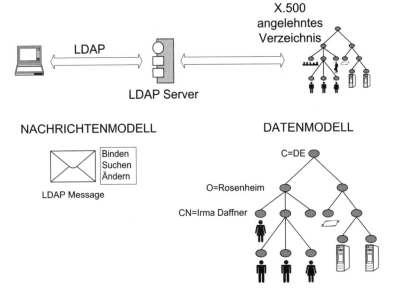

Abbildung 3.2: *LDAP teilt sich in das Daten- und Nachrichtenmodell auf.*

Das Datenmodell

Das Datenmodell wurde mehr oder weniger vom X.500-Standard abgeleitet (für nähere Informationen siehe ▶ Kapitel 2). LDAP erwartet einen oder mehrere Server, die zusammenarbeiten und den Zugang zur Datenbank ermöglichen. Die Datenbank ist hierarchisch aufgebaut (DIT) und besteht aus einem oder mehreren Einträgen, die wiederum aus mehreren Attributen bestehen können. Jeder Eintrag besitzt einen Namen, der im DIT eindeutig sein muss und wie bei X.500 Distinguished Name (DN) genannt wird. Dieser DN setzt sich aus einer Verkettung aller Namen zusammen, die in der Hierarchie des DIT über diesem Objekt stehen, ergänzt durch den eigentlichen Namen des Objekts (RDN). Ein Beispiel für einen solchen Namen ist:

CN=Irma Daffner, O=Rosenheim, C=DE

Hier handelt es sich um die Person »Irma Daffner«, die sich in der Organisation »Rosenheim« in »Deutschland« befindet.

Die Attribute für einen Eintrag werden in der Objektklasse des Eintrags festgelegt. Attribute haben einen Datentyp (bzw. Syntax). Manche Attribute sind zwingend, andere optional. Attribute können von Benutzern (oder Administratoren) verändert werden. Beispiele für ein solches Attribut sind:

Description: die Beschreibung des Eintrags

DisplayedName: angezeigter Name des Eintrags

Andere Attribute können nur vom System verändert werden, z.B.

CreatorsName: DN des Benutzers, der den Eintrag erzeugt hat.

CreateTimeStamp: Zeitpunkt der Erzeugung des Eintrags.

Die Regeln für die Syntax der Attribute, die Objektklassen, Definitionen und andere Informationen des Datenmodells werden im Schema gespeichert. Ein Vorschlag für das Schema von LDAP ist im X.500-Standard und in RFC 2251 gegeben. Hier soll nicht das allgemeine Datenmodell vertieft werden, da dies Thema von ▶ Kapitel 2 ist.

Nachrichtenelemente

Der Austausch von Daten wurde durch die Einführung eines gemeinsamen Containers vereinfacht. Alle Operationen werden in diesem Container, der so genannten LDAP-Message verkapselt. Das Ziel dieser Verkapselung ist es, gemeinsame Datenstrukturen für alle Operationen zu definieren. In der Version 3 gibt es nur ein gemeinsames Feld, die MessageID. Es handelt sich hierbei um eine Zahl, die für jede Operation einer Transaktion (Anfrage des Clients und Antwort des Servers) identisch sein muss. Bei einer weiteren Transaktion wird diese Zahl einfach inkrementiert. Weiter werden Fehlermeldungen oder Erfolgsmeldungen definiert. Entwickler, die Interesse an diesen Informationen haben, können dies in RFC 2251 nachlesen.

Operationen

Die Sitzung eines LDAP-Clients mit einem LDAP-Server besteht im Normalfall aus den folgenden drei Schritten (Abbildung 3.3):

- Verbindungsaufbau
- Ausführen der gewünschten Transaktion
- Trennen der Verbindung

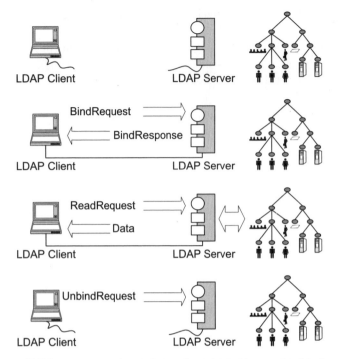

Abbildung 3.3: Die drei Schritte der LDAP-Sitzung: Verbindungsaufbau, Transaktionen, Verbindungsabbau.

Verbindung

Die Funktion Verbindungsaufbau *BindRequest* ermöglicht dem Client einen authentifizierten Zugriff auf das Verzeichnis. In diesem ersten Schritt werden vom Client Informationen über die Protokollversion (2 oder 3) gesendet. Falls es sich beim Client um die Version 2 handelt und der Server mit der Version 3 arbeitet, sendet der Server nur Daten, die von diesem v2-Client auch erkannt werden.

In einem weiteren Schritt werden die Daten zur Authentifizierung des Clients gesendet. Im einfachsten Falle handelt es sich hierbei um eine leere Zeichenkette (Anonymous). Wird eine echte Authentifizierung benötigt, sendet der Client die SASL-Informationen. Die daraufhin gesendete Antwort des Server *BindResponse* beschreibt den Status der Client-Authentifizierung und meldet somit Erfolg oder Fehler.

Das Gegenteil zur Verbindungsaufnahme ist das Trennen der Verbindung. Dies wird durch die Funktion *UnbindRequest* eingeleitet. Diese Funktion erwartet keinerlei Antwort vom Verbindungspartner und geht davon aus, dass nach dem Aufruf die Verbindung auch für den Partner beendet ist.

Suchen

Das Hauptziel eines Verzeichnisses ist es, Informationen bereitzustellen. Das Suchen von Informationen ist somit die wichtigste Funktion eines Verzeichnisdienstes, auf welche er auch hoch optimiert sein muss. Bei Verzeichnissen wird davon ausgegangen, dass von 100 durchgeführten Operationen 99 auf Suchoperationen entfallen. Daher ist es verständlich, dass das Hauptaugenmerk der Entwickler auf diese Funktion gerichtet sein soll, die dabei folgende Parameter implementieren müssen:

BaseObject: der DN-Name des Startpunktes der Suche im Verzeichnis. Das BaseObject ist ein Knoten im Verzeichnisbaum.

Scope: definiert das Umfeld, in dem gesucht werden soll. Hierbei stehen drei Möglichkeiten zur Auswahl. Die erste bezieht sich auf die Suche innerhalb des ausgewählten Objektes (BaseObject). Die zweite sucht eine Ebene unterhalb des BaseObject. Die dritte Möglichkeit bezieht sich auf alle Ebenen unterhalb des BaseObject.

SearchFilter: spezifiziert die Kriterien, denen ein Eintrag oder Attribut genügen muss, um gefunden zu werden. Hier ein paar Beispiele der Suchoperatoren: »=« gleich, »<« kleiner, »>=« größer oder gleich, »~=« ungefähr (hängt von dem implementierten Algorithmus ab).

Boolean Operators: dienen dem Zusammenschluss von Suchoperatoren, um somit komplexe Suchfilter zu erstellen. Folgende Boolsche Operatoren stehen zur Verfügung : and »&«, or »|«, not »!«. Daraus ergibt sich ein möglicher Suchfilter, der wie folgt aussehen kann: (&(cn=Irma Daffner)(ou=Activedirectory)). Dieser Filter wird alle Einträge zurückliefern, die zur Organisation Activedirectory gehören und Irma Daffner heißen. Weitere Informationen über die Syntax von Suchfiltern sind in RFC 2254 zu finden.

SizeLimit: definiert die Menge der zurückgegebenen Einträge. Bei einer sehr allgemeinen Suche können große Listen entstehen, die nicht mehr von den bestehenden Ressourcen angezeigt werden können oder zum Absturz des Systems führen könnten. Dem kann durch ein SizeLimit vorgebeugt werden.

TimeLimit: definiert die maximale Zeit, die ein Client auf ein Suchergebnis wartet.

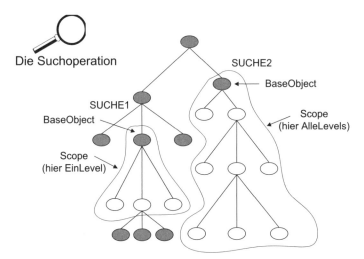

Abbildung 3.4: *In der Suchfunktion wird der Startpunkt angegeben (BasisObject) und wie tief die Suche geht (Scope).*

Ändern

Im Gegensatz zur Suchfunktion ist die Funktion *Ändern* nicht besonders zeitkritisch. Bei den unten aufgelisteten Operationen spielt es vielmehr eine entscheidende Rolle, dass die Änderungen auch verlässlich durchgeführt werden. Die Operation Ändern besitzt ebenfalls mehrere Parameter, die hier kurz beschrieben sind:

Add: erzeugt neue Einträge im Verzeichnis. Ein Eintrag kann aus mehreren Attributen bestehen, wobei der Benutzer mindestens alle zwingenden Attribute angeben muss.

Delete: löscht einen Eintrag im Verzeichnis. Hierbei können nur Einträge gelöscht werden, die keine untergeordneten Einträge besitzen (leaf-Einträge).

Modify: bearbeiten, löschen oder hinzufügen von bestehenden Attributen.

Modify DN: ermöglicht es dem Benutzer, den DN eines Eintrags zu ändern oder ganze Teilbäume zu verschieben. Eine Verschiebung eines Teilbaums ist nur innerhalb eines Servers möglich.

Erweiterte Operationen

Erweiterte Operationen sind ab der Version 3 von LDAP im Protokoll implementiert worden. Diese ermöglichen es dem Programmierer eigene Operationen hinzuzufügen, ohne das eigentliche Protokoll ändern zu müssen. Dies können beispielsweise Operationen sein, die nach dem Ändern eines Attributes automatisch weitere Änderungen im Verzeichnis vornehmen.

LDAP und die URL-Schreibweise

Im vorangegangenen Abschnitt wurde das LDAP-Konzept eher aus der Sicht des Programmierers bzw. Administrators betrachtet, der über Programme bzw. Skriptsprachen auf den Verzeichnisdienst zugreift. Die überwiegende Mehrheit der Anwender ist aber nicht in der Lage, sich auf diese Weise Informationen aus dem Verzeichnis zu besorgen (auch wenn viele Anwender leider anderer Meinung sind). Für diese große Gruppe der Verzeichnisnutzer steht das Konzept des LDAP-URL bereit, um auf unkomplizierte und vor allem schnelle Weise Informationen aus dem Verzeichnis abzurufen.

Verzeichnisinformationen sind nichts anders als Ressourcen, die sowohl im Internet als auch im Intranet zur Verfügung stehen können. Ein Standard, der sich durchgesetzt hat, um auf Ressourcen zuzugreifen, ist der URL (Uniform Resource Locator).

Uniform Resource Locator (URL)

Das URL-Konzept wurde von einer WWW-Initiative abgeleitet, die bereits 1990 diese Notation benutzte und sie in RFC 1630 beschrieben hat. Bei dem URL-Konzept handelt es sich um eine allgemeine Syntax, die verwendet werden soll, um auf Ressourcen des Internets zuzugreifen. Das Ziel der Einführung von URLs besteht darin, den Zugriff auf Ressourcen so zu abstrahieren, dass es für den Anwender sehr einfach wird, diese auch ansprechen zu können. Betrachtet man als gängige Information des Internets einmal eine Webseite genauer, so stellt sich heraus, dass diese eigentlich nur aus einer Reihe von Nullen und Einsen besteht, die auf einem Speichermedium abgelegt sind. Dieses Speichermedium kann in einem beliebigen Rechner dieses Universums eingebaut sein. Um nun auf diese Webseite zugreifen zu können, benötigt man eine genaue und eindeutige Beschreibung des Ortes, und das nach Möglichkeit in einer auch für Menschen verständlichen Form. Um nun beispielsweise diese Webseite abzurufen, hat sich die folgende Syntax durchgesetzt:

http://www.wo-bin-ich.de/~user/personal/WebSeite.html

Bei der Betrachtung dieses URLs ist wichtig, dass dieser rein zur Lokalisierung der Ressource genutzt wird. Das System kann dann je nach Funktionalität verschiedene Operationen wie z.B. Lesen, Schreiben, Ändern usw. darauf anwenden. Im RFC 1738 wird die URL-Syntax für die verschiedenen Internet-Ressourcen beschrieben. Im Falle unserer Webseite, auf die mit Hilfe des HTTP-Protokolls zugriffen werden kann, lautet die Syntaxbeschreibung wie folgt:

http://<host>:<port>/<path>?<searchpart

Hierbei bezeichnet *host* den eindeutigen Computernamen oder dessen IPAdresse, *port* beschreibt die angesprochene Portnummer (standardmäßig 80), *path* den Pfad zur gesuchten Binärdatei und *searchpart* eine Abfrage, die an diese Webseite gerichtet wird.

Eine Ressource kann aber auch eine Datei auf einem Computer sein (ohne Internet oder Intranet). Der URL, der die Position dieser Datei bezeichnet, ist wie folgt definiert:

\\<*Computername*>\\<*Freigabename*>\\<*Ordnername*>\\<*Dateiname*>

LDAP-URL

Auch für den Zugriff auf LDAP-Ressourcen wurde eine URL-Syntax definiert. Die genaue Syntax ist in RFC 2255 beschrieben. Mit einem LDAP-URL kann eine beliebig komplexe Abfrage des Verzeichnisses durchgeführt werden. Die hierzu verwendete Syntax lautet:

ldap://ServerName/DN?Attribute?Menge?Filter?Erweiterungen

Die einzelnen Elemente des URL haben dabei folgende Bedeutung:

ServerName = LDAP-Server (IPAdresse, DNS-Name, NetBIOS-Name)

DN = Distinguished Name des Eintrages (Position innerhalb des DIT, an/ab der die Abfrage durchgeführt werden soll)

Attribute = Attribute, die als Ergebnis der Abfrage zurückgeliefert werden sollen. Werden mehrere Attribute benötigt, so sind diese durch Komma getrennt anzugeben. Falls hier kein Attribut angegeben wird, werden alle verfügbaren Attribute zurückgeliefert.

Menge = definiert den Bereich im Verzeichnis, der in die Suche einbezogen werden soll. Hierbei stehen die Optionen *base*, *one* und *sub* zur Verfügung. *Base* bezieht sich nur auf die Attribute des angegebenen DN. *One* bezieht auch alle Objekte der direkt untergeordneten Ebene ein und *Sub* führt die Suche im kompletten untergeordneten Teilbaum durch.

Filter = beschreibt die Suchkriterien für die Abfrage. Diese bestehen aus einem Attribut, einem Vergleichsoperator und einem Vergleichswert und können mit den logischen Operatoren »and«, »or« und »not« verbunden werden.

Erweiterungen = für zukünftige Erweiterungen der URLs

Im folgenden Beispiel wird gezeigt, wie ein LDAP-URL eingesetzt werden kann, um die E-Mail-Adresse des Benutzers *Administrator* vom LDAP-Server 10.100.0.3 zu finden:

ldap://10.100.0.3/cn=Administrator,cn=Recipients,ou=SAMADI,o=ORG?Mail

Wird das Attribut *Mail* weggelassen, werden alle Attribute angezeigt, die für dieses Objekt zur Verfügung stehen. Im nächsten Beispiel sollen alle Namen und Telefonnummern von Mitarbeitern der spanischen Niederlassung der Firma *Activedirectory*, die in der Abteilung *Verkauf* tätig sind, angezeigt werden:

ldap://MAD001.Activedirectory.de/ou=Madrid,o=Activedirectory,c=ES
?Name,Telefon?Abteilung=Verkauf

Im Beispiel bekommen die oben genannten Variablen folgende Werte:

ServerName = »MAD001.Activedirectory.de«

DN = »ou=Madrid,o= Activedirectory,c=ES«

Attribute = »Name,Telefon«

Filter = »Abteilung=Verkauf«

Sicherheitsaspekte

Da in einem Verzeichnis sowohl allgemein zugängliche Informationen als auch sehr vertrauliche Daten abgelegt sein können, gilt ein Hauptaugenmerk bei der Implementierung eines Verzeichnisdienstes dem Thema Sicherheit. Je nach Grad der Vertraulichkeit kommen unterschiedliche Authentisierungsmechanismen zum Einsatz.

Keine Authentisierung

Diese einfache Methode wird benutzt, wenn z.B. das Verzeichnis aus einem öffentlichen Telefonbuch besteht. Bei der Verbindungsoperation wird weder ein Benutzername noch ein Passwort mit angegeben. Der Server bindet die Sitzung als *Anonymous*.

Einfache Authentisierung (Simple Bind)

Mit dieser Methode wird während des Verbindungsaufbaus sowohl der Benutzername als auch das Passwort übertragen. Beide Informationen sind allerdings unverschlüsselt. Die Sicherheit ist dementsprechend sehr gering und das Verfahren sollte nur dann eingesetzt werden, wenn gewährleistet ist, dass die Daten im Netzverkehr nicht *abgehört* werden können (haben wir gelacht). Soll die Sicherheit wirklich gewährleistet werden, so ist es empfehlenswert, auf andere Methoden zurückzugreifen.

SASL (Simple Authentication and Security Layer)

SASL ist eine Vorgehensweise um Authentifizierungsmethoden für verbindungsorientierte Protokolle (IMAP, LDAP, POP3 etc.) bereitzustellen. Hat die Authentisierung des Client stattgefunden, können die Kommunikationspartner weitere Sicherheitsmechanismen (Kerberos, SSL etc.) für die Datenübertragung aushandeln. Kommt es hierbei zu einer Einigung, wird zwischen dem Protokoll und der eigentlichen Anwendungssitzung eine Sicherungsschicht eingebunden und die Kommunikation erfolgt ab diesem Zeitpunkt auf wesentlich höherem Sicherheitsniveau.

Der Client, in diesem Beispiel ein LDAP-Client, ruft den SASL-Treiber des Server auf und teilt ihm mit, welchen Sicherheitsmechanismus er wünscht. Der SASL-Treiber auf dem Server verbindet sich mit dem gewünschten Sicherheitssystem (z.B. Kerberos) und leitet den Verbindungsaufbau ein. Natürlich muss der Server ebenfalls den gewünschten Sicherheitsmechanismus unterstützen, damit über diese Sicherheitsschicht kommuniziert werden kann.

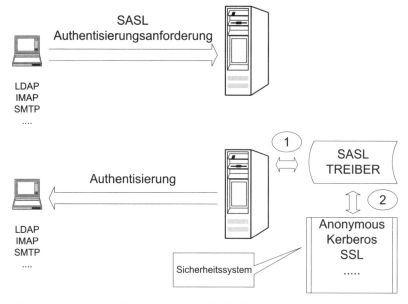

Abbildung 3.5: Der Client ruft den SASL-Treiber (1), dieser verbindet sich mit dem Sicherheitssystem und prüft, ob der Sicherheitsmechanismus unterstützt wird (2).

Windows Server 2003 – LDAP-Erweiterungen

Es folgt eine Zusammenfassung der Windows Server 2003-LDAP-Erweiterungen gegenüber Windows 2000 Server.

Dynamische Einträge

Active Directory kann jetzt dynamische Einträge nach RFC 2589 speichern. Diese Art von Einträgen haben die Eigenschaft, dass sie nach eine festgesetzten Zeitspanne, TTL (Time To Live), automatisch vom System gelöscht werden.

Sichere Active Directory-Verbindungen

LDAP-Verbindungen zu Active Directory können jetzt über TSL (RFC 2830) oder DIGEST-MD5 SASL (RFC 2829) gesichert werden.

Virtuelle Listen

Wenn eine LDAP-Anfrage eine große Anzahl von Treffern zurückliefert, kann dies es zur Überlastung des Netzwerkes führen, wenn der Client alle gefundenen Objekte von Server laden muss. Virtuelle Listen (VLV, Virtual List Views) erlauben einer Client-Applikation, nur Teile der gefundene Objekte zu betrachten.

Fast Bind und Connection Re-Use-Unterstützung

Fast Bind verbessert die Performance beim LDAP Bind Request. Dies spielt eine wichtige Rolle in Umgebungen, in denen Active Directory als Authentisierungsinstanz für z.B. Web-Applikationen verwendet wird. Die Performancesteigerung wird erreicht durch das Unterdrücken von windowsspezifischen Authentisierungsinformationen während des Bind-Prozesses.

Connection Re-Use ermöglicht einer Applikation, eine bestehende Verbindung zum Active Directory zu nutzen, ohne sie erneut aufbauen zu müssen, wenn diese weitere Anfragen im Namen anderen Benutzer startet. Dies kommt besonders zum Tragen z.B. bei Web-Applikationen, die einer große Anzahl von Benutzern zur Verfügung stehen.

Windows Server 2003 – AD/AM

Microsoft führt mit Windows Server 2003 das Active Directory in Application Mode (AD/AM) ein. AD/AM ist ein reines LDAP-Verzeichnis, unabhängig vom darunter liegenden Betriebssystem. AD/AM wird hier kurz beschrieben, um die Microsoft LDAP-Strategie zu zeigen und die Abgrenzung zum Active Directory zu verstehen.

Ein Vorteil des Active Directory des Windows Server 2003 ist die erweiterte Unterstützung für Anwendungen, die einen Verzeichnisdienst nutzen. Eine Komponente sind die im ▶ Kapitel 7 beschriebenen Application Partitions. Diese können Anwendungsdaten speichern. Dies hat zur Folge, dass sich die Anwendungsdaten auf einem Domänencontroller befinden müssen, da Active Directory dies voraussetzt. Aus *Sicherheitsgründen* ist es aber häufig erforderlich, die Benutzerverwaltung nicht auf demselben Rechner zu haben, auf dem sich auch die Anwendungsdaten selbst befinden, beispielsweise bei Web-Application-Servern, die ihre Funktionalität im Internet anbieten. Aus *Performancegründen* kann es außerdem ratsam sein, dass die Anwendungsdaten auf einem allein stehenden Server ohne AD laufen. Aus *unternehmenspolitischen oder Organisations-Gründen* ist es schwer, alle Anforderungen der einzelne Applikationen unter einen Hut zu bringen, da das Active Directory-Team oft schon selbst überlastet ist.

Was passiert in einer solchen Umgebung? Jeder kennt die pragmatischen Ansätze der Softwareentwickler und kann sich sofort das typische Szenario ausmalen: Nach Absprache mit der Fachabteilung, die dringend die Applikation benötigt, wird ein Verzeichnis gekauft und installiert. Es kann sich um einen weiteren Active Directory Forest handeln oder ein anderes beliebiges Verzeichnis. Dies hat zur langfristigen Folge, dass die Betriebskosten steigen, da Personal ausgebildet und weitere Abläufe definiert und eingehalten werden müssen.

Um auch die Anforderungen nach einem eigenständigen Verzeichnisdienst abdecken zu können, hat Microsoft eine abgespeckte Variante des Active Directory, nämlich AD/AM aus der Taufe gehoben. AD/AM ist ein reiner Verzeichnisdienst, dessen Hauptaufgabe darin besteht, Informationen zur Verfügung zu stellen. Active Directory ist darüber hinaus voll in das Betriebssystem integriert und hierbei für die Verwaltung des gesamten Netzwerkes, insbesondere dessen Sicherheit zuständig (Abbildung 3.7).

Der Einsatz von AD/AM als Verzeichnisdienst für Anwendungen bringt dem Unternehmen folgende Vorteile:

- **Betriebskosten** Es müssen keinen eigene Prozesse und Organisationsstrukturen aufgebaut werden.
- **Verbesserung der Sicherheit** In Umgebungen mit hohen Sicherheitsanforderungen ist es wünschenswert, nur einer ausgewählten Anzahl von Applikationen Zugriff auf den Domänencontroller zu gewähren. AD/AM ist in der Windows-Sicherheit integriert und kann auch auf Mitgliedsservern installiert werden. Somit bleiben die Domänencontroller verschont und AD/AM kann durch Active Directory-Benutzer verwaltet werden.

- **Reduzierung der Größe des Active Directory** Durch die Speicherung von anwendungsspezifischen Objekten in AD/AM kann die Größe des unternehmensweiten Active Directory reduziert werden, was positive Auswirkungen auf die Performance der Domänencontroller und des Netzwerks hat.
- **Trainings für IT-Personal** Die Technologien und die Produkteigenschaften sind weit gehend mit dem Active Directory identisch, wodurch aufwändige Trainingsmaßnahmen entfallen können.
- **Lizenzkosten** Für AD/AM fallen keine zusätzlichen Lizenzgebühren an.
- **Anwendungsspezifische Schemas** Für die Anwendungen können spezifische Schemas verwendet werden, ohne dass eine unternehmensweite Änderung des AD-Schemas nötig ist. Dies ist besonders vorteilhaft in großen Organisationen, denn dort ist es oft sehr schwer, sich als einfacher Softwareentwickler den Zugang zu den Fürsten des Active Directory zu verschaffen. Noch schwieriger ist es, sich eine Schemaerweiterung genehmigen zu lassen.
- **Minimierung der Replikation** Durch die gezielte Steuerung, auf welchen Servern die Objekte einer Anwendung benötigt werden, kann der für die Replikation der Daten nötige Netzwerkverkehr reduziert werden.

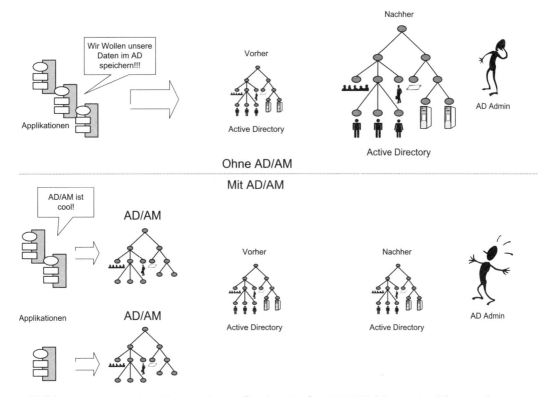

Abbildung 3.6: Mit Active Directory in Application Mode (AD/AM) können Applikationsdaten einfach gespeichert und verteilt werden, ohne das Active Directory zusätzlich zu belasten.

Für Softwareentwickler ist die Handhabung von AD/AM denkbar einfach. Ein Assistent führt durch die Installation, die sowohl auf einem Windows Server 2003 als auch auf einem Client mit Windows XP Professional erfolgen kann. Die Installation von AD/AM kann durch Skripts auch so weit automatisiert werden, dass bei der Installation der Anwendung das Active Directory Application Mode automatisch mitinstalliert wird. Die Replikation zwischen mehreren AD/AM-Servern erfolgt wie beim Active Directory über die Multimaster-Replikation. Auch das Konzept der Standorte ist identisch, sodass einer Active Directory-Administratorin die Genehmigung eines speziellen Trainings für AD/AM erheblich erschwert wird. AD/AM ist ein Dienst in Windows Server 2003, der nicht Bestandteil des Betriebssystems ist. Neben der bereits erwähnten Tatsache, dass AD/AM keinen Domänencontroller benötigt, können mehrere Instanzen von AD/AM auf demselben Server gestartet werden. Dabei ist jeder dieser Dienste individuell konfigurierbar und hat einen eigenen Namensraum und eine eindeutige TCP/IP Port-Nummer.

AD/AM nutzt das Sicherheitsmodell von Windows Server 2003. Berechtigungen für AD/AM-Objekte können für drei Benutzerkategorien vergeben werden:

- Benutzer im Active Directory
- Benutzer in einem Windows NT 4-Domänenmodell
- Lokale Benutzer auf dem Rechner, auf dem AD/AM installiert ist

In Portallösungen können Benutzer mit AD/AM authentifiziert werden. Die Authentifizierung selbst geschieht ausschließlich über den einfachen LDAP Bind-Mechanismus.

Beispielszenario

In Folgenden soll nun ein Szenario beschrieben werden, in dem AD/AM eingesetzt werden kann. Abbildung 3.7 zeigt die Architektur einer Portalanwendung.

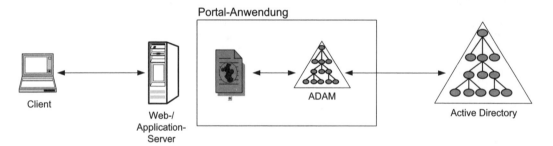

Abbildung 3.7: AD/AM als Architekturkomponente für eine Portalanwendung.

Hier nun die Aufgabenverteilung in der in Abbildung 3.7 dargestellten Architektur einer Portalanwendung:

- **Portalanwendung** Die Portalanwendung stellt den Benutzern eine bestimmte Funktionalität zur Verfügung. Die Oberfläche ist entsprechend einem Benutzerprofil personalisiert.
- **AD/AM** Dieser Dienst speichert die Portalbenutzer und ihr Benutzerprofil. Da die entsprechenden Daten nur von der Portalanwendung benötigt werden, wäre es eine ziemliche Ressourcenverschwendung, diese im AD zu speichern. Neben dem Thema Schemaerweiterung wäre ein weiterer Nachteil die Replikation der Benutzerprofilobjekte auf alle Domänencontroller, auf denen sie eigentlich nicht benötigt werden. Die zur Authentifizierung benötigten Benutzerinformationen für firmeninterne Benutzer kommen aus dem Active Directory.

- **Active Directory** Hier werden die Benutzer für die Administration des Portals und der AD/AM-Objekte gespeichert.

AD/AM-Administration

Zusammen mit AD/AM wird eine Reihe von Werkzeugen installiert, die Active Directory-Veteranen sehr bekannt vorkommen dürften. Hier ein Auszug der wichtigen Tools:

LDP Mit diesem grafischen Werkzeug können LDAP-Operationen auf AD/AM durchgeführt werden.

ADAM ADSI Edit Dieses auf ADSI Edit basierende Werkzeug erlaubt das Anzeigen und Ändern von Objekten im Verzeichnis. Außerdem können Berechtigungen über die ACLs vergeben werden.

ADAM Schema Mit diesem MMC Snap-In wird mit der Hilfe einer GUI das Schema verwaltet. Es handelt sich um das identische Schema-Snap-In wie bei Windows Server 2003.

DSAdmin und DSDBUtil Diese beiden Werkzeuge übernehmen ähnliche Aufgaben wie NTDSUtil für das Active Directory. Datenbankwartung, Metadatenmanagement und die Erstellung von Directory Partitions gehört dazu.

Repadmin Mit Repadmin kann die Replikationstopologie verwaltet werden. Weiterhin können Replikationsmetadaten abgerufen werden.

NTBackup AD/AM kann online gesichert und offline wieder eingespielt werden. Für Sicherungsoperationen kann ebenfalls das im Betriebssystem integrierte grafische Sicherungswerkzeug verwendet werden. Drittanbieter können die bekannten Schnittstellen nutzen, um AD/AM in ihre Sicherungslösungen zu integrieren.

Zusammenfassung

Folgende AD/AM-Merkmale bezeichnen die Unterschiede und Ähnlichkeiten zur Active Directory:

- AD/AM läuft auf der Windows Server 2003-Produktfamilie (außer die Web Edition) und auf Windows XP.
- AD/AM-Objekte sind mit der Windows-Sicherheit integriert, sowohl AD als auch Windows NT.
- Userobjekte in AD/AM können mit Simple LDAP Bind authentisiert werden (praktisch für Web-Portale).
- Es können keine Security Principals (Computer-, User- und Gruppenobjekte) für Windows Netzwerke erzeugt werden.
- Mehrere AD/AM-Instanzen können gleichzeitig auf einem Rechner laufen.

V. Domain Name System (DNS)

4 Domain Name System (DNS)

65	Die Geschichte
67	Überblick
67	Der Domain Name Space
69	Die Zonen
70	Die Server
72	Die Namensauflösung

Die Geschichte

Die Erfinder des TCP/IP-Protokolls wollten nach Erschaffung ihres Werkes nicht sofort wieder arbeitslos werden und haben manche Eigenschaften des Protokolls so implementiert, dass gewisse Erweiterungen durchaus notwendig waren. Zumindest für den Fall, dass unser limitiertes menschliches Gehirn die Dienste des Internets voll ausnutzen sollte.

Eine Haupterweiterung ist das Domain Name System, das auch als Basis für die Funktionalität der ADS dient. Aus diesem Grund möchten wir an dieser Stelle zunächst einen Überblick über die Funktionen und Konzepte des DNS geben, um dann im ▶ Kapitel 5 auf die Implementierung und den Einsatz im AD detailliert einzugehen. Leser, die bereits mit dem Domain Name System vertraut sind, können dieses Kapitel überspringen und sofort im ▶ Kapitel 5 weiterlesen.

Das TCP/IP-Protokoll kommuniziert über IP-Adressen. Wenn ein Rechner sich mit einem anderen bei einem gemütlichen Schwätzchen unterhalten möchte, benötigt er die aus vier Bytes zusammengesetzte IP-Adresse seines Partners. Erst dann kann die Verbindung aufgebaut und Informationen ausgetauscht werden. Suchen wir im alltäglichen Leben eine Person in einer großen Gruppe, so rufen wir ihren Namen und hoffen, dass die entsprechende Person reagiert. Erst dann können wir anfangen zu flirten! Leider ist der Kommunikationspartner nicht immer in unmittelbarer Nähe, so dass häufig andere Mechanismen für die Suche nach Kommunikationspartnern verwendet werden müssen.

In vielen Fällen wird für die Kommunikation über weitere Entfernungen das Telefon eingesetzt. Ein Telefonat zu führen ist inzwischen schon so selbstverständlich geworden wie der Gang zur Kaffeemaschine nach dem Aufstehen. Der Name der gewünschten Partnerin ist bekannt und man braucht nur noch die zugehörige Telefonnummer zu wählen und hört die ersehnte Stimme. Sich eine Telefonnummer zu merken ist nicht sonderlich schwer. Was aber, wenn jemand viele Partnerinnen hat (man denke an die Gesellschaften mit Bigamie)? Fünf oder sechs Telefonnummern sind noch zu schaffen, aber zwanzig oder gar hundert sind einem Durchschnittsmenschen kaum zumutbar. Da die Menschheit allerdings eine gewisse *Intelligenz* besitzt, wurde die Telefonliste erfunden. Ein Name wird zusammen mit der zugehörigen Telefonnummer auf ein kaffeebeflecktes Blatt Papier geschrieben und dieses idealerweise unter das Telefon gelegt. Benötigt man eine Telefonnummer, so nimmt man einfach die Liste zur Hand, sucht den entsprechenden Namen und findet ein paar Zentimeter weiter rechts die gesuchte Nummer.

Was hat all dies jedoch mit der Geschichte von DNS zu tun?

Wer mit seinem Rechner beispielsweise auf die Maschine *www.boerse.de* zugreifen möchte, um sich mit einem Blick auf das aktuelle Desaster den Tag zu vermiesen, weist damit seine Maschine an, eine Verbindung zu diesem Rechner aufzubauen. Dazu benötigt die Maschine allerdings die IP-Adresse des Zielrechners, die folgendermaßen aussehen könnte: 100.2.45.38. Die Maschine benötigt also einen Mechanismus, der eine Zuordnung von Maschinennamen, zur entsprechenden IP-Adresse vornimmt, ähnlich der zuvor beschriebenen Telefonliste. Diese Problematik ist in Abbildung 4.1 dargestellt.

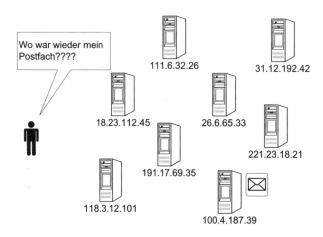

Abbildung 4.1: *In einem IP-Netz ist jede Maschine über ihre IP-Adresse ansprechbar. Für einen Durchschnittsmenschen sind solche Zahlenreihen nicht unbedingt einfach zu merken.*

Als das Internet noch ARPANET hieß und klein und übersichtlich war (Anfang der 1970er Jahre), gab es noch eine solche Liste mit Rechnernamen und IP-Adressen. Diese Liste musste in der Datei HOSTS auf jedem Rechner verfügbar sein, damit lokal die Namensauflösung vorgenommen werden konnte. Um eine aktuelle Liste zu erhalten, musste man sich an das SRI-NIC (die Institution, welche für die Vergabe von IP-Adressen zuständig war) wenden, welche täglich die Änderungen weiterführte. Mit stetigem Wachstum der beteiligten Maschinen stellte sich die Lösung über die HOSTS-Datei als nicht mehr praktikabel heraus. Es traten Namenskonflikte auf, da das SRI-NIC nur für die Vergabe der IP-Adressen und nicht für die Vergabe von Maschinennamen zuständig war. Darüber hinaus waren die Server des SRI-NIC schlichtweg überlastet, da sich nahezu jeder Administrator fast täglich die aktuelle Liste per ftp abholte.

Somit bestand akuter Bedarf für einen Nachfolger dieses Mechanismus, was zur Entwicklung des Domain Name System führte. Die ersten Ergebnisse wurden 1984 in Form der RFCs 882 und 883 veröffentlicht. Die endgültigen und heute immer noch aktuellen Versionen lauten RFC 1034 und RFC 1035.

Überblick

Das Domain Name System (DNS) besteht zunächst grundsätzlich aus einer verteilten Datenbank und einer Menge von Protokollen und Diensten für den Zugriff auf diese Datenbank. Das primäre Ziel für den Einsatz des DNS besteht darin, Rechner und andere Netzwerkressourcen (z.B. E-Mail) einfach zu lokalisieren, ohne dazu die IP-Adresse der angesprochenen Maschinen wissen zu müssen. Dies wird durch die Zuordnung eines Maschinennamens (oder auch Host Name) zu einer IP-Adresse in einer Datenbank realisiert.

DNS basiert auf einer hierarchisch aufgebauten Namenstruktur, die eine Baumstruktur bildet und auch als Domain Name Space bezeichnet wird. Bewegt man sich im Internet, so müssen alle Maschinennamen und auch die IP-Adressen eindeutig sein. Dies wird von der amerikanischen Organisation ICANN sichergestellt. ICANN (*http://www.icann.org*) ist für die Delegation von Teilen des Domain Name Space verantwortlich und vergibt diese an Organisationen, welche eine feste Verbindung zum Internet einrichten wollen. Bewegt sich eine Organisation nur im eigenen Intranet, so kann sie ihren eigenen Domain Name Space aufbauen.

Zur Verwaltung des eigenen Name Space bzw. des abgetretenen Teils wird ein DNS-Server benötigt. Der DNS-Server setzt sich aus einer Reihe von Programmen zusammen, die für die Clients (auch Resolver genannt) ihren Teil des Name Space zur Verfügung stellen.

Die wichtigsten Eigenschaften des Domain Name System können so zusammengefasst werden:

- Standardisiertes Namenssystem
- Dezentrale Verwaltung
- Hohe Verfügbarkeit
- Gute Skalierbarkeit
- Hohe Performance (Caching-Mechanismen)

Der Domain Name Space

Die Hierarchie

Der Domain Name Space ist eine verteilte Datenbank, deren Einträge aus Namen und zugehörigen Daten bestehen. Die Namen der Datenbank bilden eine logische Baumstruktur, ähnlich der eines X.500-Verzeichnisses. Jeder Computer in einer DNS-Umgebung wird durch einen Namen angegeben, der eindeutig sein muss. Dieser Name setzt sich aus dem Namen der Maschine (Hostname) und dem Domänennamen, zu dem diese Maschine gehört, zusammen. Dieser Name wird Fully Qualified Domain Name (FQDN) genannt. Eine DNS-Domäne kann als eine Verwaltungseinheit angesehen werden, die entweder andere Domänen oder Hostnamen beinhalten kann. Der Name der Domäne muss eindeutig sein und wird durch eine Aneinanderreihung von übergeordneten Domänennamen gebildet. Diese Domänennamen bilden dann die Baumstruktur des Domain Name Space. Das Ganze ist vergleichbar mit einem Dateisystem, bei dem es auch Ordner gibt, die ihrerseits wieder Ordner und Dateien beinhalten und so eine Hierarchie von Ordnern bilden.

Angenommen, wir haben eine Datei *Geldanlage.doc*, die sich auf der Partition D: im Verzeichnis *money* befindet. Das Verzeichnis *money* seinerseits ist wieder ein Unterverzeichnis von *privat*. Die daraus entstehende eindeutige Bezeichnung für die Datei wird auch hier durch die Verkettung der einzelnen Teile gebildet und lautet: *d:\privat\money\Geldanlage.doc*. Im DNS dagegen werden die Verzeichnisse Knoten genannt, wobei jeder Knoten mit einem Namen versehen ist. Der oberste

Knoten wird *root* genannt und besitzt eine leere Zeichenfolge als Eintrag für ihren Namen. Der volle Domänenname eines Knotens wird aus der Sequenz aller Knoten-Namen bis zur *root* gebildet. Diese werden jeweils durch einen ».« getrennt. Abbildung 4.2 zeigt diese Gegenüberstellung als Grafik.

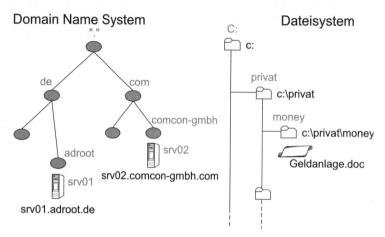

Abbildung 4.2: Der Domain Name Space im Vergleich mit einem Dateisystem

Domänen

Eine Domäne ist eine Verwaltungseinheit und repräsentiert einen Teilbaum des Domain Name Space. Der Name der Domäne ist gleichzeitig auch der Name des obersten Objekts dieser Domäne. Alle untergeordneten Namen gehören zu dieser Domäne. In unserem Beispiel betrachten wir die Domäne *activedirectory.de*. Zu dieser Domäne gehören als untergeordnete Namen *franco.activedirectory.de* und *markus.activedirectory.de*. Alle Namen gemeinsam gehören gleichzeitig der Domäne *de* an. Die Domäne *activedirectory.de* wird auch als Subdomäne von *de* bezeichnet. Dieses Prinzip ist in Abbildung 4.3 dargestellt.

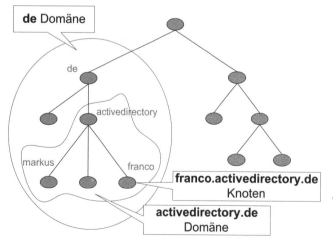

Abbildung 4.3: Das Prinzip der Domänen und der Subdomänen

Die Daten (Resource Records)

Bisher war nur die Rede von Hierarchien, Namen und Baumstrukturen. Wo bleiben nun die eigentlichen Informationen über IP-Adressen und Ressourcen im Netzwerk? Diese liegen in den so genannten Knoten des Domain Name Space. Knoten dienen als Platzhalter, so dass an jeder Stelle der Hierarchie Daten eingefügt werden können. Die Datensätze werden Resource Records (RR) genannt. Ihr Standardformat wird in RFC 1034 und 1035 spezifiziert und ist wie folgt aufgebaut:

<name> [<ttl>] [<class>] <type> <data>

Hierbei haben die einzelnen Attribute folgende Bedeutung:

- **name** Name eines Rechners (Hostname).
- **ttl** Time-To-Live. Dieser Wert ist optional. Er gibt die Zeit der Gültigkeit des RR im Cache eines DNS-Servers/Clients an. Nach Ablauf dieser Zeit wird der RR aus dem Cache gelöscht.
- **class** Definiert das benutzte Protokoll. Dieses ist im Normalfall immer die Internet- Klasse *IN*. Der Microsoft DNS-Server benutzt nur diese Klasse.
- **type** Definiert den Typ des RR (SOA, NS, A, CNAME, PTR, SRV).
- **data** Dieses Feld ist variabel und hält die Informationen für den angegebenen Typ.

Die wichtigsten RR-Typen sind hier kurz aufgelistet:

- **SOA** Start Of Authority, der erste Eintrag für jede Datenbankdatei.
- **NS** Name Server, welcher für die Domäne zuständig ist.
- **A** IP-Adresse. Dieser Eintrag wird benutzt, um einem Hostnamen eine IP-Adresse zuzuweisen. Dies ist der am meisten verwendete RR. Ein Beispiel: Anatta IN A 10.100.0.1
- **PTR** Pointer Record. Dieser Eintrag stellt eine Umkehrung des A-Records dar und verweist von einer angegebenen IP-Adresse auf einen Namen.
- **SRV** Service Record. Mit diesem Eintrag werden verfügbare Dienste angezeigt die auf den A-Record der Maschinen verweisen, welche diesen Dienst zur Verfügung stellen. Der Name eines Service Records ist standardisiert und wie folgt aufgebaut: _Servicename._Protocolname.Domainname
- **CNAME** Canonical Name. Dieser RR wird auch als *Alias* bezeichnet. Er ermöglicht es, mehrere Namen für ein und dieselbe IP-Adresse zu definieren. So kann beispielsweise ein Rechner unter dem Hostnamen *srv1.activedirectory.de* eingetragen sein, allerdings über eine CNAME Record auch unter *mail.activedirecotry.de* zu erreichen sein.

Die Zonen

Eine Zone repräsentiert einen Teilbereich des Domain Name Space, der von einem DNS-Server verwaltet wird. Die zu einer Zone gehörenden Daten, die Resource Records, werden in einer Datei, der so genannten Zonendatei, gespeichert. Ein DNS-Server kann für mehrere Zonen zuständig sein, deren Einträge alle in separaten Zonendateien abgelegt sind. Eine Zone kann stets nur eine Domäne verwalten, allerdings mit beliebig vielen Subdomänen. Dies heißt allerdings nicht, dass die gesamte Domäne mit all ihren Subdomänen in einer Zone verwaltet werden muss. Betrachten wir die Domäne *adroot.de*. Diese wird in der Zonendatei *adroot.de.dns* verwaltet. Die Domänen *zentrale.adroot.de* und *europe.adroot.de* sind Subdomänen der Domäne *adroot.de*. Da ihre RR allerdings in der gleichen Zonendatei gespeichert sind, gehören diese Domänen der gleichen Zone an. Die Domäne *software.europe.adroot.de* ist ebenfalls eine Subdomäne von *europe.adroot.de* und damit auch eine Subdomäne von *adroot.de*. Da die RR dieser Domäne, aus beliebigen Gründen, in einer anderen Zonendatei verwaltet werden, bildet diese Domäne eine eigene Zone mit der Zonendatei *software.europe.adroot.de.dns*. Abbildung 4.4 zeigt das Konzept der Zonen.

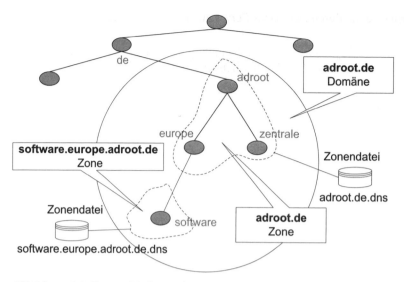

Abbildung 4.4: *Unterschied zwischen Zonen und Domänen: Eine Domäne kann auf mehrere Zonen verteilt sein. Umgekehrt kann aber auch eine Zone mehrere Subdomänen enthalten.*

Das Verteilen einer Domäne in mehrere Zonen ist sinnvoll, wenn die Administration auf mehrere Personen aufgeteilt werden soll. Ein weiterer Grund für die Aufteilung in mehrere Zonen kann die Optimierung der zu replizierenden Daten, insbesondere bei langsamen Verbindungen, sein.

Die Server

Jede Zone muss mindestens von einem *Primary*- und einem *Secondary*-DNS-Server verwaltet werden. Des Weiteren können noch *Cache-Only*- und *Forwarder*-DNS-Server zum Einsatz kommen. In diesem Abschnitt werden die Funktionen und Einsatzmöglichkeiten der verschiedenen Typen kurz erläutert.

Primary-DNS-Server

Der Primary-DNS-Server einer Zone ist diejenige Maschine, welche die Informationen über die Zone aus der Zonendatei lädt und damit für diese Zone verantwortlich ist. Im Regelfall befindet sich diese Datei auch auf der lokalen Festplatte. Änderungen an der Zone, wie z.B. das Eintragen eines neuen Hosts, werden nur an der Zonenendatei und damit am Primary-DNS-Server durchgeführt. Dieser benachrichtigt dann den Secondary-DNS-Server, der seinerseits die gespiegelten Informationen der Zone in seinem Datenbestand aktualisiert. Diese Replikation der Zonendaten wird Zonentransfer genannt.

Secondary-DNS-Server

Ein Secondary-DNS-Server erhält seine kompletten Zoneninformationen von seinem Primary-DNS-Server. Nur dieser Primary-DNS-Server ist für den Inhalt der Zone verantwortlich. Wird eine Domäne offiziell beim InterNIC registriert, so fordert diese Institution, dass der neue Domänenbetreiber sowohl einen Primary- als auch einen Secondary-DNS-Server betreibt. Dies hat folgende Gründe:

- Redundanz, für den Fall, dass der Primary Server ausfällt. Auch in diesem Fall muss eine Namensauflösung gewährleistet sein.

- Verbesserung der Performance, da durch zwei DNS-Server auch die Last bei vielen Anfragen verteilt werden kann.

Im Falle eines Totalausfalls des Primary Server kann ein Secondary Server dessen Rolle übernehmen. Diese Aktion wird als *Heraufstufen* bzw. *Promotion* bezeichnet.

Cache-Only-DNS-Server

Ein Cache-Only-DNS-Server ist selbst für keine Zone zuständig, beantwortet aber dennoch Anfragen der Clients. Der Cache-Only-Server besorgt sich die angeforderten DNS-Einträge von einem anderen DNS-Server und speichert diese anschließend in einem Zwischenspeicher. Auf diese Weise kann er für nachfolgende Anfragen diese Informationen seinem Cache entnehmen. Somit stehen nach einer gewissen Zeit die am häufigsten angefragten Einträge schnell und ohne das Netzwerk groß zu belasten zur Verfügung. Auch der Primary- und die Secondary-DNS-Server verfügen über diese Cache-Funktion, so dass auch sie Anfragen für andere Zonen direkt aus dem Cache beantworten können. Nach einer bestimmten Zeit, der Time-to-Live (TTL), verliert der Eintrag im Zwischenspeicher seine Gültigkeit und muss erneut von einem anderen DNS-Server angefordert werden. Somit wird vermieden, dass RR bis zum Jüngsten Tag in diesem Cache gehalten werden, obwohl sie evtl. schon nicht mehr gültig sind.

Forwarder

Bekommt ein DNS-Server eine Anfrage von einem Client, so versucht er diese mit Hilfe der Informationen seiner Datenbank zu beantworten. Ist dies nicht möglich, da der gesuchte RR nicht zu seiner verwalteten Zone gehört, muss ein anderer Server kontaktiert werden. Im Regelfall handelt es sich bei diesen Anfragen um Bereiche außerhalb des Intranets und gehen daher über *langsame* WAN-Leitungen. Damit nicht jeder Server wie wild Verbindungen ins Internet aufbaut, wurde das Konzept der Forwarder eingeführt. Nur DNS-Server, welche als Forwarder konfiguriert sind, dürfen Anfragen an andere DNS-Server weiterleiten. Allerdings muss hierzu jeder DNS-Server explizit mit dieser Aufgabe betraut werden. Abbildung 4.5 zeigt dieses Konstrukt.

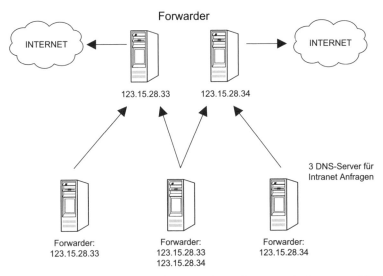

Abbildung 4.5: Forwarder sind Server, die Anfragen aufnehmen, welche an Bereiche außerhalb des Unternehmens gerichtet sind.

Kann ein Forwarder eine Anfrage nicht bedienen, so gibt er eine Fehlermeldung zurück. Der anfragende DNS-Server versucht dann seinerseits die Anfrage mit Hilfe eines anderen DNS-Server aufzulösen. Das ganze System kann auch so konfiguriert werden, dass ein DNS-Server nach Erhalt einer Fehlermeldung keine weiteren Nachforschungen zu dieser Anfrage betreibt. In diesem Fall spricht man von einem *untergeordneten Server*, auch *Slave* genannt.

Root-Hints

Neben dem Forwarding-Mechanismus stehen auch die so genannten Root-Hints zur Verfügung. Diese dienen ebenfalls dazu, Anfragen nach Namen, für die ein DNS-Server nicht zuständig ist, an eine andere Stelle weiterzuleiten. Root-Hints sind lediglich Namen und IP-Adressen von DNS-Servern, die weitere Anfragen beantworten können. Standardmäßig wird eine Liste aller Server, die für die Internet-Root ».« zuständig sind als Root-Hints bei jedem DNS-Server hinterlegt. Diese Server heißen »A«;»B«...»M«. Erhält ein DNS-Server eine Anfrage, für die er sich nicht selbst zuständig fühlt, so versucht er zunächst alle für ihn konfigurierten *Forwarder* zu kontaktieren. Erhält er von keinem der angesprochenen Server eine Antwort, so greift er auf die konfigurierten Root-Hints zurück und spricht diese an. Erst wenn er von diesen auch keine Antwort erhält, gibt der DNS-Server eine Meldung zurück, dass diese Anfrage nicht aufgelöst werden kann.

Die Namensauflösung

Möchte ein Client eine Verbindung zu einer anderen Maschine aufbauen, fragt er bei seiner lokalen DNS-Komponente (Resolver) an, um die IP-Adresse des Kommunikationspartners zu ermitteln. Jede dieser Anfragen ist gleichartig aufgebaut und besteht aus dem Fully Qualified Domain Name und der gewünschten Information (MX-Record, A-Record usw.). Eine mögliche Anfrage richtet sich beispielsweise an die A-Records des Server *hal.comcon-gmbh.net*. Im Klartext würde sich dies ungefähr so anhören: »Hey DNS! Haste mal nen A-Record von *hal.comcon-gmbh.net*?« Wie dieser auf diese Frage reagiert, hängt rein von der Konfiguration des Resolver und dem angefragten DNS-Server ab. Dem Resolver stehen vier Möglichkeiten zur Auswahl, um die gewünschte Information zu ermitteln:

- **Client-Caching** Ebenso wie der DNS-Server speichert auch schon der Resolver die zuletzt gestellten DNS-Anfragen in einem Zwischenspeicher. Erhält nun der Resolver den Auftrag, Informationen vom DNS zu besorgen, so überprüft er zunächst den Inhalt seines Cache, ob dort der gewünschte Eintrag eventuell schon zu finden ist. Bleibt dieser Versuch erfolglos, so wird die Anfrage an den ersten eingetragenen DNS-Server weitergeleitet.
- **Server-Caching** Auch der DNS-Server versucht zunächst eine Anfrage über seinen Cache-Speicher aufzulösen. Bleibt die Suche dort erfolglos, so werden die Informationen der Zone durchsucht. Liefert auch diese Suche nicht das gewünschte Ergebnis, so tritt eine der nachfolgenden beiden Möglichkeiten in Aktion.
- **Rekursive Ermittlung** Kann der Server die Anfrage nicht aus eigenen Quellen beantworten, so stellt er im Namen des Client selbstständig Anfragen an weitere DNS-Server. Dies wird im Anschluss an diesen Abschnitt genau beschrieben.
- **Iterative Ermittlung** Im Falle der iterativen Ermittlung stellt der Server keine Anfragen mehr, sondern teilt dem Client nur andere DNS-Server mit, welche die Anfrage evtl. beantworten können. Der Resolver muss dann diese Server selbstständig anfragen.

Im Allgemeinen kann der Prozess der Namensauflösung als zweistufige Aktion angesehen werden.

1. Auf einem Client wird eine DNS-Anfrage generiert und an den lokalen Resolver weitergegeben. Dieser versucht die Anfrage zunächst über den lokalen Cache aufzulösen. In dieser ersten Phase laufen alle Aktionen lokal auf dem Client ab, so dass keinerlei Belastung für das Netzwerk entsteht.
2. Im zweiten Schritt werden vom Resolver, je nach Konfiguration, ein oder mehrere DNS-Server angefragt.

Rekursive Fragen

Wie bereits erwähnt, können rekursive DNS-Anfragen vom Resolver initiiert werden. Hierbei tritt der Client nur mit *seinem* DNS-Server in Kontakt und erwartet auch von diesem eine definitive Antwort, die im schlimmsten Fall »kenne ich nicht« lautet. Im Regelfall sind beide Seiten, also DNS-Server und DNS-Resolver, auf diese Art der Fragen konfiguriert, so dass rekursive Anfragen den Normalfall der Namensauflösung darstellen.

Wird beispielsweise vom Client eine DNS-Anfrage nach der Maschine *hal.comcon-gmbh.net* veranlasst (siehe Abbildung 4.6), überprüft der Resolver zunächst seinen lokalen Cache nach diesem FQDN. Wird er dort nicht fündig, so stellt der Resolver eine rekursive Anfrage an *seinen* DNS-Server (1). Dieser versucht daraufhin auch erst den FQDN in seinen lokalen Ressourcen (Cache und Zone) zu finden, ehe er die Hilfe anderer DNS-Server in Anspruch nimmt. Hierzu analysiert er den angefragten Namen von rechts nach links und hangelt sich systematisch durch den Domain Name Space. Zunächst muss ermittelt werden, welcher DNS-Server in unserem Beispiel für die Domäne *net* zuständig ist. Dies ist die Stunde (Sekunde) der DNS-Root-Server. Diese Root-Server sind für die so genannten toplevel-Domänen (*com*, *net*, *org*, *de* usw.) verantwortlich und sind standardmäßig jedem DNS-Server bekannt. Vom Root-Server bekommt unser DNS-Server die Auskunft darüber, welche Maschine für den nächsten Teil des FQDN verantwortlich ist (2). In unserem Fall ist dies der Name-Server von *comcon-gmbh.net*. Ist auch dies bekannt, so kann der letze Teil des Namens ermittelt werden und endgültig der A-Record zu *hal.comcon-gmbh.net* angefordert werden (3). Dieser wird dann an den Resolver des Client weitergeleitet (4). Diese Art der Namensauflösung ist für den Client völlig transparent. Die gesamte Arbeit liegt beim Server, der als Nebeneffekt viel über die Struktur des Domain Name Space lernt und dies in seinem Cache speichert. Bei zukünftigen Anfragen kann er auf dieses Wissen zurückgreifen und den gewünschten Namen bedeutend schneller ermitteln.

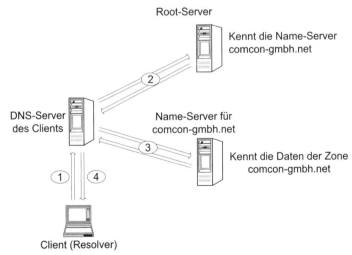

Abbildung 4.6: *Rekursive DNS-Anfragen*

Domain Name System (DNS)

Iterative Fragen

Der iterative Abfrageprozess wird gestartet, wenn dies der Resolver des Client ausdrücklich wünscht oder der angefragte DNS-Server keine rekursiven Abfragen zulässt. Eine iterative Anfrage erwartet vom DNS-Server die bestmögliche Antwort. Dies kann entweder der gewünschte Eintrag oder ein Verweis auf andere Name Server sein. Der angefragte DNS-Server selbst stellt keine weiteren Nachforschungen an, um die gewünschten Daten zu ermitteln. Kann der Server die Frage nicht mit Hilfe der lokalen Ressourcen beantworten, gibt er dem Client die bestmögliche Information in Form einer Referenz auf einen anderen DNS-Server, der in der Hierarchie näher am gesuchten FQDN liegt. Diese Referenz wird auch Referral genannt. Prinzipiell ist der Unterschied zwischen der rekursiven und der iterativen Anfrage nicht groß. Die Auswirkungen für den Client hingegen schon, da er bei der iterativen Methode die gesamte Arbeit selbst erbringen muss und daher erheblich stärker belastet wird. Außerdem wird auch das Netzwerk stärker beansprucht, da jeder Resolver für sich die Struktur des DNS-Namespace erkunden muss und nicht aus dem Cache des Servers bedient werden kann.

Inverse Fragen

Diese Art von Fragen sind eher selten und hängen von der Implementierung der Client-Software ab. Unter einer inversen Frage versteht man die Suche nach einer Domäne, welche einen bestimmten Resource Record beinhaltet. Diese Anfrage wird nur vom angefragten DNS-Server bearbeitet und wird nicht weitergeleitet.

IP-Addr Lookup

Das Thema IP-Addr Lookup beschäftigt sich mit einer umgekehrten Namensauflösung und liefert dementsprechend den FQDN zu einer gegebenen IP-Adresse. Bei dieser umgekehrten Namensauflösung stoßen die normalen Zonendateien an ihre Grenzen, da diese nur über die Zuordnung Rechnername-zu-IP-Adresse in hierarchischer Form verfügen. Die Vergabe der IP-Adressen folgt dieser Hierarchie in keinster Weise und daher müssten alle Zonen durchsucht werden, um eine bestimmte IP-Adresse und damit den gewünschten Namen zu finden. Um ein IP-Addr Lookup dennoch effektiv zu ermöglichen, wurde die spezielle Domäne *in-addr.arpa* eingeführt. Knoten dieser Domäne werden über die Oktette der IP-Adressen gebildet. Da allerdings IP-Adressen von links nach rechts immer spezifischer werden (links steht das Netzwerk, rechts die Maschine), bei Domänennamen sich dies aber gerade andersherum verhält, müssen die Oktette rückwärts (also von rechts nach links) eingetragen werden. Somit wird die IP-Adresse 148.43.15.8 als 8.15.43.148 in die Domäne *in-addr.arpa* eingetragen. In diesem Knoten findet man dann den RR, der als Verweis den Namen der Maschine besitzt.

5 Die DNS-Implementierung von Microsoft

75	Überblick
76	Standard-DNS-Funktionalitäten
83	Integration im Active Directory
88	Client-Features
89	Weitere neue DNS-Funktionalitäten in Windows Server 2003

Überblick

Im ▶ Kapitel 4 wurden die Konzepte des Domain Name System vorgestellt und erklärt. Diese stammen jedoch bereits aus dem Jahr 1984 und sind daher nicht unbedingt auf dem Stand der Zeit. Wie jede Technologie, so unterliegt auch der IT-Bereich einem ständigen Wandel. Er passt sich fortlaufend neuen Anforderungen an. Die Internet Engineering Task Force (IETF) war in den vergangenen Jahren extrem fleißig und hat diverse neue Standards für die Weiterentwicklung von DNS auf den Weg gebracht.

In diesem Kapitel werden nun die spezifischen Eigenschaften des Microsoft DNS-Server vorgestellt, so wie dieser mit Windows Server 2003 ausgeliefert wird. Hierbei möchten wir zwischen zwei Arten von Erweiterungen unterscheiden:

- **Standard-DNS-Erweiterungen** Diese betreffen jeden DNS-Server, der mit den neuen RFCs konform ist.
- **Spezifische Active Directory-Erweiterungen** Diese sind durch die enge Verbindung zwischen DNS und Active Directory entstanden und sind nicht in RFCs definiert.

DNS spielt im Active Directory eine zentrale Rolle. Ähnlich wie der WINS-Server in Windows NT-Domänen wird auch das DNS als Service Locator verwendet. Dies bedeutet, dass neben der reinen Namensauflösung auch nach speziellen Diensten geforscht werden kann. Benötigt ein Client beispielsweise für die Anmeldung am AD einen Domänencontroller, so ermittelt er diesen über eine DNS-Anfrage.

Diese enge Verbindung macht es verständlich, dass Active Directory ohne ein funktionierendes DNS nicht betrieben werden kann. Eine zuverlässig verfügbare DNS-Infrastruktur ist somit die Basis für den stabilen Betrieb des Active Directory. Bei vielen Problemen, die auf den ersten Blick in die Kategorie Active Directory zugeordnet werden, stellt sich letztendlich heraus, dass es sich eigentlich um eine Fehlkonfiguration des DNS handelt.

Standard-DNS-Funktionalitäten

DNS ist ein Protokoll der TCP/IP-Familie, das durch eine Vielzahl von RFCs standardisiert ist. Der Microsoft DNS-Server folgt und unterstützt die meisten dieser Standards. Dies macht ihn kompatibel zu allen Standard-DNS-Implementierungen, was Voraussetzung für die Integration in eine heterogene Umgebung ist. In diesem Abschnitt werden die neuen Standards Dynamic-DNS, Secure-DNS, Incremental Zone Transfer, Stub Zones und Unicode-Unterstützung vorgestellt und beschrieben.

Dynamic Update

Die DNS-Datenbank, auch Name Space oder Zone genannt, wird laut RFC stets in einer Textdatei auf dem primären DNS-Server einer so genannten Zonendatei gespeichert. In dieser Datei werden alle Einträge und Änderungen der Resource Records vorgenommen. Alle diese Einträge haben eine Gemeinsamkeit: *Sie sind statisch!* Statisch bedeutet in diesem Fall, dass jede Änderung an dieser Datei einzeln von Hand erledigt werden muss. Dies ist in großen Netzen nicht mehr zu realisieren und hat vor allem den Nachteil, dass es durch das Mitwirken von Menschen fehleranfällig ist. In vielen Netzen wird darüber hinaus für die IP-Konfiguration der Clients, das Dynamic Host Configuration Protocol (DHCP) verwendet. Dies führt dazu, dass einer Maschine keine eindeutige IP-Adresse mehr zuzuordnen ist, da sich diese beliebig ändern kann. Dadurch können diese Maschinen natürlich auch nicht statisch in die DNS-Datenbank aufgenommen werden. Würde dies dennoch geschehen, so wäre entweder eine ganze Schar von Administratoren damit beschäftigt, diese Datenbank auf dem Laufenden zu halten, oder die logische Konsequenz wäre über kurz oder lang eine inkonsistente Datenbank. Abbildung 5.1 zeigt den Unterschied zwischen statischem und dynamischem DNS.

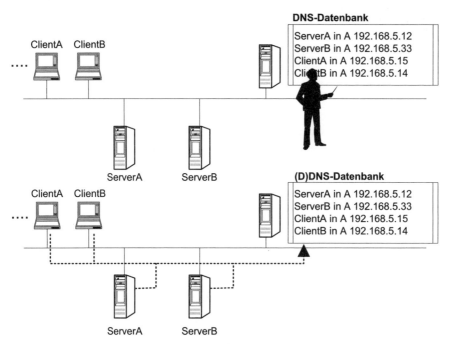

Abbildung 5.1: *Die DNS-Datenbank ist statisch, der Administrator muss per Hand alle Einträge vornehmen. RFC 2136 führt eine Erweiterung des DNS-Protokolls ein, welche ein dynamisches Update der Einträge durch die DNS-Clients ermöglicht.*

Es wurde eine Methode benötigt, um die DNS-Datenbank »dynamisch« zu gestalten. Microsoft führte hierzu mit Windows NT 4.0 den WINS-Lookup-Record ein. Der Windows Internet Name Service (WINS) hat unter anderem die Aufgabe, NetBIOS-Namen in IP-Adressen aufzulösen. Die Besonderheit an WINS besteht darin, dass sich die Clients in dieser Datenbank selbst eintragen können und somit die Datenbank stets aktuell ist (siehe ▶ Kapitel 6). In der DNS-Datenbank erscheint nur der WINS-Lookup-Record, der einen Verweis auf die WINS-Datenbank darstellt. Somit wurde das DNS zumindest für WINS-Clients dynamisch. Als Service Locator konnte DNS allerdings auch so nicht eingesetzt werden, weil der DNS-Standard diese Funktionalität nicht vorsieht. Eine weitere Problematik dieser Methode ist, dass eine Verbindung zwischen NetBIOS-Namensauflösung und DNS-Namensauflösung nicht standardisiert ist und somit nur für reine Microsoftumgebungen funktioniert.

Die IEFT hingegen (auch Microsoft ist Mitglied dieses Gremiums) arbeitete an einem Standard für dieses Problem und verabschiedete den RFC 2136 unter dem Namen *Dynamic Update*. Dieser Standard erlaubt es DNS-Clients, beliebige Records selbständig in die Datenbank einzutragen und bei Bedarf zu aktualisieren. Prinzipiell können hier alle möglichen Infos über den Client (auch Dienste) eingetragen werden, zunächst ist allerdings nur der Name des DNS-Client mit seiner zugehörigen IP-Adresse interessant.

Dynamic Update, auch DDNS genannt, ist eine Erweiterung des DNS-Protokolls. Diese erlaubt es Clients, DNS-Einträge hinzuzufügen, zu ändern oder auch zu löschen. Windows Server 2003 implementiert den RFC 2136 sowohl auf Server- als auch auf Client-Seite. Der DNS-Dienst erlaubt es, Dynamic Update je Zone ein- oder auszuschalten. Standardmäßig tragen alle aktuellen Windows Clients ihre A- und PTR-Records selbständig ein. Bei diesen Clients ist der DNS-Resolver als eigenständiger Dienst implementiert. Dennoch ist nicht dieser Dienst für die dynamischen Updates zuständig, sondern stets der DHCP-Dienst. Auch dann, wenn der Client nicht über DHCP konfiguriert wird. Wird ein Client über DHCP konfiguriert, so wird der PTR-Record nicht vom Client aktualisiert, sondern direkt vom DHCP-Server.

Auch Service (SRV)-Records werden von Window Server 2003 dynamisch im DNS registriert. AD-relevante Services, welche von Windows 2003 Servern im DNS gespeichert werden, sind Records für Domänencontroller und Global-Catalog-Server. Diese Records müssen vom jeweiligen Dienst selbst beim DNS registriert werden. In diesem Fall erledigt die Eintragung der Records für beide Services der Netlogon-Service.

Dynamische Updates werden periodisch vorgenommen. Standardmäßig sendet ein Windows-Client beim Start eine Updateanfrage mit seiner aktuellen IP-Konfiguration an den DNS-Server und wiederholt diese anschließend alle 12 Stunden. Über Einstellungen bezüglich der Alterung (Aging) eines DNS Records kann für jede Zone konfiguriert werden, wann eine solche Updateanfrage im DNS registriert wird. Auf diese Weise kann vermieden werden, dass Änderungen in der Zone registriert werden, obwohl sich an den IP-Einstellungen des Clients überhaupt nichts geändert hat (zumindest das Attribut *last modified* des Eintrags müsste ja sonst geändert werden).

Damit DNS-Einträge, für die es z.B. gar keinen Client mehr gibt, nicht bis zum Jüngsten Tag in der Zone vorgehalten werden müssen, verfügt der Windows 2003 DNS-Server über einen Aufräummechanismus (Scavenging), der allerdings manuell auf einem Server jeder Zone aktiviert werden muss. Dieser Prozess startet dann in konfigurierbaren Intervallen und sucht in allen Zonen für die dieser DNS-Server verantwortlich ist, nach veralteten Einträgen. Wann ein Eintrag als veraltet angesehen wird, beschreiben die Einstellungen bezüglich des *Agings*. Natürlich kann ein Eintrag auch vom Client selbst, bzw. manuell von einer DNS-Administratorin entfernt werden.

Secure Dynamic Update

Mit der zunehmenden Bedeutung von DNS für den Betrieb des Active Directory, und damit für den Betrieb der IT-Infrastruktur, bekam auch die Sicherung des DNS einen zunehmenden Stellenwert. Verschiedene Szenarien für Angriffe auf das DNS sind denkbar und müssen unbedingt unterbunden werden:

- **Footprinting** Hierbei werden Informationen über die DNS-Infrastruktur und die Konfiguration der Clients, wie z.B. IP-Adressen, Computernamen oder die zur Verfügung gestellten Dienste aus dem DNS-Netzwerkverkehr herausgefiltert. Diese Information bildet eine Basis für weitere Angriffe.
- **Denial-of-Service** Bei dieser Form des Angriffes wird der DNS-Server durch eine enorme Anzahl von rekursiven Anfragen überlastet. Dadurch können auch Anfragen von »guten« Clients an den DNS-Dienst nicht mehr beantwortet werden was faktisch den Zusammenbruch der DNS-Infrastruktur bedeutet.
- **Datenmodifikation** Hierbei werden DNS Records modifiziert und verweisen dann auf eine andere Maschine (IP-Adresse). Dies hat im einfachsten Fall zur Folge, dass die IT-Infrastruktur zusammenbricht, da es eine Maschine, z.B. einen Domänencontroller, unter Umständen gar nicht gibt und diese somit auch nicht antworten kann. Im schlimmeren Fall gibt es unter dieser anderen IP-Adresse eine Maschine, die auch den erwarteten Service zur Verfügung stellt, allerdings mit gefälschten Daten.
- **Umleitung von Anfragen** Bei dieser Angriffsvariante, gelingt es dem Angreifer, die Anfragen nach bestimmten Informationen auf einen anderen DNS-Server umzuleiten, über den der Bösewicht die Kontrolle hat und dementsprechend beliebige Ergebnisse zurückliefern kann.

Bei der Abwehr dieser potenziellen Angriffe spielt das Secure Dynamic Update eine wichtige Rolle. Windows Server 2003 unterstützt Secure Dynamic Update sowohl auf den DNS-Servern die als Mitgliedsserver installiert sind, als auch auf Domänencontrollern (Windows 2000 unterstützt Secure Dynamic Update nur auf Domänencontrollern). Hierbei folgt der Windows 2003 DNS-Server den grundlegenden Vorgaben des RFC 2535. Es können Records der Typen KEY, SIG und NXT in der Zone abgelegt und bei RFC 2535-konformen Anfragen mit den gewünschten Records zusammen zurückgeliefert werden. Die im RFC ebenfalls beschriebenen Mechanismen für verschlüsselte DNS-Anfragen werden vom Windows 2003 DNS-Server derzeit nicht unterstützt.

Werden die Zoneninformationen des DNS-Servers im Active Directory abgelegt, was nur auf Domänencontrollern möglich ist, sind alle DNS-Records als »normale« Active Directory-Objekte anzusehen. Somit kann auch der standardmäßige Active Directory-Sicherheitsmechanismus, die Zugriffssteuerungslisten (ACLs), für die Absicherung der Records verwendet werden. Auf diese Weise können Benutzern oder Benutzergruppen Rechte für das dynamische Update erteilt bzw. entzogen werden. Die Active Directory-Integration von DNS-Zonen wird später in diesem Kapitel behandelt.

Incremental Zone Transfer

Zonen sind Teile des DNS und werden in einer so genannten Zonendatei gespeichert. Per Definition wird eine Zone nur von einem Server verwaltet. Allerdings kann ein Server für mehrere Zonen zuständig sein und diese verwalten.

Die ständige Verfügbarkeit der Zoneninformationen ist bereits in einer Standard-DNS-Umgebung sehr wichtig, da nur so eine sichere Namensauflösung gewährleistet werden kann. Im Active Directory dient das DNS auch zum Auffinden von Netzwerkdiensten, wie beispielsweise dem Anmeldedienst für das Active Directory. Clients ermitteln über eine DNS-Anfrage den nächsten verfügbaren

Domänencontroller, um sich dort am AD anzumelden. Somit spielt die in der Zone gespeicherte Information für das Active Directory eine entscheidende Rolle, um überhaupt auf Ressourcen zugreifen zu können. Um eine sichere und vor allem permanente Verfügbarkeit der Zoneninformationen zu gewährleisten, wurde im DNS das Konzept des Primary- und Secondary-DNS-Server eingeführt. Hierbei werden die Zonendaten immer auf dem Primary-DNS-Server gepflegt und von dort aus auf die Secondary-DNS-Server (es können auch mehrere sein) übertragen. Somit stehen die Informationen auf mehreren Maschinen gleichzeitig zur Verfügung, wodurch der Ausfall einer Maschine weniger kritisch ist.

Die Secondary-DNS-Server müssen also mit Zoneninformationen versorgt werden. Dieser Vorgang wird Zonentransfer genannt und bedeutet nichts anderes als die Replikation der gesamten Zonendatei auf den Secondary-DNS-Server. Der Zonentransfer wird sowohl beim Start eines Secondary-DNS-Server durchgeführt als auch danach in einstellbaren Intervallen. Allerdings wird bei Standard-DNS-Servern stets ein »Full Zone Transfer« (AXFR) durchgeführt, der je nach Größe der Zonendatei das Netzwerk mehr oder weniger stark belastet. Auch wenn nur ein einziger Eintrag in der Zone geändert wurde, wird die ganze Datei übertragen.

Neuere Implementierungen von DNS unterstützen aus diesem Grund den im RFC 1995 definierten »Incremental Zone Transfer« (IXFR), der eine Erweiterung des Replikationsmechanismus darstellt. Mit IXFR werden dem Secondary-DNS-Server nur die Änderungen an der Zonendatei übertragen. Dies reicht völlig aus, um die Maschinen zu synchronisieren und dabei wird das Netzwerk erheblich weniger belastet. Die Quelldaten können sowohl von einem Primary-DNS-Server als auch von einem anderen Secondary-DNS-Server bezogen werden.

Da ein Zonentransfer von einem Secondary-DNS-Server initiiert wird, muss dieser bei einem IXFR-Transfer die angefragte Maschine über seinen derzeitigen Status informieren. Zu diesem Zweck wird im Start of Authority (SOA)-Feld jeder Zone eine Versionsnummer geführt, die bei jeder Änderung an der Zone inkrementiert wird. Möchte sich ein Secondary-DNS-Server nun mit einer anderen Maschine synchronisieren, übermittelt er in der IXFR-Anfrage seine aktuelle Versionsnummer, woraus die angefragte Maschine ermitteln kann, welche Änderungen zu übertragen sind. Der Unterschied zwischen diesen beiden Formen des Zonentransfers ist in Abbildung 5.2 zu erkennen.

Ein Zonentransfer wird in folgenden Fällen gestartet:

- Ein neuer Secondary-DNS-Server wird installiert.
- Der DNS-Dienst wird auf einem Secondary-DNS-Server gestartet.
- Änderungen werden in der Zone des Primary-DNS-Server vorgenommen und die Notify-List ist konfiguriert.
- Für den Secondary-DNS-Server ist ein Timer (Refresh Interval Time) gesetzt und dieser ist abgelaufen.

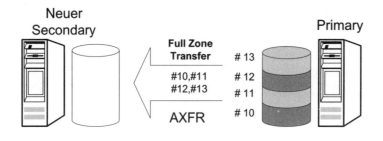

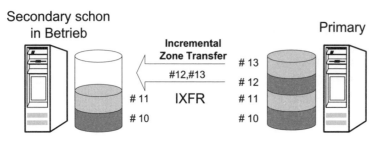

\# Änderungsnummer

Abbildung 5.2: *Ein »Full Zone Transfer« wird von einem neu eingerichteten DNS-Server initiiert. Im laufenden Betrieb werden nur noch »Incremental Zone Transfers« initiiert und nur noch die Änderungen, abhängig von der Versionsnummer der Zone, übertragen.*

Ablauf des gesamten Prozesses

In der folgenden Ablaufbeschreibung wird davon ausgegangen, dass ein Secondary-DNS-Server (im Folgenden nur Secondary genannt) neu installiert wird.

1. Der DNS-Dienst auf dem Secondary startet, stellt fest, dass seine Zonendatei leer ist und sendet eine AXFR-Anfrage (voller Zonentransfer) an seinen Primary-DNS-Server (im Folgenden nur Primary genannt).
2. Der Primary antwortet mit einer kompletten Replikation der Zonendatei. In dieser Datei ist auch die aktuelle Versionsnummer der Zone enthalten, anhand derer später der Zustand der Zone ermittelt wird. Des Weiteren wird hierbei auch das Zeitintervall übermittelt, welches festlegt, wann der Secondary von sich aus nach eventuellen neuen Daten fragen soll.
3. Sobald das Zeitintervall abgelaufen ist, stellt der Secondary eine Anfrage, ob neue Zonendaten zur Übertragung bereitstehen.
4. Der Primary antwortet mit der Versionsnummer und dem Zeitintervall für die nächste Anfrage.
5. Der Secondary vergleicht die Versionsnummer seiner Zonendatei mit der soeben erhaltenen. Sind beide identisch, so sind die Daten aktuell und es muss lediglich das Zeitintervall eingetragen werden. Ist die erhaltene Versionsnummer höher als die eigene, so sendet er eine IXFR-Anfrage, die seine Versionsnummer für eine inkrementelle Replikation enthält.
6. Der Primary sendet nur die Änderungen, die eine höhere Versionsnummer besitzen als die in der IXFR-Anfrage enthaltene.
7. Die Änderungen an der Zonendatei werden im Secondary eingetragen und die Versionsnummer im SOA-Eintrag aktualisiert.

Für den Fall, dass der Primary die inkrementelle Replikation nicht unterstützt, antwortet er mit einer vollen Replikation (AXFR). Der DNS-Server von Windows Server 2003 versucht standardmäßig, eine inkrementelle Replikation durchzuführen.

Im vorangegangenen Abschnitt wurde bereits erwähnt, dass ein Zonentransfer auch dann gestartet werden kann, wenn sich Einträge von Secondary-DNS-Servern in der so genannten *notify list* befinden. Die *notify list* befindet sich auf einem Primary-DNS-Server und enthält IP-Adressen von ausgewählten Secondary-DNS-Servern. Sobald eine Änderung an der Zonendatei vorgenommen wurde, sendet der Primary allen in dieser Liste eingetragenen Secondary-DNS-Servern eine Nachricht. In dieser Nachricht werden die Server aufgefordert, einen Zonentransfer zu initiieren. Dieser erfolgt dann wie oben beschrieben. Auf diese Weise werden die Secondary Server schneller über Änderungen informiert und müssen nicht erst den Ablauf des Timerintervalls abwarten.

Des Weiteren besteht auch die Möglichkeit, einen Primary-DNS-Server so zu konfigurieren, dass nur Mitglieder der *notify list* die Zonendaten anfordern können. Dies ist als erweiterte Sicherheit zu betrachten, da auf diese Weise nur die vom Administrator ausgewählten Server Informationen über die Zone bekommen.

Unicode-Unterstützung

Die DNS-Namenskonventionen sind in den RFCs 952 und 1123 definiert. Dort wird unter anderem festgelegt, dass die DNS-Namen mit US-ASCII-Zeichen codiert werden müssen. In einem global eingesetzten EDV-System, bei dem erweiterte Zeichensätze für lokale Namensgebungen verwendet werden, stellt dies eine nicht akzeptable Einschränkung dar. Auch im Hinblick auf die Integration bzw. Portierung von NT-Domänen, bei denen NetBIOS-Namen zum Einsatz kommen, stellt die Beschränkung auf den US-ASCII-Zeichensatz ein großes Problem dar.

Microsoft unterstützt für den DNS-Dienst von Windows Server 2003 das UTF-8-Protokoll und damit Unicode. UTF-8 erlaubt den erweiterten ASCII-Zeichensatz und transformiert UCS-2, ein 16-Bit-Zeichensatz, der die meisten weltweit benutzten Zeichen enthält. Auf diese Weise können die Zoneninformationen von Windows 2003 DNS-Server weit mehr Zeichen enthalten als der von Standard-DNS unterstützte ASCII-Zeichensatz erlaubt. Gleichzeitig wird aber auch eine Interoperabilität mit existierenden DNS-Servern gewährleistet. Um die Kompatibilität des Windows 2003 DNS-Server zu anderen DNS-Implementierungen sicherzustellen, werden alle ankommenden Zeichen vor der Konvertierung in UTF-8 in Kleinbuchstaben umgewandelt. Dies ist notwendig, um der DNS-Vorgabe nach Namensauflösung unabhängig von Groß- oder Kleinschreibung zu genügen. Auf diese Weise können DNS-Server, die UTF-8 nicht unterstützen, ebenfalls mit diesen Namen arbeiten. Der DNS-Resolver von Windows Server 2003 unterstützt standardmäßig UTF-8-Codierung.

Die UTF-8-Unterstützung kann auf Server-Basis aktiviert bzw. deaktiviert werden. Dies ist notwendig, da nicht UTF-8-kompatible DNS-Server zwar einen Zonentransfer mit dem Windows 2003 DNS-Server durchführen können, aufgrund von unterschiedlichen Zeichensätzen allerdings unter Umständen nicht alle Namen korrekt in der Zonendatei speichern können. In diesem Fall sollte bereits auf dem Windows 2003 DNS-Server die UTF-8-Unterstützung deaktiviert werden. Die Erfahrung lehrt jedoch, dass Unicode-Zeichen, soweit wie möglich vermieden werden sollten und man sich mit den Standardzeichen (a-z), (A-Z), (0-9) auf der sichern Seite befindet (auch wenn diese Aussage im Jahr 2003 schwer fällt!). Zu der Vergabe von Domänennamen siehe ▶ Kapitel 10.

Stub Zones und bedingte Weiterleitungen

Die beiden neuen Funktionen *Stub Zones* und *bedingte Weiterleitung* (Conditional Forwarding) erfüllen prinzipiell dieselbe Funktion, allerdings auf unterschiedliche Art und Weise. Beide dienen dem gezielten Routen von DNS-Anfragen an Server, welche diese Anfragen auch selbst beantworten können. Es soll damit vermieden werden, dass über herkömmliche Forwarding Mechanismen eine Vielzahl von Maschinen in die Auflösung einer Anfrage involviert und damit belastet werden.

Stub Zones lösen dieses Problem dadurch, dass auf einem DNS-Server eine Zone eingerichtet wird, diese allerdings nur Nameserver Records und sonst keine weiteren Infos enthält. Nameserver einer Zone verfügen über den kompletten Datenbestand der Zone und können somit gezielt bei Anfragen bezüglich dieser Zone angesprochen werden. Bei der Einrichtung einer Stub Zone muss ähnlich wie bei einer Secondary-Zone, ein DNS-Server angegeben werden, welcher über die vollständige Zoneninformation verfügt. Aus dieser Information werden dann die NS Records herausgelesen. Ändern sich diese NS Records auf dem angegebenen Server, so werden die geänderten NS Informationen automatisch in die Stub Zone übertragen. Eine Stub Zone kann wie jede andere Zone in einer Datei oder auch im Active Directory gespeichert werden.

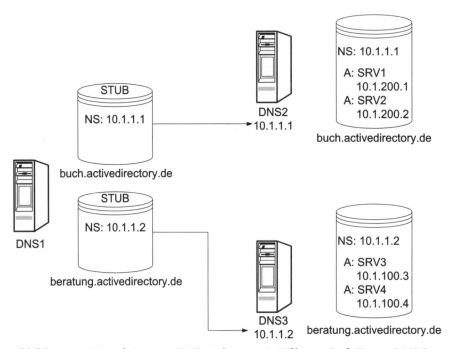

Abbildung 5.3: *Weiterleiten von DNS-Anfragen mit Hilfe von Stub Zones. DNS Server 1 verfügt über zwei STUB Zones und leitet Anfragen gezielt weiter an die DNS Server 2 und 3*

Die Funktion der *bedingten Weiterleitung* löst dasselbe Problem über die Forwarder-Konfiguration eines DNS-Servers. Generell werden bei einem DNS-Server Forwarder eingetragen, an welche dieser DNS-Server Anfragen weiterleitet, die er selbst nicht beantworten kann. Bei bedingter Weiterleitung können hier Unterscheidungen in Abhängigkeit vom Domänennamen getroffen werden. Beispielsweise kann eine Anfrage für die Zone *buch.activedirectory.de* an den DNS-Server mit der IP Adresse *10.1.1.1* geschickt und eine Anfrage für die *Zone beratung.activedirectory.de* an den DNS-Server mit der IP Adresse *10.1.1.2* gesendet werden.

Der Unterschied der beiden Mechanismen besteht darin, dass die bedingte Weiterleitung je DNS-Server konfiguriert werden muss, wogegen Stub Zones nur einmalig einzurichten sind. Die Übermittlung der Stub Zone auf andere DNS-Server erfolgt anschließend über die Mechanismen des Zonetransfers bzw. der Active Directory Replikation. Die bedingte Weiterleitung ist dort interessant, wo je DNS-Server eine unterschiedliche Weiterleitungsstrategie verfolgt wird.

Integration im Active Directory

Bei der Konzeption des Active Directory wurde der DNS-Server in Bezug auf Implementierung und Design voll in das AD integriert. Die beiden Hauptmerkmale liegen hierbei darin, dass DNS verwendet wird, um Dienste des Active Directory, wie Domänencontroller oder Global-Catalog-Server zu lokalisieren, und dass andererseits das AD die Zonendaten speichern und replizieren kann.

Speicherung der Zonendaten

Wird ein DNS-Server auf einem Domänencontroller des AD installiert, so bestehen zwei Möglichkeiten, die Zonendaten zu speichern. Zunächst können die Daten wie gehabt in einer Zonendatei (*.dns) im Ordner *%SystemRoot%\System32\Dns* abgelegt werden. Es besteht allerdings auch die Möglichkeit, die Zonendaten in das AD zu integrieren. Die Daten können in der Domänen-Partition oder in einer Application-Partition abgelegt werden. Partitionen sind auch als Namenskontext bekannt und werden detailliert im ▶ Kapitel 7 beschrieben. Bei der Speicherung im Active Directory stellt eine Zone ein Container-Objekt des AD dar, wobei die Zoneneinträge als Objekte innerhalb dieses Container-Objekts geführt werden. Die DNS-Daten werden im Active Directory wie alle anderen Daten als Objekte dargestellt. Das Schema des AD sieht bereits Objekte für die Aufnahme von Zonendaten vor. Alle DNS-Daten sind in einem eigenen Teilbaum des Active Directory gespeichert.

Speichern im AD

Werden die Zoneninformationen im AD abgelegt, so befinden sich diese immer im Container *MicrosoftDNS*. Dieses ist eine normales Containerobjekt und kann wie jedes Objekt im Active Directory mit Hilfe von ACLs vor unbefugtem Zugriff geschützt werden. Die eigentlichen Zonendaten werden für jede Zone getrennt in einem Objekt des Typs dnsZone dargestellt. Im Folgenden werden die einzelnen Objekttypen aufgezeigt, welche als Inhalt eines solchen Zonenobjekts abgelegt werden können.

- **dnsZone** dieses Objekt entspricht der Standard-Zonendatei *.dns* (z.B: *activedirectory.de.dns*). Der Name dieses Objekts entspricht dem Namen der Zone, so wie sie publiziert werden soll.
- **dnsNode** dieses Objekt entspricht jedem DNS-Namen, der dieser Zone angehören soll.
- **dnsRecord** dies ist ein Attribut des dnsNode-Objektes. Dieses Attribut beinhaltet in binärer Form alle Eigenschaften des durch dieses Objekt repräsentierten Ressource Records (RR).
- **dnsProperty** ist ein Attribut des dnsZone-Objektes. Hier werden die Konfigurationsdaten der Zone gespeichert. Ebenso wie bei einem herkömmlich aufgesetzten DNS-Server, der die Eigenschaften einer Zone (Secondary Server, Refresh Interval Time usw.) aus einem Boot-File oder der Registry lädt, bezieht ein AD-integrierter DNS-Server seine Konfigurationsparameter aus diesem Attribut.

Wenn ein DNS-Server auf einem Windows 2003 Mitgliedsserver (kein Domänencontroller) installiert wird, bleibt nur die Möglichkeit, die Zonendaten in einer *.dns-Datei zu speichern. Ein Mitgliedsserver kann zwar auf das AD zugreifen, verfügt jedoch nicht über eine lokale Kopie des AD. Somit würde jede DNS Anfrage eines Client an diesen Server in einer weiteren LDAP-Anfrage des DNS-Servers an den Domänencontroller resultieren, was nicht dazu beiträgt, die Netzlast zu senken.

Allgemeine Eigenschaften der Zonen, die im AD gespeichert werden.

Zonen, die in das AD integriert wurden, weisen die Besonderheit auf, dass alle Domänencontroller, welche über den entsprechenden Namenskontext verfügen, autoritativ für diese Zone sind, sofern auf dieser Maschine der DNS-Dienst installiert wurde. Jeder dieser Server wird für diese Zone als *Start of Authority* (SOA) eingetragen. Dies bedeutet, dass Änderungen an DNS Records auf allen DNS-Servern vorgenommen werden können und nicht nur wie bei nicht AD-integrierten Primary Zones, nur an einem DNS-Server.

Sekundäre Zonen können nicht im Active Directory abgelegt werden.

Da das Schema des Active Directory beliebig erweiterbar ist, können beliebige neue DNS Objektklassen oder Attributtypen definiert werden, falls die IETF neue DNS-Erweiterungen vorgibt. Das Speichern der DNS-Daten in der Domänen-Partition ist in Abbildung 5.4 aufgezeigt.

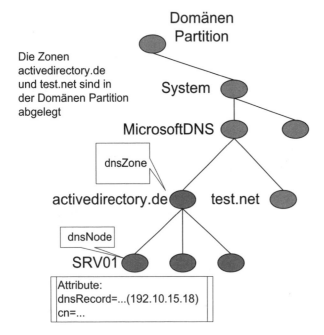

Abbildung 5.4: Speichern der DNS-Daten als Objekte im Container »MicrosoftDNS« in der Domänen-Partition

Wurde als Speicherort die Domänen-Partition gewählt, befindet sich der *MicrosoftDNS* Container innerhalb des Containers System unterhalb des Root-Objekts einer Domäne. Dies hat zur Folge, dass die Zoneninformationen auf allen DCs dieser Domäne verfügbar sind, egal ob auf dieser Maschine ein DNS-Dienst installiert wurde oder nicht.

Die zweite Möglichkeit der Integration in das AD, das Speichern der DNS-Informationen in der Application-Partition wird in Abbildung 5.5 gezeigt.

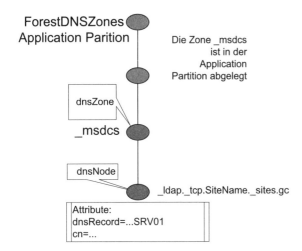

Abbildung 5.5: Speichern der DNS-Daten als Objekte im Container »MicrosoftDNS« der Application-Partitionen ForestDNSZones und DomainDNSZones

Wurde hingegen eine Application-Partition gewählt, ist der Container *MicrosoftDNS* direkt im Root-Objekt dieser Partition zu finden. Standardmäßig gibt es bei Windows Server 2003 zwei Application-Partitions die automatisch angelegt werden. Die Partition *ForestDNSZones* wird auf alle Windows Server 2003 DNS-Server des gesamten Forests (Gesamtstruktur) repliziert. Die Application-Partition *DomainDNSZones* wird hingegen nur auf die Windows Server 2003 DNS-Server der entsprechenden Domäne repliziert.

Replikation der DNS-Zonen

Wird eine DNS-Zone im Active Directory abgelegt, so besteht der große Vorteil darin, dass die Verteilung der Zoneninformationen über die Replikationsmechanismen des AD erledigt wird. Da die gesamten Zoneninformationen als AD-Objekte implementiert sind, werden diese auch exakt so behandelt und auf die gleiche Art und Weise repliziert. Mit dem Windows 2003 DNS-Server stehen nun zwei verschiedene Speicherorte im AD zur Verfügung. Die Domänen Partition und die Application-Partition. Die Application-Partition kann hierbei entweder vom System automatisch erzeugt oder individuell über das Programm *ntdsutil.exe* angelegt werden.

Sind die Zonendaten in der Domänen-Partition hinterlegt, so werden diese auf alle Domänencontroller der entsprechenden Domäne repliziert. Somit kann auf jedem DC der Domäne einfach der DNS-Dienst installiert werden und dieser verfügt umgehend über die aktuelle Zoneninformation. Da das AD über ein Multimaster-Replikationsverfahren verfügt, können Änderungen an den DNS-Zonen an jedem Domänencontroller vorgenommen werden, so dass jeder DC als autoritativ für die Zone anzusehen ist. Sind die Zonendaten nicht im AD abgelegt, so verwendet das DNS ein Einzelmaster-Konzept für die Übertragung der Daten. Dies bedeutet, dass Änderungen nur auf einer Maschine vorgenommen werden können und von dort aus auf die anderen, für diese Zone zuständigen Secondary-DNS-Server übertragen werden. Fällt diese zentrale Maschine aus, so können keine Clients mehr registriert werden, was über einen längeren Zeitraum zu einer massiven Beeinträchtigung des Netzes führt.

Der andere Speicherort für DNS-Zonendaten, die Application-Partition, wurde mit Windows Server 2003 eingeführt und bietet noch mehr Flexibilität für die Verteilung der Zoneninformationen. Standardmäßig wird von Windows Server 2003 für jede Domäne eine zusätzliche Application-Partition eingerichtet und mit dem Namen *DomainDNSZones* versehen. Diese Application-Partition wird automatisch an alle DCs dieser Domäne repliziert, auf denen der Windows Server 2003 DNS-Dienst installiert ist. Dies erspart DCs, die nicht als DNS-Server genutzt werden, unnötigen Replikationsverkehr. Aufgrund der Tatsache, dass Objekte, die in einer Application-Partition abgelegt werden, nicht Bestandteil des Global Catalogs sind, ist auch bei den GC-Servern des Forests eine deutliche Entlastung erkennbar.

Neben der domänenweiten Application-Partition wird von Windows Server 2003 auch noch eine forestweite Application-Partition mit dem Namen *ForestDNSZones* angelegt. Diese Partition wird vom System automatisch auf alle Domänencontroller mit installiertem Windows Server 2003 DNS-Dienst im gesamten Forest repliziert. In dieser Partition ist standardmäßig die extrem wichtige Zone *_msdcs* der Forest-Rootdomäne abgelegt, sofern Windows 2003 als DNS-Server eingesetzt wird.

Letztendlich besteht auch noch die Möglichkeit, eigene Application-Partitionen anzulegen und diese für die Ablage der Zoneninformationen zu verwenden. Diese Partitionen können an beliebige Domänencontroller des gesamten Forests repliziert werden. Sie bieten somit die größte Flexibilität, müssen im Gegenzug allerdings manuell eingerichtet und gepflegt werden. Interessant ist diese Form der Ablage von DNS-Informationen speziell für DNS-Zonen, die nicht für den Betrieb des Active Directory benötigt werden und nur an sehr individuellen Standorten verfügbar sein müssen.

In der folgenden Abbildung 5.6 sind 4 Application-Partitionen im Einsatz.

- **ForestDNSZones.adroot.de** Wird vom System angelegt und auf alle Windows Server 2003-Domänencontroller des Forests repliziert, auf denen der DNS-Dienst installiert ist. Im Bild SRV1; SRV2; SRV3 und SRV4
- **DomainDNSZones.root.com** Wird vom System angelegt und auf alle Windows Server 2003 Domänencontroller der Domäne *ad* repliziert, auf denen der DNS Dienst installiert ist. In Abbildung 5.1 SRV1 und SRV2
- **DomainDNSZones.child.root.com** Wird vom System angelegt und auf alle Windows Server 2003 Domänencontroller der Domäne *child.root.com* repliziert, auf denen der DNS Dienst installiert ist. In Abbildung 5.1 SRV3 und SRV4
- **SelfdefinedDNSZones.root.com** Muss manuell angelegt werden. Die Replikation erfolgt nur auf manuell definierte Domänencontroller. In Abbildung 5.1 SRV2 und SRV4

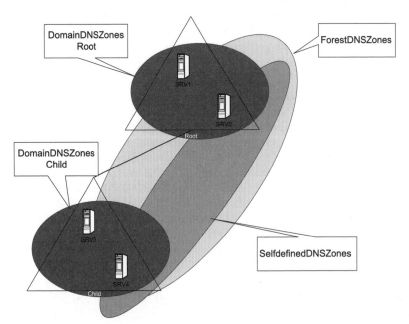

Abbildung 5.6: *Nutzung von Application-Partitionen für die Ablage der DNS-Zoneninformationen.*

Active Directory-Dienste im DNS

Das Active Directory ist ein verteiltes System, dass seine Dienste auf beliebig vielen Maschinen an ebenso vielen Standorten zur Verfügung stellen kann. Zu den Diensten, welche vom AD angeboten werden, zählen die Windows-spezifischen Dienste Domänencontroller (DC) und Global Catalog (GC). Aber auch Standarddienste wie LDAP und Kerberos werden bereitgestellt. Um diese Dienste nutzen zu können, muss ein Client zunächst ermitteln, welcher Server einen bestimmten Dienst zur Verfügung stellt. Hierfür nutzt Windows Server 2003 DNS-Service-Records (SRV-Records). Ein Service Record ist ein Verweis auf den A-Record einer Maschine, welche einen bestimmten Dienst zur Verfügung stellt. Es können natürlich auch mehrere Maschinen denselben Dienst bereitstellen. Dann werden mehrere SRV-Records im DNS hinterlegt und der Client hat die Qual der Wahl. Das Ganze ist im realen Leben mit den Gelben Seiten vergleichbar. Hat man wieder einmal den Schlüssel vor lauter Hektik zuhause vergessen und steht spätabends vor der verschlossenen Wohnungstür, so kann man in der Rubrik *Schlüsseldienst* vermutlich viele Namen finden, die einem aus dieser Situation helfen und dafür dann aber fürstlich entlohnt werden wollen.

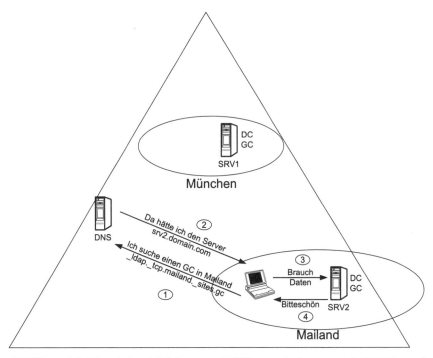

Abbildung 5.7: *Dienste im AD können mit Hilfe von Anfragen nach SRV-Records ermittelt werden. Der Client fragt hierbei seinen DNS nach einem lokalen GC (1); der DNS antwortet mit dem A-Record einer Maschine welche diesen Dienst anbietet (2). Der Client stellt daraufhin seine Anfrage an diese Maschine (3) und bekommt von dieser eine Antwort (4).*

Da ein Schlüsseldienst in Mailand nicht wirklich kostengünstig ist, wenn man selbst vor einer verschlossenen Haustüre in München steht, sollte man natürlich immer erst versuchen, einen ortsansässigen Dienstleister zu ermitteln und diesen um Hilfe zu bitten. Erst wenn dieser nicht verfügbar ist, wird man wohl oder übel in den sauren Apfel beißen und doch die hohen Kosten für Schlüsseldienst aus Mailand in Kauf nehmen. In derselben Weise verfahren auch die Dienste des Active Directory.

Jeder Dienst registriert sich mindestens zwei Mal. Zunächst als Dienst an seinem speziellen Standort und darüber hinaus als global verfügbarer Dienst. Clients, die auf der Suche nach einem speziellen Dienstanbieter sind, fragen als erstes zunächst nach einem Dienstanbieter an ihrem Standort. Erst wenn der ihnen in dieser Anfrage genannte Server nicht reagiert, stellt der Client eine zweite DNS-Anfrage, um einen beliebigen Server im gesamten Forest zu finden, der den gewünschten Dienst bereitstellt.

Dienste des Active Directory können in die beiden Kategorien domänenspezifische und forestspezifische Dienste unterteilt werden. Zu den domänenspezifischen Diensten zählen LDAP, Kerberos und der Domänencontroller-Dienst. Diese Dienste registrieren sich in der Subdomain _msdcs unter der entsprechenden Domäne. Die domänenspezifischen Dienste der Domäne *asia.activedirectory.de* sind beispielsweise unter *_msdcs.asia.activedirectory.de* zu finden. Zu den forestspezifischen Diensten zählt der Global Catalog Service, da dieser Informationen von allen Objekten des gesamten Forest enthält. Ein weiteres Beispiel für einen forestspezifischen Dienst ist der Replikationsdienst, da dieser auch für die forestweite Replikation verantwortlich ist. Forestspezifische Dienste sind daher in der Domäne *_msdcs* unter der Rootdomäne zu finden. In unserem Beispiel wäre dies *_msdcs.activedirectory.de*.

Active Directory ist ohne die Verfügbarkeit von forestspezifischen Diensten in manchen Bereichen nicht zufrieden stellend einsetzbar. Bei Windows 2000-Domänencontrollern ist beispielsweise die Validierung einer Benutzeranmeldung ohne den Zugriff auf einen Global-Catalog-Server standardmäßig nicht möglich – zumindest wenn die Domäne im einheitlichen Modus (Native Mode) betrieben wird). Dies liegt daran, dass die Mitgliedschaft in Universal Groups nur im GC gespeichert wird und somit auch nur von dort ermittelt werden kann. Gelingt dies einem Domänencontroller nicht, so verweigert er die Anmeldung. Es ist also die Situation denkbar, dass an einem Standort ein Domänencontroller und ein Global-Catalog-Server verfügbar waren, aber keine Verbindung zu einem DNS-Server bestanden hat, der Anfragen bezüglich der Zone *_msdcs* der Rootdomäne beantworten konnte. Clients können so zwar noch ihren Domänencontroller ermitteln und an diesen eine Anfrage auf Benutzervalidierung stellen, allerdings scheitert dann der Domänencontroller seinerseits, wenn er einen GC für die Ermittlung der Universal Group-Mitgliedschaft sucht. Der DC weist dann die Validierungsanfrage zurück, auch wenn der GC 30 cm neben ihm steht und voll funktionstüchtig ist.

Windows Server 2003-Domänencontroller haben dieses Problem zwar durch das Caching der Universal Groupmembership entschärft, allerdings ist es dennoch sehr empfehlenswert, die Zone *_msdcs* der Rootdomäne an allen Standorten, an denen Domänencontroller stehen, zur Verfügung zu stellen. Windows 2003 DNS-Server unterstützen dies schon in hohem Maße dadurch, dass diese Zone standardmäßig in der Application-Partition *ForestDNSZones* abgelegt wird. Diese Partition wird automatisch auf alle DCs des Forests repliziert, auf denen der DNS-Dienst installiert ist. Ist der DNS-Dienst auf einem Mitgliedsserver oder einer nicht-Windows Server 2003-Maschine installiert, so müssen hierfür Secondary Zones in jedem Active Directory-Standort eingerichtet werden.

Client-Features

Der DNS-Client (Resolver) für Windows 2000/XP-Systeme wurde ebenso wie der DNS-Serverdienst stark überarbeitet. Die neu hinzugekommenen Features sind Client Side Caching (Zwischenspeicherung auf der Clientseite) und die automatische Optimierung der DNS-Server-Liste. Eine weitere Änderung besteht darin, dass der DNS-Client nun als eigenständiger Dienst implementiert ist.

Client Side Caching

Fordert eine Applikation über den DNS-Client eine IP-Adresse zu einem Hostnamen an, so erhält diese entweder die gewünschten Resource Records oder eine entsprechende Fehlermeldung zurück. Der DNS-Client speichert die erfolgreichen Suchergebnisse in seinem internen Cache für eine vordefinierte Zeit, der so genannten »Time-To-Live« (TTL). Nachfolgende Anfragen, die sich auf denselben Namen beziehen, können dann schnell aus diesem Zwischenspeicher bedient werden. Diese Art der Zwischenspeicherung wird als »Positive Caching« bezeichnet, da nur die erfolgreichen Anfrageergebnisse in diesem Cache landen. Der Microsoft DNS-Resolver unterstützt auch das im RFC 2308 definierte »Negative Caching« und kann somit das Zutagefördern von Suchergebnissen weiter beschleunigen. Beim »Negative Caching« werden auch Einträge in den Zwischenspeicher geschrieben, wenn die Anfrage keine Resource Records ergab und somit negativ ausgefallen ist. Dieser Fall tritt dann ein, wenn:

- Der Name nicht im Domain Name Space existiert.
- Der Name aufgrund einer fehlerhaften Konfiguration oder eines nicht verfügbaren Servers nicht gefunden werden kann.

Für diesen Fall werden die gesuchten Namen zwar in den Cache eingetragen, jedoch mit dem Vermerk »nicht erfolgreich« versehen. Startet nun ein Client die gleiche Anfrage nochmals, so muss nicht erneut eine möglicherweise weltweite und langwierige Suche im Domain Name Space initiiert werden. Somit verbessert sich die Reaktionszeit des DNS-Resolver erheblich. Die TTL für diese negativen Einträge ist bedeutend kürzer als die der positiven Einträge. Somit wird vermieden, dass der Zugriff auf Maschinen vom DNS-Resolver geblockt wird, obwohl der Name bereits aufgelöst werden könnte bzw. der zuständige DNS-Server wieder verfügbar ist.

DNS-Server-List-Optimierung

Jeder DNS-Client verfügt über eine Liste der verfügbaren DNS-Server. Diese kann in den Eigenschaften des TCP/IP-Protokolls manuell konfiguriert werden bzw. wird dem Client per DHCP (siehe ▶ Kapitel 6) zugewiesen. Da die Einträge der DNS-Server-List-Netzwerkkartenspezifisch sind, kann jeder Netzwerkadapter eigene DNS-Server favorisieren. Der DNS-Client von Windows 2000/XP verwaltet diese Liste unabhängig von den einzelnen Netzwerkadaptern, indem er den einzelnen DNS-Servern Prioritäten zuordnet und diese auch bei Bedarf dynamisch abändert. Dabei werden folgende Kriterien berücksichtigt:

- Ist für einen Adapter ein bevorzugter Server konfiguriert, so bekommt dieser die höchste Priorität.
- Sind für einen Adapter alternative Server konfiguriert, so erhalten diese eine Priorität abhängig von ihrer Position in der Liste. Je weiter oben sich ein Name in der Liste befindet, desto höher ist die Priorität des Servers.
- Antwortet ein Server nicht auf eine Anfrage, so verliert er seine augenblickliche Priorität und wird für eine gewisse Zeit an das Ende der Liste verschoben.

Weitere neue DNS-Funktionalitäten in Windows Server 2003

An dieser Stelle noch ein paar weitere Neuerungen des Windows Server 2003-DNS, für die wir allerdings keine eigenen Absätze mehr verwenden wollten, die jedoch durchaus erwähnenswert und nützlich sind.

- **Assistent für DNS-Probleme bei der Installation eines Windows Server 2003-Domänencontrollers** Lässt sich ein Domänencontroller aufgrund von DNS-Problemen nicht installieren, so analysiert dieser Assistent die vorhandenen DNS-Einträge und erklärt dann umgehend und sehr ausführlich, welche fehlenden bzw. falschen DNS-Einträge eine Installation des Domänencontrollers verhindern.

- **Verwalten von DNS-Eigenschaften auf Clients mit Hilfe von GPOs** Mit Hilfe dieser neuen GPO-Einträge (Gruppenrichtlinienobjekte), lassen sich nahezu alle DNS-relevanten Einstellungen auf Clients mit Hilfe von GPOs konfigurieren. Somit können auch Konfigurationsänderungen, die eine Vielzahl von Maschinen betreffen, sehr schnell und zuverlässig durchgeführt werden.

- **Round-Robin-Unterstützung für alle Typen von Resource Records** Die Unterstützung des Round-Robin-Prinzips wurde auf alle Resource Records ausgeweitet. Bis dato war dies nur für A-Records möglich. Dies bedeutet, dass wenn mehrere Einträge für eine Suchanfrage eines Clients verfügbar sind, diese nun für alle Record-Typen nach dem Rotationsprinzip zurückgegeben werden. Somit ist eine sehr einfache Art der Lastverteilung realisierbar.

- **Erweiterte Debugging-Möglichkeiten** Treten Probleme mit DNS-Servern auf, so bieten diese nun erheblich granularere Möglichkeiten für die Fehlersuche an.

6 Die Bedeutung von WINS und DHCP im Active Directory

91 DHCP
99 WINS

DHCP

TCP/IP hat sich in den vergangenen Jahren unbestritten als das Protokoll für globale Netzwerke etabliert. Um TCP/IP nutzen zu können, benötigt jede Maschine eine eindeutige IP-Adresse und weitere Parameter wie »Standard-Gateway« und »DNS-Server«. Speziell in großen Unternehmen, in denen sich die internen Strukturen permanent ändern und bei denen dadurch bedingt auch häufig umgezogen wird, gestaltet sich die korrekte IP-Konfiguration mehr und mehr zum Alptraum für die Administratoren. Dies gilt zumindest so lange, wie diese Konfiguration noch manuell vorgenommen werden muss. Als Ausweg aus diesem Dilemma bietet sich das Dynamic Host Configuration Protocol (DHCP) an, das die Aufgabe der korrekten IP-Konfiguration automatisiert.

Überblick

DHCP ist ein Standard der IETF mit dem Ziel, die Komplexität der Administration eines IP-Netzwerkes zu reduzieren. Definiert ist der Standard in den RFCs 2131 und 2132. Die Hauptaufgabe von DHCP besteht darin, einen Client während des Starts bzw. im laufenden Betrieb mit den aktuellen IP-Parametern zu versorgen. Realisiert wird dies über einen Dienst und eine diesem Dienst angeschlossene Datenbank, in der alle IP-Adressen und die zugehörigen Parameter abgelegt sind und bei Bedarf an die Clients weitergeleitet werden.

Die Vorteile des DHCP können wie folgt zusammengefasst werden:

- Dynamische Vergabe und Entzug von IP-Adressen ermöglicht eine optimale Ausnutzung der vorhandenen IP-Adressen.
- Basiert auf einem offenen Standard.
- Verwaltung der gesamten IP-Adressen und Parameter an einem zentralen Punkt.

Das Dynamic Host Configuration Protocol wurde vom Bootstrap Protocol abgeleitet. Das Bootstrap Protocol ist besser bekannt unter dem Namen BOOTP und in den RFCs 951 und 2132 beschrieben. BOOTP ist allerdings auf die dynamische Vergabe von IP-Adressen beschränkt und wird überwiegend für die Konfiguration von Diskless-Maschinen verwendet. DHCP ist eine Erweiterung von BOOTP und erlaubt darüber hinaus auch die Konfiguration einer Vielzahl weiterer Parameter, wie z.B. »TimeServer«, »DomainName« usw.

Das Prinzip des DHCP ist sehr einfach. Bei jeder Initialisierung der IP-Netzwerkschicht fordert der DHCP-Client eine IP-Adresse zusammen mit sämtlichen verfügbaren IP-Parametern an. Der DHCP-Server bedient den Client daraufhin mit einer passenden IP-Adresse, die er einem zuvor definierten Adresspool entnimmt. Dieser Prozess wiederholt sich in definierbaren Intervallen für den Fall, dass die Maschine nicht neu gestartet wird und dadurch IP nicht gezwungen wird, erneut zu initialisieren. Abbildung 6.1 zeigt, was beim Start des DHCP-Clients passiert.

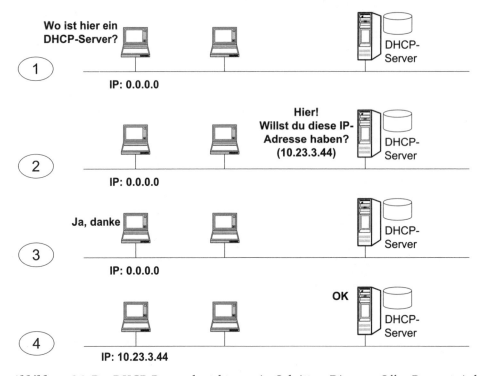

Abbildung 6.1: *Der DHCP-Prozess besteht aus vier Schritten: Discover, Offer, Request, Acknowledge*

Der in Abbildung 6.1 dargestellte Vorgang lässt sich im Normalfall in vier Schritte untergliedern:
1. Der DHCP-Client fordert eine IP-Konfiguration an (DHCP Discover).
2. Der DHCP-Server schlägt dem Client eine IP-Konfiguration vor (DHCP Offer).
3. Das Angebot wird vom Client angenommen (DHCP Request).
4. Der Server quittiert die Konfiguration (DHCP Acknowledge).

Microsofts DHCP-Implementierung besteht aus den drei Komponenten DHCP-Server, DHCP-Client und DHCP-Relay-Agent. Im Folgenden werden diese Komponenten kurz beschrieben.

DHCP-Server

Der DHCP-Server besteht aus einer Datenbank und einem dieser Datenbank zugeordneten Dienst, der die Anfragen der Clients entgegennimmt. Die Datenbank wird über die Storage Engine V4 angesprochen. Dies ist dieselbe Datenbank-Engine, die sich auch schon bei Microsoft Exchange Server bewährt hat. Die eigentlichen Daten liegen im Verzeichnis *%SystemRoot%\System32\dhc*.

Konfiguriert wird der DHCP-Server-Dienst wie erwartet mit einem Snap-In der MMC. Zunächst muss hierbei ein Bereich von IP-Adressen angegeben werden, der von diesem Server verwaltet werden soll (IP-Adresspool). Für diesen Bereich müssen darüber hinaus noch eine zugehörige Subnetzmaske und die Zeitdauer der Gültigkeit einer IP-Konfiguration angegeben werden. Für jeden Bereich können noch zusätzliche Parameter wie »DNS-Server«, »Standard Gateway«, usw. definiert werden. Diese zusätzlichen Parameter ermöglichen eine einfache Umkonfiguration von einer Vielzahl von Maschinen von einem zentralen Standort aus. Ein DHCP-Server kann beliebig viele Bereiche für unterschiedliche Subnetze verwalten.

DHCP-Client

Als DHCP-Client können alle Microsoft-Betriebssysteme konfiguriert werden, bzw. alle Systeme, die dem RFC 2132 folgen. In den meisten Fällen muss nur das Protokoll TCP/IP installiert und der DHCP-Client aktiviert werden. Eine weitere Konfiguration ist nicht mehr erforderlich (das ist ja auch der Sinn des Ganzen). Bei Microsoft-Betriebssystemen befindet sich im Regelfall in den Eigenschaften des Protokolls TCP/IP eine Option *IP-Adresse von einem DHCP-Server* beziehen. Folgende Microsoft-Betriebssysteme können als DHCP-Client eingesetzt werden:

- Windows Server 2003 (alle Versionen)
- Windows XP (alle Versionen)
- Windows 2000 (alle Versionen)
- Windows NT (alle Versionen ab NT 3.5)
- Windows 9x
- WfW 3.11 mit Microsoft 32-Bit TCP/IP-Stack
- LAN Manager Version 2.2c
- Microsoft-Netzwerkclient Version 3.0 für DOS

Auch wenn auf den Clients DHCP aktiviert ist, kann die Administratorin noch weiterhin bestimmte Maschinen manuell konfigurieren. Die lokal eingestellten Konfigurationsparameter werden in diesem Fall nicht von den via DHCP bezogenen Parametern überschrieben.

DHCP-Relay-Agent

DHCP arbeitet mit Broadcasts. Ist ein DHCP-Client beispielsweise auf der Suche nach einem DHCP-Server, von dem er eine IP-Konfiguration beziehen kann, so sendet er einen DHCP-Request als Broadcast in sein Netzsegment. Broadcasts werden allerdings im Regelfall nicht über Router hinweg geleitet und sind somit auf das lokale Netzsegment des Clients begrenzt. Dies hat zur Folge, dass in diesem Fall in jedem Netzsegment ein eigener DHCP-Server installiert werden muss, der dann die IP-Adressen für dieses Segment verwaltet. Der Ausweg aus dieser Misere steht in Form eines DHCP-Relay-Agents zur Verfügung. Die Aufgabe dieses DHCP-Relay-Agents besteht darin, das Netzwerksegment auf DHCP-Broadcasts hin abzuhören und diese dann an einen zuvor definierten DHCP-Server weiterzuleiten. Dieser kann die DHCP-Anfrage wie gewohnt bearbeiten und sendet sie an den DHCP-Relay-Agent zurück. Von diesem aus wird die Antwort dann an den Client weitergeleitet. Diese Funktionalität kann sowohl in einen Router integriert werden oder als Dienst auf einem Windows Server 2003 realisiert sein. Abbildung 6.2 zeigt das Konzept eines DHCP-Relay-Agent in unterschiedlichen Varianten.

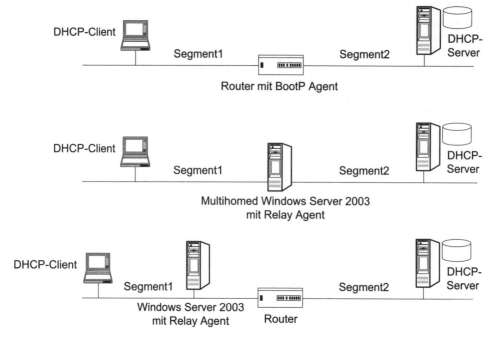

Abbildung 6.2: Relay Agents leiten DHCP-Anfragen an DHCP-Server in anderen Segmenten weiter. Diese Funktionalität kann auf drei verschiedene Arten realisiert werden.

DHCP-Konfiguration

Nachdem der DHCP-Server und die benötigten DHCP-Relay-Agents installiert sind, müssen noch für jedes Subnetz, das per DHCP konfiguriert werden soll, IP-Adressen und Parameter definiert werden. Diese Möglichkeiten werden im Folgenden beschrieben:

DHCP-Bereich

Ein DHCP-Bereich (Scope) ist eine Anzahl von IP-Adressen, die für ein bestimmtes Netzsegment vergeben werden können. Jeder Bereich definiert ein logisches Netzwerk und entspricht demzufolge einem IP-Subnetz. Für jeden Bereich können dann separate IP-Parameter eingestellt werden. Zur Definition eines Bereiches werden folgende Informationen benötigt:

- Name des Bereichs.
- Menge der zu vergebenden IP-Adressen. Dies können einzelne Adressen oder ganze Folgen von IP-Adressen sein.
- Ausschlussbereiche, die beim Einsatz einer Folge von IP-Adressen bestimmte Adressen explizit ausschließen.
- Die Subnetzmaske, welche für dieses Segment eingesetzt werden soll.
- Zeitdauer, für welche die IP-Konfiguration auf einem Client Gültigkeit besitzt.

Reservierungen

Reservierungen sind fest an einen Netzwerkadapter vergebene IP-Konfigurationen. Eine Reservierung bezieht sich stets auf die Hardware-Adresse (MAC-Adresse) des Adapters. Somit ist es möglich, einzelne Maschinen individuell und trotzdem über eine zentrale Stelle zu verwalten.

Bereichsgruppierung

Eine Bereichsgruppierung (Superscope) ist eine Zusammenfassung von mehreren Bereichen zu einer Gruppe. Diese Gruppe von Bereichen kann dann gemeinsam administriert werden. Dies kann beispielsweise dann interessant werden, wenn mehrere logische IP-Bereiche innerhalb eines physischen Segments zusammengefasst werden sollen.

Optionen

Unter Optionen versteht man weitere IP-Parameter, die einem DHCP-Client in seiner IP-Konfiguration übermittelt werden. Die einzelnen verfügbaren Optionen sind im RFC 2132 definiert. Gängige Optionen sind beispielsweise *Standard Gateway, DNS-Server, Domänen-Name, WINS-Server, WINS/NBT Node Typ* usw. Diese Optionen können sowohl für einzelne Bereiche definiert werden als auch für alle Bereiche, die dieser DHCP-Server verwaltet.

DHCP-Architektur

Ein einziger DHCP-Server im Netzwerk ist ein potentieller Leistungsengpass und Single-Point-Of-Failure. Dies hängt damit zusammen, dass DHCP von der Architektur her nicht auf Performance und Ausfallsicherheit ausgerichtet ist. Aus diesem Grund wird im Unternehmen eine DHCP-Architektur aus mehreren DHCP-Server benötigt, die diese Anforderungen erfüllt. Dabei sind einige Besonderheiten zu berücksichtigen:

- Eine IP-Adresse darf nur in einem DHCP-Bereich vorkommen
- DHCP-Server können ihre Daten nicht replizieren oder abgleichen
- Jedes physische Subnetz benötigt einen DHCP-Server oder einen DHCP-Relay-Agent

Das Beispiel in Abbildung 6.3 zeigt ein Netzwerk mit folgenden physischen Gegebenheiten. Die Zentrale besteht aus drei getrennten Subnetzen. Die beiden Außenstellen haben jeweils ein physisches Subnetz und sind über Router an die Zentrale angebunden.

Nun noch einige Erläuterungen zur DHCP-Architektur in Abbildung 6.3. Im Subnetz 10.0.1.x der Zentrale steht ein DHCP-Server. Dieser versorgt die DHCP-Clients in allen drei Subnetzen mit der entsprechenden IP-Konfiguration. Dafür sind die DHCP-Bereiche 10.0.x.100 – 10.0.x.200 konfiguriert. Außerdem dient dieser DHCP-Server als Backup, wenn die DHCP-Server in den Außenstellen ausfallen. Dafür hat er zusätzlich noch die DHCP-Bereiche 10.1.1.201 – 10.1.1.220 und 10.2.1.201 – 10.2.1.220. Diese beiden Bereiche sind in den DHCP-Servern der Außenstellen nicht konfiguriert, so dass es im Netzwerk nicht zur Vergabe von doppelten IP-Adressen kommen kann. Fällt in einer Außenstelle der DHCP-Server aus, kümmert sich der Router mit dem DHCP-Relay-Agent darum, dass die DHCP-Clients in den Außenstellen mit einer gültigen IP-Konfiguration versorgt werden. Der DHCP-Server in Außenstelle 1 erhält neben dem DHCP-Bereich für das eigene Subnetz, auch noch Backup-DHCP-Bereiche für alle Subnetze der Zentrale. Auch hier wird jeweils ein Teilbereich des Subnetz-IP-Adressbereiches gewählt, der auf keinem anderen DHCP-Server konfiguriert ist. Natürlich könnten auf den DHCP-Server in der Zentrale und den Außenstellen identische DHCP-Bereiche konfiguriert werden und die jeweiligen Backup-DHCP-Bereiche nicht aktiviert werden. Hier besteht jedoch die Gefahr, dass ein unwissender Administrator einen Backup-DHCP-Bereich aktiviert, ohne dass ein DHCP-Server ausgefallen ist. Die Konsequenz sind doppelt vergebene IP-Adressen im Netzwerk und damit können die betroffenen Rechner nicht mehr kommunizieren.

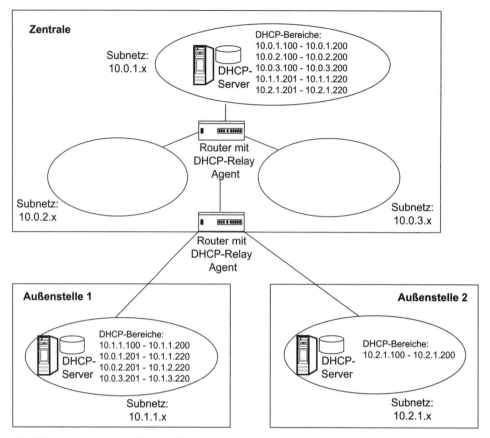

Abbildung 6.3: *Beispiel für eine DHCP-Architektur für ein Unternehmen mit einer Zentrale und zwei Außenstellen.*

Dieses Beispiel soll nur das Prinzip einer DHCP-Architektur zeigen. Je größer das Netzwerk ist, desto komplexer ist zwar die DHCP-Architektur, aber die hier vorgestellten Grundprinzipien können problemlos verwendet werden. Ein weitere Möglichkeit DHCP ausfallsicher zu gestalten, ist der Einsatz einer DHCP-Cluster-Lösung. Der DHCP-Server in Windows Server 2003 ist clusterfähig.

DHCP und Windows 2000

Der DHCP-Dienst, welcher in Windows 2000 integriert ist, baut auf den in Windows NT Server integrierten DHCP-Dienst auf und ergänzt diesen in den folgenden Bereichen. Natürlich sind auch all diese Funktionen in Windows Server 2003 enthalten:

- Integration von Dynamic DNS und DHCP
- Integration der DHCP-Konfiguration in das Active Directory
- Automatische Client-Konfiguration
- Auffinden von nicht autorisierten DHCP-Servern
- Multicast-Adressen
- Erweiterte DHCP-Optionen

- Einführung von Benutzerklassen
- Zusätzliche Überwachungsfunktionen für DHCP-Server
- Benutzergruppen
- Unterstützung von BOOTP-Clients

Integration mit Dynamic DNS

Beim Einsatz von Dynamic DNS registriert standardmäßig jeder Client seinen A-Record in der DNS-Datenbank. Diese Aufgabe wird stets vom DHCP-Dienst des Clients vorgenommen, unabhängig davon, ob der Client per DHCP konfiguriert wird oder nicht. Sobald ein Client per DHCP konfiguriert wird, trägt der DHCP-Server für jeden Client, der eine IP-Konfiguration bei ihm beantragt hat, den PTR-Record in die Datenbank des DNS-Server ein. Der DHCP-Server kann allerdings auch so konfiguriert werden, dass er beide Einträge in die DNS-Datenbank vornimmt. Auf diese Weise können auch Clients dynamisch in die DNS-Datenbank eingetragen werden, die nicht mit DNS-Servern umgehen können. Dies sind z.B. alle Windows NT- und Windows 95-Clients.

Integration in das Active Directory

Die Integration von DHCP in das AD erlaubt es, alle statischen DHCP-Konfigurationen neben der Registry auch in der Datenbank des AD abzulegen. Somit dient das AD als Backup für diese Konfiguration.

Automatische Client-Konfiguration

Der DHCP-Client wurde um die Fähigkeit erweitert, auch dann die Maschine mit einer IP-Konfiguration zu versorgen, wenn kein DHCP-Server zur Verfügung steht. Diese Funktionalität ist besonders in kleinen Netzen bzw. privaten Umgebungen interessant, da sie den Einsatz von TCP/IP auch dann ermöglicht, wenn der Betreiber keine Ahnung von diesem Protokoll hat. Hierbei geht der DHCP-Client wie folgt vor:

Sobald das IP initialisiert, versucht der DHCP-Client per DHCP-Request einen Server anzusprechen, um von diesem eine IP-Konfiguration zu beziehen. Für den Fall, dass kein DHCP-Server auf den Request reagiert, beschließt der Client, die IP-Konfiguration selbst in die Hand zu nehmen, und vergibt eine willkürliche Adresse aus dem für Microsoft reservierten Class-B-Netzwerk 169.254.0.0. Um Adressen nicht doppelt zu vergeben, testet der Client vor der Vergabe per PING-Befehl, ob die gewählte Adresse noch verfügbar ist. Auch nach diesem eigenmächtigen Handeln versucht der DHCP-Client in Abständen von fünf Minuten doch noch einen DHCP-Server zu erreichen. Ist er dabei erfolgreich, so wird die selbst gewählte Konfiguration verworfen und der Client wird im laufenden Betrieb mit der IP-Konfiguration des Server versehen.

Wurde der Client allerdings zu einem früheren Zeitpunkt mit einer IP-Konfiguration von einem DHCP-Server versorgt und steht nun kein Server mehr zur Verfügung, so verfolgt der Client eine andere Strategie. Der DHCP-Dienst auf dem Client versucht in diesem Fall das in der alten Konfiguration übermittelte Standard Gateway per PING-Befehl zu erreichen. Ist er damit erfolgreich, so behält er die alte Konfiguration bei, da er annimmt, dass er sich noch in seinem angestammten Segment befindet und der DHCP-Server nur vorübergehend nicht verfügbar ist. Wird das Standard Gateway nicht erreicht, so nimmt der Client an, dass sich sein Standort geändert hat, und konfiguriert sich auf die oben beschriebene Methode selbst.

Auffinden von nicht autorisierten DHCP-Servern

Eines der großen Probleme beim Einsatz von DHCP besteht dann, wenn ein zusätzlicher DHCP-Server im Netz installiert wird und die von diesem vergebenen IP-Konfigurationen Adresskonflikte auslösen. Besonders bei unerfahrenen Administratoren, die versuchen, durch mehrere gleichartig konfigurierte DHCP-Server das Netzwerk ausfallsicherer zu gestalten, ist dies häufig zu beobachten. Der mit Windows 2000 Server ausgelieferte DHCP-Server besitzt die Möglichkeit, dieses Problem in den Griff zu bekommen, indem eine Liste der gültigen DHCP-Server im Active Directory abgelegt wird. Dieser Vorgang wird DHCP-Server-Autorisierung genannt und kann standardmäßig nur von Enterprise Administratoren ausgeführt werden.

Sobald ein DHCP-Server, der auf einem Domänencontroller oder einem Mitgliedsserver installiert ist, versucht zu starten, liest der DHCP-Server-Dienst selbstständig diese Liste aus dem AD und überprüft, ob seine Maschine in der Liste eingetragen ist. Ist dies nicht der Fall, so wird der DHCP-Server nicht aktiv und bedient somit auch keine Client-Anfragen.

Wird ein DHCP-Server auf einem Standalone Server (Mitglied einer Arbeitsgruppe) installiert, so sendet dieser beim Start eine Broadcast-Meldung in das Netzwerk, um sich dort bekannt zu machen (DHCPINFORM). Jeder weitere DHCP-Server in diesem Segment wird daraufhin eine Nachricht an den neuen Server senden und diesem mitteilen, zu welcher Domäne oder Arbeitsgruppe seine Maschine gehört. Falls der neue DHCP-Server eine Antwort von einem anderen Server bekommt, der Mitglied einer Domäne ist, so wird der Start des Dienstes unterbunden. Für den Fall, dass keine Antwort bzw. nur die Antwort von einem Standalone Server empfangen wurde, setzt der Dienst seine Arbeit fort. Dennoch sendet der neue Server weiterhin alle fünf Minuten eine erneute DHCPINFORM-Nachricht in das Netzwerk und beendet seine Arbeit, sobald ein DHCP-Server aus einer Domäne darauf antwortet.

Multicast-Adressen

Die Einführung von Multicast-Bereichen erlaubt es, DHCP-Clients mit IP-Adressen aus Class-D-Netzwerken (224.0.0.0 bis 239.255.255.255) zu konfigurieren. Die damit verbundene Mitgliedschaft in Multicast-Gruppen ermöglicht den Clients den effizienten Einsatz von modernen Audio- und Video-Applikationen.

Erweiterte DHCP-Optionen

Die Standard-DHCP-Optionen sind im RFC 2132 festgelegt. Benötigen Software-Entwickler für ihre Applikation eine spezifische Option, so müssen sie sich an die IETF wenden und diese Option dort registrieren lassen. Der Microsoft-DHCP-Server erlaubt es, eigene Optionen zu definieren und diese dann den Clients mitzuteilen. Diese Optionen werden dann allerdings speziell gekennzeichnet, um sich von den Standard-Optionen zu unterscheiden.

Neue Benutzerklassen

Standardmäßig werden alle Clients von einem DHCP-Server gleich behandelt. Jeder Client, der bei einem Server nach einer IP-Konfiguration anfragt, wird aus den vorhandenen Bereichen gleichermaßen bedient. Die Einführung von Benutzerklassen erlaubt eine Differenzierung der DHCP-Clients. Es können beispielsweise unterschiedliche Bereiche für die Benutzerklassen Workstation und Laptop eingeführt und diese Bereiche mit unterschiedlichen Einstellungen versehen werden. Je nachdem, welcher Benutzerklasse ein DHCP-Client nun zugeordnet ist, wird er vom DHCP-Server mit den entsprechenden Parametern versorgt. Allerdings erfordert dies dann eine dementsprechende Konfiguration des DHCP-Client-Dienstes.

Erweiterte Überwachung für DHCP-Server

Die Überwachung von Netzwerkdiensten spielt in immer komplexer werdenden Netzwerken eine immer größere Rolle. Besonders für einen so kritischen Dienst wie DHCP bedarf es einer besonderen Überwachung.

Um dieser Anforderung zu genügen, wurde der DHCP-Server-Dienst mit einer umfangreichen Anzahl von Systemmonitor-Leistungsindikatoren ausgestattet. Diese Zähler erlauben es, diverse DHCP-

Ereignisse zu überwachen und diese beispielsweise über die WMI-Schnittstelle an eine Management-Applikation weiterzuleiten.

Benutzergruppen

Mit der Installation des DHCP-Dienstes werden automatisch zwei neue Gruppen erstellt.

- **DHCP-Administratoren** können den jeweiligen DHCP-Serverdienst verwalten, ohne jedoch andere administrative Rechte auf dem Rechner zu haben.
- **DHCP-Benutzer** haben über das DHCP-Verwaltungswerkzeug lesenden Zugriff auf sämtliche Informationen des DHCP-Servers.

Unterstützung von BOOTP-Clients

Der DHCP-Dienst ist auch in der Lage BOOTP-Clients mit der erforderlichen IP-Konfiguration zu versorgen.

DHCP und Windows Server 2003

Der DHCP-Dienst, welcher in Windows Server 2003 integriert ist, baut auf den in Windows 2000 Server integrierten DHCP-Dienst auf und ergänzt diesen in den folgenden Bereichen:

- Datenbank-Backup
- Alternative Client-Konfiguration

Datenbank-Backup

Die DHCP-Datenbank kann nun online während des Betriebs des DHCP-Dienstes gesichert werden.

Alternative Client-Konfiguration

Ein DHCP-Client kann nun mit zwei alternativen Konfigurationen ausgestattet werden. Neben der Möglichkeit, seine IP-Konfigurationsdaten von einem DHCP-Server zu beziehen, kann er auch noch eine statische IP-Konfiguration haben. Damit kann der Client in beliebig vielen Netzwerken über eine DHCP-Konfiguration kommunizieren und zusätzlich auch in einem Netzwerk ohne DHCP-Server betrieben werden.

WINS

Der Windows Internet Name Service (WINS) ist ein Namensdienst und damit verwandt mit dem Domain Name System (DNS). Auch seine Aufgabe besteht im Auffinden von IP-Adressen auf der Basis vorgegebener Rechnernamen. Während DNS jedoch sehr stark mit dem Internet und den dort üblichen Namen, wie *www.activedirectory.de*, verbunden ist, kommt WINS aus dem Bereich der PC-Netze und den dort verbreiteten Betriebssystemen DOS und Windows. Dort ist die Namensgebung der Rechner etwas anders.

NetBIOS-Namen

Um den Sinn von WINS besser zu verstehen, ist es wichtig, die geschichtlichen Aspekte, die seiner Entwicklung zugrunde liegen, zu beleuchten. NetBIOS ist eine Netzwerkschnittstelle für die Programmierung von Netzwerkdiensten und wurde seit den 80er Jahren für PC-Netze eingesetzt. Auch Microsoft verwendete bis zu Windows NT nahezu ausschließlich diese Schnittstelle zur Programmierung von Netzwerkkomponenten. NetBIOS-Namen werden hierbei eingesetzt, um die Ressourcen in einem Netzwerk eindeutig zu definieren. Ein NetBIOS-Name ist 16 Zeichen lang (wenn nicht sichtbar, dann bestehen die fehlenden Zeichen aus Leerzeichen), wobei die ersten 15 Stellen für die eindeutige Benennung des Objekts verantwortlich sind und das Zeichen an der 16. Stelle den Objekttyp beschreibt. Die NetBIOS-Namenshierarchie ist flach, so dass ein Name für ein Objekt nur einmal im gesamten Netz vorkommen darf.

Die NetBIOS-Schnittstelle wird von Applikationen verwendet, um mit anderen Netzwerkapplikationen zu kommunizieren. Für den Transport der Daten benötigt die NetBIOS-Schnittstelle immer ein darunter liegendes Netzwerkprotokoll. Als Standardprotokoll diente zunächst das NetBIOS-Enhanced-User-Interface-(NetBEUI)-Protokoll. Da es kaum einer Konfiguration bedarf, war es für den Einsatz in kleinen Netzwerken optimal und völlig ausreichend. Der große Nachteil dieses Protokolls liegt darin, dass es nicht routingfähig und somit für große Netze völlig unbrauchbar ist. Routing ist hingegen eine der großen Stärken von TCP/IP, so dass kurzerhand eine NetBIOS-Schnittstelle auch für dieses Protokoll geschaffen wurde – NetBIOS over TCP (NetBT). Mit Hilfe dieser Schnittstelle können nun alle NetBIOS-basierten Applikationen auch über beliebig große Netzwerke hinweg miteinander kommunizieren. Abbildung 6.4 zeigt dazu ein Beispiel.

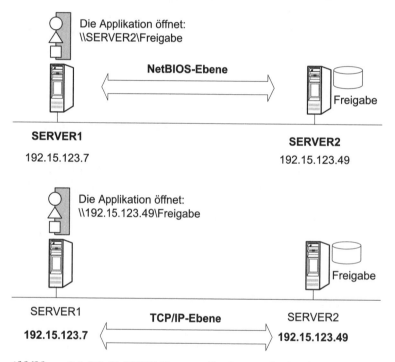

Abbildung 6.4: *Die NetBIOS-Kommunikation geschieht über NetBIOS-Namen und die TCP/IP-Kommunikation über IP-Adressen.*

Wie bereits erwähnt, erfolgt die NetBIOS-Kommunikation über eindeutige NetBIOS-Namen und der eigentliche Netzverkehr über IP-Adressen. Somit wurde eine Methode benötigt, um auch NetBIOS-Applikationen eine Verbindung zum gewünschten Partner zu ermöglichen, ohne dass diese Applikation die eigentliche IP-Adresse des Partners kennen muss.

Die gängige Methode der Namensauflösung (NetBIOS-Name -> IP-Adresse) basiert auf Broadcasts und wird NetBT-Namensauflösung genannt. Diese Broadcasts gehen an alle Rechner des Segments und müssen von diesen ausgewertet werden. In einem solchen Paket steht dann eine Anfrage, die ungefähr so lautet: »Wer von euch ist der Rechner SERVER3 und welche IP-Adresse hast du?« Alle

Empfänger werten diese Anfrage aus und die Maschine mit dem NetBIOS-Namen »SERVER3« sendet ihre IP-Adresse zurück. Broadcasts haben allerdings den Nachteil, dass sie auf ihr Segment beschränkt sind. Abbildung 6.5 zeigt das beschriebene Beispiel in grafischer Form.

Die Nachteile der NetBT-Namensauflösung können wie folgt zusammengefasst werden:

- Es können nur Rechner kontaktiert werden, die sich im selben physischen Netzsegment befinden.
- Hohe Netzlast durch Broadcasts.
- Jeder Rechner muss alle Pakete der Namensauflösung auswerten und wird dadurch belastet.

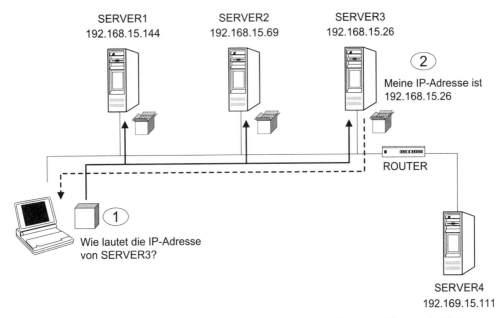

Abbildung 6.5: *Die NetBT-Namensauflösung basiert auf Broadcasts und ist nur in kleinen LANs einsetzbar.*

NetBT-Namensauflösung funktioniert gut in einer kleinen LAN-Umgebung mit wenigen Rechnern, ist aber in großen Netzwerken mit mehreren Segmenten nicht mehr einsetzbar.

Eine weitere Möglichkeit der Namensauflösung besteht im Einsatz von LMHOSTS-Dateien. Da diese allerdings manuell gepflegt werden müssen, sind auch diese in großen Netzen nicht mit vernünftigem Aufwand einsetzbar. Die effektivste Art der NetBIOS-Namensauflösung in großen gerouteten Netzwerken besteht im Einsatz eines NetBIOS Name Server, den Microsoft in Form von WINS realisiert hat.

Funktionsweise von WINS

Der Windows Internet Name Service (WINS) besteht aus einem Dienst und einer zugehörigen Datenbank für die Registrierung und Abfrage von IP-Adressen und NetBIOS-Namen. Dieser Prozess wird Namensauflösung genannt. Die gängigen Methoden für die Namensauflösung bei NetBIOS-Namen basieren auf Broadcasts und funktionieren daher nicht mehr, sobald Router zwischen den beteiligten Maschinen stehen. Eine weit verbreitete Methode der Namensauflösung ist das Führen von LMHOSTS-Dateien. Hierbei wird eine manuelle Zuordnung von NetBIOS-Namen und IP-Adressen in einer Datei vorgenommen und diese Datei zur Namensauflösung herangezogen. In großen Netzwerken ist diese manuelle Pflege nicht mehr realisierbar.

Die Einführung von WINS bringt in gerouteten IP-Netzwerken mehrere Vorteile:

- Da die Datenbank dynamisch gepflegt wird, können sich die Clients dort selbstständig eintragen. Somit ist die Datenbank stets und ohne manuellen Aufwand aktuell.
- Zentrale Verwaltung der NetBIOS-Namen und IP-Adressen.
- Entlastung des Netzwerkes, da weniger Broadcast-Sendungen benötigt werden.
- Domänenweites Durchsuchen des Netzwerkes, ohne einen Domänencontroller im eigenen Segment zu haben.

WINS ist wie die meisten anderen Netzwerkdienste auch in eine Client- und eine Serverkomponente aufgeteilt. Der WINS-Server seinerseits besteht aus einer Datenbank, in der die NetBIOS-Namen und die zugehörigen IP-Adressen abgelegt sind, und einem Dienst, der diese Datenbank verwaltet und die Anfragen der Clients bedient. Um korrekt arbeiten zu können, muss der WINS-Client mit der IP-Adresse des WINS-Server konfiguriert werden. Beide kommunizieren über das WINS-Protokoll, das auf dem Internet-Standard der RFCs 1001 und 1002 für NetBIOS Name Server basiert. Jeder Client sollte mit den Adressen von mindestens zwei WINS-Servern konfiguriert sein, um auch im Falle des Ausfalls einer dieser Maschinen noch weiterhin Namensauflösung betreiben zu können.

Die Arbeit von WINS ist in vier Bereiche unterteilt, die im Folgenden beschrieben werden:

Namensregistrierung

Sobald ein WINS-Client startet, registriert er seinen Namen und seine IP-Adresse bei dem ihm zugeordneten primären WINS-Server. Diese Registrierung wird im Regelfall vom WINS-Server bestätigt und mit der Gültigkeitsdauer für diese Registrierung versehen (Time To Live). Wird bei der Registrierung vom Server festgestellt, dass der gewünschte Name bereits in der Datenbank eingetragen ist, versucht der Server diese Maschine anzusprechen. Antwortet die zuvor registrierte Maschine, so bekommt der Rechner, welcher momentan versucht sich zu registrieren, eine Absage und startet seine Netzwerkdienste nicht. Reagiert der zuvor registrierte Rechner nicht, so bekommt der neue Rechner eine Bestätigung für seine Registrierung und kann seine Netzwerkdienste starten.

Erneuerung eines Namenseintrages

Läuft eine Maschine längere Zeit ohne Neustart und damit verbundener erneuter Registrierung, muss eine Erneuerung des Namenseintrags am Server stattfinden. Diese Aktion wird nach 1/8 der Time-to-Live (TTL) vom Client aus mit einem »Name Refresh Request« an den primären WINS-Server initiiert und normalerweise mit einem »Name Refresh Response« bestätigt. Antwortet dieser Server nicht, so versucht es der Client weiterhin, bis die Hälfte der TTL abgelaufen ist. Nun wird versucht, den sekundären WINS-Server zu kontaktieren, um von diesem eine Bestätigung der Erneuerung zu bekommen.

Freigabe eines Namens

NetBIOS-Namen, die in der WINS-Datenbank eingetragen sind, werden vom Client bei einem korrekten Herunterfahren der Maschine durch einen »Name Release Request« wieder freigegeben. Die Einträge werden aus der Datenbank nicht sofort gelöscht, sondern zunächst als passiv gekennzeichnet. Meldet sich die Maschine dann für eine gewisse Zeit nicht wieder (Alterungsintervall), so wird der Eintrag als »veraltet« gekennzeichnet und nach einer weiteren Zeitspanne (Alterszeitüberschreitung) endgültig gelöscht.

Namensauflösung

Sobald ein Client mit einem WINS-Server konfiguriert ist, erfolgt die Namensauflösung stets nach folgendem Schema, das in Abbildung 6.6 dargestellt ist:

1. Zunächst wird der so genannte-NetBIOS-Name-Cache nach dem gewünschten Namen durchsucht. Dieser lokale Datenspeicher ist für die schnelle Suche nach häufig verwendeten Namen gedacht.
2. Anschließend wird eine direkte Anfrage an den primären WINS-Server gestellt. Dieser durchsucht seine Datenbank und meldet entweder die IP-Adresse zu dem gesuchten Namen oder einen Fehler direkt an den Client zurück.
3. Kann kein WINS-Server den Namen auflösen, so versucht der Client über die Standardmechanismen Broadcast und die Datei LMHOSTS sein Glück.

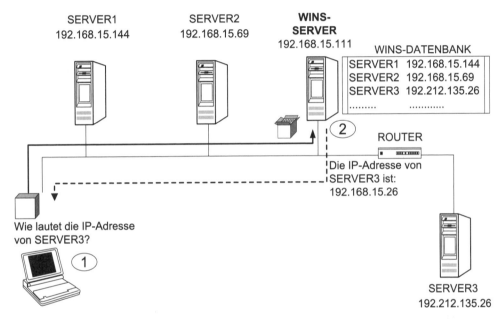

Abbildung 6.6: Der WINS-Server hält eine dynamische Datenbank mit allen NetBIOS-Namen und den zugehörigen IP-Adressen aller WINS-Clients. Soll ein NetBIOS-Name in eine IP-Adresse aufgelöst werden, so sendet der WINS-Client eine Anfrage direkt an den WINS-Server.

WINS-Server

Der WINS-Server-Dienst verwendet die Extensible Storage Engine um seine Daten zu verwalten. Die von dieser Engine verwalteten Dateien werden im Ordner *%SystemRoot%\System32\wins* abgelegt. Die Größe der Datenbank ist nicht beschränkt und hängt nur von der Anzahl der Clients ab, welche diesen WINS-Server verwenden und von dessen Replikationseinstellungen. Die Datenbank wird automatisch regelmäßig online komprimiert. Es empfiehlt sich allerdings, hier in gewissen Abständen eine Offline-Komprimierung vorzunehmen, da diese bei weitem effektiver ist.

Der Einsatz von mehreren WINS-Servern erhöht die Verfügbarkeit des Systems und verteilt die Last der Anfragen auf mehrere Maschinen. Da es sich bei der WINS-Datenbank nicht um eine verteilte Datenbank handelt, wird ein Replikationsmechanismus benötigt, der den Inhalt der Datenbanken aller WINS-Server abgleicht. Registriert sich ein Client bei einem WINS-Server, so muss dessen Name und IP-Adresse auch bei allen anderen WINS-Servern des Systems zur Verfügung stehen. Die Replikation der Datenbankinhalte erfolgt nicht wild durcheinander »jeder mit jedem«, sondern in geregelten Bahnen nur mit definierten Partnern. Jeder WINS-Server kann hierbei Partner eines beliebigen anderen WINS-Server werden. Um eine gleichartige Datenbank auf allen Servern zu erzielen, muss jeder Server mindestens einen Partner besitzen. Eine Obergrenze für die Anzahl der Partner gibt es hingegen nicht, auch wenn dies bei manchen Administratoren wünschenswert wäre. Bei der Konfiguration der Partner ist zwischen PULL- und PUSH-Partnern zu unterscheiden. Ein PUSH-Partner sendet seine Daten nach einer konfigurierbaren Anzahl von Änderungen in seiner Datenbank an seinen Partner. Dies ermöglicht eine möglichst schnelle Replikation der Änderungen, erlaubt allerdings keinerlei Kontrolle über die Zeiten, zu denen die Replikation stattfindet. Ein PULL-Partner holt sich hingegen die geänderten Daten von seinem Partner in einem konfigurierbaren Intervall und erlaubt dadurch die zeitliche Kontrolle der Replikation. Damit kann beispielsweise die Übertragung der Daten auf Zeiten verlegt werden, in denen das Netzwerk nicht besonders stark ausgelastet ist. Das Prinzip der Replikation ist in Abbildung 6.7 dargestellt.

Wichtig ist hierbei, dass der primäre und sekundäre WINS-Server eines Client auf alle Fälle gegenseitig als PULL- und PUSH-Partner eingetragen sind, da bei diesen beiden Maschinen ein möglichst synchroner Datenbestand vorhanden sein soll.

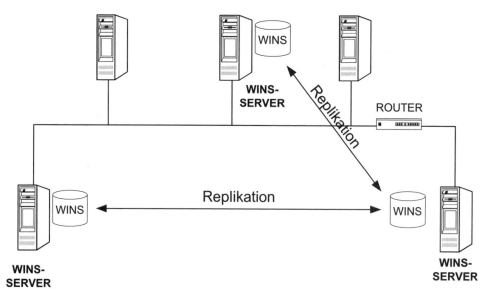

Abbildung 6.7: WINS-Server können für die Replikation konfiguriert werden. Somit kann für die WINS-Umgebung eine höhere Verfügbarkeit und Ausfallsicherheit erreicht werden.

WINS-Client

Der WINS-Client versucht beim Start seine NetBIOS-Namen bei einem WINS-Server zu registrieren. Von diesem Zeitpunkt an versucht er, bei diesem WINS-Server die Namensauflösungen vorzunehmen.

Folgende Betriebssysteme werden von Microsoft als WINS-Client unterstützt:

- Windows Server 2003 (alle Versionen)
- Windows XP (alle Versionen)

- Windows ME
- Windows 2000 (alle Versionen)
- Windows NT (alle Versionen)
- Windows 9x
- WfW 3.11 mit Microsoft 32-Bit TCP/IP-Stack
- LAN Manager Version 2.2c
- Microsoft-Netzwerkclient Version 3.0 für DOS
- OS/2
- LINUX- und UNIX-Clients, auf denen Samba installiert ist

WINS-Proxy

Ein WINS-Proxy ist ein Windows Server 2003, der so konfiguriert ist, dass er auch nicht WINS-fähigen Clients bei der Namensauflösung in großen Netzen behilflich sein kann. Diese Clients verwenden standardmäßig Broadcasts für die Namensauflösung. Ein WINS-Proxy nimmt nun diese Broadcasts entgegen und leitet sie an einen zuvor konfigurierten WINS-Server weiter. Abbildung 6.8 zeigt ein Beispiel für den Einsatz eines WINS-Proxy.

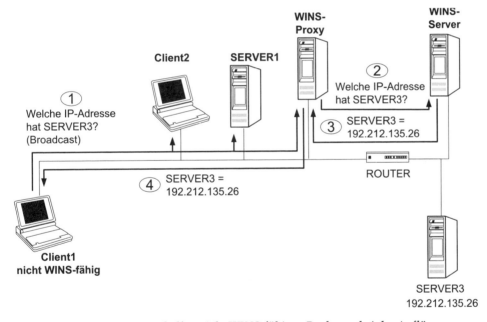

Abbildung 6.8: WINS-Proxys helfen nicht WINS-fähigen Rechnern bei der Auflösung von NetBIOS-Namen.

Die Arbeitsweise eines WINS-Proxy ist wie folgt (siehe Abbildung 6.8):

1. Der nicht WINS-fähige Rechner versucht mit einem Broadcast die IP-Adresse seines gewünschten Kommunikationspartners zu ermitteln. Auch der WINS-Proxy empfängt diesen Broadcast zur Namensauflösung.

2. Der WINS-Proxy leitet den Wunsch zur Namensauflösung an den konfigurierten WINS-Server weiter.
3. Der WINS-Server ermittelt mit Hilfe seiner Datenbank die IP-Adresse zu dem angefragten Namen und sendet diese direkt an den WINS-Proxy.
4. Der WINS-Proxy sendet die IP-Adresse des angefragten Rechners an den nicht WINS-fähigen Client, der darauf hin mit seinem gewünschten Kommunikationspartner eine Verbindung aufbauen kann.

WINS-Konfiguration

Auf der Client-Seite sind die für den jeweiligen Client zuständigen WINS-Server mit ihrer IP-Adresse einzutragen.

Auf der Server-Seite ist zunächst nur eine Konfiguration nötig, wenn die Replikation zwischen mehreren WINS-Severn aktiviert werden soll. Während in kleinen Netzwerken die Einrichtung der Replikationspartner automatisiert werden kann, sollte in großen Netzwerken die Replikation durch explizite Definition der Replikationspartner implementiert werden.

WINS-Architektur

Wie beim Thema DHCP, sollten auch im Bereich WINS mehrere Server aus Gründen der Performance und Ausfallsicherheit zum Einsatz kommen. Im Folgenden soll eine beispielhafte WINS-Architektur dargestellt werden. Um diese Architektur übersichtlicher zu gestalten werden drei unterschiedliche Sichten vorgestellt und erklärt:

- Namensregistrierung, -erneuerung und -freigabe
- Replikation
- Namensauflösung

Bei der WINS-Architektur ist die Bandbreite der Verbindung zwischen Zentrale und den Außenstellen zu berücksichtigen, da WINS mehr Netzwerkverkehr erzeugt als beispielsweise DHCP.

Bei der dargestellten Architektur wird von folgenden Voraussetzungen ausgegangen:

- Eine Zentrale mit drei IP-Subnetzen und zwei Außenstellen mit jeweils einem IP-Subnetz.
- 10 WINS-fähige Server und 1.000 WINS-fähige Clients in der Zentrale.
- 5 WINS-fähige Server und 800 WINS-fähige Clients in der Außenstelle 1.
- 3 WINS-fähige Server und 200 WINS-fähige Clients in der Außenstelle 2.

In Abbildung 6.9 wird die WINS-Architektur aus Sicht der Namensregistrierung durch die WINS-Clients dargestellt. Der meiste Netzwerkverkehr wird durch die Clients verursacht, deshalb erfolgt die Registrierung lokal in den einzelnen Standorten (Zentrale, Außenstelle 1, Außenstelle 2). Aus Gründen der Ausfallsicherheit und Performance werden jeweils zwei WINS-Server pro Standort konfiguriert. Ein Hälfte der Clients wird mit einem WINS-Server als Primary konfiguriert, die andere Hälfte der Clients mit dem anderen WINS-Server. Als Secondary-WINS-Server wird der jeweils andere Server eingetragen. Wie kann eine solche Aufteilung der Registrierung passieren, wenn die WINS-Konfiguration durch DHCP verteilt wird? Die jeweiligen DHCP-Optionen gelten ja pro DHCP-Bereich. Besteht der Standort aus mehreren Subnetzen, was in der Zentrale der Fall ist, können für die verschiedenen Subnetze die Primary- und Secondary-WINS-Server variiert werden. In dem dargestellten Beispiel kann in den Außenstellen keine Lastverteilung erreicht werden, da jeweils nur ein Subnetz vorhanden ist. Hier sind der Primary- und der Secondary-WINS-Server für alle Clients identisch. Die Namensregistrierung für die Server im gesamten Netzwerk verursacht nur wenig Netzwerkverkehr. Da die Anzahl der Server im Vergleich zu den Clients gering ist, ist das Thema Lastverteilung nicht so brisant. Auf diesen Gründen genügen zwei WINS-Server (Ausfallsicherheit) in der Zentrale, die für die Namensregistrierung aller Server zuständig sind.

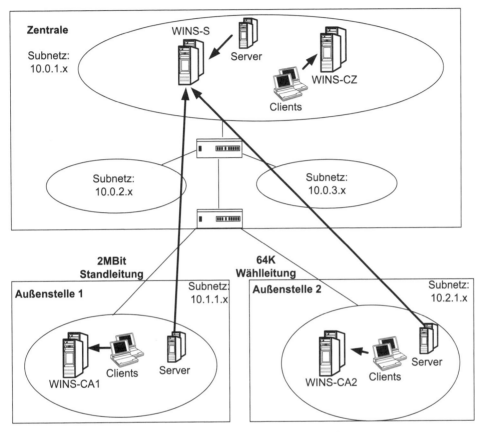

Abbildung 6.9: WINS-Architektur aus Sicht der Namensregistrierung

Nachdem die Konfiguration, und damit die Namensregistrierung, für alle WINS-Clients klar ist, kann die Replikation zwischen den WINS-Servern betrachtet werden.

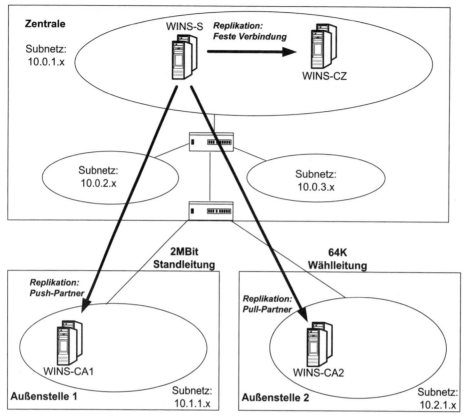

Abbildung 6.10: *Beispiel für eine WINS-Architektur.*

Die Pärchen (im Weiteren als WINS-Cluster bezeichnet) aus Primary- und Secondary-WINS-Server (WINS-S, WINS-CZ, WINS-CA1 und WINS-CA2) in Abbildung 6.10 replizieren sich gegenseitig über feste Verbindungen. Damit wird jede Änderung sofort an den jeweils anderen WINS-Server mitgeteilt und die Datenbestände synchron gehalten. Die WINS-Server die für die Clients in den jeweiligen Standorten zuständig sind, benötigen die Daten der Server aus dem Datenbestand der WINS-Server WINS-S. Innerhalb der Zentrale kann eine feste Verbindung zwischen jeweils einem WINS-Server der beiden WINS-Cluster WINS-S und WINS-CZ eingerichtet werden. Welcher dies ist, ist prinzipiell egal, da die Änderungen innerhalb des WINS-CZ-Clusters sowieso sofort repliziert werden. Auch die Datenreplizierung in die Außenstellen wird nur zwischen jeweils einem WINS-Server der Standorte konfiguriert, da innerhalb der Außenstellen die Daten ebenfalls umgehend auf den anderen WINS-Server repliziert werden. Zur Außenstelle 1 wird eine PUSH-Replikation eingerichtet. Damit werden die Daten repliziert, wenn eine bestimmte Anzahl von Änderungen in der Zentrale vorgenommen wurde. Dies ist von der Netzlast her gesehen kein Problem, da die Verbindung eine 2 Mbit/s-Standleitung ist. Die Außenstelle 2 hingegen ist nur über eine 64 Kbit/s-Wählleitung an die Zentrale angebunden. Deshalb soll hier die Replikation zeitgesteuert erfolgen und zwar in einem Zeitraum, in dem erfahrungsgemäß wenig Netzwerkverkehr herrscht. Aus diesem Grund ist hier eine PULL-Replikation das richtige Mittel der Wahl.

Die Namensauflösung in dem oben dargestellten Beispiel hat eine Einschränkung: Die Clients können nur die Namen der Clients im eigenen Standort auflösen. Dies sollte aber kein Problem darstellen, da in den wenigsten Unternehmen eine Peer-To-Peer-Kommunikation der Clients benötigt wird. Benötigen Administratorinnen oder Anwendungen auf den Servern eine Namensauflösung von Client-Namen, muss die Replikationsarchitektur entsprechend angepasst werden. In diesem Fall bleiben die Replikationswege- und techniken identisch, nur die Replikation erfolgt jeweils in beide Richtungen. Denken Sie bitte auch daran, dass die Namensauflösung für alle Clients und Server unter Umständen schon durch DNS möglich ist und deshalb die WINS-Architektur minimiert werden kann.

WINS und Windows 2000

Der WINS-Dienst wurde in Windows 2000 sowohl auf der Server- als auch auf Client-Seite erweitert. Im Folgenden hier nun die wichtigsten Neuerungen gegenüber Windows NT:

- Feste Verbindungen
- Automatische Suche von Replikationspartnern
- Verbesserte Filter- und Suchfunktion
- Überprüfung der Einträge
- Höhere Verfügbarkeit für WINS-Clients
- Dynamische Neuregistrierung
- Exportfunktion
- WINS-Benutzergruppe
- Verbesserte Datenbank
- Verwaltung via Kommandozeile
- Manuelles Tombstoning
- Verbesserte Verwaltung via MMC

Feste Verbindungen

Der neue WINS-Server kann nun auch mit festen Verbindungen anstelle der PUSH- und PULL-Partner konfiguriert werden. Somit werden Änderungen an der Datenbank sofort auf alle so konfigurierten Partner übertragen. Das bisherige Verfahren, in dem immer erst ein Ereignis (Ablauf einer bestimmten Zeit oder eine gewisse Anzahl an Änderungen) eintreten musste, um eine Replikation auszulösen, hatte stets eine gewisse Verzögerung des Datenaustausches zur Folge. Somit war es möglich, dass die WINS-Server auf unterschiedliche Datenbestände zugegriffen haben. Auch bei einer Vielzahl an festen Verbindungen braucht sich die Administratorin keine grauen Haare wachsen zu lassen, da stets nur geänderte Einträge repliziert werden und somit die Netzlast minimal gehalten werden kann.

Automatische Suche von Replikationspartnern

Diese neue Funktionalität ermöglicht es einem WINS-Server, andere WINS-Server im Netzwerk selbstständig zu suchen und diese als Replikationspartner zu definieren. Hierzu meldet ein WINS-Server seine Existenz in festen Intervallen per Multicast-Adresse im Netzwerk. WINS-Server, die nun für diese automatische Suche von Replikationspartnern konfiguriert sind, nehmen diese Meldung auf und lernen dadurch die anderen WINS-Server kennen. Jeder Server, der auf diese Weise entdeckt wurde, wird automatisch als Replikationspartner eingetragen.

Verbesserte Filter- und Suchfunktion

Dies ist eigentlich keine Verbesserung des WINS-Server, sondern eine Verbesserung des Administrationswerkzeuges. Es können nun auch nur ausgewählte Einträge ohne die gesamte Datenbank geladen werden. Ferner können nun auch Einträge je nach Typ gefiltert werden, z.B. alle Domänencontroller.

Überprüfung der Einträge

Um den Status der Replikation zwischen WINS-Servern zu überprüfen, besteht nun die Möglichkeit, eine vorgegebene Menge von Einträgen auf einem oder mehreren WINS-Servern zu überprüfen. Das System sendet hierzu für jeden Eintrag eine Anfrage an alle angegebenen WINS-Server. Es überprüft somit, ob dieser Eintrag auch in den anderen Datenbanken bereits angekommen ist und zeigt das Ergebnis an.

Höhere Verfügbarkeit für WINS-Clients

WINS-Clients können jetzt bis zu 12 WINS-Server per Netzwerkadapter angeben. Sollte der primäre und sekundäre WINS-Server ausfallen, wird eine von diesen zusätzlich angegebenen Maschinen angefragt.

Dynamische Neuregistrierung

Der WINS-Client wurde dahingehend verbessert, dass nun NetBIOS-Namen automatisch registriert werden können, ohne das System neu starten zu müssen. Dies ist dann vorteilhaft, wenn falsche statische Einträge konfiguriert wurden oder eine veraltete Version der WINS-Datenbank auf eine Maschine aufgespielt wurde.

Exportfunktion

Mit dem lang ersehnten Exportbefehl können nun alle angezeigten Einträge (je nach aktiviertem Filter) in eine Textdatei geschrieben werden. Diese Datei kann dann für Auswertungen oder sonstige Aktivitäten eingesetzt werden.

WINS-Benutzergruppe

Bei der Installation eines WINS-Server wird automatisch eine WINS-Benutzergruppe angelegt. Die Mitglieder dieser Benutzergruppe können Informationen zu diesem WINS-Server über die Managementkonsole sehen, aber keine Veränderungen vornehmen.

Verbesserte Datenbank

WINS benutzt ab Windows 2000 die leistungsoptimierte Datenbanktechnologie, die auch für die Speicherung der Active Directory-Datenbank verwendet wird.

Verwaltung via Kommandozeile

Neben der grafischen Verwaltung von WINS über die MMC, erlaubt das Werkzeug Netsh eine Administration der WINS-Server von der Kommandozeile aus.

Manuelles Tombstoning

Ein Eintrag in der WINS-Datenbank kann manuell als Tombstone (veraltet) gekennzeichnet werden. Durch die Replikation dieses Eintrages auf die anderen WINS-Server kann ausgeschlossen werden, dass er auf dem Server, wo er gelöscht wurde, wieder als gültiger Eintrag auftaucht.

Verbesserte Verwaltung via MMC

Die WINS-Server können über ein Snap-In in die Microsoft Management Console (MMC) administriert werden. Die Verwaltung der WINS-Server wurde an zahlreichen Stellen verbessert. So können nun beispielsweise Einträge in der WINS-Datenbank über die MMC gelöscht werden.

WINS und Windows Server 2003

Der WINS-Dienst wurde in Windows Server 2003 auf der Server-Seite geringfügig erweitert. Im Folgenden hier nun die Neuerungen gegenüber Windows 2000:

- Erweiterte Such- und Filterfunktionen
- Akzeptieren von Replikationspartnern

Erweiterte Such- und Filterfunktionen

Bei der Suche von Einträgen in der WINS-Datenbank helfen neue Such- und Filtermöglichkeiten nur diejenigen Einträge anzuzeigen, die wirklich benötigt werden. Dies ist besonders bei sehr großen WINS-Datenbanken von Vorteil. Die verfügbaren Filter ermöglichen beispielsweise die gezielte Suche nach Record Owner, Record Type, NetBIOS-Name oder IP-Adresse.

Akzeptieren von Replikationspartnern

Es ist nun möglich eine Liste von Replikationspartner zu definieren, von denen Einträge in Rahmen einer PULL-Replikation, angenommen werden. Es ist jedoch auch möglich eine Liste von WINS-Servern zu definieren, von denen keine Einträge akzeptiert werden.

Die Zukunft von WINS

In Netzwerken, die mit NetBIOS-Namen und TCP/IP arbeiten, ist WINS immer noch unbedingt notwendig. Hierzu zählen alle Microsoft-Netzwerkbetriebssysteme vor Windows 2000. Seit der Einführung von Windows 2000 spielen NetBIOS-Namen nur noch eine untergeordnete Rolle. Sie sind nur noch aus Gründen der Abwärtskompatibilität notwendig. Alle Netzwerkdienste von Windows Server 2003 arbeiten mit Hostnamen und verwenden daher für die Namensauflösung DNS. Auch für die Suche nach Computern wird WINS nicht mehr benötigt, da hierfür das Active Directory verwendet werden kann, in dem alle Ressourcen als Objekte eingetragen sind. Auch das Auffinden von Netzwerkdiensten wird über das Active Directory bzw. über DNS-Server realisiert. Somit wird WINS in reinen Windows 2003-Umgebungen nicht mehr benötigt. Die Frage, ob ein WINS-Server in einem Windows 2003-Netzwerk benötigt wird, lässt sich anhand der folgenden Kontrollfragen klären:

- Sind im Netz noch Rechner mit einem Microsoft-Betriebssystem vor Windows 2000 in Betrieb?
- Benötigen Applikationen eine NetBIOS-Schnittstelle?
- Gibt es Clients, die nicht mit DNS zur Namensauflösung arbeiten?

Können all diese Fragen mit »Nein« beantwortet werden, so wird kein WINS-Server mehr benötigt. Bis dahin kann WINS noch parallel zu DNS arbeiten. Der WINS-Server von Microsoft ist auf alle Fälle für diese Aufgabe gut gerüstet.

7 Das Directory

113	Die Struktur
120	Logischer Aufbau des Directory
123	Einbindung in die Server-Architektur
125	Wartungsmöglichkeiten
129	Das Schema

Das Active Directory besteht grob betrachtet aus einem Dienst und einer von diesem Dienst verwalteten Datenbank. Der Dienst heißt Directory Service Agent und läuft im Security-Subsystem von Windows Server 2003. Das Security-Subsystem besteht wiederum aus mehreren Komponenten, von denen eine die Local Security Authority (LSA) ist. Der Directory Service Agent ist ein Modul der LSA. Auch dieser Agent ist modular aufgebaut. Die einzelnen Komponenten werden im Laufe des Kapitels beschrieben. Die Datenbank folgt dem relationalen Modell und benutzt für den Zugriff die bewährte Extensible Storage Engine (ESE).

Die Struktur

Die Architektur des Active Directory folgt dem Schichtenmodell mit mehreren voneinander abhängigen Komponenten. Jede Komponente hat ihre spezielle Funktion und bietet eine definierte Schnittstelle für die darüber- und darunter liegende Schicht.

Wie in Abbildung 7.1 dargestellt, besteht das Active Directory aus drei Schichten: dem Directory Service Agent (DSA), dem Datenbank-Layer und der Extensible Storage Engine. Auf dem DSA aufgesetzt existieren verschiedene Kommunikationsschnittstellen, auch Agenten genannt. Die LDAP-Schnittstelle (LDAP) wird für die Kommunikation zwischen dem Directory Service Client und dem DSA verwendet. Die Replikationsschnittstelle (REPL) implementiert den Datenaustausch zwischen Active Directory-Domänencontrollern oder DSAs. Die Security-Account-Manager-Schnittstelle (SAM) wird für Abwärtskompatibilität verwendet. Die Messaging Application Programming Interface (MAPI) wird von MAPI-Clients verwendet. Die Directory-Synchronisation-Schnittstelle (DirSynch) dient zum Datenaustausch mit anderen Verzeichnissen. Das modulare Konzept erlaubt es Drittherstellern, die Entwicklung eigener Agenten vorzunehmen und somit eigene Zugriffsmöglichkeiten auf das Directory bereitzustellen. Für den Zugriff auf die eigentliche Datenbank müssen sich die Agenten allerdings an die genau definierte Schnittstelle des Directory Service Agent (DSA) halten, der die darunter liegende Schicht und damit den eigentlichen Active Directory-Dienst repräsentiert. Der DSA überprüft anhand des Directory-Schemas, ob die gewünschte Operation gültig ist und leitet sie dann an die Datenbankschicht weiter. Diese ist zuständig für die Auswahl der benötigten Tabellen und generiert daraus zum Beispiel ein Abfragestatement. Der Zugriff auf die Dateien der Datenbank wird im letzten Schritt von der Extensible Storage Engine übernommen.

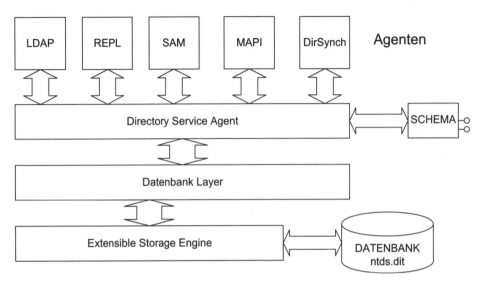

Abbildung 7.1: *Aus der Sicht des Verzeichnisses besteht die Struktur des Active Directory aus mehreren Schichten.*

Agenten

LDAP

Der in Abbildung 7.2 dargestellte LDAP-Agent ist die wichtigste Schnittstelle und bildet damit das Haupttor für den Zugriff auf das Active Directory. Alle Windows Server 2003- Managementtools arbeiten mit dem LDAP-Protokoll. Auch die für die Automatisierung von Administrationsvorgängen per Skript- oder Programmiersprache genutzte Schnittstelle ADSI (siehe ▶ Kapitel 12) nutzt LDAP. Die Hauptaufgabe des LDAP-Agenten besteht darin, die Objekte des AD über ihren Distinguished Name (DN) für Applikationen bereitzustellen. Alle Applikationen, die LDAP nutzen, greifen auf Objekte des AD über die im ▶ Kapitel 3 beschriebene LDAP-Syntax zu. In dieser Syntax wird ein Objekt anhand seines DN eindeutig definiert. AD-intern, also in der Datenbank, werden Objekte jedoch über ihre global eindeutige Kennung (Globally Unique Identifier, GUID) identifiziert. Diese GUID ist eine eindeutige hexadezimale Zahl, die von einem Algorithmus beim Erzeugen des Objekts generiert wird, der garantiert, dass diese Zahl nur ein einziges Mal existieren kann. Um den Unterschied zu erläutern, ist hier sowohl der DN als auch die GUID eines User-Objekts dargestellt:

- DN: CN=peterk,CN=Users,DC=activedirectory,DC=de
- GUID: 0x40 0x73 0xf8 0x7d 0x2d 0xb0 0xd10 x11 0xb9 0x28 0x00 0xa0 0x24 0x99 0x92

Die GUID eines Objektes wird solange es besteht nicht verändert. Der DN hingegen kann sich beliebig oft ändern (wenn beispielsweise das Objekt in eine andere OU verschoben wird). Würde ein Objekt auch in der Datenbank selbst nur über seinen DN identifiziert, so könnten Probleme durch diese Umbenennung auftreten. Verweist beispielsweise ein Objekt auf ein anderes anhand seines DN, so könnte nach einem Umbenennen des DN auf das Objekt nicht mehr zugegriffen werden. Bei Verwendung der stets gleich bleibenden GUID besteht dieses Problem nicht.

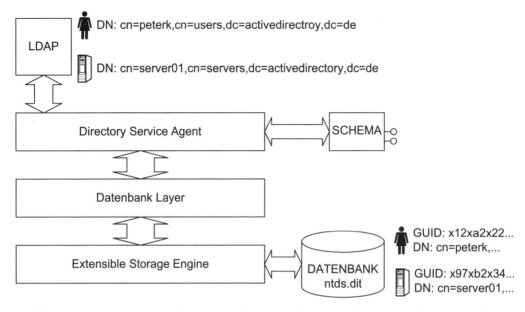

Abbildung 7.2: Die Hauptaufgabe des LDAP-Agenten besteht in der Bereitstellung eines Objekts anhand seines Distinguished Name.

REPL

Der REPL-Agent wird vom Replikationsdienst des Directory verwendet, um die Verteilung des Verzeichnisses auf die Domänencontroller der Domäne zu koordinieren. Diese Replikationsschnittstelle ermöglicht es, auch auf Attributebene Daten zu replizieren und somit die Belastung des Netzwerkes zu minimieren. Als Transportmechanismen werden von diesem Agenten die Protokolle RPC und SMTP unterstützt.

MAPI

Der MAPI-Agent wird vom Outlook- und anderen Messaging-Clients verwendet, um auf das Active Directory zuzugreifen. Dies geschieht in ähnlicher Form wie der Zugriff auf die Datenbank des Exchange-Verzeichnisses. Auf diese Weise müssen hier »nur« die Informationsdienste von Outlook programmiert werden, um auf die Daten des Active Directory zugreifen zu können.

SAM

Der SAM-Agent wird benötigt, um die Abwärtskompatibilität des Systems zu gewährleisten. Er unterstützt die Win32-API und die NT-Protokolle, wie z.B. NTLM. Dieser Agent emuliert einen Windows NT-Domänencontroller und ermöglicht es »alten« Netzwerkapplikationen, auf Ressourcen des AD völlig transparent wie gewohnt zuzugreifen. Auch für die Replikation zwischen einem AD-Domänencontroller (der die Rolle des primären Domänencontrollers spielt) und NT-Backup-Domänencontrollern wird dieser Agent eingesetzt.

DirSynch

Der DirSynch-Agent wird für die Kommunikation mit externen Datenquellen wie LDAP-Servern von anderen Herstellern wie z.B. Novells NDS eingesetzt.

Das Directory

Directory Service Agent (DSA)

Der X.500-Namenskontext besteht aus Container-Objekten, die andere Objekte enthalten können und Leaf-Objekten, welche für die Speicherung der Daten verwendet werden. Somit bildet der X.500-Namenskontext eine hierarchische Struktur, die eine beliebig tiefe Verschachtelung zulässt. Die dem AD zugrunde liegende Datenbank folgt diesem Modell in keiner Weise, da sie aus lediglich zwei Tabellen gebildet wird und somit eine völlig flache Struktur besitzt. Es ist die Hauptaufgabe des Directory Service Agent (DSA), diese flache Struktur in den hierarchischen Namenskontext umzusetzen. Neben dieser Umsetzung ist der DSA auch für die Korrektheit der in das Verzeichnis einzutragenden Daten verantwortlich. Diese ermittelt er anhand der Schemadefinitionen. Das Schema speichert beispielsweise Informationen darüber, welche Attribute für ein Objekt zwingend erforderlich sind und welche optional. Auch die Syntax der Attribute eines Objekts ist im Schema festgelegt und wird vom DSA überwacht. Somit kann vermieden werden, dass ungültige Daten in das Verzeichnis gelangen und die Datenbanken somit inkonsistent werden.

Datenbank-Layer

Die Datenbank-Layer-Komponente ist die Schnittstelle zur Datenbank und bietet hauptsächlich optimierte Suchfunktionalität. Sie weist Objekte der passenden Tabelle bzw. deren Reihen und Spalten zu und bildet somit die höheren Abstraktionsebenen des DSA auf die reelle Datenstruktur ab. Ihre Hauptfunktion besteht in der Abstraktion der Extensible-Storage-Engine-Schnittstelle.

Extensible Storage Engine (ESE)

Die Extensible Storage Engine (ESE) ist eine optimierte Version der Jet-Engine, die bereits bei Exchange erfolgreich zum Einsatz kommt. Die Jet-Engine verwendet ISAM-Mechanismen (Indexed Sequential Access Method) und wird auch bei diversen anderen Server-Komponenten verwendet (WINS-Server, DHCP-Server usw.). ESE ist ein transaktionsorientiertes Datenbanksystem, das Log-Dateien verwendet, um den Abschluss einer Transaktion in der Datenbank zu dokumentieren und diese gegebenenfalls per Rollback-Operationen wieder rückgängig zu machen. Auf diese Weise wird sichergestellt, dass auch nach einem Systemabsturz die vorgenommenen Änderungen noch korrekt in die Datenbank eingetragen werden oder die noch nicht abgeschlossenen Aktionen einer Transaktion wieder rückgängig gemacht werden.

Die Datenbank selbst besteht aus einer Objekt- und einer Link-Tabelle. Die Objekt-Tabelle speichert in ihren Zeilen die einzelnen Objekte und in den zugehörigen Spalten deren Attribute. Die Link-Tabelle beschreibt die Beziehungen der Objekte untereinander.

Die ESE arbeitet nach bestimmten Regeln, um eine optimale Leistung der Datenbank zu erzielen. Da in der X.500-Theorie ein Objekt immer aus mehreren Attributen besteht und deren Anzahl stark variieren kann, besteht die große Herausforderung für das ESE darin, den benötigten Speicherplatz zu minimieren. Ein Benutzer-Objekt des AD weist beispielsweise mehrere hundert Attribute auf, von denen die meisten optional und oft nicht belegt sind. Würde nun trotzdem für jedes mögliche Attribut Speicherplatz allokiert, so würde die Datenbank sehr schnell sehr groß werden und das System wäre darüber hinaus langsamer als nötig. Die ESE ist daher so optimiert, dass nur Attributen Speicherplatz zugewiesen wird, welche wirklich auch Werte vorweisen können. Eine weitere Optimierung der Datenablage durch die ESE besteht darin, dass Attribute mit mehreren Werten nicht für jeden Wert eine neue Spalte benötigen. In diesem Fall ist es möglich, dass eine Spalte mehrere Werte aufnimmt.

Die Hauptfunktionen der ESE sind wie folgt:
- Tabellen verwalten (Schreiben, Lesen, Speicherplatz allokieren).
- Indizes verwalten.
- Transaktionen verwalten.

Datenbank-Dateien

Wie bereits erwähnt, arbeitet die Datenbank-Engine des Active Directory transaktionsorientiert und verwendet hierzu Transaktionsprotokolle (Log-Dateien). Diese Methode erlaubt der Engine, Änderungen an der Datenbank zunächst sequenziell (und damit schnell) in das Transaktionsprotokoll zu schreiben und erst zu einem späteren Zeitpunkt die Daten in die eigentliche Datenbankdatei zu übertragen. Das bringt Ausfallsicherheit und Performancevorteile. Die exakten Vorgänge werden im folgenden Absatz beschrieben und in Abbildung 7.3 dargestellt. Hier wird zunächst nur aufgezeigt, aus welchen Dateien sich die Datenbank zusammensetzt und wo diese abgelegt sind.

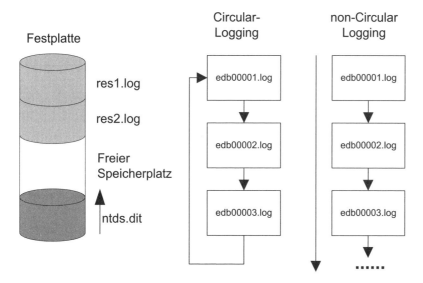

Abbildung 7.3: Die Active Directory-Datenbank arbeitet mit Transaktionsprotokollen. Hierbei werden zunächst alle Änderungen in das Transaktionsprotokoll geschrieben und erst zu einem späteren Zeitpunkt in die Datenbank übertragen. Die res*-Dateien verhindern, dass Daten verloren gehen, sollte kein Platz mehr auf der Platte vorhanden sein. Die Aktivierung von Circular-Logging bewirkt, dass alte Log-Dateien überschrieben werden.

Die Dateien des Active Directory werden standardmäßig in dem Ordner *%SystemRoot%\NTDS* gespeichert. In diesem Ordner sind folgende Dateien abgelegt: *ntds.dit, res1.log, res2.log, edb.chk, edb.log, edbXXXXX.log, temp.edb* und *schema.ini*. Die Bedeutung der einzelnen Dateien nun im Folgenden:

- **ntds.dit** Diese Datei ist die Active Directory-Datenbank. Hier sind alle Objekte und deren Attribute nach vollständig abgeschlossenem Transaktionsvorgang und Übertragung gespeichert.

- **edb.log** Diese Log-Datei speichert die Transaktionsdaten. Wenn Änderungen am Active Directory vorgenommen werden, schreibt die ESE die Daten zunächst in diese Datei. Zu einem späteren Zeitpunkt werden sie in die Datenbank *ntds.dit* übertragen. Die Datei *edb.log* ist stets die aktuelle Log-Datei. Sobald die Datei eine bestimmte Größe erreicht, wird sie umbenannt (z.B. in *edb00001.log*) und damit geschlossen. Die ESE erzeugt dann unmittelbar darauf eine neue *edb.log*, um dort die aktuellen Transaktionen weiter zu dokumentieren.
- **edbXXXXX.log** Diese Log-Dateien werden von der ESE generiert und beinhalten eine Beschreibung der vorgenommenen Transaktionen. XXXXX steht hierbei für eine Hexadezimalzahl, die fortlaufend inkrementiert wird (= 165 Dateinamen). Die Standard-Größe der edb-Dateien ist immer gleich und beträgt 10.240 KB. Die ESE unterstützt sowohl Circular Logging als auch non-Circular Logging (für Leser mit Exchange Kenntnissen: Datenbankumlaufprotokollierung). Befindet sich die ESE im non-Circular-Logging-Modus, werden nach und nach immer mehr *edbXXXXX.log*-Dateien geschrieben und vom System nie gelöscht. Dies hat zur Folge, dass über kurz oder lang der Plattenplatz zur Neige geht. Um dieses Verhalten zu vermeiden, werden in diesem Modus normalerweise die Dateien von den Backup-Programmen gelöscht. Eine andere Möglichkeit ist es, die Dateien per Hand zu löschen. Läuft die ESE im Circular-Logging-Modus, werden die Log-Dateien, die nicht mehr benötigt werden, vom System gelöscht. Die ESE achtet natürlich darauf, dass dies nur geschieht, wenn die Änderungen bereits in die *ntds.dit* geschrieben wurden. Standardmäßig ist die ESE auf Circular Logging eingestellt. Vor dem Backup oder dem Neustart des Systems werden immer alle Transaktionen, die noch nicht in der ntds.dit geschrieben wurden, bearbeitet.
- **edb.chk** Diese Datei speichert die Information, welche Daten schon von den Log-Dateien in die Active Directory-Datenbank geschrieben wurden. Sie wird benötigt, wenn das System nicht ordnungsgemäß beendet wurde, oder um festzustellen, welche Log-Dateien gelöscht werden können. Beim erneuten Hochfahren wird anhand der Einträge in der *edb.chk*-Datei kontrolliert, welche Änderungen noch nicht in die *ntds.dit* geschrieben wurden, und festgestellt wo fortgesetzt werden muss.
- **res1.log, res2.log** Die *res.log*-Dateien (=reserviert) dienen als Platzhalter für den Fall, dass auf der Platte kein Platz mehr vorhanden ist. Geschieht dies, so können keine neuen Log-Dateien mehr erstellt werden, wodurch keine Änderungen mehr durchgeführt werden können und das System seinen Dienst nicht korrekt fortsetzen kann. Im schlimmsten Fall kann sogar die Datenbank inkonsistent werden. Die *res1.log*- und *res2.log*-Dateien beinhalten keine Daten, belegen aber wie jede andere Log-Datei des ESE 10 MB Plattenplatz. Erst im Notfall (wenn die Platte bereits vollgeschrieben ist) bieten diese beiden Dateien noch einen Puffer von ca. 20 MB, der verwendet wird, um das System ordnungsgemäß herunterzufahren.
- **temp.edb** Die Datei *temp.edb* wird für die Speicherung von Suchoperationen verwendet, falls dieselbe Suche wiederholt werden sollte.
- **schema.ini** Diese Datei beinhaltet Informationen für die erstmalige Erstellung der Standard-Objekte im *ntds.dit*. Sie wird für das Erstellen des Verzeichnisbaumes unter der Root der Domäne benötigt, und zwar in dem Moment, wo das Active Directory erzeugt wird.

Der Ablauf von Transaktionen

Änderungen an einer Datenbank werden allgemein als Transaktionen bezeichnet. Eine Transaktion ist eine Menge von Datenbankoperationen, die in einer logischen Einheit kombiniert sind. Diese logische Einheit wird nur dann als abgeschlossen definiert, wenn alle Operationen komplett ausgeführt wurden. Als Beispiel kann man sich das Anlegen eines Objektes vorstellen. Erst wenn alle Daten des

Objektes in die Datenbank geschrieben sind, wird die Operation als endgültig durchgeführt angesehen und damit abgeschlossen (commited). Eine transaktionsorientierte Datenbank wie Active Directory verwendet hierzu Transaktionsprotokolle (Log-Dateien) um eine höhere Ausfallsicherheit und eine bessere Performance zu erzielen.

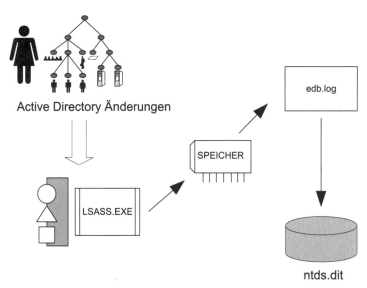

Abbildung 7.4: Änderungen am Active Directory werden zunächst in die Transaktionsprotokolldatei geschrieben. Erst danach stehen sie im Speicher als gültige Werte zur Verfügung. Zu einem späteren Zeitpunkt werden die Änderungen in die Datenbankdatei des Active Directory geschrieben.

Die Verarbeitung von Transaktionen und deren Eintragung in die Datenbankdatei lässt sich in folgende Schritte unterteilen, die in Abbildung 7.4 grafisch dargestellt sind. Sobald eine Änderung am Active Directory vorgenommen wird, lädt der LSASS-Prozess die dafür benötigten Seiten (8 KB Größe) in den Speicher. Die Änderungen an den geladenen Daten werden allerdings von der ESE direkt in einen log-Buffer im Memory geschrieben und dann in die Log-Datei (edb.log) übertragen. Dieser Schreibvorgang kann in sequentieller Form durchgeführt werden, was sich sehr positiv auf die Geschwindigkeit dieser Aktion auswirkt. Sobald dieser Vorgang vollendet ist, wird die Transaktion als vollständig abgeschlossen betrachtet, da die Daten nun sicher in einer Datei vorhanden sind. Tritt nun eine unerwartete Unterbrechung des Betriebs auf (z.B. Stromausfall aufgrund eines heftigen Meteoriteneinschlags), bleiben die Änderungen erhalten und werden beim erneuten Start des Systems in die eigentliche Datenbank übertragen (sofern dies dann noch wichtig ist, da sich die verbleibende Menschheit ev. eh wieder auf allen Vieren fortbewegt).

Sollte ausnahmsweise kein Meteorit einschlagen und das System bleibt normal in Betrieb, werden in einem zweiten Schritt die Änderungen der Transaktion auch an den im Speicher gehaltenen Daten vorgenommen und können von dort bereits abgerufen werden. Sobald das System weniger stark ausgelastet ist, nutzt die ESE die Gunst der Stunde und überträgt die Änderungen der Transaktion aus dem Speicher in die Datenbankdatei (*ntds.dit*).

Diese Vorgänge lassen sich gut beobachten, indem man beispielsweise mit einem Skript automatisch eine große Anzahl von Objekten in kurzer Zeit anlegt. Die Platte wird dabei stark belastet und die Log-Dateien (*edbXXXXX.log*) schießen wie Pilze aus dem Boden. Zunächst verändert sich allerdings die Größe der Datenbankdatei (*ntds.dit*) nicht. Dies erfolgt dann erst zu einem späteren Zeitpunkt, wenn die eigentliche Transaktion schon lange abgeschlossen ist.

Logischer Aufbau des Directory

Die bisherige Betrachtung des Verzeichnisses bezog sich vor allem auf den »physischen« Aufbau der Datenbank und ihrer Dateien. Wie ist hingegen die Datenbank und das darin enthaltene Verzeichnis logisch aufgebaut?

Namenskontext

Das Verzeichnis des Active Directory ist in mehrere Namenskontexte aufgeteilt. Ein Namenskontext ist ein Teil des Active Directory, dessen Informationen zusammen eine logische Gruppe bilden. Namenskontexte werden auch als Directory Partions bezeichnet. Einen Überblick über die existierenden Directory Partitions bietet Abbildung 7.5.

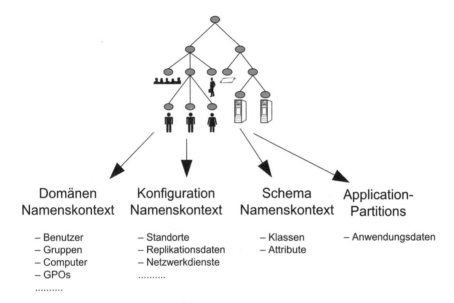

Abbildung 7.5: Das Verzeichnis ist in drei Namenskontexte aufgeteilt, kann aber bei Bedarf um so genannte Application-Partitions erweitert werden.

Das Active Directory besteht aus mindestens drei Namenskontexten:

Domänen-Namenskontext (Domain Partition)

Hier sind die Objekte der Domäne gespeichert. Alle Benutzer, Gruppen, Computer, Domänencontroller und Group Policy Objekte. Diese Objekte können mit dem Snap-In *Active Directory-Benutzer und Computer* verwaltet werden und stehen den Anwendern direkt zur Verfügung. Der Domänen-Namenskontext wird innerhalb der Domäne auf alle Domänencontroller repliziert.

Konfigurations-Namenskontext (Configuration Partion)

Hier werden die Objekte gespeichert, die für den gesamten Forest (Gesamtstruktur) von Bedeutung sind. Hierzu zählen Informationen zu den verschiedenen geographischen Standorten und deren Replikationsparameter. Aber auch Informationen über Dienste wie RRAS, Radius und Public Key Services. Der Konfigurations-Namenskontext wird auf alle Domänencontroller des Trees oder Forests repliziert.

Schema-Namenskontext (Schema Partition)

In diesem Namenskontext sind alle Attributdefinitionen und Objektklassen gespeichert. Die Definition eines Attributes im Active Directory wird ihrerseits als Objekt im Schema-Namenskontext abgelegt. Das gleiche gilt für die Objektklassen, die ebenfalls als Objekte in diesem Namenskontext landen. Dieses Vorgehen ist sehr vorteilhaft, gestattet es doch eine problemlose Erweiterung des Schemas. Der Schema-Namenskontext wird auf alle Domänencontroller des Trees bzw. Forests repliziert.

Andwendungspartitionen (Application Partitions)

Mit Windows Server 2003 besteht die Möglichkeit eine neue Art von Namenskontext zu verwenden, die so genannten Application Partitions (Anwendungspartitionen). Ein solcher Namenskontext kann eine Hierarchie mit beliebigen Objekttypen enthalten, mit Ausnahme von Security Principals (Benutzer, Gruppen und Computer). Die Idee hinter den Application Partitions ist Folgende: Es sollen serverseitige Anwendungen unterstützt werden, die AD-aware sind, d.h. die ihre Daten komplett oder teilweise im Active Directory ablegen. In Windows 2000 war dies dadurch möglich, dass eine Schemaerweiterung des AD vorgenommen wurde. Ein Beispiel dafür ist der Microsoft Exchange Server. Dieses Vorgehen hat jedoch einen enormen Nachteil. Die Daten (Objekte) der Anwendung werden durch den Replikationsmechanismus des Active Directory automatisch auf alle Domänencontroller in einer Domäne verteilt. Außerdem kann ein Teil der Objekte in den Global-Catalog mit aufgenommen und damit im gesamten Forest verteilt werden. Je nach Umfang und Änderungshäufigkeit der Daten kann dies einen erheblichen Performanceverlust bei der Netzwerkbandbreite bedeuten, besonders bei WAN-Strecken. Das Sahnehäubchen dabei ist, dass die Daten in der Regel gar nicht auf allen Domänencontrollern benötigt werden, da die Anwendung nur auf einigen DCs läuft, vielleicht sogar nur auf einem einzigen. Die verzweifelten Schreie aus den Unternehmen drangen bis nach Redmond und es entstanden die Application Partitions als neue Variante von Namenskontexten. Der Hauptvorteil der Application Partitions liegt darin, dass die Replikation der Objekte vom Administrator gesteuert werden kann. Dies bedeutet, es kann festgelegt werden, auf welchen Domänencontrollern überhaupt diese Daten benötigt werden. Damit können die Objekte der Anwendung nur auf die Server repliziert werden, wo sie benötigt werden. Natürlich können die Objekte auch auf alle Domänencontroller repliziert werden, aber dies wird wohl nur relativ selten nötig sein.

Ein Beispiel für den Einsatz der Application Partitions ist der in Windows Server 2003 enthaltene DNS-Dienst. Bei der Installation von einem AD-integrierten DNS kann gewählt werden, ob eine Application Partition für DNS verwendet wird. Sind nicht alle Domänencontroller auch gleichzeitig DNS-Server ist dies sicherlich empfehlenswert.

RootDSE

Das RootDSE-Objekt ist das oberste Objekt im Directory Information Tree eines LDAP-Servers und wird in keinem Namenskontext geführt. Es ist als Bestandteil des Directory Service Agent zu betrachten, wie in Abbildung 7.6 dargestellt. Dieses Objekt dient zur reinen Information für den Verzeichnisserver (wo bin ich und wo sind meine Wurzeln). Jeder Verzeichnisserver muss nach Internet- bzw. X.500-Standard ein solches Objekt als Ankerpunkt enthalten. In diesem Objekt werden wichtige Informationen über den Server und das von ihm verwaltete Verzeichnis abgelegt. Die wichtigsten Einträge werden hier kurz dargestellt:

- **serverName** Distinguished Name (DN) des Verzeichnisserver (CN=DC01, CN=Domain Controllers, DC=activedirectory, DC=de)
- **currentTime** Systemzeit des LDAP-Servers

- **namingContexts** Liste der DNs aller Namenskontexte, die in diesem Server gespeichert sind
- **defaultNamingContext** DN der Domäne, in der sich der Verzeichnisserver befindet (DC=activedirectory, DC=de)
- **schemaNamingContext** DN für den Schema-Container (CN=Schema, CN=Configuration, DC=activedirectory, DC=de)
- **configurationNamingContext** DN für den Configuration-Container (CN=Configuration, DC=activedirectory, DC=de)

Durch das Vorhandensein einer RootDSE auf jedem Domänencontroller ist es für Applikationen und Anwender einfach, möglichst schnell an die verschiedenen Distinguished Names für die Namenskontexte (Domänen, Schema, Konfiguration und Application) und andere Informationen des Verzeichnisses zu kommen. Im ▶ Kapitel 12 wird beschrieben, wie die RootDSE verwendet wird, um per ADSI-Skripts an Informationen der Domäne zu kommen.

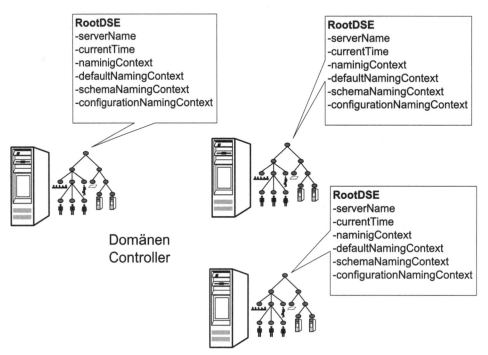

Abbildung 7.6: Die RootDSE befindet sich als fester Bestandteil in jedem Directory System Agent und somit auf jedem Domänencontroller.

Der Directory Information Tree (DIT)

Der Directory Information Tree legt den hierarchischen Aufbau des Verzeichnisses fest. Hierbei wird beispielsweise definiert, welche Container welche Objekte enthalten können oder auch deren Beziehung zueinander. Der Aufbau des Active Directory ist nicht direkt über die Verwaltungstools einsehbar. Dies ist auch nicht nötig, da es für ein effektives Arbeiten der Administratoren nicht erforderlich ist. Wichtig ist, dass die Administratoren ihre Arbeit mit minimalem Aufwand durchführen können. Für diesen Zweck wurden eine Reihe von MMC Snap-Ins entwickelt:

- *Active Directory-Benutzer und -Computer* für die Verwaltung des Domänen-Namenskontextes.
- *Active Directory-Standorte und -Dienste* für die Verwaltung von Teilen des Konfigurations-Namenskontextes. Manche Teile des Konfigurations-Namenskontextes werden ausschließlich durch Active Directory selbst verwaltet und nicht durch die Administratorinnen.
- *Active Directory-Schema* für die Ansicht und Verwaltung des Schema-Namenskontextes.
- *ADSI Edit* und *LDP* für die Application-Partitions

Eine weitere Möglichkeit, sich durch den DIT zu bewegen sind die diversen LDAP-Clients des Resource Kits oder von Drittanbietern.

Einbindung in die Server-Architektur

Die Architekturen von Windows Server 2003 und seinen Vorgängern Windows NT 4.0 und Windows 2000 unterscheiden sich nicht grundlegend. Wohlgemerkt die Architektur und nicht die Produkte! Alle drei Systeme basieren auf einer Mischung aus Client/Server-Modell und Schichten-Modell. Eine tiefere Diskussion über die verschiedenen Modelle, die einem Betriebssystem zugrunde liegen, und deren Vor- und Nachteile überlassen wir an dieser Stelle den Betriebssystem-Theoretikern. Im Folgenden möchten wir nur einen kurzen Einblick in die Architektur geben, mit dem Ziel, aufzuzeigen, wie sich das Active Directory in diese Architektur integriert.

Architektur

Die Architektur von Windows Server 2003, dargestellt in Abbildung 7.7, kann in zwei große Bereiche getrennt werden. Zum einen in die User-Mode-Komponenten und auf der anderen Seite die Kernel-Mode-Komponenten. User- und Kernel-Mode sind Zustände des Prozessors mit unterschiedlichen Prioritäten und Berechtigungen. Module, die im Kernel-Mode laufen, haben direkten Zugang zu Hardware-Ressourcen, wie zum Beispiel I/O, Interruptus und RAM. Module im User-Mode hingegen müssen sich mit geringeren Privilegien begnügen und können mit der Hardware nur über die Schnittstellen kommunizieren, die ihnen die Kernel-Mode-Module zur Verfügung stellen.

Komponenten im User-Mode werden hierbei als »Clients« bezeichnet, wogegen Komponenten im Kernel-Mode »Server« genannt werden. Ebenso wie in einer Client/Server-Umgebung bei Applikationen werden auch bei einem Betriebssystem Ressourcen von den »Clients« angefragt und von den »Servern« bereitgestellt. Die »Clients« sind bei Windows Server 2003 als Subsysteme implementiert, wogegen die »Server« unter dem Begriff Executive-Services zusammengefasst sind.

Subsysteme sind User-Mode-Prozesse, die verschiedene Betriebssystem-Umgebungen bereitstellen. Sie werden verwendet, um den Applikationen zu deren Laufzeit die gewohnte Umgebung bereitzustellen. Die Executive-Services hingegen übernehmen die grundlegenden Aufgaben eines Betriebssystems, wie Speicherverwaltung, Prozessverwaltung, I/O-Operationen usw., und stellen diese den User-Mode-Prozessen zur Verfügung.

Für alle nicht Win32-Programme steht ein Subsystem für die Ausführung bereit. Ein besonderes Subsystem wurde für die Sicherheitsangelegenheiten implementiert. Dieses Security-Subsystem besteht aus mehreren Komponenten und wird im Folgenden beschrieben.

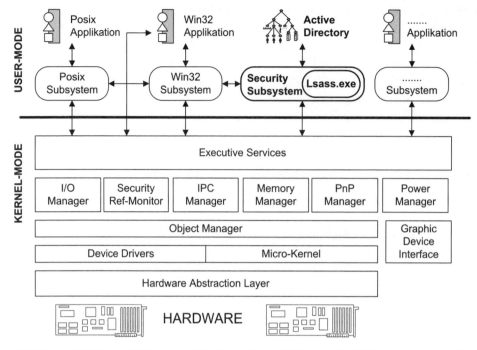

Abbildung 7.7: Die Architektur von Windows Server 2003 und die Einbindung von Active Directory

Architekturunterschiede zwischen Windows NT und seinen Nachfolgern Windows 2000 und Windows Server 2003

Wie schon vorher erwähnt, sind die Unterschiede in der Architektur der beiden Betriebssysteme nur minimal und können in den folgenden Punkten zusammengefasst werden:

- Es wurden zwei weitere Executive-Services hinzugefügt: der Plug & Play Manager und der Power Manager.
- Der I/O-Manager enthält Quality of Services (QoS), ATM und andere Treiber.
- Der Kernel wurde modifiziert mit den Zusätzen des Terminal Server.

Das Security-Subsystem

Das Security-Subsystem besteht aus den Komponenten Local Security Authority, SAM, Logon Prozess und den Authentisierungsprotokollen Kerberos und NTLM. All diese Komponenten sind im Prozess *Lsass.exe* zusammengefasst und dort als Threads realisiert. Die Local Security Authority ist für folgende Bereiche zuständig:

- Erzeugen der Zugriffstoken für die Identifizierung von angemeldeten Benutzern. Dieses Token wird für die Bestimmung der Zugriffsrechte eines Benutzers benötigt.
- Verwalten der lokalen Sicherheitsrichtlinien.
- Authentifizieren von Benutzern und Diensten.
- Verwalten der Überwachungsrichtlinien.

Der Active Directory-Dienst läuft, wie in Abbildung 7.8 dargestellt, als Teil des LSA-Prozesses. Dies ermöglicht es dem AD, auf alle Sicherheitskomponenten direkt zuzugreifen, um somit beispielsweise Passwörter zu verwalten.

Local Security Authority (Lsass.exe)

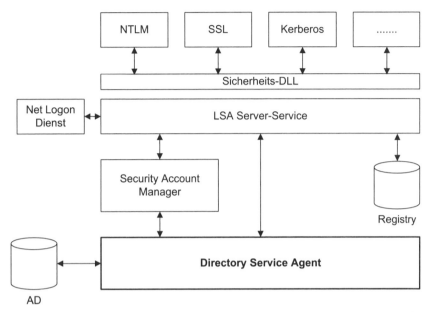

Abbildung 7.8: Das Active Directory-Modul ist ein Teil der Local Security Authority.

Wartungsmöglichkeiten

Die Wartung des Active Directory ist nicht so einfach wie die Wartung einer einzelnen lokalen Datenbank. Die Verteilung des AD, die Replikation der Namenskontexte sowie die speziellen Rollen der Domänencontroller sind bei den Wartungsarbeiten an der Datenbank zu berücksichtigen. Die verschiedenen Wartungstätigkeiten können in die drei Bereiche ntds.dit-Datei, Flexible Single Master Operations (FSMOs) und Metadaten unterteilt werden.

Ntds.dit ist eine ESE-Datenbank. Wie bei allen Jet-basierenden Datenbanken (Exchange Server, Access, WINS etc.) besteht die hauptsächliche Wartungsaufgabe in der regelmäßigen Defragmentierung.

Die FSMOs sind spezielle Operationen, die von bestimmten Domänencontrollern übernommen werden. Probleme bei der Wartung tauchen bei diesen FSMOs auf, wenn ein solcher Domänencontroller nicht mehr verfügbar ist.

Metadaten beziehen sich auf Informationen über die im Netzwerk vorhandenen Domänencontroller. Werden diese Metadaten nicht ordnungsgemäß gelöscht, können überflüssige Metadaten entstehen, die entfernt werden müssen. Die folgenden Abschnitte beschreiben die Wartungsmöglichkeiten für diese drei Fälle.

Die Datenbank

Die Extensible Storage Engine ist auf bestmögliche Performance hin optimiert. Dies hat zur Folge, dass die Daten zwar sehr schnell in die Datenbankdatei eingetragen werden können, dabei allerdings relativ unachtsam mit Plattenplatz umgegangen wird. Die ESE verwendet in der Datenbankdatei 8 KB große Seiten, die bei schnellem Schreiben nicht völlig gefüllt werden. Somit kommt es häufig vor, dass von einer 8-KB-Seite nur ein kleiner Bereich mit wirklichen Nutzdaten gefüllt ist und der Rest leer bleibt. Um diese Verschwendung von Plattenplatz nicht ausufern zu lassen, muss in regelmäßigen Abständen eine Defragmentierung der Seiten durchgeführt werden, bei der nicht vollständig gefüllte Seiten mit Daten von anderen Seiten aufgefüllt werden.

Der Directory Service Agent jedes Domänencontrollers startet in regelmäßigen Intervallen diese Aufräumungsarbeiten, was bedeutet, dass automatisch eine so genannte Online-Defragmentierung initiiert wird. Dieses Verfahren ist sehr effizient und beeinträchtigt den Betrieb des Verzeichnisses nur minimal. Der Server muss für diesen Vorgang nicht gestoppt werden. Die Online-Defragmentierung verkleinert allerdings nicht die Datenbankdatei (*ntds.dit*), sondern schafft in der bestehenden Datei nur Platz für neue Objekte. Dies bedeutet, dass diese neuen Objekte nun in die Datenbank eingetragen werden können, ohne dass sich die Größe der Datei ändert. Abbildung 7.9 zeigt diesen Vorgang.

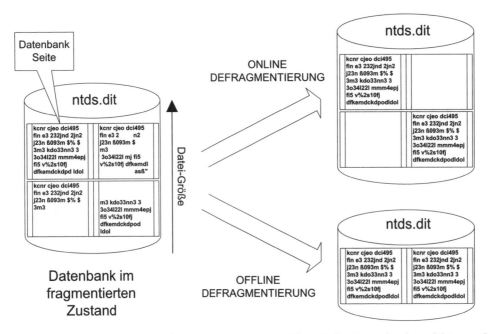

Abbildung 7.9: Die Online-Defragmentierung erzeugt Platz in der Datenbank, verkleinert aber nicht die Datenbankdatei. Dazu muss eine Offline-Defragmentierung durchgeführt werden.

Um die Datenbankdatei wirklich zu verkleinern, muss eine Offline-Defragmentierung durchgeführt werden. Der Domänencontroller muss dazu im Repair-Modus gestartet werden. Dies wird über die Taste <F8>- während des Bootvorgangs erreicht. Über das Programm *ntdsutil.exe* wird dann die eigentliche Offline-Defragmentierung gestartet. Das Programm erzeugt eine zweite, defragmentierte Version der Datenbankdatei. Diese Datei muss anschließend manuell in das Verzeichnis *%SystemRoot%NTDS* kopiert werden, oder der Datenbankpfad muss neu gesetzt werden. Der Aufwand für die Offline-Defragmentierung sollte allerdings nur dann getrieben werden, wenn man sicher ist, dass die Datenbank tatsächlich erheblich kleiner wird. Das ist beispielsweise der Fall, wenn viele Objekte gelöscht wurden oder ein Domänencontroller die Rolle des Global-Catalog-Server verliert. Die Offline-Defragmentierung muss auf alle Fälle als kritischer Prozess betrachtet werden und deren Einsatz mit den eventuell damit verbundenen Risiken betrachtet werden. Im normalen Betrieb reicht die Online-Defragmentierung völlig aus.

Mit Windows Server 2003 haben Sie die Möglichkeit, ein Backup der AD-Datenbank durchzuführen und diese auf einem anderen Domänencontroller wieder einzuspielen (Installation von Medium). Dies ist von Vorteil, wenn die Datenbank sehr groß ist und ein neuer Domänencontroller sich die Daten über eine WAN-Verbindung kopieren müsste. Mit dieser Möglichkeit sind nur die Änderungen seit dem Backup zu replizieren, nachdem der neue Domänencontroller in Betrieb genommen wird.

FSMOs

Obwohl das Active Directory auf einem Multimaster-Konzept für die Administration und Replikation basiert, gibt es manche Operationen, die nur auf einem einzigen Domänencontroller ausgeführt werden können. Für Multimaster-Operationen, wie z.B. dem Anlegen eines neuen Benutzers, stehen definierte Methoden zur Verfügung, um ein effizientes und vor allem konsistentes Replizieren dieser Objekte zu gewährleisten (siehe ▶ Kapitel 9). Für bestimmte Schlüsseldaten des Systems gibt es allerdings keine adäquaten Methoden, um eventuell auftretende Replikationskonflikte aufzulösen. Das Paradebeispiel hierzu ist das Schema. Das Schema befindet sich im Speicher jedes Domänencontrollers und ist im gesamten Forest einheitlich. Angenommen es wird im Schema auf dem Server *HAL* ein Attribut als Integer definiert. Zur gleichen Zeit wird im Schema auf dem Server *DEEPTHOUGHT* das gleiche Attribut als String definiert. Des Weiteren wird dieses Attribut auf beiden Servern mehreren Objekten zugeordnet. Welcher Wert ist nun der Richtige? Hat man Pech, und in solchen Fällen hat man immer Pech (siehe Murphys Gesetz §§ 1 ff), dann wurden die Daten schon mehrfach auf verschiedene andere Domänencontroller repliziert, ehe der Konflikt entdeckt wird. Anhand dieses Beispiels soll verdeutlicht werden, wie aufwendig, wenn nicht gar aussichtslos, die Behebung eines solchen Fehlers ist.

Um solche Situationen erst gar nicht entstehen zu lassen, hat Microsoft bei der Konzeption des AD festgelegt, dass gewisse kritische Änderungen am Verzeichnis nur an einer Stelle, sprich auf einem Domänencontroller, vorgenommen werden dürfen. Von dort aus können sie dann auf die weiteren Server der Domäne bzw. des Trees oder Forests repliziert werden. Diese Vorgänge werden Flexible Single Master Operations (FSMO) genannt. Single Master, weil die Operation zu einem bestimmten Zeitpunkt nur auf einem Server vorgenommen werden kann. Flexible deswegen, da jeder Domänencontroller die Rolle eines FSMO-Server für eine solche Operation übernehmen kann und die Rollen auch übertragbar sind.

Die Rolle eines FSMO-Server könnte als Recht betrachtet werden, eine bestimmte Operation am Verzeichnis durchführen zu können. Wäre dies so, könnte noch folgende Situation eintreten: Server HAL bekommt die Rolle des Schema-FSMO (das Recht, Änderungen am Schema vorzunehmen) übertragen. Besitzt nun allerdings HAL nicht die neueste Version des Schemas, weil es beispielsweise noch nicht komplett repliziert wurde, so können wieder unlösbare Konflikte auftreten. Um auch diese Situation zu entschärfen, muss bei einer FSMO-Übergabe auch stets ein Datenabgleich zwischen dem alten und neuen FSMO-Server stattfinden. In diesem Beispiel wäre dies durch die Replikation des Schemas erledigt.

FSMOs können pro Forest oder pro Domäne existieren. Es hängt davon ab, welche Operationen sie unterstützen. Der Schemamaster z.B. wird pro Forest definiert, da diese Information für das gesamte System identisch ist. Es gibt mehreren Arten von FSMOs:

Domain-Naming-Master

In jedem Forest gibt es genau einen Domain-Naming-Master. Der Domain-Naming-Master ist verantwortlich für Änderungen im Konfigurations-Namenskontext auf der Ebene des Forests. Dieser Domänencontroller ist der einzige, der dem Verzeichnis Domänen hinzufügen und diese auch wieder entfernen kann.

Schemamaster

In jedem Forest steht ein Schemamaster zur Verfügung. Domänen, Trees und der Forest greifen stets auf dasselbe Schema zu. Da nur ein Domänencontroller für den gesamten Forest diese Rolle übernimmt, muss besonders auf dessen Lage im Netzwerk und auf eine möglichst gute Ausfallsicherheit der Maschine geachtet werden. Zwar steht bei einem Ausfall dieser Maschine nicht sofort das gesamte Netzwerk, denn jeder Domänencontroller hat ja eine Kopie des Schemas, aber dennoch können für die Zeitdauer des Ausfalls keine Änderungen am Schema vorgenommen werden. Die geschützten und zu übertragenden Daten bei der FSMO-Übergabe ist das Schema selbst.

RID-Pool-Master

In jeder Domäne gibt es einen RID-Pool-Master, dessen Aufgabe in der Verwaltung und Verteilung des RID-Pools besteht. Auf jedem Domänencontroller besteht die Möglichkeit, zum Beispiel Benutzer und Benutzergruppen anzulegen. Diese müssen mit einer eindeutigen Kennung, der SID, versehen werden. Die SID besteht aus einer Domänen-SID (für alle Objekte dieser Art in einer Domäne gleich) und der Relative ID (RID). Um zu gewährleisten, dass jeder Benutzer bzw. jede Benutzergruppe eine eindeutige SID bekommt, wird jedem Domänencontroller eine bestimmte Menge von RIDs vom RID-Pool-Master zugewiesen. Die geschützten und übertragenen Daten bei einer FSMO-Übergabe sind der RID-Pool und die dazu verwandten Informationen, wie z.B. die zugewiesenen RID-Mengen je Domänencontroller.

PDC-Emulator

In jeder Domäne gibt es einen PDC-Emulator. Dieser übernimmt eine Reihe von Funktionen. Der PDC-Emulator übernimmt in Umgebungen mit Windows NT 4.0 Domänencontrollern die Rolle des primären Domänencontrollers. Der PDC-Emulator wird auch genutzt, um nicht AD-fähige Clients weiterhin zu unterstützen und um Passwortänderungen schnell zu replizieren. Weiterhin ist er für die Zeitsynchronisation mit allen Rechnern der Domäne zuständig und ist der default Domänencontroller in der Domäne für GPO-Änderungen. Die geschützten und mitgelieferten Daten bei einer FSMO-Übergabe sind in diesem Fall nur die Rolle des FSMO selbst.

Infrastrukturmaster

Je Domäne gibt es einen Infrastrukturmaster. Dieser ist dafür verantwortlich, die Lokation von Objekten zu überprüfen und auf den neuesten Stand zu bringen, die einmal in dieser Datenbank angelegt waren und in eine andere Domäne verschoben wurden. Dies ist wichtig, wenn bestimmte domänenübergreifende Beziehungen, wie zwischen universellen Gruppen und ihren Gruppenmitgliedern, bestehen. Sollte es mehr als eine Domäne geben, darf der Infrastrukturmaster kein Global-Catalog-Server sein, außer alle Domänencontroller in der Domäne sind Global-Catalog-Server.

Die FSMO-Rollen können nur manuell übertragen werden. Es gibt keinen Automatismus, der dies zu gewissen Zeiten automatisch ändert. Da die Verteilung der FSMO-Rollen von entscheidender Bedeutung für die effektive Funktion des Active Directory ist, müssen sich die Verantwortlichen einer Organisation genau überlegen, welcher Domänencontroller die jeweiligen FSMOs übernimmt. Die Verwaltung der FSMOs reduziert sich im Endeffekt auf die Verteilung und Umschichtung der Rollen und kann auf die beiden Aufgaben »kontrollierte Übergabe« und »Wiederherstellung« reduziert werden.

Die kontrollierte Übergabe ist der einfache und sichere Weg die FSMO-Rolle zu tauschen. Alle Domänencontroller sind im Einsatz und können über den Rollentausch informiert werden. Die Gründe für diesen Rollentausch können vielfältig sein und reichen von der Verlagerung des Zuständigkeitsbereichs einer IT-Abteilung bis zur geplanten Außerbetriebnahme einer Maschine. Im Falle einer kontrollierten Übergabe wird mit Hilfe des Programms *ntdsutil.exe*, oder mit den entsprechenden MMC-Snap-Ins, eine Synchronisation der FSMO-Daten zwischen altem und neuem Server vorgenommen, anschließend die Aufgabe übertragen und zu guter Letzt die anderen Domänencontroller über diese Aktion unterrichtet.

Die Wiederherstellung eines FSMO-Server ist dann erforderlich, wenn die Maschine unerwartet nicht mehr verfügbar ist. In diesem Fall spricht man auch von einem Server-Tod. Hierbei muss ein anderer Domänencontroller für diese Aufgabe auserkoren werden, dem dann ebenfalls mit Hilfe des Tools *ntdsutil.exe* die neue Rolle übertragen wird. Besonders zu beachten ist in diesem Fall, dass dies nicht bereits durch ein anderes Mitglied der Administrationsgruppe geschehen ist, da sonst erneut die Gefahr von Inkonsistenzen droht. Auch ist darauf zu achten, dass der »tote« Domänencontroller nicht wieder mit Hilfe eines Backups wieder belebt wird. Alte Backup Bänder des »Verstorbenen« sollten demnach umgehend vernichtet werden!

Metadaten

Der Active Directory-Dienst verwendet Metadaten für die Verwaltung von Domänen und Domänencontrollern innerhalb einer Organisation. Um Domänen bzw. Domänencontroller zu erzeugen, wird das Programm *dcpromo.exe* verwendet. Hierbei werden die benötigten Metadaten im Domänen Namenskontext der Domäne angelegt. Die umgekehrte Operation, das Entfernen von Domänen und Domänencontrollern, wird ebenfalls über dieses Programm vorgenommen. *Dcpromo.exe* stellt in diesem Fall sicher, dass die zuvor erzeugten Metadaten wieder korrekt entfernt werden.

Es gibt allerdings auch Situationen, in denen kein ordnungsgemäßes Entfernen der Metadaten stattgefunden hat. In diesem Fall blockieren die verbleibenden Metadaten die Reinstallation eines Domänencontrollers. Angenommen ein Domänencontroller verabschiedet sich unerwartet aus der Domäne, indem er ohne Vorankündigung seinen Dienst quittiert. Ist für diese Maschine kein Backup vorhanden, das wieder eingespielt werden kann (in solchen Fällen ist nie ein Backup vorhanden), so muss der Domänencontroller neu installiert werden. Soll diese Maschine denselben Namen erhalten wie ihr Vorgänger, so schlägt die Operation aufgrund der im AD vorhandenen Metadaten fehl. Die nun gängige Methode, um die Domäne von diesen veralteten Daten zu befreien, besteht im erneuten Einsatz des Programms *ntdsutil.exe*. Hierzu baut man über das Tool eine Verbindung zu dem oder den Domänencontrollern auf, welche die veralteten Metadaten halten und hat dann die Möglichkeit, den alten Domänencontroller, beziehungsweise die alte Domäne zu löschen.

Das Schema

Was ist ein Schema?

Das Schema des AD ist eine Liste von Definitionen und Regeln für die Erstellung und Verwendung von Objekten. In dieser Liste wird einerseits festgelegt, welche Objekte im Active Directory gespeichert werden und auf der anderen Seite, wie deren Inhalt gestaltet ist. Das Schema selbst ist ebenfalls aus den beiden Objekttypen Klassen und Attribute aufgebaut. Klassen sind Sammlungen von Attributen und bestimmen die Art eines Objekts. Attribute repräsentieren die eigentlich gespeicherten Informationen des Objekts. Zur Verdeutlichung kann man sich ein Objekt der Klasse *computer* vorstellen.

Jede Maschine im Netzwerk wird durch ein Objekt dieser Klasse im AD abgebildet. Die Klasse *computer* setzt sich nun wiederum aus mehreren Attributen, wie z.B. *name, location, description* usw., zusammen. Da Attribute zunächst völlig unabhängig von Klassen definiert werden, können sie von unterschiedlichen Klassen beliebig genutzt werden und müssen dennoch nur ein einziges Mal definiert werden. Das Attribut *description* beispielsweise wird von vielen Klassen genutzt, ist allerdings nur einmal definiert. Dies ermöglicht eine einfache Verwaltung und gewährleistet eine optimale Integrität des Verzeichnisses. Das AD-Schema umfasst in seinem Urzustand weit über 1000 Einträge, die später beliebig angepasst werden können.

Das Schema im Active Directory

Das Schema selbst ist, wie in Abbildung 7.10 dargestellt, ebenfalls Bestandteil des Active Directory. Während des Bootvorgangs eines Domänencontrollers wird das Schema in den Speicher geladen und steht dort im Container *Configuration* für den Directory System Agent (DSA) bereit. Alle Einträge des Schemas sind als Objekte des AD realisiert, wobei Attribute der Objekt-Klasse *attributeSchema* und Klassen der Objekt-Klasse *classSchema* angehören.

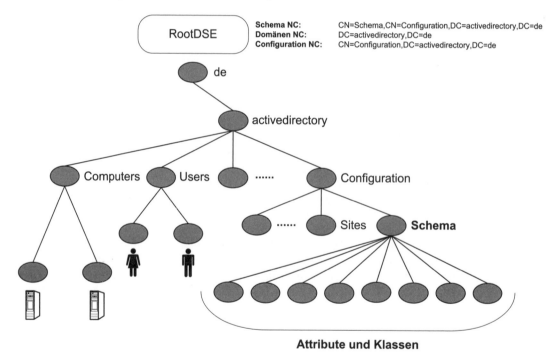

Abbildung 7.10: *Schematische Darstellung des ADs. Das Schema ist eine Sammlung von Objekten im Schema-Container, der sich unterhalb des Configuration-Containers befindet.*

Jedes Objekt im Active Directory ist eine Instanz, d.h. eine konkrete Ausprägung einer Objektklasse. Diese Objektklassen bilden eine hierarchische Baumstruktur, wobei die Klasse an der Wurzel des Baums als »top« bezeichnet wird. Einen Ausschnitt dieser Klassenstruktur zeigt Abbildung 7.11.

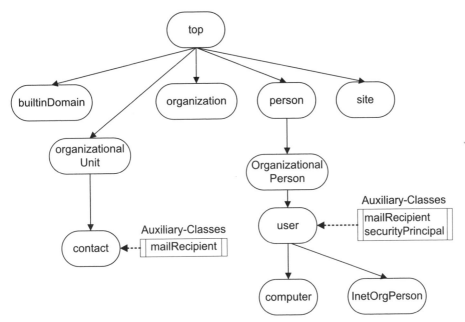

Abbildung 7.11: Ausschnitt der Zusammenhänge zwischen unterschiedlichen Objektklassen des AD.

Überlegungen zur Schemaänderung

Das Active Directory wird mit einem vordefinierten Schema mit mehr als 1000 Einträgen ausgeliefert. Um dieses Schema bestmöglich auf die unterschiedlichen Bedürfnisse der Kunden abzustimmen, hat Microsoft umfangreiche Studien durchgeführt. Da es, realistisch betrachtet, unmöglich ist, alle erdenklichen Klassen und Attribute in einem vordefinierten Schema abzubilden, stellt dieses Urschema einen vernünftigen Kompromiss zwischen einfacher Handhabbarkeit und guter Performance dar.

Um dennoch für alle Aufgabenbereiche optimal einsetzbar zu sein, wurde das AD-Schema als dynamisch erweiterbar implementiert. Auf diese Weise können sich die Verantwortlichen für Ihr Unternehmen eine genau abgestimmte Umgebung schaffen, die sich auch den aktuellen Änderungen des Unternehmens anpassen kann. Ehe man sich an eine Änderung des Schemas heranwagt, ist es zunächst notwendig eine Vorstellung davon zu bekommen, welche Operationen überhaupt mit den Schemaobjekten möglich sind:

- Bestehende Klassen erweitern
- Neue Klassen und Attribute erstellen
- Bestehende Klassen und Attribute deaktivieren (sofern diese keine System-Attribute sind)

Wichtig ist in diesem Zusammenhang, auch im Vorfeld darauf hinzuweisen, welche Operationen nicht möglich sind:

- Attribute oder Klassen löschen
- System-Attribute ändern
- System-Attribute deaktivieren

Jede Klasse enthält Attribute. Als eine tragende Eigenschaft der Attribute gelten die Typen *must-contain-system* und *must-contain*. Diese Eigenschaften definieren, ob ein Attribut für ein Objekt zwingend definiert sein muss, oder ob es optional ist. Erst wenn die zwingenden Attribute eines Objekts definiert sind, kann dieses Objekt überhaupt erstellt werden. Speziell alle Attribute, die im Standardschema enthalten sind, können in keinem Fall verändert werden. Dieser Mechanismus bildet einen hohen Schutz vor böswilligen Attacken auf das System, hält aber auch die permanent und überall vorhandenen »Bastler« und »Optimierer« von den lebenswichtigen Stellen des Systems fern.

Änderungen am Schema gehören zur Menge der kritischen Operationen am AD, da hierdurch die Struktur und der Aufbau des Verzeichnisses wesentlich verändert werden können. Ehe man also an dieser Stelle Hand anlegt und neue Klassen und Attribute generiert oder gar deaktiviert, empfiehlt sich dringend die Studie der vorhandenen Strukturen. In den meisten Fällen finden sich hier schon Strukturen, welche den benötigten Objekten bereits sehr nahe kommen und auf denen man dann seine Eigenkreationen aufbauen kann. Wie auch im allgemeinen Rechtssystem so gilt auch hier ganz besonders der Grundsatz: »Unwissenheit schützt vor Strafe nicht (BGB §122 Abs. 2)«.

Eine gute und ausführliche Beschreibung der einzelnen Klassen und Attribute liefert das Microsoft Developer Network (MSDN). Die beste Methode, Infos über das Schema zu erhalten, ist und bleibt allerdings immer noch das Schema selbst. Über das Schema Manager Snap-In lässt sich der aktuelle Stand auslesen und die Namen der Klassen und Attribute sind meist so gewählt, dass diese sich selbst erklären.

Es bleibt die Frage, wann Änderungen am Schema sinnvoll bzw. unvermeidlich sind. Als gängige Bereiche, in denen Änderungen vorgenommen werden sollen, können folgende Szenarien aufgezählt werden:

- Eine existierende Klasse benötigt weitere Attribute, genügt aber sonst den Anforderungen. Operation: neue Attribute hinzufügen.
- Existierende Klassen sind für die Anforderungen nicht ausreichend. Operation: neue Klasse definieren.
- Existierende Klassen reichen nahezu aus und es soll keine extra Klasse erstellt werden. Operation: Auxiliary-Klasse verwenden.
- Existierende Attribute werden nicht mehr benötigt. Operation: Attribut deaktivieren.
- Existierende Klassen werden nicht mehr benötigt. Operation: Klasse deaktivieren.

Tools

Die Active Directory-Schemaverwaltung ist als Snap-In der Microsoft Management Console (MMC) realisiert. Dieses Programm ermöglicht es, neue Attribute und Klassen zu erstellen bzw. bereits existierende zu verändern. Des Weiteren kann festgelegt werden, welche Attribute zu indizieren sind und welche im Global-Catalog geführt werden sollen.

Schemaverwaltung kann auch per Skript oder mit einer höheren Programmiersprache durchgeführt werden. Dazu steht das Active Directory Service Interface (ADSI) zur Verfügung. Diese Schnittstelle wird näher im ▶ Kapitel 12 beschrieben.

Der Schema-Cache

Nimmt eine Administratorin eine Änderung am Schema vor, so steht diese erst nach einer gewissen Zeit auch für weitere Operationen zur Verfügung. Zunächst verbleiben die Änderungen im Schema-Cache und werden erst zu einem späteren Zeitpunkt in das eigentliche Directory geschrieben. Das genaue Vorgehen ist in die folgenden Schritte unterteilt:

- Nachdem eine Erweiterung am Schema durchgeführt wurde, wartet der DSA 5 Minuten, ehe die Änderung in den Schema-Cache geschrieben wird. Während dieser Zeit können keine Objekte erstellt werden, die eine der geänderten Klassen bzw. eines der Attribute erfordern.

- Ist diese Karenzzeit vergangen, werden die Änderungen in den Schema-Cache übertragen und stehen dort für neue Transaktionen, welche das Verzeichnis bearbeiten, zur Verfügung. Für Transaktionen, die bereits vor der Schemaänderung gestartet wurden, steht weiterhin die alte Version des Schema-Cache bereit. Somit kann verhindert werden, dass sich während einer Transaktion die Regeln für diese ändern.

- Im letzten Schritt werden die Änderungen in das AD geschrieben und im gesamten Forest repliziert. Wann diese Replikation erfolgt, hängt von den Einstellungen des Standorts, der Netzstruktur und der Menge der zu replizierenden Daten ab. Die Replikationseinstellungen sollten auf alle Fälle berücksichtigt werden, ehe Schema-Änderungen durchgeführt werden.

Bevor Änderungen in das AD eingetragen werden, überprüft der DSA dies auf Korrektheit. Hierbei wird neben einer syntaktischen Prüfung auch kontrolliert, ob Klassen oder Attribute unter dem gewünschten Namen bereits existieren. In eiligen Fällen, ganz besonders in Testumgebungen, können über den Befehl *Reload Schema* die Änderungen sofort geladen werden und stehen dann zumindest auf dem Schemamaster umgehend zur Verfügung.

Object Identifier (OID)

OIDs sind globale, eindeutige Objektbezeichner für Klassen und Attribute. Sie müssen bei der Erstellung von neuen Klassen und Attributen angegeben werden. Um die Eindeutigkeit der OIDs zu gewährleisten, dürfen diese nur von der ISO (International Standard Organisation) und den von der ISO berechtigten Stellen vergeben werden. Anhand einer OID werden Objekte, deren Syntax oder auch Teile von verteilten Applikationen eindeutig identifiziert. OIDs finden beispielsweise bei folgenden Fällen Verwendung:

- OSI-Applikationen (Open System Interconnection)
- X.500-Verzeichnisse
- SNMP (Simple Network Management Protocol)

Durch den Einsatz von OIDs wird das reibungslose Zusammenspiel unterschiedlicher Verzeichnisdienste erleichtert. Da jedes Objekt und Attribut eindeutig gekennzeichnet ist, können beispielsweise das Active Directory, Novell Directory Services (NDS) und das Netscape Directory zu einem großen, globalen Verzeichnis zusammengefasst werden. Die Struktur der OIDs ist hierarchisch aufgebaut. Die Verwaltung basiert auf dem Prinzip der Delegation. Dies bedeutet, dass eine höhere Autorität (nicht nur die höchste) Teile der ihr übertragenen Verwaltungsaufgaben an eine ihr untergeordnete Autorität übertragen kann. Dieses Spiel lässt sich beliebig wiederholen, so dass eine beliebig große Anzahl von Institutionen für die Verwaltung der OIDs zuständig sein kann und die Konsistenz des daraus entstehenden Baumes trotzdem gewährleistet wird.

Der Aufbau einer OID ist stets identisch und hat folgende Struktur:

RootAutorität.UntergeordneteAutorität.Land.Organisation.OrganisationSpezifischeEinträge

Hier ein Beispiel für eine OID: 1.3.6.1.4.1.7625.4.56.3

wobei die verschiedenen Zahlen folgende Bedeutung aufweisen:

1	ISO
3	ORG

6	DOD
1	Internet
4	privat
1	enterprise
7625	ComCon-GmbH
4	= ComCon-GmbH Spezifisch
56	= ComCon-GmbH Spezifisch
3	= ComCon-GmbH Spezifisch

Jede Organisation kann ihre spezielle OID beantragen. In unserem Beispiel wurde der Organisation ComCon-GmbH die OID 1.3.6.1.4.1.7625 zugewiesen. Ab dieser Verzweigung kann die Organisation eigenständig beliebig weitere OIDs bestimmen und diese auch veröffentlichen. Diese weiteren OIDs können auch nicht mit den OIDs anderer Organisationen kollidieren, da die Unterscheidung bereits auf einer höheren Organisationsebene stattgefunden hat.

Hier ein paar Attribute des Active Directory und ihre zugehörigen OIDs:

- **OWAServer**   1.2.840.113556.1.2.608
- **parentCA**   1.2.840.113556.1.4.557
- **distinguishedName**   2.5.4.49

Aus den ersten beiden OIDs ist ersichtlich, dass der Firma Microsoft die OID 1.2.840.113556 zugewiesen wurde. Die nachfolgenden Zahlenkolonnen sind Eigenkreationen der Firma. Zu beachten ist hierbei auch, dass auch Attribute von bestehenden Einträgen genutzt werden können. Im Schema des Active Directory weist das Attribut *distinguishedName* die OID 2.5.4.49 auf. Dieses Attribut ist nicht der Organisation Microsoft (113556) zugeordnet, sondern stammt aus der X.500-Spezifikation. Für das Beantragen eigener OIDs steht zum Beispiel auf dem Webserver der Internet Assigned Numbers Authority (IANA) eine eigene Seite bereit.

Klassen erstellen und ändern

Schema-Klassen sind im Active Directory als Objekte des Typs »class-definition« abgelegt. Die Attribute des class-definition-Objektes beschreiben die Charakteristiken der angelegten Klasse. Dies ist auf den ersten Blick alles etwas verwirrend, da hier mit dem Schema die Grundlage für neue Objekte gebildet wird, das Schema allerdings selbst auch wieder aus Objekten des AD realisiert ist.

Um den Unterschied zwischen dem Schema und den Objekten des Directory nochmals herauszustellen, hier eine weitere Zusammenfassung der Zusammenhänge:

Das Schema definiert die Klassen und die darin enthaltenen Attribute. Objekte des AD, wie z.B. Benutzer oder Drucker, werden von diesen Klassen abgeleitet. Des Weiteren wird im Schema auch die Syntax der Attribute definiert. Die Definition der Klassen und Attribute wird ebenfalls mit Hilfe von Objekten des AD realisiert. Diese Objekte sind vom Typ *class-definition* bzw. *attribute-definition*. Jedes Attribut muss nur einmal als Objekt vom Typ *attribute-definition* definiert werden und kann dann in mehreren Klassen verwendet werden. Um ein Attribut in einer Klasse zu verwenden, wird ein Verweis auf die OID des Attributs in die Klassendefinition eingetragen.

Wie jedes andere Objekt so hat auch ein Objekt der Klasse *class-definition* verschiedene Attribute, die zwingend angegeben werden müssen, um das Objekt erzeugen zu können. Diese sind im Folgenden aufgezeigt:

- **Name** der Name einer Klassendefinition sollte nach Möglichkeit für sich selbst sprechen und keiner weiteren Erläuterung bedürfen. Soll z.B. eine Klasse erzeugt werden, die Router beschreibt, so ist ein Name wie »Rtr« oder »a156« nicht empfehlenswert, da sich darunter eine andere Administratorin nicht viel vorstellen kann.
- **LDAP-Name** Über diesen Namen kann der Programmierer zugreifen. Er ist meist identisch mit dem oben beschriebenen Namen.
- **X.500 OID** entspricht der im vorherigen Abschnitt ausführlich behandelten OID.
- **Parent Class** hier wird die übergeordnete Klasse eingetragen.
- **Class Type** hier stehen die Typen Structural, Abstract, Auxiliary oder Type 88 zur Verfügung.

Die Bedeutung dieser Klassen-Typen wird im Folgenden beschrieben:

- **Structural** Aus dieser Klasse werden die Active Directory-Objekte letztendlich abgeleitet. Structural-Klassen können von einer anderen Structural-Klasse oder von einer Abstract-Klasse abgeleitet werden. Ein Benutzer wird z.B. von der Klasse User abgeleitet. Diese Klasse definiert, welche Attribute für den Benutzer zwingend bzw. optional sind.
- **Abstract** Die Abstract-Klasse ist eine reine Vorlage und wird benutzt, um Structural-Klassen abzuleiten. Abstract-Klassen können von anderen Abstract-Klassen abgeleitet werden. Die Structural-Klasse User z.B. wird aus der Abstract-Klasse OrganizationalPerson abgeleitet. Diese ist wiederum von der Abstract-Klasse Person abgeleitet. Somit wird eine Vorlagenstruktur aufgebaut, um die Klassenhierarchie transparent zu gestalten.
- **Auxiliary** Die Auxiliary-Klasse ist eine Liste von Attributen. Sie kann zu einer Structural- oder Abstract-Klasse hinzugefügt werden. Diese Klassen bekommen dann automatisch zusätzlich alle Attribute der Auxiliary-Klasse. Sie dienen als Gruppierung von gemeinsam verwendeten Attributen. Auxiliary-Klassen können nur von Abstract-Klassen abgeleitet werden. Sie werden eingesetzt, wenn keine neuen Structural- oder Abstract-Klassen definiert werden sollen. Ein Beispiel dazu ist die Klasse securityPrincipal. Sie wird verwendet, um Objekte als Sicherheitsobjekte darzustellen. Um beispielsweise einen Benutzer dem System als sicherheitsrelevantes Objekt kenntlich zu machen, wird der Klasse User die Auxiliary-Klasse *securityPrincipal* zugewiesen. Ebenso wird mit der Klasse Computer vorgegangen. Durch diese Methode wird vermieden, dass für jedes Sicherheitsobjekt (User, Computer und Gruppen) die sicherheitsrelevanten Attribute mehrmals definiert werden müssen.
- **Type88** Die X.500-Spezifikation von 1993 sah vor, dass Klassen einer Kategorie (ClassType) zugeordnet werden müssen. Die vor 1993 entstanden Klassen, die keiner Kategorie zugeordnet waren, wurden der Default-Kategorie Type88 zugeordnet. Die Kategorie (Typ einer Klasse) wird über das das Attribut *objectClassCategory* festgelegt. Ein Wert von »0« bedeutet dabei *Type88*. Für neue Klassen darf nicht die Kategorie *Type88* verwendet werden, sondern sie müssen einer der drei anderen Klassentypen zugeordnet werden.

Abbildung 7.12 zeigt die Einsatzmöglichkeiten der verschiedenen Klassen-Typen.

Das Ändern einer bestehenden Klasse unterliegt mehreren Einschränkungen. Es können bei einer bestehenden Klasse nur die Anzahl der Attribute und deren Zugriffsrechte geändert werden. Angenommen, es wurde vor ein paar Tagen eine neue Objekt-Klasse VIP-Kunden angelegt. Beim Erfassen der VIP-Kunden stellt sich heraus, dass all diese Kunden nur per Satellitentelefon erreichbar sind. Nun muss diese Objekt-Klasse im Nachhinein um das Attribut *SatellitenTelefonNummer* erweitert werden. Natürlich muss hierzu dieses Attribut als Objekt der Klasse *attribute-definition* bereits im Schema definiert sein.

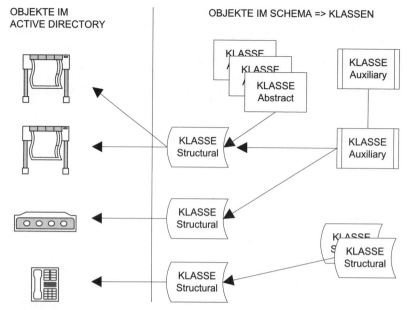

Abbildung 7.12: Structural-Klassen werden benutzt, um Active Directory-Objekte zu erzeugen. Sie werden von anderen Structural-Klassen oder Abstract-Klassen abgeleitet. Auxiliary-Klassen sind als Gruppierung von Attributen zu verstehen, die einer anderen Klasse auf einmal zugewiesen werden können.

Wie alle Objekte des Active Directory, so sind auch Attribut- und Klassen-Definitionen mit einer Zugriffssteuerungsliste (Access Control List, ACL) geschützt. So können beispielsweise bestimmte Administratoren zu Schema-Administratoren befördert werden und haben dadurch das Recht, auf die Objekte des Schemas zuzugreifen. Es ist auch möglich, dass z.B. manche Administratoren nur bestehende Attribute oder Klassen verändern können, jedoch keine neue Klassen hinzufügen dürfen.

Eine Neuerung in Windows Server 2003 ist die Unterstützung der Klasse *InetOrgPerson*, wie sie in RFC 2798 definiert ist. Diese Klasse wird in reinen LDAP-Directories für die Instanziierung von Benutzern verwendet. Durch die Unterstützung von *InetOrgPerson* durch das Active Directory wird eine Migration von bestehenden LDAP-Directories erleichtert. Ein Objekt der Klasse *InetOrgPerson* kann wie ein Objekt der Klasse *User* als Security Principal instanziiert werden. Im Windows 2003 Functional Level ist es sogar möglich, die Klasse eines bestehenden Objektes zu wecheln, d.h. von *User* in *InetOrgPerson* und umgekehrt.

Attribute erstellen und ändern

Attribute sind ebenfalls im AD als Objekte abgelegt. Diese Objekte sind vom Typ *attribute-definition* und besitzen wie jedes andere Objekt auch selbst Attribute (Achtung: Hier nicht durcheinander geraten! Die Attributdefinition ist ein Objekt des AD und besteht selbst aus Attributen). Die folgenden Attribute sind für die Erstellung des Objekts zwingend vorgeschrieben und müssen von der Administratorin bei der Attribut-Definition angegeben werden:

- **Name** Name des Attributes; auch hier gilt die Regel, dass der Name sprechend gewählt werden soll und damit selbst das Attribut beschreibt.
- **LDAP-Name** Über diesen Namen kann der Programmierer zugreifen. Er stimmt im Regelfall mit dem Namen überein.

- **X.500 OID** wurde im vorherigen Abschnitt ausführlich beschrieben.
- **Syntax** die Syntax spezifiziert, welcher Datentyp in diesem Attribut abgelegt werden kann. Dies können beispielsweise Integer, Large Integer, Boolean, Unicode String, Octet String, Case Sensitive String, Distinguished Name usw. sein.
- **Minimum** der kleinste Wert, den dieses Attribut annehmen kann.
- **Maximum** der größte Wert, den dieses Attribut annehmen kann.
- **Multi-Valued** für dieses Attribut sind mehrere Werte zugelassen.

Als Beispiel werden hier die beiden Attribute *pager* und *userPassword* aus dem Active Directory gezeigt.

Pager

Name	pager
LDAP Name	Phone-Pager-Primary
X.500 OID	0.9.2342.19200300.100.1.42
Syntax	Unicode String
Minimum	1
Maximum	64

User Password

Name	userPassword
LDAP Name	User-Password
X.500 OID	2.5.4.35
Syntax	Octet String
Minimum	1
Maximum	128

Die Attribute selbst besitzen auch Eigenschaften. Diese Eigenschaften steuern beispielsweise welche Attribute eines Objekts in den Global-Catalog aufgenommen werden. Wird in Windows 2000 ein neues Attribut in den Global-Catalog aufgenommen muss der gesamte Global-Catalog neu aufgebaut und repliziert werden. In Windows Server 2003 ist dies nicht mehr der Fall.

Standardsicherheit einer Objektklasse

Für jede Objektklasse kann eine standardmäßige ACL definiert werden. Diese wird beim Erzeugen einer Instanz dieser Objektklasse als direkte ACL auf das Objekt geschrieben. Die Standard-Sicherheit einer Objektklasse wird im Attribut *defaultSecurityDescriptor* in der so genannten Security Descriptor Definition Language abgelegt und kann dort auch modifiziert werden. Da es wirklich ein »hartes Brot« ist, die Standardsicherheit eines Objektes in dieser Sprache zu beschreiben, kann dies auch sehr komfortabel mit Hilfe des Snap-In *Active Directory-Schema* erfolgen. Hierbei ist zu beachten, dass über den Dialog <Eigenschaften><Sicherheit> einer Objektklasse das Attribut *defaultSecurityDescriptor* angezeigt wird und nicht – wie zu vermuten wäre –, die ACL des Klassen-Objektes.

Deaktivierung von Klassen und Attributen

Klassen- und Attribut-Definitionen können nicht aus dem Schema des AD gelöscht werden, sondern müssen deaktiviert werden und bleiben damit weiterhin im Schema erhalten. Dies ist ein weiterer Grund, der für eine ausführliche Planung bei der Änderung des Active Directory-Schema spricht. Wilde Änderungen des Schemas, mit denen ständig neue Objekt- und Attribut-Definitionen hinzugefügt und andere wieder deaktiviert werden, können trotz aufwendiger Schutzvorkehrungen zu Situationen führen, in denen die Integrität des AD nicht mehr gewährleistet ist. Dennoch sollte die Möglichkeit der Schemaerweiterung immer genutzt werden, wenn dadurch die Arbeit in der Organisation erleichtert wird. Aber eben mit Bedacht!

Für den Weg, Schema-Objekte nicht zu löschen, sondern zu deaktivieren, sprechen zwei Gründe:

- Da es sich beim Löschen eines Objekts um eine Aktion mit sehr beträchtlichen Auswirkungen handeln kann, behält man sich durch die Deaktivierung die Möglichkeit offen, die Aktion zu einem späteren Zeitpunkt wieder rückgängig machen zu können.
- Der zweite Grund ist die bessere Performance, da durch das reine Deaktivieren (Setzen eines Flags) die Notwendigkeit entfällt, die Objekte aus der ganzen Organisation zu löschen.

Eine Klassen- oder Attribut-Definition zu deaktivieren, erzielt den gleichen Effekt wie das Entfernen. Bevor jedoch dies geschieht, muss man sich der Konsequenzen dieser Aktion bewusst werden. Im Folgenden sind diese aufgelistet:

- Es können keine neuen Objekte erstellt werden, die von der deaktivierten Objekt-Klasse abgeleitet werden.
- Existierende Objekte, die von einer Klasse abgeleitet wurden, welche nun deaktiviert ist, können nicht mehr geändert werden. Diese Objekte werden nicht automatisch gelöscht und müssen bei Bedarf manuell aus dem AD entfernt werden.
- Deaktivierte Attribut-Definitionen können nicht einer neuen oder existierenden Klasse zugeordnet werden.
- Klassen- und Attribut-Definitionen, die deaktiviert sind, werden nicht mehr im Netzwerk repliziert.
- Die Eigenschaften von deaktivierten Attributen, wie Name, GUID und OID, können bei Windows 2000 nicht wieder verwendet werden. Bei Windows Server 2003 ist dies hingegen möglich.

8 Sicherheitsmechanismen

140	Das Kerberos-Protokoll
149	Access Control
155	Group Policy
157	IPSec
162	Neue Features in Windows Server 2003

Ein alleinstehender Computer ist vergleichbar mit einem Kühlschrank ohne Inhalt. Beide funktionieren, verbrauchen Strom, bereiten aber den Besitzern nicht allzu viel Freude. Freude kommt erst durch die Vernetzung und das Einkaufen auf. Die Vernetzung von Computern bringt viele Vorteile, wie zum Beispiel Internet-Zugang, gemeinsame Drucker usw., der Kühlschrank mit Inhalt bietet leckeren Käse und kühlen Weißwein (die Autoren bevorzugen den Kühlschrank). Wie bei allem im Leben gibt es leider nicht nur Vorteile, es lauern mit zunehmender Funktionalität auch stets neue Gefahren. Ein Computer im Netz kann von anderen Netzbenutzern angegriffen werden, wobei wichtige Daten verloren gehen können. Schlimmer noch ist die Konsequenz in unserem anderen Beispiel: Man kommt nach einem anstrengenden Arbeitstag, den man mit seltsamen, manchmal nicht funktionierenden Computern verbracht hat nach Hause und stellt fest, dass der einzige Lichtblick des Tages, ein kaltes Glas Pinot mit Parmaschinken und Parmesan, bereits von Fremden aufgegessen wurde. Um diesen Unglücksfällen des Lebens vorzubeugen, bedarf es geeigneter Schutzmechanismen. Im Falle des Kühlschrankes ist es nicht so schwer. Man baut um den Kühlschrank herum ein Haus, versieht dies mit Türen und Schlössern und schließt es ab. Im Falle des Computer-Netzwerkes ist es nicht so einfach. Es stehen aber auch hier mehrere Möglichkeiten zur Verfügung.

Alleine über Sicherheitmechanismen und -dienste in Windows Server 2003 könnte man ein ganzes Buch schreiben. In diesem Kapitel werden daher nur die zentralen Sicherheitmechanismen erklärt. Diese sind:

- **Das Kerberos-Protokoll** dient zur sicheren Authentifizierung in Netzwerken die aus Windows 2000 oder Windows Server 2003 bestehen.
- **Access Control** ist der Autorisierungsmechanismus für Objekte im Active Directory.
- **Group Policy Objects** dient zur Vergabe von Sicherheitsrichtlinien.

Darüber hinaus wird IPSec und seine Interaktion mit Active Directory beschrieben. IPSec kann für eine sichere Übertragung der Daten im Netzwerk sorgen.

Das Kerberos-Protokoll

Der Begriff Kerberos ist schon sehr alt und stammt aus den Zeiten, als der Held Herkules noch lebte. Kerberos war ein Monster mit drei Köpfen, aus dessen Körper Schlangen herauswuchsen. Kein schöner Anblick! Diese unüberwindbare Gestalt war für die Überwachung der Unterwelt zuständig.

»... Herakles' Aufgabe war es, Kerberos, den Hund des Hades, von der Unterwelt nach oben zu bringen. Dieses Monster, ein Abkömmling von Echidna und Typhon, hatte drei Hundeköpfe und den Schwanz eines Drachens, und Schlangen wuchsen aus seinem Körper. Herakles betrat die Unterwelt, wo er dann mit Hades verhandelte. Hades stimmte der Leihgabe des Kerberos zu, solange Herakles keine Waffen gebrauchte, um den Hund zu beruhigen. Somit war Herakles gezwungen, sich auf seine eigene Courage und Stärke zu verlassen. Es gelang ihm und er brachte Kerberos zu Eurystheus ...«.

Die Zeiten ändern sich und wenn wir heute nach Kerberos suchen, müssen wir nicht mehr in die Unterwelt abtauchen, sondern ins Internet. Nach der Eingabe des einfachen Suchbegriffs findet man Tausende von Hits mit Informationen zu Computernetzwerken und Sicherheit. Die Hauptaufgabe des Kerberos-Protokolls in seinen heutigen Tagen besteht in einer sicheren Authentifizierung von Benutzern in einem Netzwerk.

Anmeldeprozeduren für Betriebssysteme oder Netzwerkdienste erfolgen oft unverschlüsselt. Die eingegebenen Passwörter werden in vielen Systemen erst auf dem Anmelderechner mit einer geeigneten Funktion verschlüsselt und dann mit der Passwortdatenbank verglichen. Auf dem Weg dorthin reisen die Daten oft im Klartext über die Leitung. Ein zwischengeschalteter Hacker hat in solchen Fällen ein leichtes Spiel, das Passwort abzuhören und dann unter falschem Namen in das System einzudringen. Darüber hinaus hat die Verwendung von Passwörtern auch den Nachteil, dass bei jedem Zugriff auf einen Dienst im Netzwerk dieses Passwort erneut eingetippt werden muss – mit dem Resultat, dass die Benutzer leere Passwörter verwenden oder über das Netzwerk schimpfen. Dies führte zur Entwicklung des Kerberos-Protokolls. Das Kerberos-Protokoll ist ein verteilt arbeitender Authentifizierungsdienst, der in den achtziger Jahren am MIT entwickelt wurde. Seine Aufgabe besteht darin, dass Benutzer sich nur einmal am Netzwerk anmelden müssen und diese Anmeldung eine sichere Authentifizierung des Benutzers gegenüber anderen Benutzern oder Netzwerkdiensten gewährleistet. *Sicher* bedeutet in diesem Zusammenhang, dass keine Daten über das Netz gehen, die von Unbefugten abgefangen und ausgewertet werden können (zumindest nicht in vertretbarer Zeit) und dass sichergestellt ist, dass es sich um den ausgewiesenen Benutzer handelt. Das Kerberos-Protokoll ist in RFC 1510 definiert. Es ist systemübergreifend und erlaubt eine Interoperabilität mit anderen Betriebssystemen.

Begriffsklärung

Bevor nun die Funktionsweise und die Mechanismen des Kerberos-Protokolls aufgezeigt werden, müssen erst einige Begriffe abgeklärt werden.

- **Authentifizierung** regelt die eindeutige Feststellung der Identität einer Person oder eines Dienstes.
- **Principal** bezeichnet eine authentifizierte Person oder einen Dienst.
- **Autorisierung** regelt, ob ein Zugriff auf Ressourcen an eine bereits identifizierte Person erlaubt werden soll oder nicht.
- **Realm** Gültigkeitsbereich eines Authentication Server
- **Authentication Server** Maschine, die alle Passwörter von Benutzern und Diensten innerhalb ihres Realm kennt und daher eine Authentifizierung durchführen kann. Da dieser Rechner über alle sicherheitsrelevanten Daten verfügt, muss die Maschine natürlich auch physisch gut gesichert

sein. Ein Eindringling klaut sonst einfach die ganze Maschine und all die schönen Sicherheitsüberlegungen waren umsonst.
- **Verifier** bezeichnet die Instanz, welche die Authentifizierung vornimmt.
- **Datenintegrität** stellt sicher, dass Daten in der Form empfangen wurden, wie sie vom Absender versendet wurden, also niemand auf dem Übertragungsweg die Daten manipuliert hat.
- **Datenvertraulichkeit** sichert die vertrauliche Übermittlung von Daten über das Netzwerk. Dies bedeutet, dass niemand außer dem rechtmäßigen Empfänger Einsicht in die übermittelten Daten nehmen konnte.
- **Berechtigen** bezeichnet den Prozess der Überprüfung von Zugriffsrechten auf ein Objekt und bezieht sich immer auf eine Person oder einen Dienst, der bereits authentifiziert wurde.

Die Voraussetzungen für den Einsatz von Kerberos

Das Kerberos-Protokoll funktioniert nur unter folgenden Voraussetzungen:

- Da das Kerberos-Protokoll mit privaten Schlüsseln arbeitet, ist die Vertraulichkeit dieser Schlüssel ein unbedingtes *Muss*. Gelangt ein Hacker in den Besitz eines solchen Schlüssels, so kann er sich problemlos als der entsprechende Benutzer oder Dienst ausweisen.
- Das Kerberos-Protokoll bietet keinerlei Schutz vor Passwort-Attacken. Sobald Passwort-Suchmaschinen oder Trojanische Pferde eingesetzt werden können, besteht die Möglichkeit, dass ein Hacker in den Besitz des Passworts eines Benutzers kommt und sich somit als dieser ausweisen kann.
- Denial-of-Service-Angriffe werden vom Kerberos-Protokoll nicht abgefangen. Diese Art von Angriff entsteht beispielsweise dadurch, dass beim Sender IP-Pakete generiert werden, die beim Empfänger zur Überlastung oder zum Absturz des angesprochenen Dienstes oder sogar des ganzen Systems führen.
- Da das Kerberos-Protokoll mit Time-Stamps arbeitet, müssen alle beteiligten Computer in gewissem Rahmen zeitlich synchronisiert sein. Im Regelfall steht hier ein Zeitfenster von fünf Minuten zur Verfügung. Hierbei ist zu beachten, dass auch das Synchronisationsprotokoll vor Angriffen geschützt sein muss.

Das Kerberos-Prinzip

Das Kerberos-Protokoll arbeitet vom Prinzip her wie ein Beamter einer Behörde, von dem wir ein Schriftstück benötigen. Um überhaupt irgendetwas zu bekommen, müssen wir uns erst einmal ausweisen. Dies kann mit Hilfe eines Führerscheins, eines Personalausweises oder eines Reisepasses geschehen. Hat der Beamte einen guten Tag, so reicht unter Umständen auch die Mitgliedskarte des Sportvereins. Wichtig ist hierbei nur, dass der Beamte der Instanz vertraut, die diesen Ausweis ausgestellt hat. Damit man über seinen Ausweis identifiziert werden kann, müssen auf diesem Indizien vermerkt sein, die eine eindeutige Identifikation ermöglichen. Dies können z.B. ein Fingerabdruck oder ein Foto sein. Damit diese Merkmale stets aktuell sind und auch um den Missbrauch bei Verlust oder Diebstahl einzuschränken, besitzen Ausweise nur eine begrenzte Gültigkeit. Nach diesem Datum ist ein Ausweis nahezu wertlos. Der Beamte wird nun die auf dem Ausweis beschriebenen Merkmale mit der vor ihm stehenden Person vergleichen, überprüft die Gültigkeit des Ausweises, und stellt uns dann das gewünschte Schriftstück aus – oder schickt uns wieder nach Hause, da auch noch die Herkunft der Urgroßmutter mütterlicherseits eindeutig per Dokument mit zweifachem Durchschlag belegt sein muss.

Sicherheitsmechanismen

In ähnlicher Weise arbeitet auch das Kerberos-Protokoll, wenn ein Benutzer versucht, auf einen Netzwerkdienst zuzugreifen. Hierbei möchte der angefragte Netzwerkdienst sicherstellen, dass es sich bei dem Benutzer auch wirklich um denjenigen handelt, für den er sich ausgibt. Hierzu identifiziert sich der Benutzer bzw. das System, welches ihn repräsentiert, gegenüber dem Dienst mit Hilfe eines *Tickets*, das ihm vom Kerberos Authentication Server (AS) ausgestellt wurde. Der Dienst überprüft das Ticket und wenn alles seine Richtigkeit hat, kann der Benutzer den Dienst verwenden.

Der Authentifizierungsprozess

Ehe ein Benutzer mit einem Dienst im Netz kommunizieren kann, müssen mehrere Schritte durchlaufen werden. Dieser Prozess soll hier anhand eines Beispiels durchleuchtet werden. Der Benutzer *Claudio* möchte auf den Server *Host* zugreifen, um dort einen Drucker zu nutzen. Für die Authentifizierung steht ein Kerberos Authentication Server (AS) zur Verfügung. Sowohl *Claudio* als auch *Host* benötigen einen privaten Schlüssel, um sich beim AS zu authentifizieren. Diese Schlüssel werden vom AS generiert und in der AS-Datenbank gespeichert. Hierbei wird der Schlüssel von *Claudio* von dessen Passwort abgeleitet, und der Schlüssel für den Druckdienst auf *Host* durch einen Zufallsalgorithmus erzeugt. AS übermittelt nun den Schlüssel an *Host*, wogegen *Claudio* seinen Schlüssel selbst aus seinem Passwort erzeugen kann. Eine Kopie beider Schlüssel wird auch in der Datenbank des AS gehalten. Dies ist in Abbildung 8.1 dargestellt.

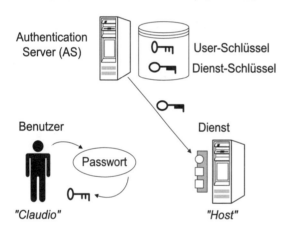

Abbildung 8.1: *Der Ausgangspunkt beim Kerberos-Protokoll ist ein Authentication Server (AS), der alle Geheimschlüssel kennt. Dienste beziehen ihren Geheimschlüssel vom AS, wogegen Benutzer ihren Schlüssel durch die Eingabe des Passworts selbst erzeugen.*

Beschließt nun *Claudio*, einen Brief auf *Host* auszudrucken, so wird der in Abbildung 8.2 aufgezeigte Mechanismus aktiviert:

Claudio sendet eine Nachricht an AS (1) und sagt ihm, welche Dienste er benutzen will (in diesem Fall wird ein Ausdruck auf *Host* gewünscht).

AS generiert zwei Kopien eines neues Schlüssels (2), die so genannten »Sitzungsschlüssel«. Diese werden später für den sicheren Austausch von Paketen zwischen *Claudio* und *Host* verwendet.

AS erzeugt zwei Pakete (3). Das erste Paket (I) hat als Inhalt den Namen »Host« und eine Kopie des Sitzungsschlüssels. Dieses Paket wird mit dem Geheimschlüssel von *Claudio* verschlüsselt. Das zweite Paket (II) enthält den Namen »Claudio« und ebenfalls eine Kopie des Sitzungsschlüssels. Dieses Paket wird mit dem Geheimschlüssel von *Host* verschlüsselt. Das zweite Paket wird als »Ticket« bezeichnet.

AS sendet beide verschlüsselten Pakete an *Claudio* (5).

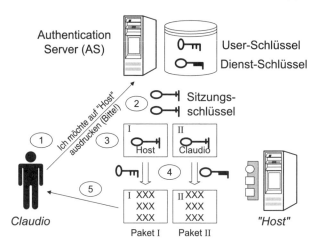

Abbildung 8.2: *Der AS generiert zwei verschlüsselte Pakete, die an den Benutzer gesendet werden.*

Claudio entschlüsselt mit seinem Geheimschlüssel Paket I und ist somit in Besitz des Sitzungsschlüssels für die Kommunikation mit *Host* (6). Nun erzeugt er Paket III, in dem die momentane Zeit (Time-Stamp) abgelegt wird. Dieses Paket wird von *Claudio* mit dem Sitzungsschlüssel verschlüsselt (8) und zusammen mit Paket II an Host gesendet (9). Diese Schritte sind in Abbildung 8.3 zusammengefasst.

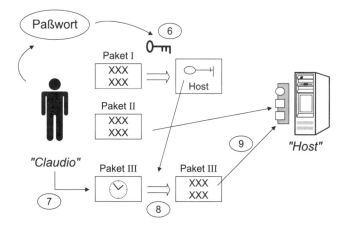

Abbildung 8.3: *Der Benutzer entschlüsselt sein Paket I und erzeugt ein weiteres Paket III, das die momentane Zeit enthält. Beide Pakete werden an den Kommunikationspartner gesendet.*

Host entschlüsselt mit seinem Geheimschlüssel Paket II und ist somit im Besitz des Sitzungsschlüssels für die Kommunikation mit *Claudio* (10). Mit dessen Hilfe kann nun Paket III entschlüsselt werden, welches den Time-Stamp beinhaltet. Anhand dieser Aktion wird *Claudio* authentifiziert was in Abbildung 8.4 verdeutlicht ist.

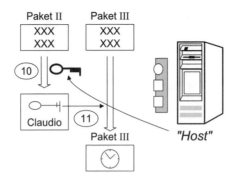

Abbildung 8.4: Über die Entschlüsselung von Paket II gelangt der Server an den Sitzungsschlüssel. Mit dessen Hilfe kann Paket III dechiffriert werden, wodurch der Benutzer authentifiziert wird.

HINWEIS: Die Verwendung eines Time-Stamp ist notwendig, um zu vermeiden, dass ein Angreifer Paket II kopiert und, nachdem er genug Zeit hatte, den Schlüssel zu knacken, sich als dieser ausweisen kann. Da eine exakte Zeitsynchronisation aller Maschinen in einem großen Netz oder gar im Internet eine nahezu unlösbare Aufgabe darstellt, akzeptiert das Kerberos-Protokoll Time-Stamps innerhalb eines gewissen Fensters (im Regelfall 5 Minuten). Dies ermöglicht den Nachweis, dass Pakete nahezu aktuell sind, ohne einem Hacker die Zeit zu bieten, die benötigt wird, um den Schlüssel zu knacken.

Damit auch Claudio sichergehen kann, dass er mit Host kommuniziert, besteht die Möglichkeit, dass auch Host ein Paket mit einem Time-Stamp und mit dem Sitzungsschlüssel chiffriert an Claudio sendet; diese Art von Sicherung heißt: »mutual authentication«.

Der Ticket Granting Server (TGS)

Der oben beschriebene Authentifizierungsprozess hat für die Praxis einen Haken. Jedes Mal, wenn ein Benutzer eine Verbindung zu einem Netzwerkdienst herstellen möchte, benötigt er dazu vom AS einen Sitzungsschlüssel. Diesen erhält er in unserem Beispiel im Paket I und benötigt zur Entschlüsselung seinen Geheimschlüssel (Schritt 6). Da dieser aus dem Passwort des Benutzers berechnet wird, muss der Benutzer für jeden Zugriff auf einen Netzwerkdienst sein Passwort eintippen. Dies entspricht nicht den Anforderungen, die für die Entwicklung des Kerberos-Protokolls definiert wurden und somit wird eine andere Lösung benötigt.

Ein möglicher Ansatz besteht im Zwischenspeichern des Passwortes auf dem Rechner des Benutzers. Dies stellt aber ein Sicherheitsrisiko dar, denn ein Hacker kann den Schlüssel von dort kopieren und sich auf diese Weise als gültiger Benutzer ausweisen. Das Kerberos-Protokoll verwendet zur Lösung dieses Problems einen so genannten Ticket Granting Server (TGS). Hierbei handelt es sich um einen Netzwerkdienst, der als Hilfestellung zwischen AS und Benutzer geschaltet wird, um die Vergabe von Tickets für Sitzungen zu übernehmen.

Die Funktionsweise des TGS kann wie folgt beschrieben werden:

Bei der Anmeldung am Netzwerk wird von der Maschine des Benutzers ein so genanntes Ticket Granting Ticket (TGT) für den TGS beantragt. Da der TGS wie ein Netzwerkdienst zu sehen ist, wird dieses Ticket vom AS in der oben beschriebenen Art bereitgestellt. Für diese Aktion ist die einmalige Eingabe des Passworts nötig. Sobald das TGT ausgestellt ist, kann das Passwort verworfen werden. Alle zukünftigen Tickets für die Kommunikation mit anderen Netzwerkdiensten während dieser Sitzung sind nun direkt beim TGS zu beantragen. Tickets, die vom TGS ausgestellt werden, sind nicht wie beim AS mit dem Geheimschlüssel des Benutzers verschlüsselt, sondern über den Sitzungsschlüssel. Die restliche Kommunikation erfolgt danach wie oben beschrieben. Der Vorteil dieser Methode besteht darin, dass die Eingabe des Passwortes durch den Benutzer nur ein einziges Mal erforderlich ist und anstelle des Passwortes nur der Sitzungsschlüssel zwischengespeichert werden muss. Sollte dieser von einem Hacker kopiert werden, so ist dies nicht so dramatisch, da die Gültigkeit dieses Schlüssels im Regelfall auf maximal 8 Stunden begrenzt ist. Das ganze Verfahren ist in Abbildung 8.5 dargestellt.

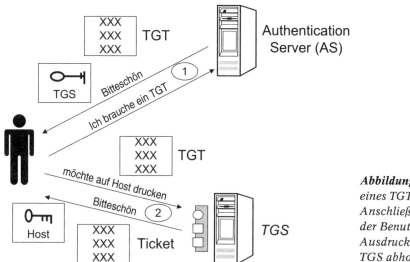

Abbildung 8.5: Bereitstellung eines TGT vom AS (1). Anschließend kann sich der Benutzer die Tickets den Ausdruck auf Host beim TGS abholen (2).

Dieses Verfahren ist mit der Ausstellung eines Besucherausweises beim Betreten einer Firma vergleichbar. Am Eingang möchte der Pförtner einen Personalausweis sehen (Passwort), woraufhin der Besucherausweis ausgestellt wird (TGT), der nur einen Tag gültig ist. Mit diesem Ausweis kann man dann mehrere Abteilungen (Netzwerkdienste) besuchen und alle weiteren Kontrolleure können an diesem Ausweis erkennen, dass die Identität bereits überprüft wurde.

Realms

Die bisher betrachtete Umgebung bezieht sich auf mehrere Benutzer, die gemeinsam einen Authentication Server nutzen. Dies eignet sich für eine überschaubare Anzahl von Benutzern innerhalb einer Organisation. Was passiert allerdings, wenn das Kerberos-Protokoll über mehrere Organisationen mit Tausenden von Benutzern zum Einsatz kommen soll? Hier ist es nahe liegend, ein System zu verwenden, welches das oben beschriebene Prinzip auf mehrere AS verteilt. Dieses Prinzip wird beim Kerberos-Protokoll als Cross-Realm-Authentication bezeichnet.

Der Begriff Realm (das Königreich eines Servers) bezeichnet den Gültigkeitsbereich eines AS, also die Gruppe der Benutzer und Dienste, die von einem Server authentifiziert werden.

Cross-Realm-Authentication erlaubt es einem Benutzer, sich auch außerhalb des Zuständigkeitsbereichs seines AS gegenüber einem Netzwerkdienst auszuweisen. Dies setzt voraus, dass die unterschiedlichen Realms Beziehungen miteinander unterhalten und sich gegenseitig vertrauen. Diese Beziehungen werden durch den Austausch von Geheimschlüsseln registriert.

Versucht ein Benutzer auf einen Netzwerkdienst außerhalb seines Realm zuzugreifen, wird der folgende Mechanismus aktiviert.

Bei der Anmeldung am Netzwerk hat der Benutzer bereits sein Passwort eingegeben und über den oben beschriebenen Mechanismus vom AS ein TGT erhalten. Mit diesem fragt er nun wiederum bei seinem TGS an, um ein Remote Ticket Granting Ticket (RTGT) für den TGS des entfernten Realm zu erhalten. Mit Hilfe des RTGT kann er nun direkt den entfernten TGS ansprechen, um ein Ticket für den gewünschten Netzwerkdienst im fremden Realm zu beantragen was in Abbildung 8.6 zu sehen ist.

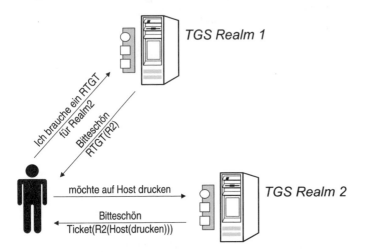

Abbildung 8.6: *Benutzer beantragt bei seinem lokalen TGS ein RTGT. Mit diesem kann nun beim entfernten TGS ein Ticket für den Zugriff auf den Netzwerkdienst beantragt werden.*

Kommen nun mehrere Realms ins Spiel, so müsste zwischen allen AS eine Registrierung vorgenommen werden. Dies würde die Administration sehr erschweren, da für n Authentication Server n^2 Registrierungen vorgenommen werden müssen. In einem weltweiten Verbund wäre diese Form nicht mehr durchführbar. Dieses Verfahren war beim Kerberos-Protokoll v4 noch notwendig. Im Gegensatz dazu unterstützt v5 nun eine mehrstufige Cross-Realm-Authentication. Dies bedeutet, dass die Geheimschlüssel nur noch mit dem direkten Vorgänger und den Nachfolgern in der Hierarchie ausgetauscht werden müssen. Will ein Benutzer einen Dienst in einem fremden Realm ansprechen, so erfolgt die Authentifizierung entlang der Hierarchie.

Möchte der Benutzer *jochenw@Dev.net* auf dem Server *HAL.ComCon-gmbh.NET* ausdrucken, so muss keine direkte Beziehung zwischen den Realms *Dev.net* und *ComCom-gmbh.ne*t bestehen. Beide Realms haben ihre Geheimschlüssel mit dem Realm *NET* ausgetauscht und nun erfolgt die Authentifizierung wie folgt:

In Abbildung 8.7 ist dargestellt, wie *JochenW* ein RTGT für die Authentifizierung im Realm *NET* bei seinem TGS beantragt. Mit diesem RTGT wird nun ein RTGT für *Dev.NET* bei dem Ticket Granting Server des Realm *NET* beantragt. Letztendlich kann ein Ticket für den Druck auf *HAL.ComCon-gmbh.NET* beim Ticket Granting Server des Realm *ComCon-gmbh.NET* beantragt werden.

Durch dieses Verfahren hält sich der administrative Aufwand beim Einsatz des Kerberos-Protokolls in Grenzen und es kann trotzdem eine sichere Authentifizierung vorgenommen werden.

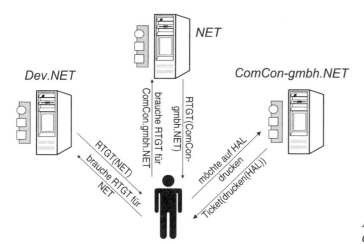

Abbildung 8.7: *Mehrstufige Cross-Realm-Authentication*

Delegation

Die bisherige betrachtete Kerberos-Umgebung bezieht sich auf den direkten Zugriff auf eine Ressource. Ein Beispiel dazu ist, wenn ein Benutzer auf einen Dateiserver zugreift. Er verbindet sich zum Dateiserver und braucht dafür ein Ticket um sich ausweisen zu können. Ein Zugriff kann aber auch über eine Zwischeninstanz geschehen. Man denke an eine Webanwendung, die eine Benutzeranfrage einem SQL-Server weiterleitet. Der Benutzer verbindet sich in diesem Fall nur zum Webserver (IIS) und hat demnach auch nur für diesen Netzwerkdienst ein Ticket beantragt. Es erfolgt kein direkter Zugriff auf den SQL-Server und dennoch soll der Anwender von diesem nur Ergebnisse erhalten, für die er auch berechtigt ist. Um dies mit dem Kerberos-Protokoll zu erreichen, wird das Prinzip der Delegation verwendet.

Delegation in der normalen menschlichen Welt heißt, eine Aufgabe an eine andere Person zu vergeben. In der Kerberos-Welt hat Delegation eine ähnliche Bedeutung: es wird eine Aufgabe einer Zwischeninstanz (z.B. einem Dienst) übertragen, der im Namen des Auftraggebers agiert. Der Effekt ist identisch: Die Aufgabe wird erledigt (wenn die delegierte Person oder Zwischeninstanz gewissenhaft arbeitet). Die Nebeneffekte können aber beträchtlich und vor allem unangenehm sein.

Ein klassisches Beispiel für den Einsatz der Kerberos Delegation sind so genannte Multi-Tier Anwendungen wie in Abbildung 8.8 dargestellt ist. Man stelle sich ein Webinterface vor, das im Active Directory abgelegte Daten abfragt. Der zugehörige IIS läuft ordnungsgemäß auf einen Mitgliedsserver. Die auf dem IIS laufende Anwendung erzeugt je nach Eingaben des Benutzers eine individuelle LDAP-Anfrage, die an einen Domänencontroller weitergeleitet wird.

Für den Benutzer läuft der gesamte Prozess transparent ab: Erst sieht er die Eingabemaske, danach die Ergebnisse, die von LDAP geliefert werden. Aus der Sicht des Kerberos-Protokolls passiert aber viel mehr. Der Benutzer beantragt erst ein Ticket beim Ticket Granting Server (TGS), um sich gegenüber dem IIS authentifizieren zu können und auf die Webseite zu gelangen. Dieses Ticket beinhaltet zusätzlich das TGT des Benutzers.

Wie kann sich aber der Benutzer gegenüber dem Domänencontroller authentifizieren, denn er will ja Daten aus dem Active Directory lesen? Die Antwort ist ganz einfach: Er braucht es nicht, denn der IIS kümmert sich darum. Das TGT des Benutzers ist dem IIS bekannt, da es im Ticket des Benutzers eingebettet ist und dieses liegt dem IIS vor. Zusätzlich muss die Maschine, auf welcher der IIS installiert ist, als *Trusted for Delegation* konfiguriert sein.

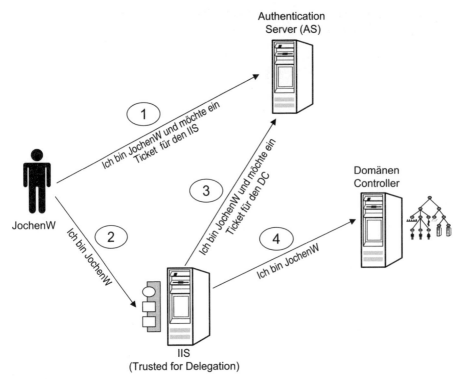

Abbildung 8.8: Schematisierter Authentifizierungsprozess der Delegation. Der Benutzer beantragt ein Ticket, um auf den IIS zugreifen zu können (1). Es findet die Authentifizierung statt (2). Die Anwendung des IIS muss auf den Domänencontroller zugreifen. Da der IIS „Trusted for Delegation" ist, beantragt er ein Ticket für den Zugriff auf den Domänencontroller im Namen des Benutzers (3). Mit diesem Ticket bekommt er Zugang zum Domänencontroller(4). Der Domänencontroller merkt davon nichts, und liefert die gewünschten Daten, als ob sie der Benutzer selbst angefragt hätte.

Der IIS kann somit im Namen des Benutzers ein Ticket für den Domänencontroller beantragen, indem er das TGT des Benutzers verwendet. Nachdem der IIS das Ticket bekommen hat, kann er sich gegenüber dem Domänencontroller authentifizieren. Für den Domänencontroller verhält sich die Anfrage so, wie wenn sie direkt vom Benutzer abgeschickt worden wäre. Nach der Überprüfung der Zugangsrechte wird die LDAP-Anfrage bearbeitet und dem IIS zurückgeliefert. Der Benutzer hat somit seine LDAP-Anfrage dem IIS delegiert. Dieser hat im Namen des Benutzers agiert und ihm die Antwort geliefert. Die Welt ist wieder in Ordnung – oder? Leider nicht ganz, denn es waren ja noch die vorher bereits erwähnten Nebeneffekte. Diese Nebeneffekte tauchen dann auf, wenn Unwissenheit (häufig) oder Böswilligkeit (selten aber umso gefährlicher) ins Spiel kommen. Man kann sich hierbei folgendes Szenario vorstellen:

Der Enterprise-Administrator möchte die Anwendung des vorherigen Beispiels verwenden, um bestimmte Daten im Active Directory zu kontrollieren. Er weiß allerdings nicht, dass ein neuer Entwickler aus Versehen in der neuesten Version der Web-Anwendung den Befehl *Delete* statt des erwarteten *Read* getippt hat.

Das hat die Folge, dass der IIS brav seine *Delete*-Anfrage im Namen des Enterprise-Administrators sendet. Der Domänencontroller wundert sich zwar kurz, denkt aber dann, dass der Enterprise-Administrator schon weiß, was er tut und beugt sich voller Respekt dem Willen des Herrn des ADs. Das

Resultat ist, dass nun alle entsprechenden Einträge gelöscht sind. Wenn dies unserem Benutzer passiert wäre, dann hätte der Domänencontroller ein einfaches "Zugriff verweigert" gemeldet, da der Benutzer anhand der Berechtigungsstruktur die Rechte hoffentlich nicht gehabt hätte. Dies war ein Szenario in dem Unwissenheit Schaden angerichtet hat. Fälle in denen böswilliges Verhalten auf die Möglichkeiten der Delegation trifft, darf sich jeder Leser selbst ausmalen.

Begründet liegt diese Problematik darin, dass die Delegation des IIS vollständig erfolgt. Es gibt kein bisschen Delegation, sondern in diesem Fall nur "Alles oder Nichts". Aus diesem Grund kann es gefährlich werden, wenn die Delegation verwendet wird. Dies ist aber alles noch kein Grund zur Panik, da standardmäßig ein Dienst *nicht* in der Lage ist, im Namen eines Benutzers zu agieren – es sei denn, es wurde explizit auf dem Server, auf dem der Dienst läuft, aktiviert. Dies erfolgt über das Flag „Trust vor Delegation" des Computerobjekts und ist standardmäßig deaktiviert.

Eine weitere Schwäche der Delegation ist, dass sie nur funktioniert, wenn sich der Benutzer mit Basic-Authentication oder Kerberos-Authentication authentifiziert. Basic-Authentication ist unsicher, da die Benutzerdaten unverschlüsselt über das Netz geschickt werden. Die Kerberos-Authentication hingegen setzt voraus, dass der Browser das Kerberos-Protokoll unterstützt und ein Kerberos Key Distribution Center zur Verfügung steht.

Wer Windows Server 2003 einsetzt, braucht sich um diese Problematiken keine großen Sorgen machen. Im letzten Abschnitt dieses Kapitels werden die neuen Features des Kerberos-Protokolls in Windows Server 2003 vorgestellt, mit denen diese Schwächen beseitigt wurden.

Access Control

Der vorherige Abschnitt hat sich mit der grauen Theorie des Kerberos-Protokolls beschäftigt. Wie sich das Kerberos-Protokoll konkret in Windows-Netzwerke einfügt, ist Thema dieses Abschnitts. Erst möchten wir erklären wie die Autorisierungsmechanismen funktionieren. Hierbei spielt der Security Descriptor, der für die Festlegung der Zugriffsrechte auf Objekte verantwortlich ist, eine wichtige Rolle. Des weitern möchten wir das Access Token (Zugriffstoken) vorstellen, welches Gruppenzugehörigkeit und lokale Systemrechte eines Benutzers speichert. Im Anschluss daran gehen wir auf die Kerberos-Protokoll-Implementierung ein und abschließend betrachten wir noch den vollständigen Anmeldeprozess aus der Sicht des Protokolls .

Der Security Descriptor

Jedes Objekt im AD kann gegen nicht autorisierten Zugriff gesichert werden. Dies wird über eine Access Control List (ACL) realisiert. Diese definiert, welche Operationen (Lesen, Schreiben, Attribute ändern etc.) ein Benutzer oder eine Benutzergruppe auf ein bestimmtes Objekt anwenden können. Diese Rechte und weitere Sicherheitsinformationen werden in einem speziellen Attribut des Objektes, dem Security Descriptor, gespeichert.

Jedes Objekt im AD verfügt über diesen Security Descriptor und kann dementsprechend auch eigenständig gesichert werden. Die Daten bzw. Informationen des Security Descriptor lassen sich in drei Bereiche untergliedern:

- **Besitzer des Objekts** wird im Security Descriptor durch seinen Security Identifier (SID) repräsentiert. Der Besitzer bekommt automatisch besondere Rechte und darf stets die Rechte des Objektes und dessen Besitzer ändern (sich damit auch selbst aussperren!).
- **Discretionary Access Control List (DACL)** beschreibt die konkreten Rechte der Benutzer und Benutzergruppen. Die DACL besteht aus mehreren Access Control Entrys (ACE), also Einträgen in der Liste. Jeder ACE enthält die SID eines Benutzer oder einer Gruppe und deren jeweilige

Rechte auf dieses Objekt. Darüber hinaus werden an dieser Stelle auch Regeln über die Vererbung dieser Rechte hinterlegt.

- **System Access Control List (SACL)** dient ebenfalls wie die DACL zur Beschreibung von Rechten in Form von ACEs. Allerdings beschreiben diese ACEs, ob eine Protokollierung der Zugriffe auf dieses Objekt stattfinden soll. Wird eine Protokollierung gewünscht, so werden die entsprechenden Einträge in das Sicherheitsprotokoll des Systems geschrieben.

Das Access Token

Bei erfolgreicher Anmeldung eines Benutzers über das AD, d.h. die Kerberos-Authentifizierung hat geklappt, erzeugt das System ein Access Token für diesen Benutzer. Dieses Access Token enthält folgende Informationen über den Benutzer:

- Name und SID
- SIDs aller Grupen, denen ein Benutzer angehört (inklusive aller verschachtelten Gruppen) zum Beispiel Administratoren, Server-Operatoren etc.
- Systemrechte des Benutzers, zum Beispiel *Lokale Anmeldung*, *Systemzeit ändern* etc.

Bei jedem Zugriff des Benutzers auf ein Objekt des AD findet nun ein Abgleich mit der Berechtigung für die gewünschte Operation statt. Dies bedeutet, dass der Security Descriptor des Objekts dem Access Token des Benutzers gegenübergestellt und somit verifiziert wird, ob die angestrebte Operation diesem Benutzer erlaubt ist.

Diese Methode wird auch bereits bei Windows NT 4.0 für den Zugriff auf Ressourcen (Dateien, Drucker, Registrierung) verwendet.

Über diesen Mechanismus können folgende Restriktionen auf Objekte des AD bestimmt werden:

- Welche Operation auf ein Objekt angewendet werden darf
- Zugang zu Attributen
- Definition von benutzerdefinierten Rechten
- Vererbung der Rechte
- Delegation von Administrationsaufgaben

Authentifizierungsmethoden

Die Authentifizierung ist die Basis für ein sicheres System. Sie identifiziert jeden Benutzer, der versucht, sich am Active Dirctory anzumelden oder auf eine Ressource zuzugreifen. Windows Server 2003 unterstützt mehrere Methoden der Authentifizierung. Welche wann verwendet wird, hängt von der jeweiligen Umgebung ab:

- **Kerberos v5** ist die Standard-Authentifizierungsmethode von Windows Server 2003. Diese Methode kann sowohl per Passwort, Smart-Card oder einem anderen Verfahren verwendet werden.
- **Windows NT-LAN-Manager (NTLM)** dient für Clients, die nur für die Anmeldung über NT-Domänen ausgerichtet sind. Sie kommt auch bei der lokalen Anmeldung an Windows XP Professional oder Mitgliedsservern zum Einsatz.
- **X.509-Zertifikate** Ermöglicht den Zugriff von externen Benutzern auf Ressourcen innerhalb der Domäne.
- **Secure Socket Layer/Transport Layer (SSL/TLS)** dient zum sicheren Zugriff auf eine Website.

- **Digest-Authentifizierung** übermittelt Benutzerdaten in MD5 Hash oder im Message Digest Format. Sie wird für die Authentifizierung am IIS verwendet.
- **.NET Passport** ist eine mit Windows Server 2003 neu eingeführte Authentifizierungsmethode und kann verwendet werden, um z.B. Zugriff auf Websites zu sichern. .NET Passport kann in dieser Implementierung auch im Unternehmen selbst eingeführt werden, ohne zum .NET Passport-Dienst von Microsoft Verbindung aufzunehmen. Um Benutzer zu authentifizieren wird eine Eins-zu-Eins-Zuordnung von einem Passport-Konto mit einem Active Directory-Konto eingerichtet.

Authentifizierung mit dem Kerberos-Protokoll

Das Kerberos-Protokoll in der Version 5 ist als das primäre Sicherheitsprotokoll verantwortlich für die Authentifizierung innerhalb einer AD-Domäne. In der Windows Server 2003-Implementierung verifiziert das Kerberos-Protokoll sowohl Benutzer als auch Dienste (Mutual Authentication).

Verantwortliche Dienste

In Windows Server 2003 ist das Key Distribution Center (KDC) für die Ausstellung von Tickets zuständig. Das KDC übernimmt hierbei gleichzeitig die Rolle des AS (Authentication Server) und des TGS (Ticket Granting Server). Seine Daten über die Benutzer und Dienste legt das KDC im Domänen-Namenskontext ab, bezieht aber auch noch zusätzliche Informationen über Principals (authentifizierte Benutzer) vom Global-Catalog.

Ein KDC wird auf jedem Domänencontroller gestartet und ist dort ebenso wie das Active Directory als Thread des Local Security Authority (LSA)-Dienstes implementiert. Nur dieser Prozess (*Lsass.exe*) ist im Taskmanager sichtbar.

Die Zuständigkeit des KDC beschränkt sich auf zwei Aufgaben:

- Erstellen von TGTs und RTGTs
- Erstellen von Tickets für Dienste in der Domäne

Die Schlüsseldatenbank

Das Active Directory dient ebenfalls als Speicherort von Privaten Schlüsseln der Benutzer für die Kerberos-Authentifizierung. Hierbei wird der Schlüssel als gesichertes Attribut des Benutzers abgelegt. Damit jeder Domänencontroller die Authentifizierung vornehmen kann, müssen die Schlüssel auf alle Domänencontroller repliziert werden. Hierbei werden die sensiblen Schlüssel wie jedes andere Attribut über die Multimaster-Replikation (Siehe ▶ Kapitel 9) verteilt.

Für die Verwaltung der Schlüssel ist der Directory System Agent zuständig, der ebenfalls als Thread der LSA implementiert ist. Nur dieser Thread hat direkten Zugriff auf die Schlüssel. Clients von Active Directory haben keine Möglichkeit, auf die Schlüsseldaten direkt zuzugreifen. Für sie stehen die Standardschnittstellen ADSI über LDAP oder LDAP direkt zur Verfügung.

Da die Schlüssel über einen Algorithmus vom Passwort des Benutzers abgeleitet werden, besteht keine Notwendigkeit, die Passwörter selbst zu speichern. Passwörter dienen nur noch für die Bestimmung des privaten Schlüssels eines Benutzers. Auf diese Weise wird es für einen Hacker bedeutend schwerer, ein Passwort zu knacken. Als zusätzliche Schutzmaßnahme kann der private Benutzerschlüssel noch mit einem Systemschlüssel chiffriert werden. Auf diese Weise wird es für einen Eindringling noch schwieriger, die Schlüssel zu dechiffrieren, auch wenn er beispielsweise über gestohlene Bänder die Daten selbst lesen kann.

Die Protokolle

Das Kerberos-Protokoll ist bei Windows Server 2003 als Security Support Provider (SSP) implementiert. Systemdienste und andere Applikationen können unter verschiedenen implementierten SSPs über das Security Support Provider Interface (SSPI) auswählen, um sich authentifizieren zu lassen. Alternativ steht beispielsweise noch die NTLM-Authentifizierung, wie sie von Windows NT 4.0 genutzt wird, zur Verfügung. Welcher SSP von zwei kommunikationswilligen Maschinen für die Authentifizierung verwendet wird, hängt von den auf beiden Seiten verfügbaren SSPs ab. Falls beide Rechner einen Kerberos-SSP implementiert haben, wird das Kerberos-Protokoll genutzt. Falls kein KDC zur Verfügung steht oder ein Service Principal Name (Siehe Abschnitt „Interforest-Zugriff") nicht registriert ist, wird über einen gemeinsamen SSP verhandelt, welcher dann zum Einsatz kommt. Alle verteilten Dienste in Windows Server 2003-Domänen benutzen das SSPI für die Authentifizierung. Bei den folgenden Diensten kommt beispielsweise der Kerberos-SSP zum Einsatz:

- LDAP-Anfragen an das Active Directory
- IPSec Host zur Host-Authentifizierung
- Spooler-Dienst
- Distributed File System-Verwaltung

Die Ticket-Lebensdauer

Die Lebensdauer eines Kerberos-Tickets ist ein wichtiger Parameter für die Planung der Kerberos-Richtlinien. Tickets haben eine Start- und eine Endzeit und sie gelten nur während dieser Grenzen. Die Startzeit wird, falls der Kerberos-Client keine Angaben macht, vom KDC festgelegt. Die Endzeit wird aus der Startzeit plus der Lebensdauer des Tickets ermittelt. Die Lebensdauer muss vom Administrator in den Kerberos-Policies festgelegt werden und gilt für die gesamte Domäne. Wenn ein Ticket sehr lange gültig ist, steigt die Wahrscheinlichkeit, dass ein Hacker den Verschlüsselungscode ermittelt und dann ebenfalls auf diese Ressource zugreifen kann. Wird hingegen eine sehr kurze Lebensdauer für das Ticket gewählt, besteht wieder das Problem der häufigen Validierung und damit der höheren Netzwerkbelastung. Die Lebensdauer muss dementsprechend so gewählt werden, dass die Sicherheitsrichtlinien des Unternehmens gewahrt werden und gleichzeitig die Gegebenheiten des Netzwerkes berücksichtigt sind.

Der Anmeldeprozess

Der Anmeldeprozess eines Benutzers an einer Windows Server 2003-Domäne kann als dreistufige Aktion betrachtet werden. Der Ablauf im Detail folgt der Kerberos-Authentifizierung, die im vorhergehenden Abschnitt beschrieben wurde. Hier wird nun der spezifische Windows Server 2003-Anmeldeprozess mit allen beteiligten Komponenten und der Bedeutung der Tickets erläutert.

Der Benutzer benötigt in diesem ersten Schritt ein TGT vom AS-Dienst der Domäne, was in Abbildung 8.9 dargestellt ist. Dieses beantragt er über den Kerberos Security Support Provider (SSP) beim zuständigen KDC (der KDC-Thread reagiert auf UDP-Port 88). Welcher KDC-Server zur Verfügung steht, ermittelt die Maschine des Benutzers durch eine dienstebezogene DNS-Anfrage. Nach erfolgreicher Verhandlung ist der Benutzer stolzer Besitzer eines TGT. Das TGT enthält die SID des Benutzers und die SIDs der Gruppen, in denen dieser Benutzer Mitglied ist. Diese Informationen werden vom KDC aus dem Active Directory bezogen. Hierzu wird ein Domänencontroller angesprochen und die entsprechenden Attribute des Benutzers ausgelesen. In einer Multi-Domänen-Umgebung wird darüber hinaus auch noch vom KDC im Global-Catalog geprüft, ob der Benutzer in universellen Gruppen Mitglied ist, und die entsprechenden SIDs werden in das TGT eingetragen. Seit Windows Server 2003 kann ein Domänencontroller die Informationen über universelle Gruppenmitgliedschaften zwischenspeichern. So ist er nicht bei jeder weiteren Anmeldung gezwungen, einen Global-Catalog zu kontaktieren.

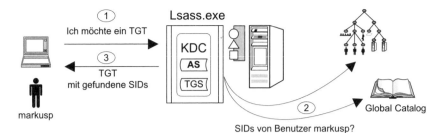

Abbildung 8.9: *Das gewünschte (1) Ticket Grantig Ticket wird vom Authentication Server erstellt (3). Die SIDs werden vom Active Directory und, falls mehrere Domänen vorhanden sind, zusätzlich vom Global-Catalog ausgelesen und im TGT mitgegeben (2).*

Im zweiten Schritt benötigt der Benutzer das Ticket für den Zugriff auf die Windows Server 2003-Maschine, wie in Abbildung 8.10 dargestellt ist. Dies wird ebenfalls zwischen dem Kerberos SSP der Maschine und dem KDC ausgehandelt. In diesem Fall wird allerdings das KDC als TGS genutzt. Am Ende dieses Schritts ist der Benutzer noch stolzerer Besitzer eines Tickets für die Anmeldung an der Windows Server 2003-Maschine. Der KDC kopiert die SIDs aus dem TGT in das Ticket.

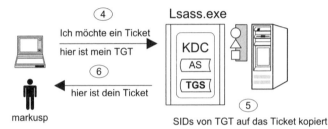

Abbildung 8.10: *Der Benutzer legt das TGT vor (4) und beantragt ein Ticket vom Ticket Granting Server. Der TGS liest die SIDs aus dem TGT aus und kopiert sie in das Ticket (5). Das Ticket wird dem Benutzer gesendet (6).*

Im letzten Schritt, dargestellt in Abbildung 8.11, erfolgt die eigentliche Anmeldung an der Windows Server 2003-Maschine. Auch an dieser Aktion ist wieder der Kerberos SSP beteiligt, der dieses Mal allerdings mit der Local Security Authority verhandelt. Die LSA erhält die SIDs aus dem Ticket und bildet damit das Access Token. Dieses wird wiederum verwendet, um die endgültigen Zugriffsrechte eines Benutzers auf eine Ressource auszuwerten. Erst jetzt kann der glückliche Benutzer seine Mail lesen.

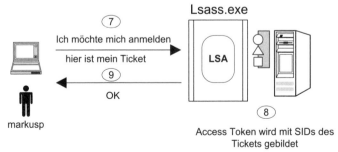

Abbildung 8.11: *Wenn der Benutzer ein gültiges Ticket vorweisen kann (7), wird er angemeldet. Falls der Benutzer Zugriff auf die Ressourcen besitzt, baut die LSA das Access Token für die Authentifizierung auf (8). Anschließend sendet die LSA die Bestätigung (9).*

Sicherheitsmechanismen

Interforest-Zugriff

Mit Windows Server 2003 werden Kerberos-Forest-Vertrauensstellungen zwischen Gesamtstrukturen unterstützt. Windows 2000 hingegen unterstützt nur explizite NTLM-Vertrauensstellungen zwischen zwei Forests. Anhand eines Beispiels das in Abbildung 8.12 dargestellt ist, soll verdeutlicht werden, welche Interaktion von Kerberos bei einem Client-Zugriff in einen anderen Forest stattfindet.

Angenommen der Benutzer *markusp* möchte auf eine SQL-Datenbank zugreifen. *markusp* ist im Forest *adroot.de* ansässig, wogegen sich die SQL-Datenbank im Forest *activedirectory.de* auf dem Server *sql01.activedirectory.de* befindet. Beide Forests sind mit jeweils einer Domäne implementiert. Die zwei Forests müssen über eine Forest-Vertrauensstellungen verbunden sein, sonst kann keine Kerberos-Authentifizierung stattfinden.

Als erster Schritt muss sich *markusp* an seiner Maschine anmelden. Wie dies geschieht wurde im vorherigen Abschnitt beschrieben. Nach einer erfolgreichen Anmeldung versucht sich *markusp* auf die Resource *sql01.activedirectory.de* zu verbinden. Er kann allerdings nur dann zugreifen, wenn er ein gültiges Ticket vorweisen kann. Wenn ein Ticket für eine bestimmte Resource angefordert wird, übergibt der Client einem KDC seiner Domäne den SPN (Service Principal Name) des Servers, auf den er zugreifen möchte. Der SPN kann ein FQDN sein oder der DN eines Connection Point-Objektes. Connection Point-Objekte speichern Informationen über Dienste wie z.B. der Name des Servers, auf dem Dienst installiert ist. In unserem Fall lautet der SPN: *sql01.activedirectory.de*. Der KDC sucht somit in seiner Domänendatenbank nach *sql01.activedirectory.de*, findet aber nichts, da er nur für *adroot.de* zuständig ist. Daraufhin fragt er einen Global-Catalog, ob er diesen Namen in anderen Domänen finden kann. Da es sich um einen Server in einem anderen Forest handelt, findet der Global-Catalog keinen Eintrag (der Global-Catalog hält per Definition auch nur Objekte seines Forests). Der Global-Catalog gibt aber nicht auf und sucht tapfer weiter in seiner Datenbank, ob er Informationen über Forest-Vertrauensstellungen findet.

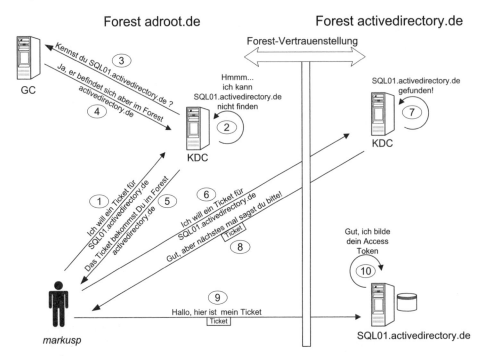

Abbildung 8.12: Ressourcenzugriff über eine Forest-Vertrauensstellung.

Während der Einrichtung einer Forest-Vertrauensstellung werden zwischen den Root-Domänen der Forests Informationen ausgetauscht und in der Domänenpartition als so genannte TDOs (Trusted Domain Objects) gespeichert. TDOs halten Informationen wie z.B. vorhandene Domänen im Forest, UPN-Suffixes und SPN-Suffixes. Anhand dieser Informationen kann ein Global-Catalog überprüfen, ob die gewünschte Resource, in diesem Fall die SQL-Datenbank, im vertrauten Forest überhaupt existieren kann.

Zusammenfassend ist bis zu diesem Zeitpunkt in unserem Beispiel Folgendes passiert: *markusp* hat ein Ticket für *sql01.activedirectory.de* angefordert (1). Sein KDC besitzt dazu keine Information (2) und fragt einen Global-Catalog nach *sql01.activedirectory.de* (3). Dieser findet zunächst auch keinen Eintrag, da es sich um eine Ressource aus einem anderen Forest handelt und sucht daraufhin nach Forest-Vertrauensstellungs-Informationen, die in so genannten TDOs gespeichert sind. Dort findet er auch den Suffix *activedirectory.de* (4).

Als nächster Schritt liefert der Global-Catalog dem KDC die entsprechenden Informationen zurück (der Name der Root-Domäne in der sich der Namensraum *activedirectory.de* befindet), dieser leitet sie dem Client weiter (die Maschine von *markusp*) (5). Der Client kontaktiert daraufhin einen KDC in der Root-Domäne des vertrauten Forest und fordert ein Ticket für *sql01.activedirectory.de* (6). Dieses wird ihm zugestellt, da sich die beiden Forests vertrauen (7) (8). Der exakte Vorgang, wie ein solches Ticket über Realm-Grenzen hinweg ausgestellt wird, wurde im vorherigen Absatz beschrieben. Als letzter Schritt übergibt der Client dem SQL-Server sein Ticket (9), worauf dieser das entsprechende Access Token für den Benutzer generiert (10).

Kerberos vs. NTLM

Der Einsatz des Kerberos-Protokolls wirkt sich positiv auf die allgemeine Netzwerkperformance aus, denn somit sind Domänencontroller keine Flaschenhälse mehr für die Authentifizierung von Benutzern, die auf Netzwerkressourcen zugreifen wollen. In vielen Netzwerken muss die Sicherheitsautorität für jede Nutzung einer Ressource den kompletten Authentifizierungs- und Autorisierungsprozess abhandeln. Dies ist beispielsweise bei Windows NT-Domänen der Fall.

Bei Kerberos hingegen beantragt der Benutzer ein TGT. Nur während dieser Aktion wird das Passwort des Benutzers in verschlüsselter Form übertragen. Für alle weiteren Zugriffe auf Ressourcen beantragt der Benutzer direkt bei einem Domänencontroller der Ressource ein Ticket und legt hierzu lediglich sein TGT vor. Eine erneute Übertragung des Passworts ist hierzu nicht mehr notwendig. Der Ressourcenserver hat das zugehöriges Session Ticket bereits. Somit ist keine weitere Anfrage an den Domänencontroller nötig. Die Validierung erfolgt dadurch schneller (keine Pass-Through-Authentifizierung) und sicherer (keine Übermittlung des Passworts).

Group Policy

In Windows NT 4.0 kommt der System Policy Editor (Systemrichtlinien-Editor) zum Einsatz, um Benutzer- und Computereigenschaften in der Registrierungdatenbank zu konfigurieren. Mit dieser Methode ist es möglich, die Wunschkonfiguration des Administrators allen Windows NT-Benutzern und Computern von zentraler Stelle aus unterzujubeln. Windows 2000 hat dieses Konzept erweitert und den Group Policy Editor (Gruppenrichtlinien-Editor) eingeführt.

Group Policies sind ein mächtiges Werkzeug, um die gesamte Organisation zentral zu kontrollieren und zu administrieren. Hier werden in aller Kürze die Konzepte dargestellt und vor allem deren Zusammenhänge mit dem Active Directory. Group Policies erlauben es Administratoren, Einstellungen für Computer und Benutzer zentral zu setzen. Sie können jedem Standort, jeder Domäne oder

Organisationseinheit (OU) zugewiesen werden, wodurch automatisch allen Objekten innerhalb dieser Container die entsprechenden Einstellungen übergestülpt werden. Eine anderes Verfahren, um Policies zum Einsatz zu bringen, ist, den einzelnen Benutzern oder Gruppen die Group Policies direkt zuzuweisen. Zur Verwaltung der Group Policies steht das MMC Snap-In *Gruppenrichtlinien* zur Verfügung.

Group Policies nehmen unter anderem Einfluss auf folgende Objekte:

- Elemente des Benutzerdesktops
- Registrierungseinträge für Betriebssystem und Applikationen
- Sicherheitseinstellungen (Kerberos, IPSec, Überwachung etc.)
- Applikationen, die auf dem Client installiert oder angeboten werden sollen
- Skripts für das An- und Abmelden sowie das Herauf- und Herunterfahren des Computers

Group Policies können in zwei Kategorien unterteilt werden:

- Group Policy Object (GPO) für den Einsatz in Domänenumgebungen
- Local Group Policy Object (LGPO) für die Anwendung auf Standalone-Computern

Group Policy Object (GPO)

Ein Group Policy Object wird mit dem Group Policy Editor (Gruppenrichtlinien-Editor) erzeugt. Der Group Policy Editor braucht zur Generierung der Einträge in seiner graphischen Oberfläche eine Datenquelle. Diese Quelle sind eine oder mehrere Dateien, deren Inhalt reiner Text in einer speziellen Syntax ist. Diese Dateien müssen mit der Extension .adm versehen sein und unterscheiden sich nur unwesentlich von der Syntax der entsprechenden NT-4.0-Dateien. Diese *.adm-Dateien definieren die Einträge in der Registrierung, denen über den Group Policy Editor bestimmte Werte zugewiesen werden können.

Das GPO wird dann an die Objekte des Active Directory (Standorte, Domänen und OUs) gebunden. Wohl gemerkt, GPOs sind eigenständige Objekte und keine Attribute der zu verwaltenden Objekte. GPOs speichern ihre Informationen an zwei verschiedenen Stellen. Zum einen in einem Group Policy Container und andererseits in einem Group Policy Template (GPT). Dieser Zusammenhang ist in Abbildung 8.13 dargestellt.

Der *Group Policy Container* ist ein eigenständiges Objekt im Active Directory, das zwei Subcontainer für Computer und Benutzer enthält. Hier werden die eigentlichen GPOs abgelegt, welche die beiden Eigenschaften Versionsnummer und Status besitzen. Die Versionsnummer wird benötigt, um zu überprüfen, ob dieses Objekt und das GPT sich auf dem gleichen Stand befinden. Der Status definiert, ob dieses Objekt aktiv ist oder nicht. Des Weiteren sind an dieser Stelle Informationen über die Applikationen abgelegt, welche mit Hilfe dieser Richtlinie zur Verfügung gestellt werden können.

Das *Group Policy Template* ist eine Ordnerstruktur mit Dateien, welche sich im Ordner *SYSVOL\Policies* auf den Domänencontrollern befindet. Dieser Ordner wird innerhalb der Domäne auf alle Domänencontroller repliziert. Hier sind die eigentlichen Policies (*.pol-Dateien), Skripts und Informationen über die zu verteilenden Applikationen gespeichert. Die Zuordnung der GPTs zu den GPOs erfolgt über die global eindeutigen Kennungen (GUIDs). Jedes GPT ist in einem separaten Verzeichnis abgelegt, welches den Namen der GUID trägt. Darüber hinaus liegen auch hier die Informationen über die Version.

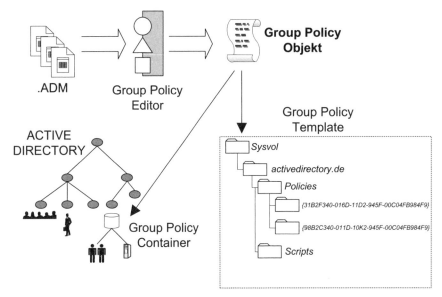

Abbildung 8.13: *Das Group Policy Object speichert seine Daten an zwei Orten; im Active Directory mit dem Group Policy Container und im Filesystem mit dem Group Policy Template. Ein GPO wird mit dem Group Policy Editor erzeugt.*

Local Group Policy Object (LGPO)

Ein LGPO existiert auf jedem Windows 2000/XP/2003-Computer und enthält standardmäßig nur Sicherheitsrichtlinien. Das Objekt speichert alle seine Daten im Ordner *%SystemRoot%\system32\GroupPolicy*. Die LGPO wird immer als erstes zugewiesen und gegebenenfalls von GPO-Einstellungen aus dem AD überschrieben.

IPSec

IPSec wurde von der Internet Engineering Task Force (IETF) mit dem Ziel entwickelt, IP-Verbindungen sicherer zu machen. Es ist Bestandteil von IPv6, steht aber auch für IPv4 als Erweiterung zur Verfügung.

Integrität und Vertraulichkeit der übertragenen Daten standen im Vordergrund der Entwicklung. Diese Ziele sollten auf IP-Ebene bzw. auf der Transportschicht des OSI-Modells realisiert werden und damit für den Anwender und die Applikationen völlig transparent ablaufen. Des weiteren sollte durch die Einführung von IPSec eine Möglichkeit geboten werden, um ein Netzwerk vor Hacker-Attacken (wie z.B Denial-of-Service-Angriffe) zu schützen.

Um diese Ziele zu erreichen, kommen zwei Protokolle zum Einsatz: das Authentication-Header-Protokoll (AH) und das Encapsulating Security Payload Protocol (ESP). Beide Protokolle basieren auf Verschlüsselungstechnik, was bedeutet, dass zusätzlich ein Protokoll zum Management der Schlüssel benötigt wird. Bei IPSec kommt hier das Internet Security Association and Key Management Protocol (ISAKMP/Oakley) zum Einsatz. Die Protokolle AH und ESP sind von ihrem Aufbau her sehr ähnlich, unterscheiden sich allerdings in ihrer Funktionalität. Während das AH-Protokoll rein für die Authentifizierung der Benutzer zuständig ist, übernimmt ESP die Verschlüsselung der Daten. ESP bietet darüber hinaus die Option, sich auch um die Authentifizierung der Daten zu kümmern. Warum werden dann überhaupt zwei Protokolle benötigt? AH bildet eine Prüfsumme um das gesamte IP-Paket und sichert damit auch den IP-Header ab. ESP lässt den IP-Header unberührt und kann somit universeller (auch mit NAT) eingesetzt werden. Welches Sicherheitsprotokoll wann zum Einsatz kommt bleibt somit vom gegebenen Umfeld abhängig.

IPSec-Implementierungen können sowohl in einer Host-basierten als auch in einer Gateway-basierten Umgebung arbeiten. Der Schutz der Daten beruht in beiden Fällen auf einer Datenbank mit Sicherheitsrichtlinien, welche von einem Administrator zu verwalten sind. Jedes Paket, das versendet oder empfangen werden soll, muss zuvor den Sicherheitsmechanismus von IPSec durchlaufen, in dem es mit den Sicherheitsrichtlinien verglichen wird. Je nachdem, was die Auswertung ergibt, werden die Pakete dann bearbeitet, verworfen oder weitergeleitet. Die beiden Umgebungen von IPSec sind in Abbildung 8.14 dargestellt.

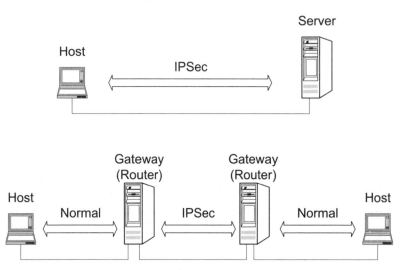

Abbildung 8.14: IPSec in einer Host-basierten und Gateway-basierten Umgebung

Arbeitsmodi

Beide Protokolle, AH und ESP, können wie in Abbildung 8.15 dargestellt, in zwei unterschiedlichen Modi betrieben werden: dem Transportmodus und dem Tunnelmodus. Im Transportmodus werden die AH- und ESP-Informationen zwischen dem IP- und dem TCP-Header (bzw. UDP, ICMP etc.) eingefügt. Dies wird verwendet, um eine Host-zu-Host-Verbindung zu sichern. Im Tunnelmodus wird das gesamte IP-Paket in ein weiteres IP-Paket eingepackt. Das innere IP-Paket enthält die IP-Adresse der endgültigen Zielmaschine, wogegen das äußere IP-Paket an ein dazwischen geschaltetes Gateway gesendet wird. Dieser Tunnelmodus schottet die eigentlichen Kommunikationspartner völlig ab und kann daher ideal für VPNs (Virtuelle Private Netzwerke) eingesetzt werden.

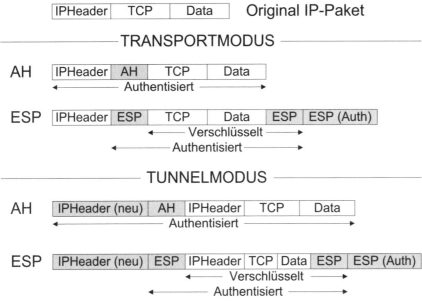

Abbildung 8.15: Unterschied zwischen Transportmodus und Tunnelmodus bei AH und ESP mit IPv4

Sicherheitsbereiche

IPSec ist für den Einsatz in verschiedenen Sicherheitsbereichen vorgesehen. Für jeden Bereich stehen unterschiedliche Funktionen zur Verfügung. Die nachfolgenden Bereiche sind allerdings nicht isoliert zu sehen, sondern können auch in Kombinationen eingesetzt werden.

Daten-Integrität:

IPSec benutzt Verschlüsselungsmethoden, um Digitale Signaturen für jedes Paket einsetzen zu können. Jede Änderung am Paket wird vom Empfänger erkannt.

Daten-Vertraulichkeit:

Mit IPSec kann das Encapsulating-Security-Payload-(ESP)-Protokoll eingesetzt werden, es ermöglicht eine Verschlüsselung der Daten.

IP-Spoofing, Denial-of-Service-Angriffe, Passwort-Attacken:

IPSec erlaubt einen Austausch von Informationen zwischen zwei authentifizierten Instanzen. Hierbei wird der Kommunikationsaufbau von beiden Partnern verifiziert. Dies bezeichnet man als Mutual Authentication (gegenseitige Authentifizierung). Die darauf folgende Kommunikation läuft dann in verschlüsselter Form, was ein Abhören bzw. Eindringen erschwert.

Sniffing und Man-in-the-Middle-Attacken

Verschiedene Schlüssel werden je gesichertem Netzwerksegment eingesetzt. Die Schlüssel können hierbei so oft ausgetauscht werden wie es in der Sicherheitsrichtlinie vorgegeben ist.

Integration in Windows Server 2003

IPSec basiert auf dem Prinzip von Sicherheitsrichtlinien (auch Security Policies genannt). Hierbei können beliebige unterschiedliche Richtlinien definiert werden. Die Sicherheitsrichtlinien enthalten alle Informationen, welche IPSec benötigt, um die Kommunikation über das Netzwerk abzusichern. Hierzu zählen Authentifizierungsmethoden, Filter (erlaubte Ports, welche Maschinen involviert sind), Modus (Tunneling oder nicht), Verschlüsselungsalgorithmus, Lebenszeit der Schlüssel und erlaubte Verbindungen (LAN, RAS).

Der IPSec-Dienst

Die Sicherheitsrichtlinien werden im Falle eines Windows Server 2003-Domänencontrollers oder Domänenmitglieds als Attribute des Computerobjekts im Active Directory gespeichert. Handelt es sich um Windows XP Professional oder alleinstehende Server, so liegen die Policies in der Registrierung der Maschine. Beides ist in Abbildung 8.16 dargestellt.

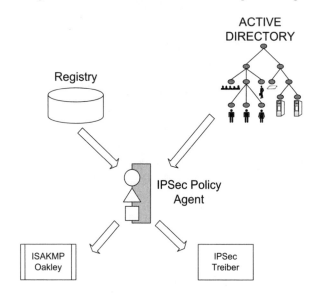

Abbildung 8.16: Die Sicherheitsrichtlinien für IPSec werden im Active Directory oder in der Registrierung gespeichert und vom Richtlinien-Agent (dem IPSec-Dienst von Windows Server 2003) geladen. Dieser übermittelt diese dann an den IPSec-Treiber.

Der IPSec-Richtlinien-Agent ist ein Windows Server 2003-Dienst, der auf jedem Computer läuft. Seine Aufgabe besteht darin, die IPSec-Richtlinien vom Active Directory (oder der Registrierung) zu laden und sie dem IPSec-Treiber und dem ISAKMP/Oakley-Dienst zur Verfügung zu stellen. Die IPSec-Richtlinien werden jeweils beim Start des Systems geladen und in einem Intervall, das ebenfalls in den Richtlinien angegeben ist, aktualisiert. Wird eine Maschine von der Domäne getrennt, so gelten die lokal in der Registrierung abgelegten Informationen. Sobald Kontakt zur Domäne besteht, werden die Domänen-Richtlinien erneut geladen und die lokalen Richtlinien überschrieben. Dies kann bei mangelndem Verständnis dieser Richtlinien zu unangenehmen Effekten führen, so dass beispielsweise keine Verbindung des Client mehr mit dem Netzwerk möglich ist und damit auch keine Policies mehr zurückgestellt werden könne. Da hilft dann nur noch manuelles Zurücksetzen der Richtlinien vor Ort, was in großen Netzen mit einem längeren Fußmarsch verbunden ist.

Der Verbindungsaufbau

Das Konzept des Verbindungsaufbaus ist bei IPSec von zentraler Bedeutung. Die technische Bezeichnung ist Security Association (Sicherheitszuordnung), auch kurz SA genannt. Eine SA ist ein Kanal zwischen zwei Sicherheitsdiensten, der verwendet wird, um eine sichere Verbindung auszuhandeln. Von der Internetgemeinde wurden für diesen Zweck Standards definiert, die es den Sicherheitsdiensten erleichtern, diesen Verbindungsaufbau zu realisieren.

- **ISAKMP** definiert gemeinsame Datenstrukturen, um den Aufbau von SA zu erleichtern.
- **Oakley** ist ein Protokoll für die Generierung und Verwaltung von Schlüsseln während der Verbindung.

In den Sicherheitsrichtlinien können die verschiedenen Parameter für die SA je nach Bedarf geändert werden. Zur Authentifizierung der Computer können sowohl Kerberos und X.509-Zertifikate oder auch, falls die ersten zwei nicht zur Verfügung stehen, beliebige andere Schlüssel eingesetzt werden. Werden eigene Schlüssel verwendet, so müssen diese allerdings auf alle, in das IPSec-System, eingebundenen Computer manuell eingetragen werden. Das komplette IPSec Modell ist in Abbildung 8.17 zusammengefasst.

Die Sicherheitsrichtlinie der Domäne definiert den Grad der Sicherheit für die Kommunikation zweier Instanzen (Rechner, Router etc.). Die Richtlinien werden vom IPSec-Dienst aufgenommen und an den ISAKMP/Oakley Dienst und den IPSec-Treiber weitergeleitet. Wenn ein Rechner ein TCP/IP-Paket übertragen will, dann prüft der IPSec-Treiber in der Filter-Liste, in der die Ports und Maschinen definiert sind, ob die Übertragung gesichert sein soll. Ist dies der Fall, wird der ISAKMP/Oakley-Dienst beauftragt, die SA aufzubauen. Als Resultat werden Schlüssel generiert, die für die Ver- und Entschlüsselung der Pakete verwendet werden. Je nach gewünschter Sicherheitsmethode, Datenvertrauchlichkeit oder Datenintegrität kommen die entsprechenden Protokolle (ESP oder AH) und Verschlüsselungsmethoden zum Einsatz.

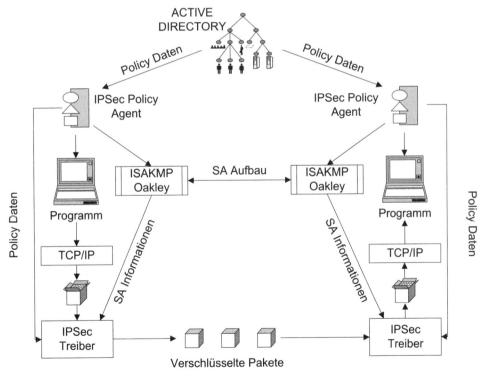

Abbildung 8.17: Beispiel der Interaktion der Komponenten einer IPSec-Implementation.

Neue Features in Windows Server 2003

Die folgenden neuen Sicherheitsfeatures in Windows Server 2003 beziehen sich auf das Kerberos-Protokoll, Zugriffssteuerung, Policies und IPSec.

Kerberos S4U-Delegation

Microsoft führt mit Windows Server 2003 zwei neue Kerberos-Protokoll-Erweiterungen ein: S4U2Proxy und S4U2Self. Die zugehörigen Spezifikationen sind zum Zeitpunkt der Entstehung dieses Buches durch die IETF noch nicht verabschiedet. Beide Erweiterungen adressieren die angesprochenen Schwächen der Kerberos-Delegation.

S4U2Proxy (Service for User to Proxy)

Die Delegation in Windows 2000 wird durch das Weiterleiten des TGT eines Benutzers an die ausführende Zwischeninstanz erreicht. Die ausführende Zwischeninstanz kann mit dem TGT beliebige Tickets vom KDC anfordern und im Namen des Benutzers agieren. In Windows Server 2003 ist es, im Gegensatz zur Windows 2000, nicht mehr notwendig, für die ausführende Zwischeninstanz dem KDC das TGT des Users vorweisen zu müssen. Es reicht das Ticket, mit dem sich der User an der ausführenden Zwischeninstanz selbst authentifiziert hat. Dies bringt erstmal keine große Sicherheitsverbesserung, da die Instanz trotzdem weitere Tickets im Name des Benutzers anfragen kann. Die eigentliche Erweiterung besteht darin, dass der Administrator einstellen kann, für welche weiteren Ressourcen die Zwischeninstanz die Tickets anfragen kann. In Windows 2000 hingegen kann eine Zwischeninstanz Tickets für alle möglichen Ressourcen anfragen, was eine erhebliche Sicherheitslücke bedeutet.

S4U2Self (Service for User to Self)

Die Delegation unter Windows 2000 auf eine Web-Umgebung ist nicht so einfach zu erreichen, außer man nimmt Sicherheitslücken in Kauf (Basic Authentication) oder alle eingesetzten Browser unterstützen das Kerberos-Protokoll. Windows Server 2003 wird mit IIS 6.0 ausgeliefert und dieser unterstützt weitere Authentifizierungsmethoden wie .NET Passport, Digest etc. Der Browser hat nun die Möglichkeit, auch diese zu verwenden, was durch die S4U2Self Erweiterung ermöglicht wurde. S4U2Self funktioniert wie folgt: Der Benutzer kann sich mit einer beliebigen Authentifizierungsmethode an einer Zwischeninstanz authentifizieren. Unabhängig davon, welches Protokoll der Benutzer für die Authentifizierung verwendet hat, kann die Zwischeninstanz ein Ticket für den Benutzer in dessen Namen erstellen lassen. Mit diesem Ticket kann die Zwischeninstanz dann im Namen des Benutzers auf die gewünschte Ressource zugreifen was in Abbildung 8.18 dargestellt ist.

Beide Erweiterungen zeigen, wie für Microsoft das Kerberos-Protokoll zur zentralen Strategie geworden ist, besonders in Hinblick auf das Thema Web Services.

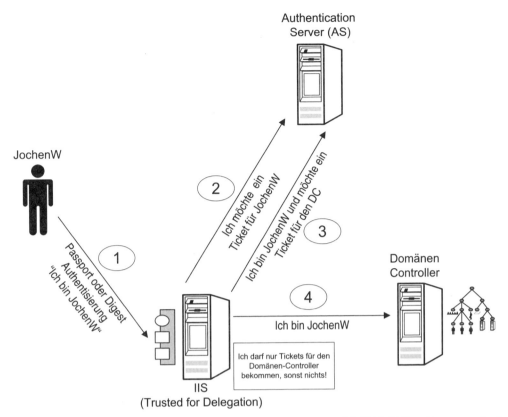

Abbildung 8.18: Beispiel der Delegation mit den S4U2Proxy und S4U2Self-Erweiterungen. JochenW verwendet eine beliebige vom IIS 6.0 unterstützte Authentifizierungsmethode (1). Der IIS beantragt ein Ticket für JochenW (2) für sich selbst. Im nächsten Schritt beantragt der IIS ein Ticket für die Authentifizierung am DC (3). Jetzt kann er sich am DC authentifizieren lassen und sein Access Token bilden (4).

Access Control Lists

Access Control Lists (Zugriffssteuerungslisten) definieren die Zugriffsrechte auf ein Objekt, sowohl im Active Directory als auch im Dateisystem. Zugriffsrechte können direkt auf das Objekt vergeben werden, oder sie können aus anderen Containern vererbt werden. Weiterhin können Rechte über Gruppenzugehörigkeit verteilt werden. Schneller als man denkt geht dabei der Überblick verloren – wer darf wo was? Diese Frage ist oft für einen Administrator nicht einfach zu beantworten. Wenn diese Fragen während eines Security Audits gestellt werden, dann kommen auch rechtliche Probleme, wie der Schutz von personenbezogenen Daten, ins Spiel. Diese Fragen können auch die hartgesottensten Administratoren in den »Schwitz-Modus« versetzen. Mit Windows Server 2003 wird dem Administrator nicht mehr so schnell heiß, denn zumindest für die Rechte im AD und im Dateisystem wurde mit dem Tool *ACL-Effective Permissions* eine sehr praktische Abhilfe eingeführt.

Das ACL-Effective-Permissions-Tool berechnet die Rechte, welche an einen spezifischen Benutzer oder eine Gruppe vergeben wurden. Die Berechnung selbst basiert auf den direkten Rechten des Benutzers und auf seiner Gruppenzugehörigkeit (domänenweit und lokal) und auf eventuellen vererbten Rechten. Somit kann auf eine sehr einfache Weise ermittelt werden, welche effektiven Rechte ein Benutzer auf ein Objekt im Active Directory und im Dateisystem besitzt. Das Tool ist in die grafische Benutzeroberfläche (GUI) integriert und kann aufgerufen werden, indem man sich die Sicherheitseigenschafen eines Objektes zeigen lässt.

Group Policies

Das Prinzip der GPOs (Gruppenrichtlinienobjekte) hat sich in Windows Server 2003 nicht viel verändert. Dennoch hat sich die Anzahl der von Microsoft definierten Policies erhöht, womit die Konfigurationsmöglichkeiten des Systems verbessert wurden. Weiterhin wurden drei interessante (und praktische) Neuerungen eingeführt. Diese werden hier kurz beschrieben.

Group Policy Management Console

Mit Windows Server 2003 führt Microsoft die Group Policy Management Console (GPMC) ein. Die GPMC ist ein Werkzeug, das den Administratoren das Leben mit den GPOs erleichtert. Unternehmen mit vielen Domänen und einer komplexen Policy-Strategie sind mit großen Verwaltungsaufgaben konfrontiert worden, um die Policies im Griff zu behalten. Man denke nur an den endlosen Excel-Sheets mit allen vorgenommenen GPO Einträgen. Eine weitere schwierige Aufgabe ist das Kopieren von GPOs zwischen Domänen und Forests. Dies kann mit normalen Bordmitteln kaum bewältigt werden.

Die GPMC besteht aus einem neuen Snap-In und einer Vielzahl von skriptfähigen Schnittstellen für die Verwaltung von GPOs. Folgende Funktionalitäten erleichtern die GPO-Verwaltung:

- Sicherung und Wiederherstellung von GPOs über Domänen- und Forest-Grenzen hinweg
- Verwaltung von WMI-Filtern
- Vereinfachte Sicherheitseinstellungen
- HTML-Reports von GPO-Einstellungen und RSoP (Resultant Set Of Policy)
- Skriptfähige Schnittstellen für die GPMC.

WMI Filter

Die WMI (Windows Management Instrumentation) ist die Microsoft-Implementierung von WBEM, einem Industrie-Standard der definiert, wie auf verteilte Systeme zugegriffen werden kann, um sie zu verwalten. WMI kann als offene Schnittstelle zu jeder installierten Komponente betrachtet werden. Komponenten können z.B. Betriebssystem, Hardware oder Anwendungen sein. Diese Komponenten müssen allerdings über einen WMI-Provider verfügen, um über die gemeinsame Schnittstelle verwaltet werden zu können.

In Windows 2000 können GPOs für Domänen, Standorte und OUs vergeben werden. Weiter besteht die Möglichkeit, diese über Gruppen zu filtern. In Windows Server 2003 können GPOs zusätzlich über WMI-Queries gefiltert werden. Eine WMI-Query kann z.B. alle Computer mit Windows XP und Service Pack 1 liefern, oder alle Server, die nicht SQL-Server installiert haben. Die Möglichkeiten kennen hier keine Grenzen. Dies erlaubt in Windows Server 2003 eine beliebige dynamische Verteilung der GPOs, ohne ein aufwendiges starres Gruppenkonzept erstellen und implementieren zu müssen.

Software Restriction Policies

Diese neue Möglichkeit von Windows Server 2003 adressiert das Problem der unerlaubten Softwareinstallation. In Umgebungen, in denen Benutzer Software selbstständig installieren können, besteht das Risiko, dass Viren oder andere schädliche Programme ausgeführt werden. Oft ist es für einen

Benutzer nicht ersichtlich, welche Software Gefahren mit sich bringt, und welche nicht. Mit den Software Restriction Policies kann vermieden werden, dass unerlaubte bzw. nicht vertrauenswürdige Software installiert wird.

IPSec

IPSec in Windows Server 2003 bringt mehrere Neuerungen. Hier werden die Wichtigsten aufgelistet.

IPSec über Network Address Translation Traversal (NAT-T)

Eine Hürde bei der Implementierung von IPSec ist der verbreitete Einsatz von NAT (Network Address Translation). In Netzwerken mit NAT wird die IP-Adresse des Senders gegen die IP-Adresse der Firewall ausgetauscht. Der Empfänger kennt die tatsächliche IP-Adresse des Senders nicht. In einer IPSec-freien Umgebung bereitet dieses Verhalten keine Schwierigkeiten. IPSec selbst verschlüsselt (ESP) die IP-Adresse und die Daten des Paketes und unterbindet den Austausch der IP-Adressen durch die Firewall. In Windows Server 2003 ist die IETF-Erweiterung NAT-T implementiert, die ein IPSec-Paket trotz NAT fehlerfrei weiterleiten kann.

IP Security Monitor

Der IP Security Monitor (IP-Sicherheitsüberwachung) ist in Windows Server 2003 als MMC-Snap-In implementiert. Dieses Tool ermöglicht eine Vielzahl von Kontrollmöglichkeiten des IPSec-Netzwerkverkehrs. Unter anderem können IPSec-Informationen von anderen Maschinen ausgewertet werden, wie beispielsweise Policies oder aktive Assoziationen (SA).

IPSec-Unterstützung für RSoP (Resultant Set Of Policy)

Resultant Set Of Policy (Richtlinienergebnissatz) ist ein wertvolles Tool, um sich die Auswirkungen der GPOs auf einzelne Objekte wie User oder Computer anzusehen. In Windows Server 2003 ist es nun auch möglich, dieses Tool für die IPSec-Einstellungen zu verwenden.

9 Verzeichnisreplikation

167 Architektur
168 Replikationsablauf
178 Replikationsmodell
192 Global Catalog

Das Active Directory stellt Informationen innerhalb eines Forests zur Verfügung. Diese Informationen werden auf allen Domänencontrollern bereitgehalten, um eine möglichst schnelle Verarbeitung von Anfragen zu ermöglichen und gleichzeitig ein Höchstmaß an Ausfallsicherheit zu gewährleisten. Die Replikationsarchitektur erlaubt eine äußerst flexible und genaue Konfiguration der Replikationsabläufe. Standardmäßig ist das AD jedoch so konfiguriert, dass alle Abläufe selbstständig konfiguriert und optimiert werden, so dass im Regelfall keine manuellen Eingriffe erforderlich sind. Muss aus beliebigen Gründen dennoch eine manuelle Einstellung vorgenommen werden, so sind hierzu fundierte Kenntnisse der Architektur und des Replikationsverhaltens erforderlich.

In diesem Kapitel wird die Architektur der Verzeichnisreplikation vorgestellt sowie der genaue Replikationsablauf beschrieben. Des Weiteren werden die standortinterne und standortübergreifende Replikationstopologie aufgezeigt und Möglichkeiten vorgestellt, um die Replikationsvorgänge an das individuelle Netzwerk anzupassen und damit zu optimieren.

Architektur

Um die Zusammenhänge hinter den Replikationsvorgängen besser verstehen zu können, wollen wir hier zunächst einen Überblick geben, welche Informationen im Active Directory repliziert werden müssen. Bei genauerer Betrachtung erkennt man, dass es sich bei den Replikationsdaten um Informationen aus verschiedenen Namenskontexten handelt. Das Active Directory umfasst mindestens drei verschiedene Namenskontexte. Ein Namenskontext stellt hierbei einen logischen Teilbereich des gesamten X.500-Namensraums dar und bildet somit eine Grenze für die Replikation. Auf jedem Domänencontroller werden mindestens die folgenden drei Namenskontexte gespeichert und verwaltet:

- **Konfigurations-Namenskontext** beinhaltet Informationen darüber, welche Domänen im Forest vorhanden sind, welche Standorte definiert wurden, wo die verschiedenen Domänencontroller angesiedelt sind usw. Diese Informationen werden beispielsweise zur Bildung einer Replikationstopologie für den gesamten Forest herangezogen und müssen dementsprechend auf jedem Domänencontroller der gesamten Organisation identisch vorhanden sein.
- **Schema-Namenskontext** definiert den Aufbau und die Syntax der im Active Directory enthaltenen Objekte und Attribute. Da diese im gesamten Verzeichnis einheitlich aufgebaut sein sollen, ist

dieser Namenskontext im gesamten Forest einheitlich und muss dementsprechend auf alle Domänencontroller des Unternehmens repliziert werden.

- **Domänen-Namenskontext** dient zur Speicherung aller Objekte und deren zugehöriger Attribute einer Domäne. Dieser Namenskontext umfasst im Gegensatz zu den beiden vorher beschriebenen allerdings nur die Objekte einer Domäne und nicht die des gesamten Forests. Alle Domänencontroller einer Domäne besitzen eine vollständige Kopie dieses Namenskontextes, auf die sie sowohl schreibend als auch lesend zugreifen können.

Je nach Art der zu replizierenden Daten werden unterschiedliche Replikationsverfahren angewendet. Der Schema-Namenskontext kann jeweils nur auf einem Server im gesamten Forest geändert werden. Dies erfolgt auf dem Domänencontroller mit der entsprechenden FSMO-Rolle (Schema-FSMO). Dementsprechend müssen alle Änderungen von dieser Maschine ausgehend auf alle anderen Domänencontroller des Forests übertragen werden. Konflikte können hier nicht auftreten. Änderungen am Domänen- und am Konfigurations-Namenskontext können hingegen auf jedem Domänencontroller einer Domäne durchgeführt werden, so dass in diesem Fall bei der Replikation sehr wohl Konfliktsituationen entstehen können, die aufgelöst werden müssen.

Unabhängig von den zu replizierenden Daten muss das angewandte Replikationsverfahren einen Spagat zwischen zwei anzustrebenden Zielen vollbringen. Einerseits wird von einem Replikationsmechanismus erwartet, dass die Daten schnell auf alle beteiligten Domänencontroller gelangen, um den Benutzern immer einen aktuellen Datenbestand zur Verfügung zu stellen. Andererseits ist hierbei die durch die Replikation erzeugte Netzwerkbelastung nicht aus den Augen zu verlieren, da diese immer auch mit Kosten verbunden ist. Die Kunst besteht nun darin, beide Ziele in möglichst hohem Maß zu erfüllen. Das Active Directory übernimmt hierbei seine Konfiguration in weiten Bereichen selbständig und versucht, beide Ziele gleichermaßen zu erfüllen. Nur in speziellen Fällen muss dieser Mechanismus manuell nachgepflegt werden.

Wie Änderungen an den Namenskontexten auf die gesamten Domänencontroller repliziert werden und welcher Mechanismus für die Auflösung von Konflikten zur Verfügung steht, ist Thema des ersten Abschnitts dieses Kapitels. Im zweiten Abschnitt wird dann aufgezeigt, wie Replikationstopologien, sowohl standortintern als auch standortübergreifend, gebildet werden und welche Möglichkeiten für eine Optimierung zur Verfügung stehen.

Replikationsablauf

Wenn man den Ablauf der Replikation im Active Directory betrachtet, so spielt für die eindeutige Identifikation eines Objekts die so genannte global eindeutige Kennung (Globally Unique Identifier, GUID) die entscheidende Rolle. Diese GUID ist das einzige unveränderbare Attribut eines Objekts. Somit kann ein Objekt auch dann identifiziert werden, wenn sich sein Distinguished Name (DN) verändert hat.

Im Gegensatz zu anderen Verzeichnissen, wie z.B. dem NT-Verzeichnis oder auch dem Verzeichnis von Exchange 5.5, erfolgt die Replikation bei Active Directory attributweise. Dies bedeutet, dass nicht bei jeder Änderung an einem Attribut das gesamte Objekt mit all seinen vielen Attributen auf die Replikationspartner übertragen werden muss, sondern lediglich die geänderten Attribute. Darüber hinaus wird im Active Directory nur Speicherplatz für Attribute verwendet, die tatsächlich mit Werten belegt sind. Somit wird nicht für alle im Schema definierten gültigen Attribute Speicherplatz verschwendet, selbst wenn sie keine Werte aufweisen. Auch dadurch wird die Netzwerkbelastung während der Replikation der Objekte vermindert.

Zunächst möchten wir hier darauf eingehen, wann eine Replikation überhaupt notwendig wird. Im Allgemeinen kann man dies darauf reduzieren, dass Änderungen an der Datenbank eine Replikation erforderlich machen. Hierbei gibt es vier Typen von Datenbankänderungen:

- Erzeugen eines neuen Objekts
- Ändern der Attribute eines bestehenden Objekts
- Verschieben der Position eines Objekts im Active Directory
- Löschen eines bestehenden Objekts

Wird eine dieser Datenbankänderungen vorgenommen, so findet entweder sofort (standortintern) oder nach Ablauf einer gewissen Zeitspanne (standortübergreifend) eine Replikation statt, welche diese Änderungen an der Verzeichnisdatenbank auf die anderen Domänencontroller überträgt. Änderungen müssen darüber hinaus auch noch dahingehend unterschieden werden, wie sie in die Datenbank gelangt sind. Es gibt hierbei die beiden Möglichkeiten einer ursprünglichen Änderung und einer replizierten Änderung. Eine ursprüngliche Änderung wird von einem Anwender, einer Administratorin oder einer Applikation direkt auf dem Domänencontroller vorgenommen und dort in die Datenbank eingetragen. Eine replizierte Änderung wurde an einem anderen Domänencontroller vorgenommen und dann lediglich in die betrachtete Datenbank übertragen.

Um den Replikationsablauf der diversen Namenskontexte zu verstehen, müssen die folgenden Begriffe und deren Einsatz im Active Directory näher betrachtet werden:

- **Update Sequence Number (USN)** um Änderungen an einem Objekt zu dokumentieren.
- **High-Watermark-Vektor** um festzustellen, ob ein Replikationspartner aktuellere Objekte besitzt, die übertragen werden sollen.
- **Up-To-Dateness-Vektor** um sicherzustellen, dass eine Datenbankänderung immer nur einmal auf einen Domänencontroller übertragen wird, auch wenn mehrere Replikationspartner die Änderung bereithalten.

Diese drei Komponenten regeln den Verlauf der Replikation und helfen dabei, Konfliktsituationen eindeutig und ohne zusätzliche Netzbelastung zu lösen. Im Folgenden werden diese Konzepte aufgezeigt.

Update Sequence Number (USN)

Die Update Sequence Number (USN) ist eine 64-Bit-Zahl, die lokal auf jedem Domänencontroller erzeugt wird, um die dort ausgeführten Transaktionen fortlaufend zu nummerieren. Jeder Domänencontroller verwaltet seine lokale USN und erhöht diese bei jeder dort ausgeführten Transaktion. Soll eine Transaktion auf dem Domänencontroller durchgeführt werden, so wird die USN zu Beginn der Transaktion inkrementiert und dann erst die eigentliche Transaktion angestoßen. Sollte die Transaktion aus beliebigen Gründen abgebrochen werden, so wird die USN nicht zugewiesen und verfällt. In jedem Objekt sind zwei USNs eingetragen. Die erste USN verweist auf die Transaktion, bei der das Objekt auf diesem Domänencontroller erzeugt wurde. Die zweite USN beschreibt die Transaktion, bei der das Objekt auf diesem DC zuletzt geändert wurde. Des Weiteren werden auch bei jedem Attribut zwei USNs verwaltet. Auch hier verweist die erste USN auf die Transaktion, bei der dem Attribut diese Daten erstmalig zugewiesen wurden, und die zweite USN auf die Transaktion für die letzte Änderung.

Wie nun die USNs in einem Objekt konkret lauten, möchten wir in folgendem Beispiel zeigen. Hierbei wird, wie in Abbildung 9.1 dargestellt, von der Administratorin am Domänencontroller *DC1* ein neues Benutzerobjekt für den Anwender *HarryH* angelegt. Vor dieser Aktion weist *DC1* eine lokale USN von *1999* auf.

Zu Beginn der Transaktion wird die aktuelle USN auf *DC1* von *1999* auf *2000* erhöht. Anschließend kann das Objekt in das Verzeichnis eingetragen und mit der USN *2000* versehen werden. Hierbei sind zunächst die USN für die Erstellung (*usnCreated*) und die USN für die letzte Änderung (*usnChanged*) mit identischen Werten belegt. Auch jedes Attribut, das mit Werten belegt wird, bekommt die USN *2000* sowohl für die Erstellung als auch für die letzte Änderung zugewiesen. Darüber hinaus wird bei jedem Attribut eine Versionsnummer geführt, die ebenfalls bei jeder Änderung an diesem Attribut erhöht wird. Ferner wird noch protokolliert, auf welchem Domänencontroller die Änderung des Attributs vorgenommen wurde und wann dies geschehen ist. Der Domänencontroller wird hierbei anhand der GUID seiner Verzeichnisdatenbank eindeutig identifiziert.

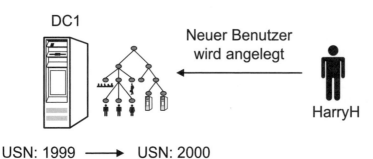

Objekt: HarryH auf DC1

usnCreated:	**2000**
usnChanged:	**2000**

Attribute von HarryH

Attribut	Wert	USN	Version#	Timestamp	GUID	Trans.-USN
Attribut1	**Wert**	**2000**	**1**	**Timestamp**	**GUID von DC1**	**2000**
Passwort	**geheim**	**2000**	**1**	**Timestamp**	**GUID von DC1**	**2000**
Attribut3	**Wert**	**2000**	**1**	**Timestamp**	**GUID von DC1**	**2000**

Abbildung 9.1: *Wird ein Objekt erzeugt, so wird zunächst die USN inkrementiert und anschließend diese USN in das neue Objekt und alle mit Werten belegten Attribute eingetragen.*

Wird nun das Objekt für den Benutzer *HarryH* auf den Domänencontroller *DC2* mit der USN *1745* übertragen, so wird es dort ebenfalls mit einer Transaktion in der Verzeichnisdatenbank erzeugt. Auch hier wird zu Beginn der Transaktion die aktuelle USN erhöht und lautet dann *1746*. Diese USN wird dem Benutzerobjekt für *HarryH* sowohl als *usnCreated* als auch für *usnChanged* zugewiesen. Die Attribute behalten natürlich ihren Wert, ihre Versionsnummer, die GUID des Domänencontroller, auf dem dieser Wert eingetragen wurde, und die USN, mit der dieser Wert dem Attribut zugewiesen wurde. Nur die USN für die letzte Änderung des Attributs in diesem Objekt wird auf *1746* angepasst. Dieser Ablauf ist in Abbildung 9.2 dargestellt.

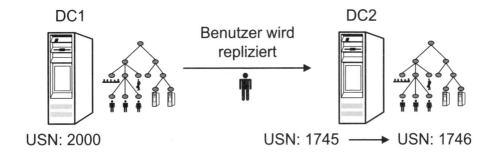

Objekt: HarryH auf DC2

usnCreated:	1746
usnChanged:	1746

Attribute von HarryH

Attribut	Wert	USN	Version#	Timestamp	GUID	Trans.-USN
Attribut1	Wert	1746	1	Timestamp	GUID von DC1	2000
Passwort	geheim	1746	1	Timestamp	GUID von DC1	2000
Attribut3	Wert	1746	1	Timestamp	GUID von DC1	2000

Abbildung 9.2: *Bei der Replikation des Objekts auf einen anderen Domänencontroller werden die USNs des Objekts auf die aktuelle USN des DC angepasst. Bei den Attributen wird hingegen nur die USN für die letzte Änderung ersetzt.*

Möchte der Benutzer *HarryH* bei seiner ersten Anmeldung sein Passwort ändern, so kann dies ebenfalls auf dem Domänencontroller *DC2* erfolgen. Da inzwischen schon eine gewisse Zeit verstrichen ist und auf *DC2* auch andere Transaktionen stattfinden, weist die USN auf *DC2* einen aktuellen Wert von *2081* auf. Die Transaktion zum Ändern des Passworts erhöht zunächst die USN von *DC2* auf *2082*. Da Änderungen am Objekt vorgenommen werden, muss die USN für die Änderungen (*usnChanged*) auf diesen Wert aktualisiert werden. Auch die USNs des Attributs, in dem das geänderte Passwort von HarryH abgelegt ist, müssen mit dem Wert 2082 aktualisiert werden. Des Weiteren muss die Versionsnummer erhöht, die Zeit der Transaktion im Timestamp vermerkt und die GUID von *DC2* in das Feld des ausführenden Domänencontroller übernommen werden was in Abbildung 9.3 zu sehen ist.

Nachdem die Änderung auf dem Domänencontroller *DC2* vorgenommen wurde, muss das geänderte Attribut auch auf die Replikationspartner, in diesem Fall *DC1*, übertragen werden. Das Vorgehen ist in Abbildung 9.4 erläutert. DC1 erhöht hierzu zunächst seine aktuelle USN von *5039* auf *5040*. Anschließend wird für *usnChanged* dieser Wert im Objekt eingetragen. Nun kann auch das neue Passwort im Objekt abgelegt werden. Bei dieser Aktion muss die USN des Attributs auf *5040* aktualisiert und auch die Versionsnummer auf den korrekten Wert gebracht werden. Die GUID des Domänencontrollers, der diese Änderung in der Datenbank vorgenommen hat, bleibt für dieses Attribut nach wie vor die von *DC2*. Ebenso verweist die USN für die Transaktion, mit der diese Änderung erfolgte, immer noch auf die Transaktion *2082* vom Domänencontroller *DC2*.

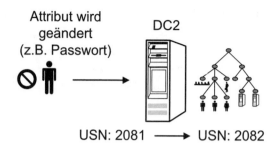

USN: 2081 → USN: 2082

Objekt: HarryH auf DC2

usnCreated:	1746
usnChanged:	**2082**

Attribute von HarryH

Attribut	Wert	USN	Version#	Timestamp	GUID	Trans.-USN
Attribut1	Wert	1746	1	Timestamp	GUID von DC1	2000
Passwort	**mieheg**	**2082**	**2**	**Timestamp**	**GUID von DC2**	**2082**
Attribut3	Wert	1746	1	Timestamp	GUID von DC1	2000

Abbildung 9.3: *Wird ein Attribut geändert, so werden die usnChanged, die USNs des geänderten Attributs, die Versionsnummer, der Timestamp und die GUID des ausführenden Domänencontroller aktualisiert.*

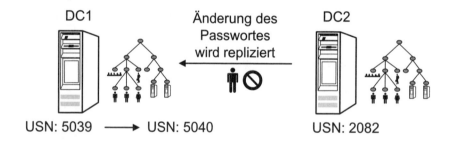

USN: 5039 → USN: 5040   USN: 2082

Objekt: HarryH auf DC1

usnCreated:	2000
usnChanged:	**5040**

Attribute von HarryH

Attribut	Wert	USN	Version#	Timestamp	GUID	Trans.-USN
Attribut1	Wert	2000	1	Timestamp	GUID von DC1	2000
Passwort	**mieheg**	**5040**	**2**	**Timestamp**	**GUID von DC2**	**2082**
Attribut3	Wert	2000	1	Timestamp	GUID von DC1	2000

Abbildung 9.4: *Wird das geänderte Attribut wieder auf den Ursprungs-Domänencontroller übertragen, so werden die usnChanged, die USNs des geänderten Attributs, die Versionsnummer und der Timestamp aktualisiert. Die GUID des Domänencontrollers, der die Änderung ursprünglich vorgenommen hat, und die USN der dafür verwendeten Transaktion werden hingegen übernommen.*

High-Watermark-Vektor

Der High-Watermark-Vektor ist ein Hilfsmittel, mit dem die höchste bekannte USN aller Replikationspartner eines Domänencontroller gespeichert werden kann. Realisiert ist der High-Watermark-Vektor als zweispaltige Tabelle, in der alle Replikationspartner eines DC anhand der GUID ihrer Datenbank identifiziert werden. In der zweiten Spalte ist die höchste, für diesen Replikationspartner bekannte USN abgelegt.

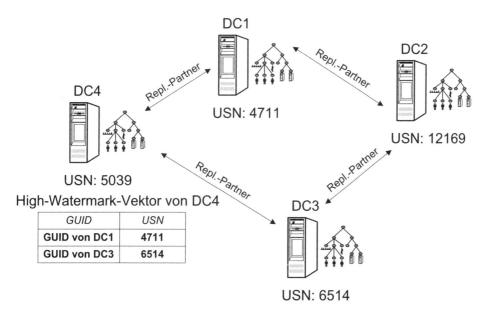

Abbildung 9.5: Der High-Watermark-Vektor wird auf jedem Domänencontroller verwaltet und beinhaltet die GUID der Datenbanken aller Replikationspartner und die dazugehörige höchste bekannte USN.

Die Replikation kann hierbei in zwei Phasen untergliedert werden.

1. In Phase eins sendet ein Domänencontroller eine Replikationsanforderung an seine Replikationspartner. Diese Anforderung enthält den Namenskontext, für den eine Replikation stattfinden soll, die höchste bekannte USN des angesprochenen Partners und die Anzahl der Objekte und Attribute, die maximal in diesem Replikationszyklus übertragen werden dürfen. Diese maximale Anzahl an Objekten und Attributen verhindert eine zu starke Belastung des Netzwerkes und des Domänencontroller. Ferner wird in der Replikationsanforderung auch der komplette Up-To-Dateness-Vektor übertragen um feststellen zu können, ob die Änderungen schon von einem anderen DC übertragen wurden.

2. In Phase zwei vergleicht der Replikationspartner den Wert aus dem High-Watermark-Vektor mit seiner aktuellen USN und ermittelt daraus die noch zu übermittelnden Daten. Diese werden dann aus der Datenbank herausgesucht und an den Replikationspartner übertragen.

Durch einen Abgleich der aktuellen USN eines Replikationspartners mit der USN, welche im High-Watermark-Vektor übermittelt wurde, kann festgestellt werden, ob Transaktionen auf der Maschine vorgenommen wurden. Ist dies der Fall, so muss überprüft werden, ob die Änderungen nicht bereits über einen anderen Replikationspartner auf den Domänencontroller übertragen wurden. Hierzu dient der im Folgenden beschriebene Up-To-Dateness-Vektor.

Up-To-Dateness-Vektor

Der Up-To-Dateness-Vektor ist ebenfalls spezifisch für jeden Namenskontext und trifft Aussagen darüber, welche geänderten Objekte oder Attribute dieser Domänencontroller bereits von allen Domänencontrollern repliziert bekommen hat. Im Unterschied zum High-Watermark-Vektor bietet der Up-To-Dateness-Vektor allerdings nicht nur Informationen über die letzte ausgeführte Transaktion (dies kann auch die Replikation von Daten gewesen sein), sondern detaillierte Daten (USNs) darüber, auf welchem Domänencontroller eine konkrete Änderung mit welcher Transaktion ursprünglich durchgeführt wurde. Der Up-To-Dateness-Vektor ist ebenfalls als zweispaltige Tabelle realisiert, in der die eine Spalte mit der GUID der Datenbank des Domänencontroller gefüllt ist, auf der eine ursprüngliche Schreiboperation durchgeführt wurde. Die zweite Spalte weist die USN für diese Schreiboperation auf. Gespeichert ist der Up-To-Dateness-Vektor immer als Attribut des jeweiligen Namenskontexts.

Das in Abbildung 9.6 dargestellte Beispiel geht von einem Netzwerk mit vier Domänencontrollern aus. Der Up-To-Dateness-Vektor wird immer aus der Sicht des Domänencontroller DC4 dargestellt. Eine weitere Annahme ist, dass bisher nur ursprüngliche Schreiboperationen an den Domänencontrollern DC1 und DC2 durchgeführt wurden. DC3 hat stets nur Änderungen eingetragen, welche dieser über die Replikation zugespielt bekommen hat. Dementsprechend findet man im Up-To-Dateness-Vektor auch nur Einträge von DC1 und DC2.

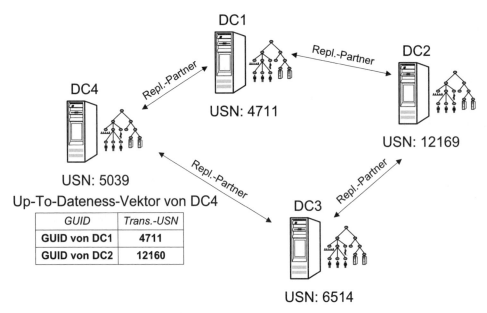

Abbildung 9.6: *Der Up-To-Dateness-Vektor auf DC4 beinhaltet Einträge auf die ursprünglichen Schreiboperationen von DC1 und DC2 sowie die korrespondierenden USNs.*

Wird nun auf dem Domänencontroller *DC2* eine Änderung vorgenommen, so hat dies zunächst keinen konkreten Einfluss auf *DC4*. High-Watermark-Vektor und Up-To-Dateness-Vektor auf *DC4* bleiben unberührt. Das Objekt wird in die Verzeichnisdatenbank von *DC2* eingetragen (1) und mit der neuen USN versehen (2). Auch die Replikation auf den ersten Replikationspartner von *DC2*, den Domänencontroller *DC1* (3) und die damit verbundene Erhöhung der dortigen USN auf 4712 (4) hat noch keine Auswirkungen auf *DC4*.

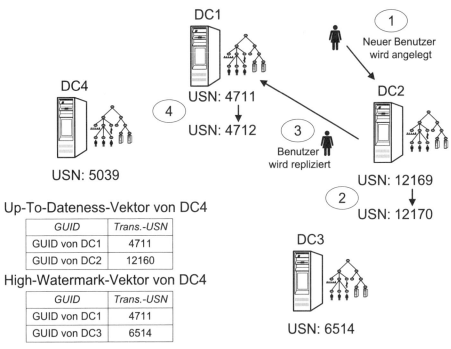

Abbildung 9.7: *Änderungen in der Verzeichnisdatenbank einer anderen Maschine haben zunächst keinen konkreten Einfluss auf den betrachteten Domänencontroller.*

Erst durch die konkrete Replikationsanfrage von DC4 an seinen Replikationspartner DC1 werden Änderungen an DC4 vorgenommen. In dieser Anfrage sendet DC4 den Namenskontext, die höchste von DC1 bekannte USN, die maximale Anzahl an Objekten und Attributen sowie den gesamten Up-To-Dateness-Vektor an DC1 (1). Der Domänencontroller DC1 stellt anhand der ihm übermittelten höchsten bekannten USN fest, dass Transaktionen auf ihm stattgefunden haben die noch nicht an DC4 übermittelt wurden und überprüft durch einen Vergleich von seinem Up-To-Dateness-Vektor mit dem ihm von DC4 übertragenen, welche Attribute repliziert werden müssen. Diese werden zusammen mit dem Up-To-Dateness-Vektor von DC1 an DC4 übermittelt (2) und dort eingetragen. Auch der High-Watermark-Vektor von DC4 kann nun auf den neuesten Stand gebracht werden, indem dort die USN 4712 für DC1 vermerkt wird (3). Anschließend wird im Up-To-Dateness-Vektor von DC4 in der Spalte für DC2 noch die USN 12170 eingetragen (4).

Repliziert nun der Domänencontroller DC2 die Änderung auch noch auf seinen Replikationspartner DC3, so wird diese Änderung auch dort eingetragen. Wird dann auch noch eine Replikationsanfrage von DC4 an DC3 gestellt, so kann DC3 anhand des übermittelten Up-To-Dateness-Vektors feststellen, dass die Änderung bereits auf anderem Weg zu DC4 gelangt ist. Somit wird die erneute Übermittlung der Daten vermieden und nur noch die aktuelle USN von DC3 übermittelt. Diese wird in den High-Watermark-Vektor von DC4 eingetragen.

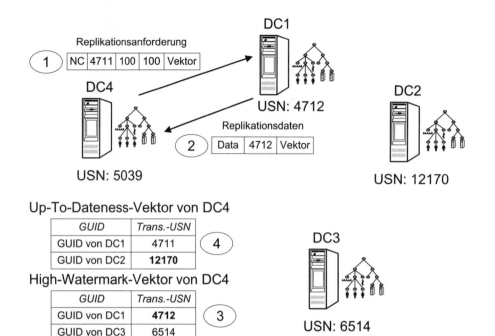

Abbildung 9.8: *In der Replikationsanfrage werden unter anderem die höchste bekannte USN und der Up-To-Dateness-Vektor übermittelt. Daran kann erkannt werden, ob und welche Attribute übertragen werden müssen.*

Konfliktbearbeitung

Da die Objekte des Domänen-Namenskontexts auf jedem Domänencontroller geändert werden können und von dort aus im Multimaster-Replikationsverfahren auf alle anderen Domänencontroller repliziert werden, können bei der Replikation Konfliktsituationen auftreten. Diese müssen zuverlässig und eindeutig gelöst werden, um die Konsistenz des Verzeichnisses zu gewähren. Hierbei sind drei Situationen denkbar, in denen Konflikte auftreten können:

- Der Wert eines Attributes wird auf zwei Domänencontrollern gleichzeitig geändert.
- Ein Objekt wird auf einem Domänencontroller in einer OU angelegt. Auf einem anderen Domänencontroller wird diese OU zur gleichen Zeit gelöscht.
- Auf zwei Domänencontrollern wird jeweils ein Objekt mit dem gleichen Namen angelegt.

Für diese drei Konfliktsituationen gilt es eindeutige Vorgehensweisen zu definieren, über welche die Domänencontroller eine Konsistenz des Verzeichnisses sicherstellen können. Hierbei wurde in erster Linie darauf Wert gelegt, dass eine Lösung gefunden wird, die auf jedem Domänencontroller identisch ist und dass diese Konfliktlösung stets lokal, also ohne Netzwerkbelastung erfolgen kann. Im Folgenden werden die Vorgehensweisen für die unterschiedlichen Situationen aufgezeigt.

Attributwert wird auf zwei DCs gleichzeitig geändert

Wird beispielsweise die Telefonnummer eines Benutzers vom Benutzer selbst auf einem Domänencontroller geändert, währenddessen der Administrator ebenfalls die Telefonnummer des Benutzers auf einem anderen Domänencontroller abändert, kommt es bei der Replikation zu dieser Konfliktsituation.

Über die zuvor beschriebenen Mechanismen wird von einem DC festgestellt, dass Daten zu übertragen sind. Diese werden auch in jedem Fall übertragen und es wird erst lokal auf dem Domänencontroller der Konflikt festgestellt. Der Domänencontroller entscheidet dann für sich, welcher der beiden Attributwerte in das Verzeichnis eingetragen werden soll. Hierbei werden folgende Kriterien bewertet:

1. Das Attribut mit der höheren Versionsnummer wird als gültig angesehen. Wurde also beispielsweise die Telefonnummer vom Benutzer zweimal kurz hintereinander auf demselben DC geändert, so wird diese Telefonnummer eingetragen.
2. Sind die Versionsnummern beider Attribute identisch, so gewinnt das Attribut, dass mit dem späteren Timestamp versehen ist.
3. Sollte auch der Timestamp identisch sein (was äußerst unwahrscheinlich ist), so erhält der Attributwert von dem Domänencontroller den Zuschlag, dessen Datenbank die höhere GUID besitzt.

Dieser Algorithmus ist zwar spätestens in Schritt drei willkürlich, stellt aber zu 100% sicher, dass jeder Domänencontroller zum gleichen Ergebnis kommt. Des Weiteren benötigt dieser Algorithmus keinerlei Kommunikation mit anderen Domänencontrollern und stellt somit keinerlei Belastung für das Netzwerk dar. Das System erzeugt über diesen Vorgang einen Protokolleintrag.

Objekt wird angelegt und gleichzeitig die OU gelöscht

Wird von einem Administrator ein Objekt in einer OU angelegt und zur gleichen Zeit auf einem anderen Domänencontroller diese OU gelöscht, so tritt ebenfalls ein Konflikt auf. Diese Konfliktsituation wird vom Active Directory dahingehend gelöst, dass die OU gelöscht wird und das neue Objekt in einen Container mit dem Namen *Lost and Found* verschoben wird.

Zwei Objekte mit identischem Namen werden angelegt

Die letzte Konfliktsituation tritt dann auf, wenn auf verschiedenen Domänencontrollern zwei Objekte mit identischen Namen (DN) angelegt werden. Obwohl beide Objekte denselben DN besitzen, handelt es sich dennoch um völlig unabhängige Objekte, da jedes Objekt einzig und alleine nur über seine GUID identifiziert wird. Die Lösung dieses Konflikts besteht darin, dass eines der beiden Objekte mit einem neuen DN versehen wird. Dieser besteht aus dem ursprünglichen DN plus der GUID des Objektes. Auf diese Weise ist der Name wieder eindeutig. Welches der beteiligten Objekte umzubenennen ist, wird anhand des zuvor beschriebenen Algorithmus ermittelt:

1. Höhere Versionsnummer
2. Späterer Timestamp
3. Höhere GUID der Datenbank des Domänencontroller, auf dem die Transaktion durchgeführt wurde.

Replikationskonflikte bei Mulivalue-Attributen

Die Replikation von Multivalue-Attributen führte immer wieder zu überraschenden und unbefriedigenden Ergebnissen. Wie der Name bereits aussagt, können solche Attribute mehrere Werte beinhalten, werden aber dennoch als *ein* Attribut behandelt. Dies bedeutet, dass durch Änderung eines einzelnen Wertes, das gesamte Attribut mit allen Werten an die Replikationspartner übertragen wird. Neben der verstärkten Belastung des Netzwerkes hat dieses Verhalten auch den unschönen Effekt, dass im Konfliktfall auch unter Umständen Daten verloren gehen, obwohl zwei Administratoren eigentlich unterschiedliche Werte desselben Attributs bearbeitet haben.

Als Paradebeispiel eignet sich hier das Attribut *members* eines Gruppenobjektes. Dieses Attribut ist als Linked Multivalue-Attribute realisiert, was bedeutet, dass eine Gruppe mehrere Mitglieder besitzen kann und von jedem Mitglied nur ein Verweis auf das Benutzerobjekt abgelegt ist. Sind nun im Attribut *members* einer Gruppe mehrere 1000 Gruppenmitglieder hinterlegt, so kann es durchaus vorkommen, dass eine Administratorin auf DC1 in München ein weiteres Mitglied in die Gruppe aufnimmt, wogegen ein anderer Administrator auf DC2 in Mailand zu selben Zeit ein Mitglied aus genau dieser Gruppe entfernt. Da beide zur selben Zeit ein und dasselbe Attribut bearbeiten (wenn auch unterschiedliche Werte dieses Attributes), kommt es hier zu einem Konflikt, der vom Active Directory in gewohnter Weise gelöst wird. Der Effekt ist allerdings, dass entweder ein Benutzer zu viel bzw. ein Benutzer zu wenig in diese Gruppe als Mitglied eingetragen ist. Obwohl das Active Directory hier korrekt arbeitet ist die Lösung dieses Konflikts auf alle Fälle unbefriedigend. Speziell in weit verteilten Filial-Umgebungen mit vielen Außenstellen, führt dies regelmäßig zu Konflikten (nicht nur technischer Art).

Bei Windows Server 2003 hat sich dieses Verhalten grundlegend geändert, so dass hier die einzelnen Werte eines Multivalue-Attributs separat repliziert werden. Somit wird einerseits das Netzwerk weniger belastet, da ja nur noch einzelne Werte und nicht mehr das ganze Attribut übermittelt wird. Andererseits treten die zuvor erwähnten unbefriedigend gelösten Konflikte nicht mehr auf. Allerdings kann diese neue Funktionalität erst dann genutzt werden, wenn sich der gesamte Forest im Functional Level *Windows Server 2003* befindet.

Neben diesem neuen Verhalten bei der Replikation wurden mit Windows Server 2003 auch bestehende Limits bezüglich der Anzahl an Werten in einem Mulitvalue-Attribut erweitert. Hierbei muss allerdings wieder zwischen *Linked* und *Unlinked* Multivalue-Attributen unterschieden werden.

Unlinked Attribute haben konkrete Einträge als Werte. Dies können z.B. Zeichenketten oder Zahlen sein. Das Attribut *TelephoneNumber* ist beispielsweise als solches Unlinked Multivalue-Attribut realisiert und kann mehrere Telefonnummern für einen Benutzer in Form von Zeichenkette speichern. Bei dieser Form von Attributen gibt es mit Windows 2000 eine Limitierung von maximal 850 Werten je Objekt. Hierbei hängt die Grenze wirklich am Objekt, so dass maximal 850 unlinked Werte je Objekt gespeichert werden können, egal ob diese in Single- oder Multivalue-Attributen hinterlegt sind. Wird das Active Directory hingegen auf Windows Server 2003-Computern im Forest Functional Level *Windows Server 2003* betrieben, wurde diese Grenze auf 1250 Werte erhöht.

Linked Attribute haben als Werte nur Verweise auf andere Objekte. Auf diese Weise lassen sich Bezüge zwischen verschiedenen Objekten herstellen. Dies wird beispielsweise bei der Mitgliedschaft in einer Gruppe über die Attribute *member* und *memberOf* verwendet. Bei Windows 2000 gibt es bei Linked Multivalue-Attributen eine Beschränkung auf 5000 Linke Values je Attribut. Als Ausweg kann hierbei die Verschachtelung von Gruppen verwendet werden, um beispielsweise in einem Konzern alle Mitarbeiter über eine einzige Gruppe zu berechtigen oder ihnen eine E-Mail zu senden. Bei einem Forest im Functional Level *Windows Server 2003* existiert diese Einschränkung aufgrund der Einzelwert-Replikation von Multivalue-Attributen nicht mehr, so dass beliebig viel Benutzer in eine Gruppe gepackt werden können.

Nachdem in diesem ersten Abschnitt die Replikation von Objekten auf den Domänencontrollern und die Auflösung von Konflikten beschrieben wurde, bleibt nun noch die Frage zu klären, welche Domänencontroller überhaupt miteinander kommunizieren und wie diese Replikationstopologie gebildet bzw. beeinflusst werden kann. Dies wird nun im zweiten Abschnitt dieses Kapitels behandelt.

Replikationsmodell

Um eine möglichst effiziente Replikation des Verzeichnisses zu erzielen, ist ein flexibles Replikationsmodell erforderlich, welches die Gegebenheiten des bestehenden physikalischen Netzwerkes berücksichtigt. Die Schaffung einer effizienten Replikationstopologie kann im Active Directory automatisch oder bei Bedarf manuell vom Administrator durchgeführt werden. Die automatische Generierung wird für die standortübergreifende und die standortinterne Replikationstopologie von unterschiedlichen Prozessen vorgenommen. Für die standortinterne Replikation ist der KCC (Knowledge Consistency Checker) zuständig. Dieses Programm läuft als Thread der Komponente *Lsass.exe*. Die standortübergreifende Replikation hingegen wird vom ISTG (Intersite Topology Generator) berechnet. Der ISTG ist ebenfalls ein Thread von *Lsass.exe*, wird aber vom KCC gestartet. Für die manuelle Erstellung der Replikationstopologie ist ein gutes Verständnis der anzuwendenden Mechanismen und Vorgänge dringend empfehlenswert, um effiziente eigene Modelle entwickeln zu können.

Im Folgenden werden die eingesetzten Mechanismen und die dazugehörigen Komponenten detailliert erklärt und Tipps für die Planung gegeben. Hierbei wird zunächst auf die standortinterne Replikation eingegangen und anschließend die Besonderheiten der standortübergreifenden Replikation besprochen.

Knowledge Consistency Checker (KCC)

Der KCC sammelt Informationen über die vorhandenen Domänencontroller, Standorte, Verbindungen und Kosten und bildet daraus die kostengünstigste Topologie für die Replikation. Hierbei liegt das Hauptaugenmerk des KCC bei der standortinternen Replikation darauf, die Daten möglichst schnell auf alle Domänencontroller am Standort zu befördern, wogegen bei der standortübergreifenden Replikation die möglichst geringe Belastung des Netzwerkes im Vordergrund steht. Für jeden Namenskontext wird eine eigene Replikationstopologie gebildet, wobei der Schema- und Konfigurations-Namenskontext eine identische Topologie verwenden, der Domänen-Namenskontext hingegen eine eigenständige Replikationstopologie. Der KCC selbst läuft auf jedem DC und berechnet dort selbständig die Replikationstopologie. Es muss also nie Kontakt mit den Replikationspartnern aufgenommen werden, um auf jedem DC des Forests zu einem identischen Ergebnis zu kommen.

Standortinterne Replikation

Bei der standortinternen Replikation wird davon ausgegangen, dass eine hohe Bandbreite für die Verzeichnisreplikation zwischen den Domänencontrollern zur Verfügung steht. Die primären Ziele bei dieser Replikation liegen darin, Änderungen an der Verzeichnisdatenbank schnellstmöglich auf alle Domänencontroller des Standortes zu verteilen und dabei die CPU der beteiligten Maschinen möglichst wenig zu belasten. Die Belastung des Netzes kann hierbei eine untergeordnete Rolle spielen, da bei Maschinen am gleichen Standort von einer schnellen Verbindung ausgegangen werden kann. Aber auch die standortinternen Replikationsmechanismen vermeiden unnötigen Netzwerkverkehr durch den Einsatz eines Mechanismus für Änderungsmitteilungen (Notification), der die üblichen Aktualisierungsanfragen der Replikationspartner ersetzt. Wird eine Änderung in der Datenbank des Domänencontroller vorgenommen, wartet dieser einen konfigurierbaren Zeitraum (maximal 5 Minuten) und sendet dann eine Mitteilung an seine Replikationspartner, welche die Änderungen abrufen. Auf diese Weise wird nicht für jede kleine Änderung eine eigene Replikationsanfrage gestartet, was das Netzwerk entlastet. Werden während eines längeren, ebenfalls konfigurierbaren Zeitraums (standardmäßig 6 Stunden) von einem Replikationspartner keine Aktualisierungsaufforderung empfangen, so leitet der Domänencontroller dennoch eine Replikationsanfrage ein, um sicherzustellen, dass keine Informationen verloren gegangen sind. Replikationsanfragen sind also immer so genannte Pull-Anfragen, bei denen sich ein Domänencontroller die Informationen von seinem Replikationspartner holt. Das Gegenteil zu dieser Replikationsform, die Push-Replikation, bei der Informationen an einen Replikationspartner gesendet werden, ist nur manuell anzustoßen. Dies kann über den Replikationsmonitor aus den mit Windows Server 2003 mitgelieferten Supporttools erfolgen.

Alle Änderungen an der Verzeichnisdatenbank, die als sicherheitsrelevant eingestuft sind, werden sofort repliziert, ohne die Triggerzeit abzuwarten, und die Replikationspartner darüber zu informieren. Hierzu zählen Benutzerkontensperrung, Änderungen von Kennwörtern und Änderungen an den FSMO-Rollen der Domänencontroller (siehe ▶ Absatz „Sofortige Replikation" in diesem Kapitel).

Standorte

Der Begriff Standort (Site) definiert eine logische Verbindung von beliebig vielen Computern, die über ein schnelle und zuverlässige Netzverbindung verfügen. Ein Standort wird aus einem oder mehreren IP-Subnetzen gebildet. Da ein Subnetz im Regelfall auch immer ein physisches Netzwerksegment widerspiegelt, dient ein Standort dazu, die physikalische Netzwerkstruktur im Active Directory abzubilden. Ein Netzwerk, das beispielsweise aus fünf Subnetzen besteht, von denen sich drei in Mailand und zwei in Berlin befinden, kann in die beiden Active Directory-Standorte Mailand und Berlin unterteilt werden, wobei jeweils die entsprechenden Subnetze dem richtigen Standort zugeordnet werden.

Das Active Directory verwendet die Standortinformationen folgendermaßen:

- Der KCC erzeugt eine Replikationstopologie, bei der die standortinternen Verbindungen schnellere Replikationsmechanismen verwenden als die standortübergreifenden Verbindungen. Dies hat zur Folge, dass die standortinterne Replikation schneller erfolgt und dadurch das Netzwerk stärker belastet wird.
- Verzeichnisdaten, die bei der Replikation zwischen den Domänencontrollern innerhalb eines Standortes zu übertragen sind, werden nicht komprimiert. Dadurch wird die CPU der DCs nicht weiter durch die Komprimierung belastet.
- Standortinterne Replikationsvorgänge werden angestoßen, sobald eine Änderung auf einem Domänencontroller vorliegt. Die standortübergreifende Replikation erfolgt standardmäßig zeitgesteuert.
- Anwendungen können mit Hilfe der Standortinformationen immer auf einen Domänencontroller zugreifen, zu dem sie eine gute Verbindung besitzen.

Verbindungsobjekte

Um Verzeichnisinformationen zwischen zwei Domänencontrollern austauschen zu können, muss im Active Directory für diese beiden Maschinen ein Verbindungsobjekt generiert werden. Dieses Verbindungsobjekt definiert, dass ein Domänencontroller die Datenbank eines anderen Domänencontroller als Quelle für Replikationsinformationen verwendet (Replikationspartner). Ein Verbindungsobjekt kann nur für eingehende Replikation verwendet werden. Sollen zwei Domänencontroller gegenseitig Verzeichnisinformationen austauschen, so werden hierzu zwei Verbindungsobjekte benötigt. Sobald ein Verbindungsobjekt definiert worden ist, kann es für die Replikation von Informationen aus allen Namenskontexten verwendet werden.

Replikationstopologie

Sobald mehr als ein Domänencontroller am Standort ansässig ist, muss eine Replikationstopologie aufgebaut werden, um die Verzeichnisinformationen zu replizieren. Diese Aufgabe übernimmt standardmäßig der Knowledge Consistency Checker des Active Directory, der immer einen bidirektionalen Ring zwischen den Replikationspartnern bildet. Um zu ermitteln, zwischen welchen Domänencontrollern Verbindungsobjekte generiert werden müssen, um einen bidirektionalen Ring zu bilden, verwendet das KCC die GUIDs der Domänencontroller. Diese werden in einer Liste aufsteigend sortiert und bilden in dieser Reihenfolge den Ring. Der Vorteil dieser Methode besteht darin, dass jeder DC lokal die Replikationstopologie aufbauen und selbstständig Verbindungsobjekte zu seinen Partnern bilden kann. Im folgenden Beispiel verwenden wir der Einfachheit halber nicht eine vollständige GUID (1958f341-3dd2-23a1-9e2b-77832d83223), sondern nur einstellige Zahlen (1).

Bei einem einzelnen Domänencontroller wird keinerlei Replikation benötigt. Dementsprechend gibt es auch keinerlei Replikationstopologie. Wird ein zweiter Domänencontroller mit dem Programm *Dcpromo.exe* in die Domäne integriert, werden hierbei zunächst nur die minimalen Verzeichnisinformationen auf den neuen Domänencontroller kopiert, so dass dieser starten kann und sich selbstständig in die Replikationstopologie einfügt. Die restlichen Verzeichnisdaten werden dann über die Standard-Replikationsmechanismen repliziert. Ferner informiert *Dcpromo.exe* den ersten Domänencontroller darüber, dass nun ein weiterer DC vorhanden ist, so dass dieser ebenfalls Verbindungsobjekte bilden kann. Dieses Vorgehen ist in Abbildung 9.9 dargestellt.

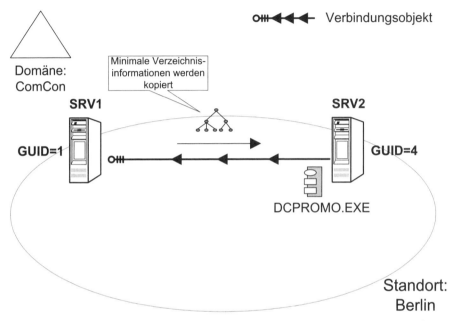

Abbildung 9.9: *Dcpromo.exe erzeugt ein Verbindungsobjekt und kopiert minimale Verzeichnisinformationen von SRV1. Anschließend kann der Domänencontroller starten.*

Nach dem Start des Domänencontroller werden die restlichen Verzeichnisdaten kopiert und auf beiden Maschinen die Replikationstopologie gebildet. Im Beispiel in Abbildung 9.10 wird nur ein Verbindungsobjekt auf jedem DC erzeugt.

Wird nun wie in Abbildung 9.11 ein dritter Domänencontroller (SRV3 mit der GUID 9) in die Domäne eingefügt, so sucht *Dcpromo.exe* einen beliebigen Domänencontroller (in diesem Fall SRV1), erzeugt zu diesem ein Verbindungsobjekt und kopiert grundlegende Verzeichnisinformationen. Nach dem Start des neuen Domänencontroller werden die restlichen Verzeichnisdaten in die neue Verzeichnisdatenbank repliziert. Durch die übertragenen Informationen des Konfigurations-Namenskontexts wird *SRV3* über die Existenz des zweiten Domänencontroller SRV2 informiert und der KCC erzeugt auch zu diesem ein Verbindungsobjekt. Auch SRV2 bekommt die Information über die Existenz von SRV3 über die normale Replikation des Konfigurations-Namenskontexts von SRV1 zugespielt und baut ein neues Verbindungsobjekt auf. *Dcpromo.exe* hat auch SRV1 die Existenz von SRV3 mitgeteilt, worauf auch dort der KCC ein Verbindungsobjekt erzeugt.

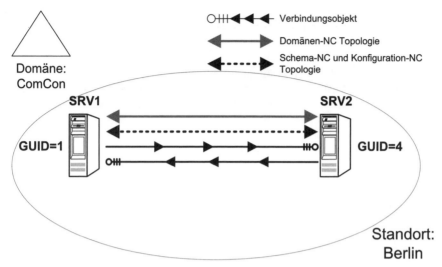

Abbildung 9.10: Für die drei Namenskontexte wird jeweils eine Replikationstopologie gebildet. Diese besteht aus jeweils einem Verbindungsobjekt je DC. Alle Namenskontexte verwenden dieselbe Topologie.

Bei einem vierten Domänencontroller wird, wie in Abbildung 9.12 dargestellt, die Bildung einer Replikationstopologie etwas komplexer. Zunächst wird wie gewohnt der neue DC (SRV4 mit GUID 7) per *Dcpromo.exe* mit grundlegenden Verzeichnisinformationen von einem beliebigen Domänencontroller versorgt. Beim Start des neuen Domänencontroller fügt sich dieser anhand seiner GUID in die Liste der bestehenden Domänencontroller ein und erkennt dadurch seine Replikationspartner SRV2 und SRV3. Zu diesen Replikationspartnern werden nun Verbindungsobjekte erzeugt und die restlichen Verzeichnisdaten bezogen.

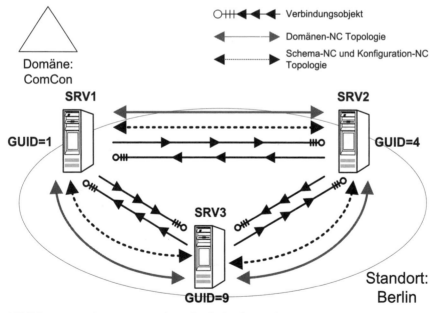

Abbildung 9.11: SRV3 passt sich in den bidirektionalen Ring ein.

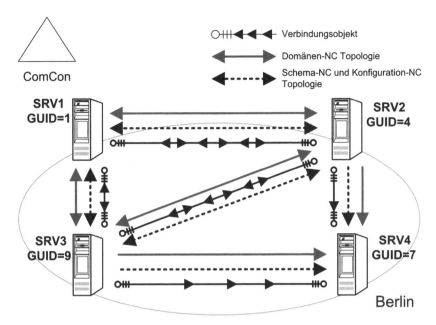

Abbildung 9.12: Dcpromo.exe holt grundlegende Verzeichnis-Informationen von einem beliebigen Domänencontroller. Beim Start des DC ermittelt der KCC anhand der GUID die Replikationspartner und erzeugt die Verbindungsobjekte.

Durch *Dcpromo.exe* wurde der DC, der als Quelle für die grundlegenden Verzeichnisinformationen diente (dies kann ein beliebiger sein), auch über die Existenz des neuen Domänencontrollers SRV4 informiert und leitet diese Information über die gewöhnliche Replikation an die anderen Domänencontroller weiter. Auf jedem existierenden DC wird der neue DC in die Liste der GUIDs aufgenommen, woraus jeder Domänencontroller selbstständig erkennen kann, ob sich an seinen Replikationspartnern durch diese neue Maschine Änderungen ergeben haben. Bei Bedarf werden die neuen Verbindungsobjekte erzeugt und auch nicht mehr benötigte Verbindungsobjekte wieder gelöscht. Auf diese Weise wird sichergestellt, dass immer alle Domänencontroller eines Standorts über einen bidirektionalen Ring miteinander verbunden sind. Dies ist in Abbildung 9.13 dargestellt.

Um sicherzustellen, dass Änderungen an den Verzeichnisdaten möglichst schnell auf alle Domänencontroller gelangen, werden bei sehr großen Installationen Querverbindungen in den Ring eingebaut. Der KCC achtet darauf, dass die Entfernung zwischen zwei Domänencontrollern niemals mehr als drei Hubs beträgt. Ist dies dennoch der Fall, so wird eine bidirektionale Querverbindung in den Ring eingebaut.

Sind an einem Standort zwei Domänen ansässig, so werden weitere Replikationstopologien benötigt. Zu beachten ist hierbei, dass die Domänen zwar unterschiedliche Domänen-Namenskontexte aufweisen, allerdings einen einheitlichen Schema- und Konfigurations-Namenskontext verwenden. Für diese beiden Namenskontexte kann dieselbe Topologie genutzt werden. Für jeden Domänen-Namenskontext wird hingegen eine separate Topologie benötigt. Befinden sich beispielsweise fünf Domänencontroller am Standort Berlin, von denen die drei DCs SRV1, SRV2 und SRV3 zur Domäne *comcon-gmbh.com* und die beiden DCs DEV1 und DEV2 zur Domäne *dev.comcon-gmbh.com* gehören, so werden die in Abbildung 9.14 dargestellten Replikationstopologien am Standort Berlin gebildet.

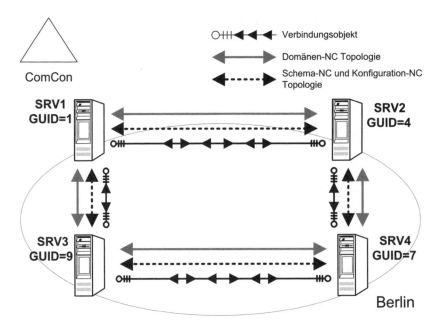

Abbildung 9.13: Die restlichen Domänencontroller werden über die normale Replikation des Konfigurations-Nameskontexts von der Existenz des neuen DC informiert und passen ihre Verbindungsobjekte an. In unserem Beispiel werden die Verbindungsobjekte zwischen SRV3 und SRV2 vom KCC gelöscht.

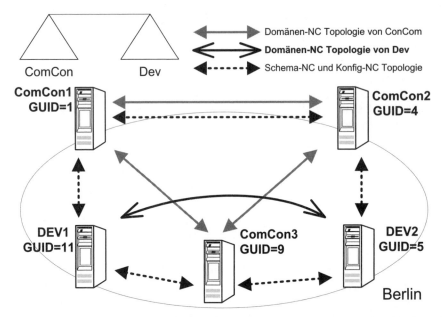

Abbildung 9.14: Sind an einem Standort zwei Domänen ansässig, so werden drei Replikationstopologien gebildet. Der Übersichtlichkeit wegen haben wir in diesem Bild auf die 8 Verbindungsobjekte zwischen den DCs verzichtet.

Bei der bisher behandelten standortinternen Replikation steht die Geschwindigkeit, mit der die Daten auf andere Domänencontroller verteilt werden, im Vordergrund. Die Netzbelastung spielt hierbei eine untergeordnete Rolle, da die Maschinen per Definition an einem Standort über eine »gute« Netzwerkverbindung verfügen. Bei der im Folgenden beschriebenen standortübergreifenden Replikation ist diese »gute« Netzverbindung nicht gegeben, so dass hier beim Aufbau einer Replikationstopologie andere Kriterien zu beachten sind.

Standortübergreifende Replikation

Da man bei der standortübergreifenden Replikation davon ausgeht, dass die zur Verfügung stehende Bandbreite gering ist, wurde diese Art der Replikation auf minimierten Datenverkehr hin optimiert. Dies wird dadurch erreicht, dass die Daten standardmäßig vor der Übertragung auf ca. 15% ihres ursprünglichen Volumens komprimiert werden, was natürlich zu Lasten der Server-CPUs geschieht. Beim Einsatz von Windows Server 2003 kann die Komprimierung der Daten auch deaktiviert werden, was allerdings nur bei sehr schnellen WAN-Leitungen zu empfehlen ist.

Während die standortinterne Replikation sicherstellt, dass alle Domänencontroller eines Standorts möglichst schnell mit den aktuellen Verzeichnisdaten versorgt werden, ist die standortübergreifende Replikation dafür zuständig, dass Verbindungen zwischen den Standorten geschaffen werden und die Verzeichnisdaten von Standort zu Standort gelangen. Standortverknüpfungen sind abhängig von den Replikationskosten und dem Zeitplan, zu dem die Datenübertragung durchgeführt werden soll.

Die Replikationskosten, die jeder Standortverknüpfung zugeordnet werden müssen, repräsentieren die Geschwindigkeit einer Netzverbindung. Je schneller eine Verbindung zwischen Standorten ist, desto niedriger sind die bei der Replikation entstehenden Kosten. Der Standardwert für eine neu erzeugte Standortverknüpfung ist auf den Kostenfaktor *100* gesetzt.

Da im Gegensatz zur standortinternen Replikation standardmäßig keine Benachrichtigung zwischen den Standorten erfolgt, wenn sich Verzeichnisdaten ändern, muss für den Datenaustausch ein Zeitplan festgelegt werden. Das darin angegebene Intervall bestimmt, wann ein Standort einen anderen Standort auf Verzeichnisänderungen hin überprüft. Dieses Intervall kann für jede einzelne Standortverknüpfung vollständig konfiguriert werden und beträgt standardmäßig 180 Minuten. Mit Windows Server 2003 kann nun auch für die standortübergreifende Replikation eine Benachrichtigung bei Änderungen am Verzeichnis aktiviert werden. Dies ist zwar mit erhöhter Belastung des Netzwerkes verbunden, verringert allerdings die Zeiten bis die vorgenommenen Änderungen von einem Standort zum nächsten übertragen werden (siehe ▶ Replikationsverzögerung später in diesem Kapitel).

Auch wenn Verbindungsobjekte von Administratoren manuell erzeugt und gelöscht werden können, so wacht der KCC immer über mögliche Inkonsistenzen in der unternehmensweiten Replikationstopologie. Wird vom KCC erkannt, dass ein Domänencontroller durch fehlerhafte Konfiguration vom Unternehmen isoliert ist, dieser aber mit anderen DCs kommunizieren muss, so werden umgehend die benötigten Verbindungsobjekte erstellt. Im Regelfall sollten weitere Verbindungsobjekte nur dann manuell eingerichtet werden, wenn die standardmäßigen maximalen drei Replikationshubs auf weniger verkürzt werden sollen, um dadurch die Replikation zu beschleunigen. Verbindungen, die manuell angelegt wurden, werden vom KCC niemals gelöscht, sondern bei der Bildung der weiteren Topologie berücksichtigt.

Replikationsprotokolle

Für die Übertragung der Daten werden von den Replikationsmechanismen zwei verschiedene Protokolle genutzt:

- Synchrone Übertragung über Remoteprozeduraufrufe (RPCs) mittels TCP/IP
- Asynchrone Übertragung über Simple Mail Transfer Protocol (SMTP) unter Verwendung der Collaborative-Data-Objects-Schnittstelle (CDOv2) sowie der SMTP-Komponenten des im Lieferumfang von Windows Server 2003 enthaltenen IIS 6.0

Hierbei nutzt die standortinterne Replikation nur RPCs, wogegen die standortübergreifende Replikation beide Protokolle nutzen kann. Standortintern werden Replikationsdaten nicht komprimiert. Dies spart CPU-Leistung der Domänencontroller. Für die standortübergreifende Replikation werden die Replikationsdaten standardmäßig auf ca. 15% ihres ursprünglichen Volumens reduziert, wodurch der Netzverkehr über die langsamen WAN-Leitungen erheblich reduziert wird. Mit dem Einsatz von Windows Server 2003 kann jedoch die Kompression der Daten bei standortübergreifender Replikation ausgeschaltet werden, um bei schnellen Netzwerken die CPU der Domänencontroller zu entlasten.

Das RPC-Protocol kann für die Replikation von beliebigen Verzeichnisdaten verwendet werden, steht also für den Austausch von Informationen über alle Namenskontexte zur Verfügung. Die SMTP-Übertragung unterliegt hier gewissen Einschränkungen, da sie nur für die Replikation des Schema- und Konfigurations-Namenskontexts sowie zum Abgleich der Global-Catalog-Informationen verwendet werden kann. Für die Replikation des Domänen-Namenskontexts kann SMTP nicht eingesetzt werden. Dies ist damit begründet, dass manche Vorgänge innerhalb der Domäne (z.B. globale Richtlinien) die Unterstützung des File Replication Service (FRS) voraussetzen, der eine asynchrone Übertragungsart wie SMTP nicht unterstützt.

Bridgehead-Server

Ein Bridgehead-Server stellt den Verbindungspunkt eines Standorts zu anderen Standorten dar. Als Bridgehead-Server kann ein beliebiger Domänencontroller gewählt werden, der über die bestmögliche Netzwerkanbindung zu den anderen Standorten verfügt. Von dieser Maschine aus werden Verbindungsobjekte zu den Bridgehead-Servern der anderen verbundenen Standorte gebildet. Auf diese Weise kann sichergestellt werden, dass nur von bestimmten Maschinen des Standorts Verbindungen zu anderen Standorten aufgebaut werden. Dies ist auch beim Einsatz von Firewalls notwendig, da diese so konfiguriert werden können, dass der Datenaustausch für diesen Bridgehead-Server gestattet wird. An einem Standort können beliebig viele Bridgehead-Server konfiguriert werden, allerdings kann immer nur einer davon aktiv sein. Sind mehrere Bridgehead-Server an einem Standort konfiguriert, so kann im Falle eines Ausfalls des aktiven Bridgehead-Servers ein anderer Rechner dafür verwendet werden. Wird kein DC als expliziter Bridgehead-Server konfiguriert, so wird ein beliebiger DC des Standorts für diese Aufgabe verwendet. Zu beachten ist hierbei, dass sobald ein DC als expliziter Bridgehead-Server angegeben wird, das System im Falle des Ausfalls dieser Maschine, keinen anderen DC des Standorts für dies Aufgabe verwendet. In diesem Fall wäre dann der Standort solange von der Replikation ausgeschlossen, bis der ausgewählte Server wieder online ist, oder ein anderer DC mit dieser Aufgabe betraut wird. Dies muss dann aber zumindest an dem betroffen Standort und an einem weiteren Standort konfiguriert werden, da ja zu diesem Zeitpunkt keinerlei standortübergreifende Replikation erfolgt und dementsprechend andere Standorte von dieser Konfigurationsänderung nichts erfahren würden. Abbildung 9.15 zeigt die Replikation über Bridgehead-Server an drei verschiedenen Standorten.

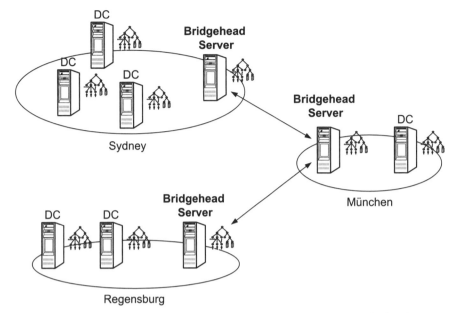

Abbildung 9.15: Standortübergeifende Replikation wird über die Bridgehead-Server abgewickelt.

Inter Site Topology Generator (ISTG)

Der Inter Site Topology Generator ist der Teil des KCC, welcher für die Berechnung der standortübergreifenden Replikationstopologie zuständig ist. Der ISTG ist als Thread von *Lsass.exe* implementiert, wird aber vom KCCs gestartet und berechnet standardmäßig alle 15 Minuten die Topologie für die gesamte standortübergreifende Replikation. Je Standort wird der ISTG allerdings nur auf einem DC ausgeführt und repliziert seine Ergebnisse über die Replikationstopologie über die standortinterne Replikation an alle DCs dieses Standorts.

Der Algorithmus, welcher für die Berechnung der standortübergreifenden Replikationstopologie zum Einsatz kommt, hat den Schönheitsfehler, dass dort die Anzahl der im gesamten Forest vorhandenen Standorte im Quadrat einfließt. Dies hat zur Folge, dass die Zeit für die Berechnung der Topologie mit zunehmender Anzahl von Standorten exponentiell zunimmt. Ab einer gewissen Anzahl von Standorten ist die Maschine, auf welcher der ISTG ausgeführt wird, ausschließlich damit beschäftigt, Topologien für die standortübergreifende Replikation zu berechnen und wird damit niemals mehr fertig, da ja alle 15 Minuten eine Neuberechung gestartet wird. Wo diese Grenze genau liegt, ist abhängig von der Anzahl der Domänen im Forest, sowie natürlich von der eingesetzten CPU des Domänencontrollers. Als Faustregel kann man aber sagen, dass man sich ab ca. 100 Standorten mit diesem Thema befassen muss und dann entsprechend der jeweiligen Umgebung eine Entscheidung treffen muss. Ist ein Unternehmen von dieser Problematik betroffen, so bleibt nur die Möglichkeit, die Berechnung der standortübergreifenden Replikationstopologie vollständig zu deaktivieren und die entsprechenden Verbindungsobjekte komplett selbst zu definieren und anzulegen.

Das Problem des ISTGs wurde erkannt und mit Windows Server 2003 ein neuer Algorithmus eingeführt, bei dem die Anzahl der Standorte nicht mehr quadratisch, sondern linear Einfluss nimmt. Somit können nun auch Unternehmen mit einer sehr großen Anzahl von Standorten die Replikationstopologie automatisch berechnen lassen, da von dieser Seite keinerlei Beschränkungen mehr zu erwarten sind. Dieser neue Algorithmus kommt allerdings erst dann zum Einsatz, wenn sich der Forest im Functional Level *Windows Server 2003* befindet.

Standortverknüpfungen (Site Links), sind Standortverknüpfungen, oder?

Ein Standortverknüpfungs-Objekt repräsentiert die Netzwerkverbindung zwischen zwei oder mehreren Standorten. Diese Netzwerkverbindungen sollen innerhalb eines Standortverknüpfungs-Objekts gleichartig sein und somit denselben Kostenfaktor aufweisen. Alle Standorte, die über gleichartige Netzwerkverbindungen zusammengeschaltet sind, sollten im selben Standortverknüpfungsobjekt zusammengefasst sein. Dieses Standortverknüpfungs-Objekt entspricht dann der aktuellen WAN-Verbindung.

Um ein Standortverknüpfungs-Objekt einzurichten, müssen folgende Parameter bestimmt werden:

- Kostenfaktor für diese Verbindung. Dies ist eine Zahl von eins bis hundert, die vom KCC verwendet wird, um die Kosten für die Replikation zu bestimmen.
- Standorte, die in diesem Standortverknüpfungs-Objekt zusammengefasst sind.
- Zeiten, zu denen dieses Standortverknüpfungs-Objekt genutzt werden kann. Somit kann z.B. die Verwendung von Wählverbindungen für die Verzeichnisreplikation auf die kostengünstigeren Nachttarife beschränkt werden.

Auf diese Weise können beispielsweise drei Standorte, die sich in einem vollständig gerouteten Netzwerk mit hoher Bandbreite befinden, in einem Standortverknüpfungs-Objekt zusammengefasst werden. Der ISTG kann in diesem Fall beliebige Verbindungen zwischen allen den beteiligten Bridgehead-Servern aufbauen, so dass jeder Bridgehead-Server mit jedem anderen Bridgehead-Server Daten austauschen kann. Der ISTG wird allerdings trotzdem darauf achten, dass das Netzwerk möglichst gering durch die Replikation belastet wird, und jeweils nur ein Verbindungsobjekt zwischen den Standorten generieren wie dies in Abbildung 9.16 dargestellt ist.

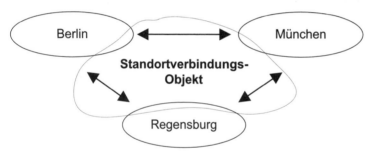

Abbildung 9.16: *Drei Standorte werden in einem Standortverknüpfungs-Objekt zusammengefasst, so dass Replikationsvorgänge zwischen jedem Bridgehead-Server dieser Standorte möglich sind.*

Bestehen zwischen den Standorten unterschiedliche Netzwerkverbindungen, so sollen auch unterschiedliche Standortverknüpfungs-Objekte definiert werden. Ist wie in Abbildung 9.17 beispielsweise nur eine 64KBit-Verbindung zwischen *Sydney* und *München* und zwischen *München* und *Regensburg* eine 2-MBit-Leitung vorhanden, so sollten hier zwei separate Standortverknüpfungs-Objekte mit unterschiedlichen Kostenfaktoren erzeugt werden.

Standortverknüpfungs-Objekte sind standardmäßig transitiv. Dies bedeutet, dass Verbindungsobjekte direkt von einem Bridgehead-Server in *Regensburg* zu einem Bridgehead-Server in *Sydney* durch den ISTG aufgebaut werden können. Dieses transitive Verhalten kann allerdings deaktiviert und die entsprechende Funktionalität mit den im Folgenden beschriebenen Standortbrücken-Objekten realisiert werden.

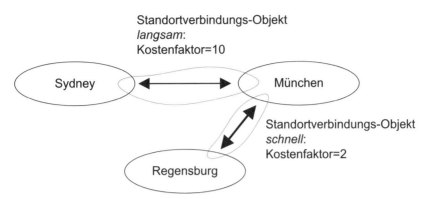

Abbildung 9.17: Bei unterschiedlichen Netzwerkverbindungen müssen auch verschiedene Standortverknüpfungs-Objekte erzeugt werden.

Standortbrücken

Ein Standortbrücken-Objekt wird benötigt, um bei deaktiviertem transitiven Verhalten der Standortverknüpfungs-Objekte, dennoch Verbindungsobjekte zwischen den verschiedenen Bridgehead-Servern anlegen zu können. Es stellt einen Zusammenschluss von mehreren Standortverknüpfungen dar und bietet damit die Möglichkeit, dass auch Bridgehead-Server von Standorten, die zu verschiedenen Standortverknüpfungs-Objekten gehören, miteinander kommunizieren können. Wie gesagt, wird diese Funktionalität nur dann benötigt, wenn das transitive Verhalten von Standort-Verbindungs-Objekten deaktiviert wurde und die Verbindungswege manuell beeinflusst werden sollen. Übertragen auf ein IP-Netzwerk stellt die Standortbrücke einen Router dar. Auf das in Abbildung 9.18 dargestellte Beispiel angewandt, würde das Einrichten eines Standortbrücken-Objekts zwischen den Standortverknüpfungs-Objekten *schnell* und *langsam* eine Kommunikation der Bridgehead-Server aus *Sydney* und *Regensburg* zum Kostenfaktor *12* ermöglichen. Dieser Faktor ergibt sich aus der Addition der beiden zusammengeschalteten Standortverknüpfungen.

- *Sydney* mit *München* über die Standortverknüpfung *Langsam* mit dem Kostenfaktor *10*
- *München* mit *Regensburg* über die Standortverknüpfung *Schnell* mit dem Kostenfaktor *2*

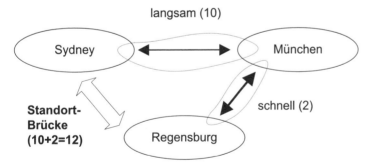

Abbildung 9.18: Mit einem Standortbrücken-Objekt können mehrere Standortverknüpfungen zusammengeschaltet werden. Somit können beliebige Bridgehead-Server der beteiligten Standorte zu einem definierten Kostenfaktor kommunizieren.

Wir möchten allerdings hier nochmals darauf hinweisen, dass Standortbrücken-Objekte nur dann benötigt werden, wenn das transitive Verhalten der Standort-Verbindungs-Objekte deaktiviert wurde.

Verzeichnisreplikation

Bildung der Replikationstopologie

Bei der Bildung der Replikationstopologie gibt es drei Möglichkeiten, die teilweise auch vermischt werden können.

1. **Automatische Erstellung der Replikationstopologie** Hierbei werden alle Verbindungsobjekte durch den KCC erstellt. Dies gilt sowohl für die vom ISTG berechneten standortübergreifenden Verbindungen als auch für die durch den KCC selbst berechneten standortinternen Verbindungen. Gegebenenfalls werden Verbindungsobjekte durch den KCC auch wieder gelöscht. Diese Methode ist in kleinen Umgebungen mit wenig Standorten empfehlenswert.
2. **Automatische Erstellung mit Einflussnahme durch Tipps der Administrationsgruppe** In diesem Fall werden die Verbindungsobjekte ebenfalls durch den KCC erstellt. Allerdings kann die Administrationsgruppe durch gezielte Standortverknüpfungen und Standortbrücken Tipps an den KCC geben, wie dieser die Topologie effektiv gestalten soll. Dies ist das bevorzugte Vorgehen in großen Umgebungen mit einer Vielzahl von Standorten. Auch wenn eine spezielle Topologie, z.B. Hub-Spoke für Fillialumgebungen, gebildet werden soll, ist dies die empfehlenswerte Methode. Vorteilhaft ist hierbei, dass weiterhin durch das System eine Ausfallsicherheit gewährleistet ist, ohne dass manuell eingegriffen werden muss.
3. **Manuelle Erstellung der Replikationstopologie** Bei dieser Methode wird die automatische Bildung der Replikationstopologie standortübergreifend oder auch standortintern deaktiviert. Alle Verbindungsobjekte zwischen den Domänencontrollern müssen dann manuell erstellt und konfiguriert werden. Auf diese Weise hat die Gruppe der Administratoren zwar optimale Kontrolle über die angewendete Replikationstopologie, allerdings müssen auch alle Vorkehrungen zur Ausfallsicherung selbst getroffen werden. Diese Methode ist nur bei sehr großen Umgebungen mit extrem vielen Standorten empfehlenswert, da hier zumindest Windows 2000 Probleme hat.

Replikationsverzögerung

Bei Active Directory handelt es sich um einen verteilten Verzeichnisdienst. Dies bedeutet, dass Änderungen an beliebigen Domänencontrollern vorgenommen werden können und dann von dort aus auf alle andern DCs übertragen werden. Dies hat zur Folge, dass nicht immer alle DCs einer Domäne über eine einheitliche Datenbasis verfügen, sondern diese erst mit zeitlicher Verzögerung im Netzwerk verteilt wird. Dieser Effekt wird als Replikationsverzögerung oder auch Replication Latency bezeichnet.

Um die maximale Replikationsverzögerung zwischen einem beliebigen Domänencontroller und den restlichen DCs des Forest zu ermitteln, muss die längstmögliche Zeit für die Replikation über alle daran beteiligten Verbindungen ermittelt werden. Bei der Bestimmung der Replikationsverzögerung innerhalb eines Standortes ist das Ergebnis ein relativ kurzer Zeitraum, da Änderungen im schlimmsten Fall nach 5 Minuten zwischen 2 Replikationspartnern ausgetauscht werden und je Standort maximal 3 DC überbrückt werden müssen. Innerhalb eines Standortes ist die längste anzunehmende Zeit für die Replikation mit 3 x 5 = 15 Minuten zu kalkulieren. Dabei wird allerdings davon ausgegangen, dass 6 DCs oder mehr am Standort sind und jedes Mal die vollen 5 Minuten bis zur nächsten Benachrichtigung des Replikationspartners vergehen. Im Regelfall werden aber nicht so viele DCs an einem Standort benötigt und Murphy's Gesetz bezüglich des Benachrichtigungsintervall trifft auch nicht immer zu (nur dann wenn es dringend ist). Man kann also meist mit bedeutend kürzeren Zeiten für die Replikationsverzögerung rechnen (aber sich nicht darauf verlassen).

Bei der standortübergreifenden Replikationsverzögerung spielen zwei Bereiche zusammen. Zunächst müssen die Änderungen von einem DC zum Bridgehead-Server an diesem Standort. Dies dauert, wie gerade erwähnt im schlimmsten Fall 15 Minuten. Von dort aus müssen die Änderungen an alle Standorte weitergeleitet werden und hierbei spielen der Zeitplan der Replikation sowie die Replikationshäufigkeit die entscheidende Rolle. Die Standardwerte für die beiden Parameter sind so eingestellt, dass alle 3 Stunden zwischen 2 Standorten Informationen ausgetauscht werden und dies rund um die Uhr geschieht. Von Bridgehead-Server zu Bridgehead-Server zweier Standorte beträgt die Replikationsverzögerung also maximal 180 Minuten, sofern mit den Standardeinstellungen gearbeitet wird. Vom Bridgehead-Server des Zielstandortes werden dann erneut maximal 15 Minuten benötigt um die Informationen auf alle DCs dieses Standorts zu verteilen.

In der Summe kommt man hierbei auf 15 + 180 + 15 = 210 Minuten maximale Replikationsverzögerung, bis Änderungen von einem Standort zu einem andern repliziert sind. Dieser Wert gilt allerdings nur, wenn Windows Server 2003 die Replikationswege ohne manuelle Eingriffe selbst berechnen und konfigurieren kann. Sobald durch eine Administratorin manuell eingegriffen und optimiert wird, kann diese Zeit erheblich kürzer, aber auch erheblich länger werden. Es ist stets eine Herausforderung ein ausgewogenes Verhältnis zwischen möglichst schneller Replikation und einer geringst möglichen Netzwerkbelastung zu finden.

Sofortige Replikation

Manche Dinge sind so wichtig, dass sie keinerlei Aufschub zulassen. Besonders wenn es um sicherheitsrelevante Änderungen im Active Directory geht, müssen diese umgehend allen Domänencontrollern bekannt gegeben werden. Hierfür hat Microsoft den Mechanismus der sofortigen Replikation (Urgent Replication) eingeführt. Hierbei werden besonders dringliche Änderungen sofort an alle Replikationspartner eines DCs innerhalb desselben Standortes weitergeleitet. Die als besonders dringlich eingestuften Änderungen sind folgende:

- Änderungen an der Kennwortrichtlinie der Domäne
- Änderungen an der Kontosperrungsrichtlinie der Domäne
- Übertragung der RID-Pool FSMO-Rolle auf einen anderen Domänencontroller
- Änderungen an den Authentifizierungsnachweisen der LSA (lokalen Sicherheitsautorität) eines DCs – das Passwort des Computerkontos eines DCs hat sich geändert

Soll die sofortige Replikation auch über Standortgrenzen hinweg stattfinden, so muss die Benachrichtigung des Replikationspartners auch über die Standortgrenzen hinweg sofort aktiviert werden.

Änderungen an den Sicherheitseinstellungen eines Benutzers, wie z.B. Änderung des Passworts oder Sperren des Benutzerkontos, sind noch wichtiger und werden nicht über den Mechanismus der sofortigen Replikation abgewickelt.

Finden solche Änderungen an einem Benutzerobjekt statt, so werden diese direkt vom Domänencontroller, auf dem die Änderung vorgenommen wurde, zum PDC-Emulator der Domäne übertragen. Diese Form der Replikation umgeht den Bridgehead-Server und baut eine direkte RPC-Verbindung mit dem PDC-Emulator auf, unabhängig davon, ob sich dieser innerhalb des Standortes oder an einem beliebigen anderen Standort befindet. Von dort aus werden die Änderungen über den herkömmlichen langsameren Replikationsweg an die anderen DCs der Domäne verteilt. Versucht sich der Benutzer mit seinem neuen Passwort an einem Domänencontroller anzumelden, der die Änderung des Passwortes noch nicht erhalten hat, so kontaktiert dieser automatisch ebenfalls den PDC-Emulator und lässt dort das Passwort überprüfen, ehe er die Anmeldung verweigert.

Global Catalog

Der Global Catalog (GC) verfügt über eine Teilkopie aller Domänen-Namenskontexte des gesamten Forests. Alle Objekte sind hier zumindest mit ihrem DN wieder zu finden. Welche weiteren Attribute eines Objekts im Global Catalog sonst noch veröffentlicht werden sollen, liegt in der Entscheidungsfreiheit der Administratorin. Allerdings sollten hier nicht zu viele Attribute aufgenommen werden, da sonst der Datenverkehr durch die Replikation stark zunimmt. Bei Windows 2000 hat die Aufnahme eines Attributes in den Global Catalog den vollständigen Neuaufbau und damit auch eine Vollreplikation des GCs auf alle Global-Catalog-Server zur Folge. Bei Windows Server 2003 ist dies nicht mehr der Fall, so dass speziell langsame Netzwerkverbindungen weniger durch Replikationsverkehr belastet werden.

Um den Clients einen schnellen Zugriff auf die Informationen des GC zu ermöglichen, sollte im Normalfall mindestens immer ein Global-Catalog-Server pro Standort verfügbar sein. Jeder Domänencontroller kann so konfiguriert werden, dass er zusätzlich zu seinen normalen Namenskontexten auch noch die Teilkopien der anderen Domänen-Namenskontexte mit verwaltet und somit Global-Catalog-Server wird. In einem Unternehmen, das über die beiden Domänen *comcon.net* und *dev.comcon.net* verfügt, würde die Verzeichnisdatenbank eines Global-Catalog-Server wie in Abbildung 9.19 dargestellt aussehen:

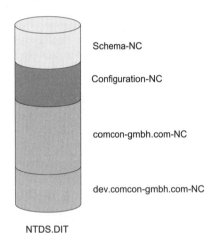

Abbildung 9.19: *Ein Domänencontroller der Domäne comcon.net, der darüber hinaus auch noch Global-Catalog-Server ist, verwaltet zusätzlich zu seinen drei Namenskontexten noch die Teilkopie des Domänen-Namenskontexts dev.comcon.net.*

Bei der Replikation der Verzeichnisdaten müssen zu einem Global-Catalog-Server nur Teile des Domänen-Namenskontexts von anderen Domänen repliziert werden. Der Schema- und Konfigurations-Namenskontext muss hingegen wie bei jedem anderen Domänencontroller auch auf den Global-Catalog-Server übertragen werden. Die Rolle eines Global-Catalog-Server ist daher nur eine Erweiterung der Funktionalität eines DC. Dementsprechend muss diese Maschine auch leistungsstärker ausgelegt sein als normale Domänencontroller. Die Erweiterung der Datenbank durch die GC Funktionalität ist in Abbildung 9.20 aufgezeigt.

Um dies zu erreichen, wird ein Global-Catalog-Server, wie in Abbildung 9.21 dargestellt, in die Replikationstopologie des Domänen-Namenskontexts aller Domänen am Standort als passives Mitglied integriert. Dies hat keinerlei Auswirkungen auf die bestehenden Replikationstopologien. Die zusätzlich geschaffenen Verbindungsobjekte werden nur für die Replikation der Teilkopien des Domänen-Namenskontexts verwendet.

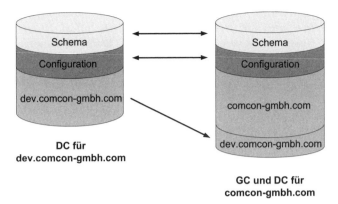

Abbildung 9.20: *Ein Global-Catalog-Server verwaltet zu den Namenskontexten seiner eigenen Domäne noch zusätzlich Teilkopien der Domänen-Namenskontexte aller anderen Domänen des Forests.*

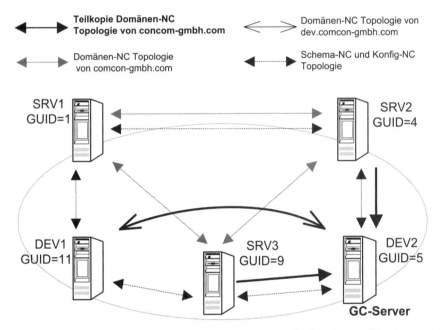

Abbildung 9.21: *Der GC-Server wird als passives Mitglied in die Replikationstopologie integriert.*

Bei der Anmeldung eines Benutzers an einer Domäne muss der authentifizierende Domänencontroller die Mitgliedschaft des Benutzers in universellen Gruppen überprüfen und gegebenenfalls die SIDs der universellen Gruppen in das Access-Token des Benutzers packen. Da die Mitgliedschaft in universellen Gruppen nur im Global Catalog hinterlegt ist, muss der DC für diese Überprüfung eine Anfrage an den GC senden. Ist der GC, z.B. wegen eines Netzwerkausfalls nicht verfügbar, verweigert der DC die Anmeldung des Benutzers. Windows Server 2003-Domänencontroller können nun die Mitgliedschaft eines Benutzers in einer universellen Gruppe zwischenspeichern und sind somit in der Lage, einen Benutzer auch dann zu authentifizieren, wenn kein GC verfügbar ist. Allerdings funktioniert dies nur dann, wenn der Benutzer zumindest ein Mal von diesem DC validiert worden ist und sich somit seine Mitgliedschaften in universellen Gruppen im Cache des DCs befinden. Sobald dies

Verzeichnisreplikation

der Fall ist, aktualisiert der DC in gewissen Intervallen die aktuellen universellen Gruppenmitgliedschaften aller Benutzerkennungen, die sich in seinem Zwischenspeicher befinden. Somit ist sichergestellt, dass sich diese Benutzer auch ohne einen verfügbaren GC-Server, an der Domäne anmelden können und das Access-Token dieser Benutzer auch alle Gruppen-SIDs enthält, bei denen dieser Benutzer aktuell Mitglied ist.

10 Implementieren von Active Directory

195   Überblick
198   Zusammenstellen der Informationen
203   Active Directory-Design

Überblick

Active Directory ermöglicht es, die Unmenge der in einem Unternehmen vorhandenen Daten strukturiert zu verwalten und vor allem diese Daten auch wieder zu finden. Der Aufbau des Active Directory, die verwendeten Dienste und die zugrunde liegenden Standards wurden in den vorangegangenen Kapiteln beschrieben.

Hier soll nun die Planung und Implementierung eines Netzwerkes mit Active Directory behandelt werden. Leider gibt es hierzu kein allgemeingültiges Rezept, da die Anforderungen der einzelnen Unternehmen einfach zu unterschiedlich sind. Daher können wir an dieser Stelle nur allgemeine Tipps und Anregungen für die Implementierung geben und daraus wichtige Fragestellungen für die eigene Planung ableiten.

Bei dem Versuch, dem bisher abstrakten Active Directory Leben einzuhauchen, wird man auf vier verschiedene Szenarien treffen, die natürlich auch in Mischformen existieren.

- Active Directory wird auf der »grünen Wiese« neu aufgebaut.
- Aktualisierungen von NT-Domänen auf eine Active Directory-Struktur.
- Upgrade von Windows 2000 Server auf Windows Server 2003
- Migration von anderen Verzeichnisdiensten.

In diesem Kapitel wird zunächst rein auf die Konzeption einer neuen Active Directory-Umgebung eingegangen. Dieses Wissen dient als Basis für die im ▶ Kapitel 11 besprochenen Aktualisierungen von NT-Domänen, beziehungsweise Windows 2000. Im Folgenden werden zunächst ein paar Ansätze für die allgemeine Einführung eines IT-Systems betrachtet, ehe in den weiteren Abschnitten auf die speziellen Schritte für die erfolgreiche Implementation des Active Directory eingegangen wird.

Der Kontext eines Active Directory-Projekts

Das Active Directory ist als Verzeichnisdienst eine zentrale Komponente der IT-Infrastruktur und damit der gesamten IT-Landschaft. Es muss sich mit anderen IT-Infrastruktur-Lösungen genauso gut integrieren, wie mit den unterschiedlichen Anwendungen im Unternehmen, egal ob diese auf Clients oder Servern laufen. Erste Überlegungen zum Active Directory als Verzeichnisdienst sollten deshalb bereits in der Enterprise Architecture eines Unternehmens ihren Niederschlag finden. Eine Enterprise

Architecture ist die erste Phase eines IT-Lebenszyklus. Microsoft hat für diesen Lebenszyklus das Enterprise Services Framework (ESF) entwickelt.

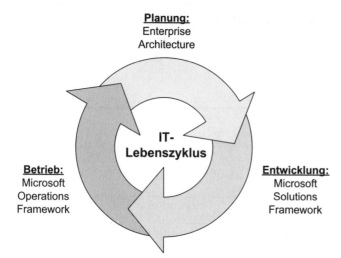

Abbildung 10.1: Enterprise Services Framework von Microsoft

Der IT-Lebenszyklus im Enterprise Services Framework von Microsoft beginnt wie in Abbildung 10.1 dargestellt mit der *Planung* durch eine *Enterprise Architecture*. Die *Entwicklung* von IT-Lösungen wird mit Hilfe des *Microsoft Solutions Framework* (MSF) bewerkstelligt. Das *Microsoft Operations Framework* (MOF) regelt den *Betrieb* von IT-Lösungen.

Enterprise Architecture

Im Rahmen der Enterprise Architecture werden alle IT-Systeme im Unternehmen geplant. Dies geschieht in der Regel durch die Entwicklung von unterschiedlichen Architekturen, z.B. einer so genannten Systemarchitektur. Die Enterprise Architecture beschäftigt sich mit IT-Lösungen, die bestimmte Geschäftsprozesse umsetzen und mit der Gestaltung der dafür benötigten IT-Infrastruktur. Eine ERP-Lösung, wie beispielsweise SAP, kann als IT-Geschäftslösung bezeichnet werden, das Active Directory eines Unternehmens als IT-Infrastrukturlösung.

Einen Schritt in Richtung Enterprise Architecture ist Microsoft mit einer Referenzarchitektur für IT-Infrastrukturen auf Basis von Microsoft-Technologien gegangen. Die Microsoft Systems Architecture (MSA) ist eine modelbasierte IT-Systemarchitektur. Es ist eine Sammlung von getesteten Entwürfen für die Infrastrukturkomponenten in einer Produktionsumgebung. Die MSA umfasst skalierbare Hardware- und Softwarekonfigurationen, sowie Hinweise zur Überprüfung von Zusammenarbeit, Leistungsfähigkeit und Skalierbarkeit von IT-Systemen. Sie enthält außerdem Werkzeuge und Skripte zur automatischen Installation und stellt mögliche Lösungsdesigns vor. Jede empfohlene Konfiguration wird in den MSA-Labors ausgiebig getestet. Die Microsoft Systems Architecture beschreibt ebenfalls wie existierende IT-Infrastrukturen und die neue Systemarchitektur integriert werden können.

Die MSA gliedert sich in drei Bereiche:

- **Enterprise Data Center (EDC)**   beschreibt die unternehmensweite IT-Infrastruktur innerhalb der Firewalls.
- **Internet Data Center (IDC)**   beschreibt die IT-Infrastruktur für E-Business-Lösungen außerhalb der Firewalls.

- **Departmental Data Center (DDC)** beschreibt die IT-Infrastruktur für einzelne Unternehmensbereiche oder Abteilungen. Das DDC geht also von einer dezentralen IT-Infrastruktur aus. Die Struktur entspricht dem des EDC. Die Konfigurationen sind entsprechend den Anforderungen angepasst.

Für jeden dieser Bereiche gibt es zwei Arten von Systemarchitekturen. Reference Architectures beschreiben welche Hardware und Software für den Aufbau und den Betrieb einer Produktionsumgebung benötigt werden. Prescriptive Architectures beschreiben die Konfigurationen der einzelnen Infrastrukturkomponenten. Weitere Informationen zum Thema Microsoft Systems Architecture finden Sie auf der Website von Microsoft.

Microsoft Solutions Framework (MSF)

Das MSF beschreibt, wie IT-Lösungen entwickelt werden. Es kann sowohl für IT-Geschäftslösungen, als auch für IT-Infrastrukturlösungen verwendet werden. Entsprechend der Aufgabenstellung kann es diesbezüglich angepasst werden. Beispielsweise ist das Teammodell in einem Softwareentwicklungsprojekt anders, als in einen Infrastrukturprojekt. Es handelt sich um ein Framework, das noch auf die individuellen Bedürfnisse eines Unternehmens angepasst werden kann.

Microsoft Operations Framework (MOF)

Nachdem eine IT-Lösung entwickelt wurde, geht sie in Produktion. Auch dafür sind Prozesse und Strukturen zu definieren, um den optimalen Betrieb zu gewährleisten. Das MOF bietet die Grundlage für die Entwicklung eines Betriebskonzepts und die laufenden administrativen Aufgaben im Unternehmen.

Weitere Informationen zu MSF und MOF finden Sie auf der Website von Microsoft unter *http://www.microsoft.com/germany/mof/*. Zum Thema Enterprise Architecture finden Sie bei Microsoft selbst leider nur wenige Informationen. Sollten Sie jedoch Interesse haben, finden Sie unter *http://www.enterprise-architectures.net* eine entsprechende Sammlung von Links und Literaturhinweisen.

In Bezug auf das Active Directory kann das Thema IT-Lebenszyklus wie folgt zusammengefasst werden:

- Innerhalb der Enterprise Architecture wird das Active Directory im Rahmen der Systemarchitektur geplant.
- Mittels des MSF wird das Active Directory-Projekt geplant und durchgeführt.
- Auf Basis des MOF wird das Active Directory betrieben. Dazu gibt es von Microsoft auch einen Active Directory Operations Guide, den Sie von der Microsoft Website herunterladen können.

Analyse der IT-Infrastruktur

Die ständigen Änderungen auf dem EDV-Sektor machen das Leben eines IT-Managers nicht einfach. Andererseits ist genau diese ständige Veränderung das tägliche Brot dieses Berufsstandes. Während der Kampf mit 20 Jahre alten Cobol-Applikationen noch voll im Gange ist, fangen die ersten Windows-Programme schon an, graue Bits zu bekommen und müssen ebenfalls abgelöst werden. Wie soll diesem absolut heterogenen Gebilde das Active Directory übergestülpt werden?

Hierzu muss man sich zunächst einen Überblick über die aktuelle Situation verschaffen. Die damit verbundene Ist-Analyse der IT-Infrastruktur ist mit erheblichem Aufwand verbunden, da die Dokumentation von IT-Systemen und Abläufen in vielen Firmen noch immer als Stiefkind behandelt wird und nur die wenigsten Organisationen eine brauchbare Dokumentation ihrer IT-Landschaft vorweisen können. Bei der Ist-Analyse müssen für jede IT-Komponente (Hardware und Software) die folgenden Fragen geklärt werden:

- Unterstützt die eingesetzte Technologie die Anforderung des Tagesgeschäfts?
- Wie weit beeinflusst eine Komponente (z.B. ein Betriebssystem, ein Netzwerkprotokoll) andere Komponenten der IT-Infrastruktur?

- Wie wichtig ist es, jetzt eine Komponente zu erneuern?
- Wird die eingesetzte Techologie in 2-4 Jahren noch ausreichend sein?

Mit den Antworten zu diesen Fragen kann eine erste Klassifizierung der IT-Komponenten, wie Betriebssystemen, Protokollen, Applikationen oder Geräten, durchgeführt werden. Diese bilden dann die Grundlage für das weitere Vorgehen und weisen beispielsweise darauf hin, dass eine Komponente die Anforderungen nicht erfüllt und entweder verbessert oder ausgetauscht werden muss.

Die darauf folgende Erstellung eines Soll-Konzepts ist per se einfach: »Alles muss perfekt funktionieren«. Doch sobald die ersten Computer oder Applikationen dann neu eingerichtet werden, wird dem IT-Manager die Bedeutung des Wortes »Utopie« erschreckend klar. Realistisch betrachtet, muss das Soll-Konzept mit der wirtschaftlichen Situation des Unternehmens im Einklang sein. Es muss einerseits den Mitarbeitern effiziente Tools für Teamarbeit, Wissensmanagement und Datenanalyse zur Verfügung stellen, auf der anderen Seite aber auch bezahlbar bleiben.

Im Folgenden nun eine Zusammenfassung der Eigenschaften, die ein Netzwerk bieten muss, um seiner Rolle als Rückgrat einer IT-Infrastruktur gerecht zu werden. Im direkten Anschluss an jeden Punkt werden hier auch die entsprechenden Eigenschaften des Active Directory aufgeführt.

- **Sicher und Verfügbar** Kerberos-Authentisierung, Access Control Lists für die Vergabe von Rechten und eine gesicherte Datenübertragung (beispielsweise mit IPSec) gewährleisten die Sicherheit des Active Directory. Der Einsatz von mehreren Domänencontrollern und die Multimaster-Replikation des Verzeichnisses stellen eine hohe Verfügbarkeit des Systems sicher.
- **Leicht zu verändernde Struktur** Durch die Unterstützung von Konzepten wie Forests, Domänen und Organisationseinheiten (OUs) ist eine Anpassung an geänderte Strukturen einfach zu implementieren.
- **Einfach zu warten** Die Delegation von Administrationsaufgaben mit gleichzeitiger Vergabe von Sicherheitsrichtlinien sowie die Unterstützung der Softwareverteilung über das Active Directory entlastet das IT-Personal in umfassender Weise.
- **Ständiger, schneller und transparenter Zugriff auf alle Ressourcen des Netzes für alle Mitarbeiter, egal von welchem Standort aus** Das Active Directory veröffentlicht alle Ressourcen eines Netzwerkes und weist den richtigen Weg für den Zugriff auf diese Ressourcen. Synchronisationsmechanismen für den Offline-Zugriff erlaubt es bestimmten Anwendern, per Remote Access effektiv zu arbeiten.

Nachdem das Soll-Konzept erstellt wurde, ist abzusehen, welche der Anforderungen durch das Active Directory abgedeckt sind bzw. an welchen Stellen noch Bedarf für andere Lösungen ist. Nun kann man daran gehen, die notwendigen Informationen für die Implementierung des Active Directory zu sammeln.

Zusammenstellen der Informationen

Bei der Implementierung des Active Directory spielen eine Vielzahl von Faktoren eine Rolle. Diese sind sowohl technischer als auch organisatorischer Natur. Um all diese Informationen zusammenzutragen und daraus ein für alle Seiten gutes Konzept zu entwerfen, ist es entscheidend, dass hierzu nicht nur die technikverliebten IT-Manager an einem Tisch sitzen, sondern besonders in dieser Phase Spezialisten aus den Fachabteilungen hinzugezogen werden. Um in den daraus resultierenden endlosen Meetings nicht im Informationschaos zu versinken, ist es zunächst notwendig, die benötigten Informationen zu klassifizieren. Hierbei können die Informationen wie folgt unterteilt werden:

- Das Administrationsmodell
- Die Verteilung der Organisation

- Sicherheitsaspekte
- Netzwerkinfrastruktur
- Zukünftiges Wachstum und Änderungen

Im Folgenden werden die einzelnen Punkte näher beschrieben.

Das Administrationsmodell

Zentral oder dezentral, das ist hier die Frage – oder vielleicht doch ein Kompromis? Die Administration der IT-Infrastruktur kann auf unterschiedliche Art und Weise organisiert werden. Unternehmen selbst können die unterschiedlichsten Organisationsstrukturen aufweisen. Dies ist stark davon abhängig, wie das Management aufgeteilt ist, was produziert wird, ob Zusammenschlüsse mit anderen Unternehmen bestehen usw. Die Frage ist, ob die Verwaltung der IT diesen organisatorischen Strukturen des Unternehmens folgen soll o*Global Catalog* der unabhängig davon geplant werden kann. Hier sollen zunächst die möglichen Grundformen von Administrationsmodellen vorgestellt werden.

Das zentrale Modell

Dieses Modell ist oft in kleineren und mittleren Unternehmen zu finden. Hierbei verwaltet eine zentrale Abteilung die gesamte IT-Landschaft eines Unternehmens. Abbildung 10.2 zeigt beispielhaft dieses Modell.

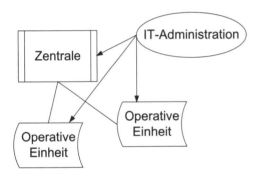

Abbildung 10.2: Das zentralisierte Modell

Das dezentrale Modell

Bei diesem Modell ist die Administration der IT verteilt. Auch die operativen Einheiten sind für die Administration ihrer IT-Infrastruktur verantwortlich. Abbildung 10.3 zeigt beispielhaft dieses Modell.

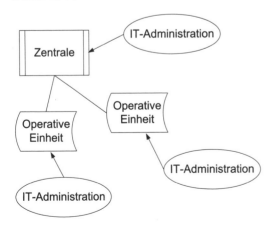

Abbildung 10.3: Das dezentrale Modell

Implementieren von Active Directory

Mischformen der Modelle

Eine Mischform liegt vor, wenn die operativen Einheiten ihre eigene IT-Administration haben, aber bestimmte Funktionen dennoch zentral durchgeführt werden. So könnten beispielsweise die Administration des Active Directory-Forest und der Standorte zentral geschehen, während Domänen und OUs in den operativen Einheiten administriert werden. Abbildung 10.4 zeigt eine Mischung aus zentraler und dezentraler Administration.

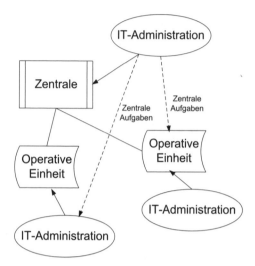

Abbildung 10.4: Mischung von zentralen und dezentralen Administrationsaufgaben

Für die Planung des Active Directory ist es notwendig, das verwendete Administrationsmodell möglichst exakt zu ergründen und diese in Form eines Diagramms zu Papier zu bringen. Bereits dieser Schritt erfordert viel Zeit und Aufwand, bringt aber einen Einblick in die administrative Realität des Unternehmens. Aufbauend darauf kann darüber diskutiert werden, ob für die Zukunft organisatorische Änderungen vorgenommen werden sollten.

Die Verteilung der Organisation

Ein weiterer entscheidender Aspekt für das Design des Active Directory ist durch die geographische Verteilung einer Organisation gegeben. Dies fängt im Kleinen bei der Raum- und Gebäudeaufteilung an und endet bei der weltweiten Verteilung von Geschäftsstellen und Produktionsstätten. Hierbei muss ein Mengengerüst der am jeweiligen Standort vorhandenen Benutzer und Ressourcen erstellt werden. Des Weiteren ist hier auch zu erfassen, welche organisatorischen Einheiten an welchem Standort angesiedelt sind, damit darüber später die Abhängigkeiten der Geschäftsprozesse ermittelt werden können. Abbildung 10.5 zeigt dies im Überblick.

Durch diese räumliche Verteilung der Organisation entstehen weitere Herausforderungen beim Design der Active Directory-Struktur. Speziell die Steuerung des Replikationsprozesses über WAN-Strecken hinweg muss genau geplant werden um das Netzwerk nicht zu überfordern.

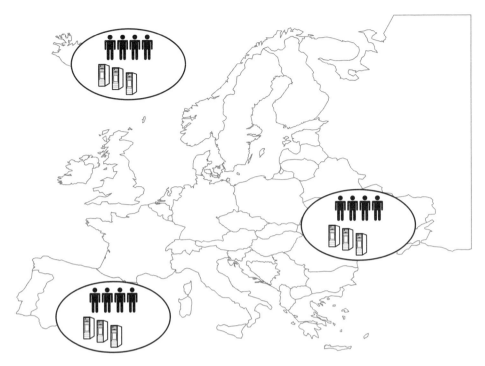

Abbildung 10.5: Die geographische Verteilung der Organisation muss zusammen mit einem Mengengerüst der Benutzerkonten und Ressourcen je Standort ermittelt werden.

Sicherheitsaspekte

Die Bestimmung der Sicherheitsaspekte ist in hohem Maße mit der Ermittlung der Zuständigkeitsbereiche für ein Gebiet verbunden. Da es hierbei um Macht geht und diese niemand gerne freiwillig abgibt, ist dieser Punkt der Informationssammlung mit der aufwendigste. In vielen Fällen sind diese Zuständigkeitsbereiche nicht eindeutig geklärt, so dass durch die Sammlung dieser Informationen zunächst organisationsinterne Machtkämpfe angefacht werden. Dies ist insbesondere bei der Zeitplanung für den Projektablauf zu berücksichtigen. Das Active Directory bietet anschließend genügend Möglichkeiten, die erarbeiteten Sicherheitsaspekte in Form von Sicherheitsrichtlinien umzusetzen und sehr individuell auf die unterschiedlichen Gruppen anzupassen. Bei der Ermittlung der Sicherheitsaspekte sind folgende Fragen zu klären:

- Welche rechtlichen Abhängigkeiten bestehen zwischen den unterschiedlichen organisatorischen Einheiten?
- Welche Sicherheitsrichtlinien sind derzeit implementiert?
- Welche Sicherheitsmaßnahmen sind zukünftig geplant?

Wichtig ist es außerdem, die Owner (Verantwortlichen) einzelner Verwaltungsaufgaben festzulegen. Prinzipiell kann man zwischen Forest-, Service- und Data-Owner unterscheiden. Die Forest-Owner sind die höchste administrative Instanz im Active Directory. Sie sind für die Struktur und Administration des gesamten Forest verantwortlich. Während sie einige Aufgaben, beispielsweise die Verwaltung des Schemas, selbst übernehmen, werden sie andere Aufgaben, an Service-Owner und Data-Owner delegieren. Service-Owner übernehmen in der Regel Aufgaben wie beispielsweise die Administration der AD-Standorte, oder die Verwaltung der Domänen-Policies. Die Data-Owner sind für die Administration einer Menge von Objekten zuständig. Sie administrieren in der Regel eine oder mehrere OUs und haben ihre administrativen Rechte über eine Delegation durch den Forest-Owner oder den Service-Owner bekommen.

Aus Sicherheitsüberlegungen heraus ist es wichtig zu definieren, ob die Owner in Bezug auf ihre Aufgaben Autonomie oder Isolation benötigen. Autonomie bedeutet, dass sie ihre Aufgaben unabhängig und selbständig erledigen können, aber ein übergeordneter Administrator die Möglichkeit hat ebenfalls die Administration zu übernehmen. So kann im Active Directory beispielsweise der Forest-Owner auch die Administration der einzelnen Domänen übernehmen. Isolation hingegen bedeutet, dass nur der Owner die Administration vornehmen kann. Isolation kann in der Regel nur über getrennte Forests implementiert werden. Sehr wertvolle Hinweise zu den Themen Owner und Autonomie vs. Isolation finden Sie im Deployment Guide für das Active Directory, der Bestandteil von *Microsoft Windows Server 2003 – Die technische Referenz* ist.

Netzwerkinfrastruktur

Eine zentrale Rolle bei der Planung der Active Directory-Struktur ist die Analyse der bestehenden Netzwerkstruktur. Diese ist später bei der Implementierung von Domänen und Standorten von großer Bedeutung. Da die hauptsächliche Netzlast des AD durch die Replikation des Verzeichnisses entsteht, muss diese Verzeichnisreplikation auf die bestehende Infrastruktur abgestimmt bzw. die vorhandenen Leitungen gegebenenfalls erweitert werden. Abbildung 10.6 zeigt ein geografisch verteiltes Unternehmen.

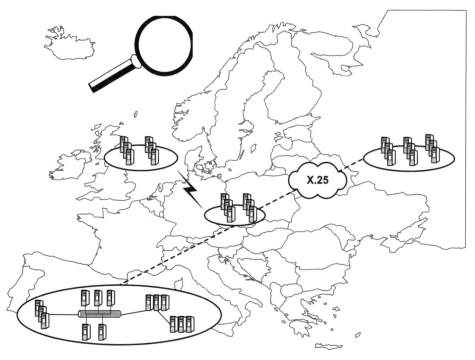

Abbildung 10.6: *Die Struktur des vorhandenen Netzwerks muss detailliert analysiert werden und diese Ergebnisse in die Planung des Active Directory einbezogen werden.*

Das Active Directory bietet die Möglichkeit, das Replikationsverhalten und die damit verbundene Netzlast zu steuern. Dies wird durch die Erstellung von AD-Standorten geregelt. Diese Standorte sind als Teile des Gesamtnetzwerkes mit schneller und sicherer Verbindung definiert und werden über IP-Subnetze eingerichtet.

Bei der Analyse des Netzwerkes müssen die folgenden Fragen abgeklärt werden:

- Welche Bandbreite besteht zwischen den einzelnen Lokationen?
- Wie stabil und damit ausfallsicher sind die Verbindungen?
- Wieviel Bandbreite beanspruchen vorhandene Applikationen auf diesen Leitungen zu den unterschiedlichsten Zeiten?
- Wieviele Benutzer befinden sich in den einzelnen Standorten?

Zukünftige Änderungen und Wachstum

Es ist zwar immens schwierig, Prognosen für das zukünftige Wachstum und die organisatorische Entwicklung eines Unternehmens zu treffen, aber etliche Entwicklungen sind doch längerfristig abzusehen. Hierbei werden auch keine hellseherischen Fähigkeiten erwartet. Vielmehr geht es um die Bereitschaft, sich für diese Punkte zu interessieren und bei den Gesprächen mit Fachabteilungen und Unternehmensleitung auch diese Aspekte zu beleuchten. Auf diese Weise können Trends erkannt und in das Active Directory-Design mit eingeplant werden. Ziel ist es hierbei, das Active Directory so flexibel wie möglich zu gestalten und einem Wachstum des Unternehmens nicht im Wege zu stehen. In diesem Zusammenhang sollten die folgenden Fragen gestellt werden:

- Was könnte im Falle einer Reorganisation passieren (neue Namen, weitere Sparten, geographische Veränderungen, usw.)?
- Wie groß ist das angepeilte Wachstum für die kommenden Jahre?
- Sollen mittelfristig neue Technologien eingesetzt werden?

Active Directory-Design

Nachdem im ersten Schritt die grundlegenden Informationen für die Implementierung des Verzeichnisses gesammelt wurden, kann nun mit dem eigentlichen Design des Verzeichnisses fortgefahren werden. Hierbei bietet das Active Directory durch sein offenes Konzept eine Vielzahl von Möglichkeiten, um auf die individuellen Bedürfnisse einer Organisation abgestimmt zu werden. Diese offene Architektur erlaubt den Verantwortlichen zwar einerseits eine optimal auf das Unternehmen ausgerichtete Implementierung zu gestalten, birgt aber gleichzeitig auch die Gefahr, viele Fehler zu machen und dadurch ein ineffizientes System zu realisieren.

In den vorangegangenen Kapiteln wurden die Möglichkeiten und Elemente des Active Directory ausführlich besprochen. Folgende stehen für das Design der Active Directory-Strukturen zur Verfügung:

- Forest (Gesamtstruktur)
- Tree (Struktur)
- Domäne
- OU (Organisationseinheit)

Abbildung 10.7 zeigt die genannten Möglichkeiten noch einmal als grafischen Überblick.

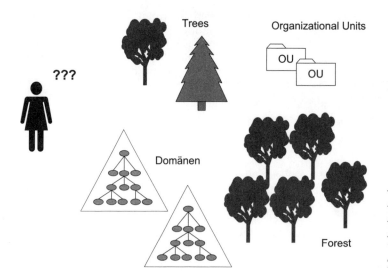

Abbildung 10.7: Der Active Directory-Designer hat viele Möglichkeiten, das Active Directory zu formen. Zur Verfügung stehen: Forests, Trees, Domänen und OUs.

1. **Planen der Forests** Es ist festzustellen inwieweit das Konzept der Isolation von administrativen Aufgaben umgesetzt werden muss. Ist aus sicherheitsrelevanten oder politischen Gründen eine völlig getrennte Administration nötig, so werden mehrere Forests benötigt. Jeder Forest bekommt seinen eindeutigen DNS-Namen.

2. **Definieren der Namensräume** Für jeden Forest ist zu untersuchen, ob mehrere eigenständige Namensräume benötigt werden, beispielsweise *activedirectory.de* und *comcon-gmbh.net*. Ist dies der Fall werden für diesen Forest mehrere Trees benötigt. Ein eigenständiger Namensraum kann im Active Directory entweder über einen eigenen Forest oder einen eigenen Tree in einem Forest abgebildet werden.

3. **Festlegen der Domänen** Im Anschluss daran ist festzulegen, ob und wie viel weitere Domänen erstellt werden müssen und wie diese strukturiert sind. Dies kann von unterschiedlichen Kriterien abhängig sein, wie beispielsweise den Sicherheitsrichtlinien, der Replikation und der Gestaltung des Namensraums.

4. **Aufbauen der Domänen-Struktur mittels OUs** Nun kann begonnen werden, für die Objekte innerhalb einer Domäne eine logische Struktur zu schaffen. Dies geschieht mit Hilfe von Organizational Units (OUs). Diese OUs können als Container für die Aufnahme von beliebigen Objekten angesehen werden und dienen hauptsächlich dazu, den Zuständigkeitsbereich für eine Gruppe von Objekten zu delegieren und Sicherheitsrichtlinien anzuwenden.

5. **Festlegen der AD-Standorte** Nach der rein logischen Struktur muss nun die physische Struktur des Netzwerkes mit in die Planung des Active Directory integriert werden. Hierzu stehen Standortobjekte sowie Standortverbindungs-Objekte zur Verfügung. Mit deren Hilfe können die realen Gegebenheiten des Netzwerkes, wie WAN-Strecken und Router, auf die logische Struktur abgebildet werden.

6. **Planen der DNS-Infrastruktur** Zuletzt ist die DNS-Infrastruktur zu wählen und zu implementieren, mit der das Active Directory arbeitet. Da die Namen von Active Directory-Domänen gleichzeitig auch DNS-Namen sind, und die Clients ihre Ansprechpartner im AD, die Domänencontroller, ebenfalls über DNS finden, spielt diese Struktur bei der Implementierung eine entscheidende Rolle.

Im Folgenden nun die verschiedenen Schritte im Detail.

Planen der Forests

Neben der Abbildung einer Organisation in einem Forest, gibt es auch Gründe, ein Unternehmen in mehreren unabhängigen Forests zu verwalten. Zwei Forests sind logisch getrennte Teil-Organisationen, die aus Sicht des Active Directory zunächst nichts miteinander zu tun haben und somit völlig getrennt verwaltet werden können (Isolation). Jeder Forest führt seinen eigenen Global-Catalog, verfügt über ein eigenes Schema und eine komplett eigenständige Konfiguration.

Alle Domänen sind in einem Forest über transitive Kerberos-Vertrauensstellungen verbunden, so dass eine Anmeldung an jeder Maschine möglich ist und auch auf beliebige Ressourcen zugegriffen werden kann (sofern dafür die Berechtigung vorliegt). Somit ist ein Forest als ein zusammenhängendes Verwaltungsgebilde anzusehen.

Wollte man unter Windows 2000 zwei Forests miteinander verbinden, war dies nur mit expliziten Vertrauensstellungen zwischen einzelnen Domänen aus beiden Forests möglich. Diese expliziten Vertrauensstellungen waren nicht transitiv. Um eine Vertrauensstellung zwischen allen Domänen der beiden Forests zu erreichen, mussten also explizite Vertrauensstellungen zwischen allen Domänen des einen Forests und allen anderen Domänen im anderen Forest aufgebaut werden. Mit Windows Server 2003 besteht nun die Möglichkeit zwei Forests über gegenseitige Kerberos-Vertrauensstellungen zu verbinden. Diese Art von Vetrauensstellung heißt Forest-Vertrauensstellung (Forest-Trust). Forest-Vertrauensstellungen können bei der Einrichtung so konfiguriert werden, dass sich auch alle Domänen gegenseitig automatisch vertrauen. Damit wird die Anmeldung und der Zugriff auf Ressourcen auch über Forest-Grenzen hinweg möglich, ohne eine hohe Anzahl von expliziten Vertrauensstellungen zwischen den Domänen verwalten zu müssen. Abbildung 10.8 zeigt das Konzept im Überblick.

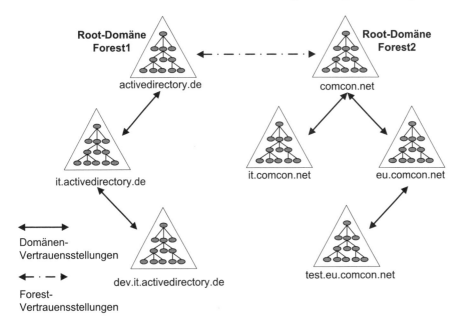

Abbildung 10.8: Forests können über bidirektionale Vertrauensstellungen verbunden werden

Forest-Vertrauensstellungen sind jedoch im Gegensatz zu den Trusts zwischen den Domänen innerhalb eines Forests nicht transitiv. Dies bedeutet Folgendes. Beispielsweise hat Forest A eine Forest-Vertrauensstellung mit Forest B und Forest B eine Forest-Vertrauensstellung mit Forest C. Forest A und Forest C haben damit aber noch keine Forest-Vertrauensstellung. Diese müsste explizit definiert werden.

Definieren der Namensräume

Active Directory verwendet DNS-Namen für die Forests und Domänen. Diese DNS-Namen sind dementsprechend an die Namenskonventionen von DNS gebunden. Für das Netzwerk hat dies folgende Konsequenzen:

- Das TCP/IP-Protokoll ist nun verbindlich für das Netzwerk.
- Eine DNS-Infrastruktur muss im Netzwerk verfügbar sein.

Die vom Active Directory verwendeten Fully Qualified Domain Names (FQDN) unterscheiden sich grundlegend von den NetBIOS-Namen einer NT-Domäne. Nachfolgend eine Gegenüberstellung der beiden Namen:

Eigenschaft	DNS-Namen	NetBIOS-Namen
Struktur	Hierarchisch	Flach
Namensauflösung	DNS, Hosts-Dateien	WINS, NetBIOS Broadcast, LMHOSTS-Dateien
Restriktionen	Standard: nur A-Z, a-z, 0-9 Neuere: UNICODE ohne ».« keine Leerzeichen erlaubt	UNICODE, Leerzeichen erlaubt, mehrere Sonderzeichen: !#@^{}()&%$'~_
Maximale Länge	255 Zeichen	15 Zeichen

Da viele Organisationen bereits im Internet vertreten sind und damit bereits über ihren eigenen Domain Name Space verfügen, kann dieser auch für die DNS-Namen des Active Directory verwendet werden. Bei der Implementierung des Active Directory spielt die erste installierte Domäne die entscheidende Rolle. Sie ist die so genannte Forest-Root-Domäne. Ein Beispiel dazu zeigt Abbildung 10.9.

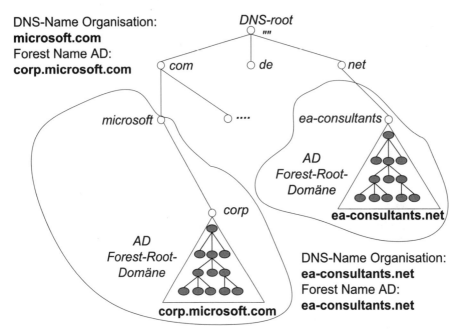

Abbildung 10.9: *Die erste Active Directory-Domäne, die in eine Organisation installiert wird, heißt Forest-Root-Domäne.*

Bei der Auswahl des Domain Name Space sollten immer die folgenden Punkte bedacht werden:

Übergeordnete Domäne (Parent Domain)

Die eigene Active Directory-Domäne kann sich in einen bereits bestehenden Domain Name Space einfügen. Hier ist zu unterscheiden, ob das eigene Netz im Internet veröffentlicht werden soll oder nicht. Die meisten Firmen wollen Ihre Netze nicht im Internet veröffentlichen, weshalb oft eine untergeordnete Domäne für die Root-Domäne kreiert wird, wie beispielsweise *corp.microsoft.com*. Soll allerdings auf Dienste des Netzes, wie beispielsweise WWW, FTP oder LDAP, auch vom Internet aus zugegriffen werden, so muss der gewählte Domain Name Space sich in das weltweite DNS einfügen. Um einen offiziellen Domänennamen zu beantragen, wendet man sich an die ICANN (*http://www.icann.org*) bzw. an DENIC (*http://ww.denic.de*) für den deutschen Teilbaum des Domain Name Space. Offizielle DNS-Namen besitzen immer eine übergeordnete Domäne, die entweder über die Standardkürzel *com, net, org* usw. oder die Länderkürzel *de, it, br* usw. repräsentiert wird.

Root-Domäne

Die Root-Domäne einer Organisation repräsentiert im Regelfall auch diese Organisation. In den meisten Fällen wird der Name dieser Domäne aus einer Kombination aus Firmenname und Ländercode gebildet. Speziell in großen Organisationen werden in dieser Root-Domäne keine Objekte angesiedelt und sie bleibt somit »leer«. Sie dient in diesen Fällen als reiner Platzhalter für die Namensgebung der untergeordneten Domänen.

Untergeordnete Domänen (Child Domains)

Soll ein Forest mehrere Domänen enthalten, so sind nach der Root-Domäne auch noch die untergeordneten Domänen zu definieren. In diesen Domänen werden in großen Organisationen auch die einzelnen Objekte erzeugt und verwaltet. Wird hierbei mit dem Modell eines Domain-Trees gearbeitet, so wird der Name der untergeordneten Domänen stets von der Root-Domäne abgeleitet. In diesem Fall findet man den Namen der Root-Domäne immer am Ende der untergeordneten Domäne.

Bei den Überlegungen für die Namensgebung muss zunächst die Syntax der Domänen-Namen beachtet werden. Diese ist identisch mit den Namen des DNS und in den RFCs 1034 und 1035 definiert. Kurz zusammengefasst sind die Zeichen »A-Z«, »a-z« sowie »0-9« und der »-« in Domänen-Namen zulässig. Getrennt werden die Namen von untergeordneten Namen durch das Zeichen ».«. Somit können beispielsweise die folgenden Namen erzeugt werden: *corp.microsoft.com*, *info-1.it.comcon-gmbh.net*.

Neuere Implementierungen von DNS-Servern unterstützen darüber hinaus auch den kompletten UNICODE-Zeichensatz wie in RFC 2044 definiert. Diese Namensgebung wird auch von Active Directory-Domänen unterstützt. Allerdings empfiehlt sich der Einsatz dieses Zeichensatzes nur, wenn alle DNS-Server diesen auch unterstützen. Um Probleme mit nicht erkannten Zeichen zu vermeiden, sollten zunächst nur die Zeichen aus den RFCs 1034 und 1035 verwendet werden. Mit ein bisschen Phantasie lassen sich auch daraus sehr aussagekräftige Namen bilden. Um es den Anwendern nicht zu schwer zu machen, sollten sich die Planer des AD um kurze Namen bemühen, die allerdings trotzdem noch eine einfache Zuordnung zu dem abzubildenden Bereich ermöglichen. Obwohl die maximale Länge eines Domänen-Namens inklusive der ».« auf 255 Zeichen begrenzt ist, erschwert ein langer Name das Leben der Anwender nur unnötig. Namen wie *partikel.physik.forschung.deutschland.europa.comcon-gmbh.net* stiften nur Verwirrung und sorgen für einen erhöhten Aufwand bei ihrer Verwendung, bei der Administration und bei der Softwareentwicklung.

Die Entscheidung für einen bestimmten Domänennamen sollte gut überlegt sein. Während in Windows 2000 eine Umbenennung der AD-Domänen nicht möglich war, ist dies mit Windows Server 2003 machbar. Dies sollte der Administrator jedoch nicht leichtfertig tun, da eine solche Aktion erhebliche Auswirkungen auf die Produktionsumgebung hat. So müssen beispielsweise alle Rechner im Netzwerk mindestens einmal neu gebootet werden.

Nach der Auswahl der Domänen-Namen tritt das Problem der Abgrenzung zwischen Intranet und Internet und damit der Frage auf: »Wie wird die Organisation nach innen und außen dargestellt?«. Diese Problematik wird im Folgenden behandelt.

Interne oder externe DNS-Namen

Der Einzug des Internet in die Organisation bedeutet für die Netzwerkadministratoren eine große Herausforderung in Bezug auf die Sicherheit des Netzwerkes. Das Internet bietet den Benutzern die Möglichkeit, auch Ressourcen anderer Organisationen zu nutzen oder auch Informationen schnell und vor allem weltweit zu publizieren. Die derzeit meistgenutzten Dienste sind WWW, SMTP, FTP und demnächst wohl auch LDAP. All diese Dienste nutzen den DNS-Dienst, um im Internet ansprechbar zu sein. Auch die Clients des Active Directory nutzen den DNS-Dienst, um einen Domänencontroller zu finden. Viele dieser Dienste verwalten sicherheitsrelevante Daten und sollen daher nur internen Anwendern zur Verfügung gestellt werden. Andere Dienste sollen darüber hinaus auch externen Benutzern bereitgestellt werden, so dass auch diese mit der Organisation kommunizieren bzw. Daten abrufen können. Problematisch wird das Ganze, wenn sowohl externe als auch interne Benutzer denselben Dienst nutzen möchten. Wie sollen die sicherheitsrelevanten Daten vor Zugriffen von außen geschützt werden, wenn jeder Internetbenutzer auf das Firmennetz Zugriff hat? Ideal wäre hierbei eine Trennung der Domänen in einen internen und einen externen Bereich. Hierzu stehen zwei Alternativen zur Verfügung:

1. Der DNS-Domänenname für den Zugriff aus dem Internet und die interne Active Directory-Domäne sind unterschiedlich.
2. Die DNS-Namen für den Zugriff von innen und außen sind identisch.

Beide Alternativen werden im nachfolgenden Abschnitt anhand einer Beispielskonfiguration vorgestellt. Diese Konfiguration soll es ermöglichen, dass interne Clients sowohl auf interne als auch auf externe Ressourcen zugreifen können. Externe Clients hingegen sollen nur auf Ressourcen außerhalb der Firewall zugreifen können.

Unterschiedliche Namen für die Active Directory-Domäne und die Internet-Domäne

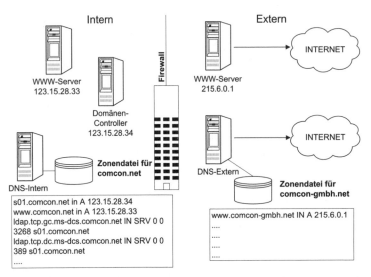

Abbildung 10.10: Werden verschiedene DNS-Namen für externe und interne Zugriffe gewählt, so erleichtert dies die Administration. Für die Anwender ist es allerdings schwieriger, da sie zwischen externen und internen Ressourcen unterscheiden müssen.

Im Beispiel in Abbildung 10.10 wurde der DNS-Domänenname *comcon.net* für das Active Directory und die internen Dienste gewählt. Für den externen Zugang hingegen wird der Name *comcon-gmbh.net* verwendet. Beide werden von einem eigenen DNS-Server verwaltet und für beide DNS-Domänen wird eine eigene Zonendatei geführt. Auch bei dieser Konfiguration sollten beide Namen offiziell registriert werden, um Komplikationen zu vermeiden, falls der interne Name *comcon.net* von einer anderen Organisation im Internet verwendet werden würde.

Die Vorteile dieser Methode sind:

- Klare Unterscheidung zwischen internen und externen Ressourcen.
- Die Verwaltung ist einfach, denn es besteht keine Überlappung zwischen dem externen und internen DNS-Domänennamen.
- Interne und externe Ressourcen können getrennt verwaltet und abgesichert werden.

Die Nachteile dieser Methode sind:

- Erhöhter Konfigurationsaufwand, damit die Benutzer intern und extern unter demselben Namen z.B. *francom@comcon-gmbh.net* erreichbar sind.
- Die Informationen, die bereitgestellt werden sollen, müssen auf zwei Maschinen bereitgehalten und gepflegt werden.

Active Directory-Domänenname gleich Internet-Domänenname

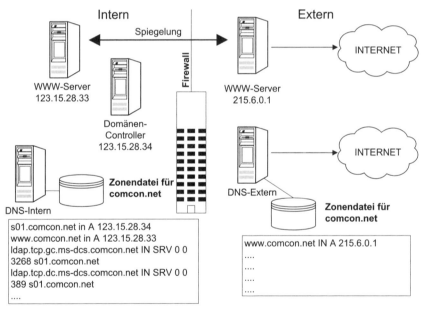

Abbildung 10.11: *Wird derselbe DNS-Name für das Active Directory wie auch für die Internetdienste gewählt, so erfordert dies einen erhöhten Aufwand an Administration, da zwei Zonendateien manuell konfiguriert und gepflegt werden müssen. Diese Lösung ist allerdings für die Benutzer transparent und damit einfacher.*

Das zweite, in Abbildung 10.11 dargestellte, Beispiel verwendet sowohl für die interne als auch für die externe Nutzung denselben DNS-Namen. Die für diese Namen verwendete Zone wird aber von zwei primären DNS-Servern verwaltet, die hierzu jeweils unterschiedliche Zonendateien verwenden.

Der externe DNS-Server löst Namen für die externen Ressourcen, wie Web oder E-Mail auf. Der interne DNS-Server hingegen löst die Namen für die Zugriffe der internen Clients auf. Da ein Benutzer unter demselben Namen unterschiedliche Ressourcen zu Gesicht bekommt, abhängig davon auf welcher Seite des Netzes er sich gerade befindet, sollten die Benutzer über diese Eigenart unbedingt informiert werden.

Die Vorteile dieser Methode sind:
- Der Domänen-Name ist über Internet und Intranet konsistent.
- Benutzer haben transparenten Zugriff auf Ressourcen.

Die Nachteile dieser Methode sind:
- Konfiguration der Zonendateien ist komplexer.
- Administratoren müssen Ressourcen doppelt pflegen.
- Benutzer müssen über die Unterschiede zwischen externem und internem Zugriff unterrichtet werden.

Festlegen der Domänen

Eine Domäne im Active Directory kann konzeptionell ähnlich wie eine Windows NT-Domäne betrachtet werden. Sie ist als logische Einheit anzusehen und wird für folgende Bereiche eingesetzt:
- Authentifizierungseinheit
- Abgrenzungseinheit
- Sicherheitsrichtlinieneinheit

Abbildung 10.12 zeigt die Bereiche im Überblick als Grafik.

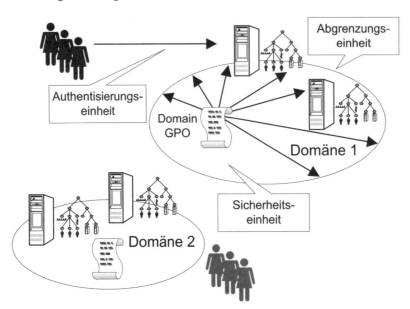

Abbildung 10.12: Eine Domäne fasst eine Anzahl von Objekten logisch zusammen und grenzt diese gegenüber anderen Domänen ab.

Ein für den erfolgreichen Einsatz des Active Directory entscheidender Faktor liegt in der überlegten Festlegung der Anzahl von einzuführenden Domänen innerhalb eines Forests. In diesem Abschnitt wird gezeigt, welche Faktoren die Anzahl der zu implementierenden Domänen beeinflusst. Feste Regeln hierzu gibt es allerdings auch hier nicht, denn dazu sind Organisationen zu unterschiedlich.

Im vorhergehenden Abschnitt wurde gezeigt, wie der Name der ersten Domäne ausgewählt wird. Diese Domäne bildet stets den Ausgangspunkt für die Planung des Active Directory und sollte zunächst immer als ausreichend angesehen werden. Für jede weitere Domäne, die im Unternehmen erzeugt werden soll, muss ein zwingender Grund vorliegen. Dieser Ansatz stellt sicher, dass das System einfach zu verwalten ist, denn es wird zunächst von einer Domäne ausgegangen. Nur wenn einer der nachfolgenden wichtigen Gründe es erfordert, wird eine weitere Domäne eingerichtet:

- Eingrenzung der Replikation
- Aufteilung der Verwaltung
- Begrenzung der Datenbankgröße

Eingrenzung der Replikation

Ein Grund, mehrere Domänen zu erstellen, liegt in der Eingrenzung der während des Replikationsprozesses zu transferierenden Datenmenge. Eine Domäne ist als Bereichsgrenze anzusehen, so dass alle Objekte einer Domäne nur in dieser Domäne vorhanden sind und dementsprechend auf alle Domänencontroller dieser Domäne repliziert werden müssen. Jeder Domänencontroller hält stets das gesamte Verzeichnis. Wird nun auf einem beliebigen Domänencontroller eine Änderung an der Domänendatenbank vorgenommen, so muss diese Änderung n-mal kopiert werden, wobei n die Anzahl der Domänencontroller darstellt. Bei großen Domänen kann dieser Replikationsverkehr das Netz sehr stark belasten. Allerdings helfen zwei Eigenschaften des AD, die Menge der zu replizierenden Daten möglichst gering zu halten:

- Nur veränderte Attribute eines Objekts werden repliziert. Wird z.B. nur die Mobiltelefonnummer eines Benutzers geändert, so muss auch nur dieses Attribut auf die Domänencontroller repliziert werden und nicht das gesamte Objekt.
- Das Replikationsverhalten des AD kann mit der Einführung von Standorten sehr genau festgelegt werden. Des Weiteren werden Daten, die über Standortgrenzen hinweg repliziert werden, vor der Replikation auf ca. 10-15% ihres Ursprungsvolumens komprimiert.

Es ist also nicht zwingend notwendig, die Organisation in mehrere Domänen aufzugliedern, nur um die Menge der Replikationsdaten zu verringern. Allerdings muss die Frage gestellt werden, ob wirklich immer alle Daten des Verzeichnisses immer auf allen Domänencontrollern verfügbar sein müssen und dort auch häufig abgefragt werden. Ist dies nicht der Fall, so kann durch die Einführung weiterer Domänen die Menge der zu replizierenden Daten erheblich verkleinert werden. Abbildung 10.13 zeigt dazu ein Beispiel.

Implementieren von Active Directory

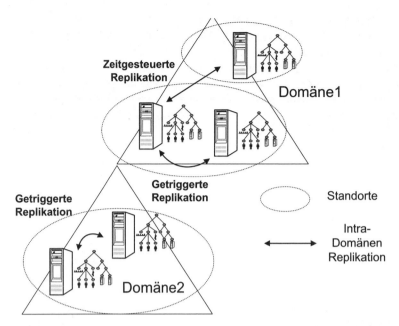

Abbildung 10.13: Die Menge der replizierten Daten innerhalb einer Domäne ist ein Grund, diese in mehrere Einzeldomänen aufzuteilen. Trotz der Erstellung von Standorten und den damit verbundenen Möglichkeiten, die Replikation zu steuern, kann dennoch eine spürbare Netzlast entstehen.

Aufteilung der Verwaltung

Viele Unternehmen sind in autonome Einheiten, z.B. Geschäftsbereiche, unterteilt. Diese Einheiten verfügen über eine eigene IT-Abteilung und werden separat verwaltet. Jede Administratorengruppe ist für die Implementierung von eigenen Sicherheitsrichtlinien zuständig und möchte sich von den anderen Administrationsgruppen nicht ins Handwerk pfuschen lassen. Active Directory führt hierzu das Konzept der Domänen-Sicherheitsrichtlinie ein. Diese Sicherheitsrichtlinie gilt nur innerhalb der Domäne, in der sie definiert wurde. Wenn eine homogene Sicherheitsrichtlinie im Netzwerk implementiert werden soll, ist es vorteilhaft, nur eine Domäne zu verwenden. Werden hingegen mehrere Domänen verwendet, so können die Sicherheitsrichtlinien vollkommen unterschiedlich sein und sind völlig unabhängig voneinander implementierbar. In einer domänenweit eingesetzten Sicherheitsrichtlinie können folgende Sicherheitseigenschaften definiert werden:

- Passwort-Richtlinien
- Kerberos-Richtlinien
- Encrypted-Files-Security-Richtlinien
- IPSecurity-Richtlinien
- Public Key-Richtlinien

Diese Richtlinien gelten nur in der Domäne, in der die Richtlinie implementiert wurde. Falls verschiedene Sicherheitsrichtlinien auf Domänenebene gefordert werden, ist dies nur durch die Unterteilung der Domäne in mehrere zusammenhängende Domänen möglich. Jeder für eine Domäne zuständige Administrator kann dann nach Bedarf seine speziellen Richtlinien konfigurieren. Werden allerdings mehrere Domänen erstellt, ist es schwieriger eine einheitliche Sicherheitsrichtlinie zu implementieren, da dann mehrere Administrationsgruppen die Sicherheitsrichtlinien verwalten.

Organisationen, die international tätig sind, brauchen sich mit Windows Server 2003 nicht mehr um die Sprachbarrieren zu kümmern, denn es werden auf den Domänencontrollern einfach die entsprechenden Language Packs installiert. Es verbleiben aber die politischen Probleme: »Wer darf was?«. Durch die unternehmenspolitische Aufteilung der Domänen kann ein Konflikt mit den autonomen Einheiten je Geschäftsbereich entstehen. Abbildung 10.14 zeigt beispielhaft diese Problematik. Wie man sieht, eine schwierige Aufgabe für die Planer des Active Directory.

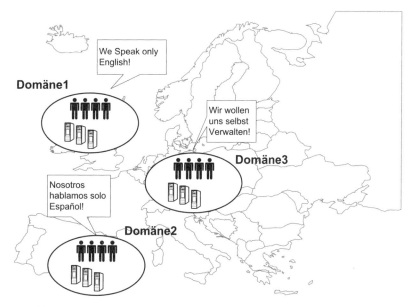

Abbildung 10.14: Organisationen mit autonomen Einheiten werden in mehrere Domänen aufgeteilt. Jede Gruppe von Administratoren einer Domäne ist zuständig für die Implementierung von Sicherheitsrichtlinien innerhalb der Domäne.

Begrenzung der Datenbankgröße

In einer Domäne werden die Objekte des Active Directory auf jedem Domänencontroller gehalten. Bei einer großen Anzahl von Objekten hat dies zur Folge, dass auch die Datenbank, die auf jedem Domänencontroller für die Verwaltung der Objekte verwendet wird, sehr groß wird. In diesen Fällen kann eine Aufteilung der Domäne in mehrere Domänen und die damit verbundene Aufteilung der Datenbank Abhilfe schaffen. Die Größe der Active Directory-Datenbank lässt sich glücklicherweise gut kalkulieren. Der Zuwachs der Datenbankgröße verläuft linear zur steigenden Anzahl der Objekte. Die Datenbankgröße ist auf allen Domänencontrollern identisch, mit Ausnahme der Maschinen, die auch noch die Rolle des Global-Catalog-Server innehaben. Was ebenfalls auf die Größe der Datenbank einwirkt, ist der Grad ihrer Fragmentierung (siehe ▶ Kapitel 7).

Auch zu beachten ist, dass gelöschte Objekte zunächst als Tombstone-Objekte in der Datenbank erhalten bleiben und dort weiterhin Platz belegen. Erst nach einer einstellbaren Zeit, der Tombstone-Verfallszeit, werden diese »Zombies« endgültig aus der Datenbank gelöscht und der Platz steht für neue Objekte bereit. Genaue Zahlen und Testergebnisse sind im Buch *Optimierung des Netzwerkverkehrs* von Microsoft Press veröffentlicht. Hier nur ein kurzes Beispiel, das ein ungefähres Verständnis für die Größe von Objekten vermittelt.

Wir haben hierzu ein repräsentatives Set von Attributen für die Objekttypen *User*, *Computer* und *Groups* definiert, so wie es in der Praxis durchaus üblich ist. Bei einem User-Objekt verwendeten wir

60 Attribute inkl. eines 1,3 KB großen Zertifikats. Computer-Objekte wurden mit 15 Attributen befüllt und Gruppen-Objekte mit 9. Da es sich bei den meisten Attributen um String-Werte handelt, haben wir diese zufällig mit Zeichenketten zwischen 0 und 40 Zeichen befüllt. Für alle Tests verwendeten wir die Schemaerweiterung von Exchange 2000, wodurch erheblich mehr Attribute in den Global-Catalog übertragen werden. Abbildung 10.15 zeigt die Teststellung im Überblick.

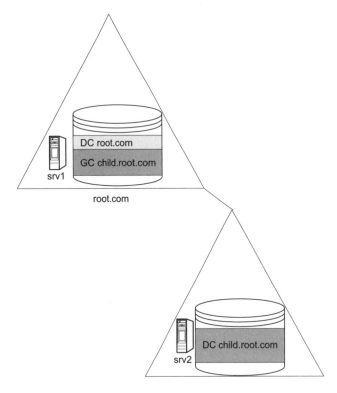

Abbildung 10.15: Bei der Messung wurden zwei Domänen aufgebaut. In der Domäne root.com war ein Domänencontroller gleichzeitig als Global-Catalog-Server konfiguriert. In der Sub-Domäne child.root.com war nur ein DC. Befüllt wurde die Domäne child.root.com und auf beiden Maschinen wurde das Wachstum der Datenbank ntds.dit gemessen.

Die Tabelle der Testergebnisse zeigt das Wachstum der Datenbank beim Einsatz von Windows 2000 und Windows Server 2003. Es wird hier jeweils unterschieden zwischen dem Wachstum der Datenbank auf einem GC und einem reinen DC.

Objekt	Windows 2000		Windows Server 2003	
	DC	GC	DC	GC
10.000 User	180.224 KB	143.360 KB	98.304 KB	96.256 KB
10.000 Computer	96.256 KB	63.488 KB	30.720 KB	20.480 KB
10.000 Gruppen	81.920 KB	79.872 KB	28.672 KB	28.672 KB

Tabelle 10.1: Vergleich des Wachstums der Domänendatenbanken unter Windows 2000 und Windows Server 2003

Diese Zahlen dienen nur als Richtlinie und sollen eine ungefähre Vorstellung von dem durch die verschiedenen Objekte belegten Platz vermitteln. Natürlich sind die Zahlen extrem davon abhängig, ob noch weitere oder weniger Attribute befüllt werden.

Ist ein Domänencontroller darüber hinaus auch noch als Global-Catalog-Server konfiguriert, dann kommt ein bestimmter Prozentsatz der Daten der anderen Domänen hinzu. Als Faustregel kann man mit 35% der Datenbankgröße der anderen Domänen rechnen. Sind die Schemaerweiterungen von Exchange 2000 eingespielt, erhöht sich dieser Wert auf ca. 70%. Bei der Schätzung der zu erwartenden Datenbankgröße sollte man jedoch immer sehr, sehr großzügig kalkulieren. Unter Einbeziehung der Tombstone-Thematik (Objekte werden nicht sofort aus der Datenbank gelöscht, sondern zunächst mit einem Tombstone als veraltet gekennzeichnet), sollte die erwartete Datenbankgröße verdoppelt werden. Wird das Active Directory auch von anderen Anwendungen, wie beispielsweise SAP oder Exchange, genutzt, so ist die Datenbankgröße unter Umständen auch zu verdrei- oder vervierfachen. In diesen Fällen sollten allerdings stets umfangreiche Tests durchgeführt werden, wobei eine große Anzahl von Objekten mit Skripts erzeugt wird und dabei das Wachstum der Datenbank beobachtet werden kann.

Aufbauen der Domänen-Struktur mittels OUs

Die interne Struktur einer Domäne wird durch eine Eingliederung der Domänenobjekte in eine Hierarchie von Organizational Units (OUs) gebildet. Ebenso wie bei der Planung einer Domänen-Struktur bestimmen auch bei der Planung der internen Domänen-Struktur viele Faktoren, wie z.B. die geographische Verteilung oder die organisatorische Struktur der Organisation, deren Aufbau. Im vorherigen Abschnitt wurde aufgezeigt, wann es sinnvoll ist, ein Unternehmen mit mehreren Domänen abzubilden. Im Folgenden wird auf den Einsatz von OUs zur Strukturierung des internen Domänen-Aufbaus eingegangen.

Was sind OUs?

Ehe die sinnvolle Verwendung von Organizational Units besprochen wird, möchten wir hier zunächst nochmals kurz den Begriff OU definieren.

OUs sind Container des Active Directory, in denen beliebige Objekte des AD gruppiert werden können. Dies dient als ideales Mittel, um administrative Zuständigkeitsbereiche für eine gewisse Menge von Objekten an einen bestimmten Personenkreis zu delegieren, Zugriffsrechte zu vergeben und Group Policies zu steuern. OUs können beliebige Objekte des Active Directory, wie z.B. Benutzer, Computer, Drucker, andere OUs usw., enthalten. Wichtig ist in diesem Zusammenhang allerdings, dass OUs nur Objekte aus der Domäne enthalten können, in der die OU selbst definiert wurde. Diese Einschränkung zeigt Abbildung 10.16.

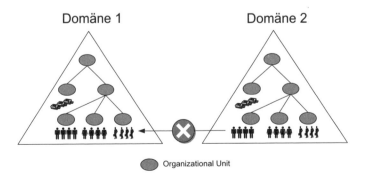

Abbildung 10.16: OUs sind Container des Active Directory und können nur Objekte der Domäne, in der sie definiert sind, enthalten.

Implementieren von Active Directory

Der primäre Grund für den Einsatz von OUs liegt in der Möglichkeit, die Vielzahl der Objekte einer Domäne zu strukturieren. Bei der Erstellung von OUs soll vermieden werden, dass diese nur vorübergehend angelegt werden, um dort temporär Objekte zu parken. Wie bei der Erstellung von Domänen, sollte man sich auch beim Einsatz von OUs nicht dazu hinreißen lassen, »nur mal so eben schnell« eine neue OU zu kreieren, sondern stets wohlüberlegte Gründe für das Erstellen gerade dieser OU haben. Folgende Argumente sprechen für den Einsatz einer neuen OU:

- **Delegierung der Zugriffsrechte für eine bestimmte Menge von Objekten an eine Gruppe von Personen** Das Prinzip der Delegation ist eine der wichtigsten Konzepte bei der Verwaltung des Active Directory. Hierbei können einem einzelnen Benutzer oder einer Gruppe von Benutzern die Rechte für die Verwaltung einer bestimmten Teilmenge an Objekten der Domäne übertragen werden. Diese Teilmenge wird über OUs definiert. Da OUs auch andere OUs enthalten können, und das AD den Mechanismus der Vererbung implementiert hat, können auf diese Weise sehr einfach Zuständigkeiten für komplette Unternehmensbereiche übertragen und auch wieder entzogen werden. Bei dieser Aufgabe ist ein Delegations-Assistent behilflich. Somit können beispielsweise schnell und effizient Strukturen für den Support und Helpdesk gebildet werden.

- **Konsistente Verwendung von Group Policy Objekte (GPO) für Objektgruppen** GPOs können auf Standort-, Domänen- oder OU-Ebene verwendet werden. Somit können gleichartigen Objekten, je nach Bedarf, gleiche GPOs zugewiesen werden.

- **Strukturierung der Objekte nach ihrer logischen Zugehörigkeit** Bei der Vielzahl von Objekten, die in einer Domäne des Active Directory gespeichert sind, ist es sinnvoll, diese nach ihrer logischen Zugehörigkeit zu strukturieren. Dies erleichtert es den Administratoren sich besser zurechtzufinden und somit schneller an Informationen zu gelangen.

- **Abbildung von Windows NT-Ressource-Domänen** In Windows NT-Domänen wurde die Delegation durch die Erstellung von Ressourcendomänen erreicht. Dies erzeugte einen höheren administrativen Aufwand und höhere Hardwarekosten für zusätzliche Domänencontroller. Nach der Migration zu Active Directory ist es möglich, die Ressourcendomänen in OUs abzubilden.

OU-Modelle

Bei der Planung der hierarchischen Struktur der OUs ist vor allem zu beachten, dass das Ergebnis für den Administrator nachvollziehbar ist und somit eine Arbeitserleichterung gegeben ist. Die Struktur der OU-Hierarchie kann sich über mehrere Ebenen ziehen. Wird dies mit zu vielen Ebenen realisiert, so wird das Gebilde unübersichtlich und der Versuch, die Objekte in der Domäne logisch zu ordnen, endet im administrations-unfreundlichen Chaos. Auch hier liegt die Kunst darin, ein gesundes Mittelmaß an Hierarchieebenen zu finden. Abbildung 10.17 zeigt zwei Beispiele für unterschiedlich tiefe OU-Hierarchien.

Beim Entwurf der OU-Struktur sollte stets auch der Zusammenhang mit den übergeordneten OUs berücksichtigt werden. Ferner ist immer abzuklären, wer für die Verwaltung einer neuen OU zuständig ist. Wird eine neue OU angelegt, so müssen immer die drei folgenden Fragen geklärt werden:

- Was ist der Grund für die Erzeugung dieser OU?
- Wer soll diese OU verwalten?
- Welche Rechte sollen welche Benutzer auf diese OU haben?

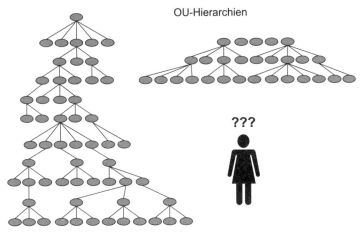

Abbildung 10.17: *Viele OU-Ebenen machen die Struktur für die Administratorin undurchschaubar. Damit wird der gewünschte Effekt, Objekte besser zu verwalten und finden zu können, schnell zunichte gemacht.*

Im vorhergehenden Abschnitt dieses Kapitels wurden die Fälle beschrieben, in denen es sinnvoll ist, mehrere Domänen in einer Organisation einzurichten. Obwohl die Anzahl der Domänen wenig mit der OU-Struktur innerhalb der Domänen zu tun hat, sollte dennoch die erste Ebene in der OU-Hierarchie aller Domänen gleich aufgebaut sein. Dieser konsistente Aufbau erleichtert die spätere Administration erheblich, auch auf die Gefahr hin, dass in einzelnen Domänen verschiedene OUs ungenutzt bleiben. Für das Design der OU-Struktur sollte als oberster Grundsatz die Schaffung einer effizienten Arbeitsgrundlage für die Administratoren angesehen werden. Dies ist dann gegeben, wenn die Logik hinter dem hierarchischen Aufbau sowohl von den Administratoren einfach verstanden wird und idealerweise die Administrationsabläufe der Organisation widerspiegelt.

Beim Entwurf einer OU-Struktur können wie bei der Domänenplanung auch diverse Modelle zugrunde gelegt werden. Diese dienen als Grundlage und können während der Planung an die speziellen Bedürfnisse der eigenen Organisation angepasst werden. Im Folgenden werden die gängigsten Modelle beschrieben:

- Geographisches Modell
- Organisatorisches Modell
- AD-Objekt Modell
- Mischformen

Geographisches Modell

Wie aus dem Namen schon ersichtlich, werden in diesem Modell mit Hilfe von OUs die geographischen Standorte der Organisation abgebildet. Ist also beispielsweise eine Organisation auf ein ganzes Land verteilt, so könnte in einer ersten Hierarchiestufe dieses Land mit den beiden OUs *Nord* und *Süd* abgebildet werden. Mit einer zweiten Ebene könnten dann die verschiedenen Bundesländer, mit einer dritten Ebene die einzelnen Städte usw. abgebildet werden. Abbildung 10.18 zeigt dieses Beispiel.

Der Vorteil dieses Modells besteht in seiner Beständigkeit. Da sich geographische Standorte eines Unternehmens nur relativ selten ändern, bleibt die einmal aufgebaute Struktur relativ statisch. Die Administratoren in diesem Modell können auch immer sehr einfach den Standort einer Ressource bestimmen. Der große Nachteil dieses Modell besteht darin, dass diese Struktur nicht unbedingt die Arbeitsweise der IT-Administration des Unternehmens abbildet. Es ist also nur als Ausgangsbasis für eine Mischform der Modelle einsetzbar.

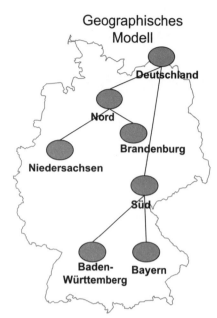

Abbildung 10.18: *Das geographische Modell bildet die Verteilung der Organisation mit OUs ab.*

Organisatorisches Modell

In diesem Modell werden die unterschiedlichen Organisationseinheiten eines Unternehmens mit Hilfe von OUs abgebildet. Ist ein Unternehmen beispielsweise in die Unternehmensbereiche Software und Service untergliedert, so werden diese in der ersten Hierarchiestufe durch eigene OUs abgebildet. Jeder Bereich ist in Abteilungen untergliedert, die ebenfalls durch OUs repräsentiert werden, usw. Abbildung 10.19 zeigt dieses beispielhafte organisatorische Modell.

Der Vorteil dieses Modells liegt darin, dass die Anwender diese Struktur einfach nachvollziehen können, denn ein Benutzer weiß (hoffentlich), welcher Organisationseinheit er angehört, bzw. kennt aus seinem täglichen Arbeitsleben, wo welche Ressourcen zu suchen sind. Als gravierender Nachteil ist der hohe administrative Aufwand anzusehen, mit dem so ein Modell gepflegt werden muss. Bei den heutzutage üblichen permanenten Restrukturierungsmaßnahmen von Konzernen muss bei diesem Modell ständig auch die OU-Struktur auf dem Laufenden gehalten werden.

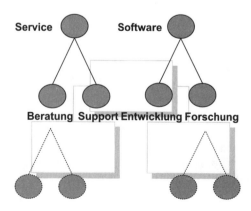

Abbildung 10.19: *Das organisatorische Modell bildet die Arbeitsweise der Organisation gut ab, ist aber aufwendig zu administrieren.*

AD-Objekt Modell

In diesem Modell werden die OUs nach den Objekten des Active Directory gegliedert. Hierbei wird eine OU für Benutzer, eine für Gruppen, eine für Computer usw. gebildet. Weitere Hierarchieebenen können eine weitere Untergliederung der AD-Objekte vornehmen.

Der klare Vorteil dieses Modells besteht in seiner Beständigkeit, da dieses Modell von Restrukturierungsmaßnahmen nicht betroffen ist. Auch nach einer Umstrukturierung gibt es weiterhin Benutzer und Computer usw. Die Nachteile liegen in seiner flach aufgebauten Struktur, welche die einfache Vergabe von Rechten und die Delegation der Verwaltung erschwert. Auch die Arbeitsweise des Unternehmens wird mit diesem, beispielhaft in Abbildung 10.20 dargestellten, Modell, nicht abgebildet.

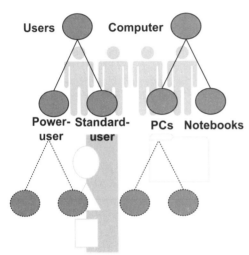

Abbildung 10.20: Das Objekt-Modell basiert auf den im Active Directory verwendeten Objekten.

Mischformen

Natürlich kann aus den vorgestellten drei Modellen auch eine Mischform gebildet werden, die optimal auf die Anforderungen des Unternehmens zugeschnitten ist. Ein gängiges Design, welches oft in großen Unternehmen zu finden ist, besteht aus einer Kombination des geographischen und des AD-Objekt Modells. Die IT-Administration erfolgt meistens regional, somit sind auch regionale OUs gerechtfertigt. Objekte werden in entsprechenden OUs gruppiert, um die Delegation von administrativen Rechten steuern zu können. Der Helpdesk einer Lokation kann damit beispielsweise mit speziellen Zugriffsrechten für Benutzerobjekte und Computerobjekte ausgestattet werden, die sich in zwei AD-Objekt OUs unterhalb einer geographischen OU befinden. Abbildung 10.21 zeigt dieses Beispiel.

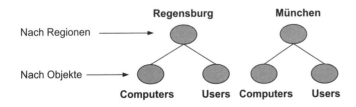

Abbildung 10.21: Eine Mischform für das Design von OUs

Implementieren von Active Directory

OUs oder Domänen

Wie in den vergangenen Abschnitten beschrieben, bietet das Active Directory mit Domänen und OUs zwei Strukturelement für den logischen Aufbau des Active Directory. Um die Entscheidung zu erleichtern, wann welches Strukturelement eingesetzt werden sollte, hier eine kurze Zusammenfassung:

Domäne

- Einsatz von verschiedenen Sicherheitsrichtlinien (Group Policies)
- Kontrollierte Replikation
- Erzeugen untergeordneter Objekte (Child-Domänen), die als Erweiterung des ursprünglichen Namenskontextes (Root-Domäne) definiert sind
- Eingrenzung der Datenbankgröße je Domäne

OU

- Strukturierte Abbildung der Objekte
- Gleiche Sicherheitsrichtlinien innerhalb einer Organisation
- Restrukturierungsmöglichkeit ohne großen Aufwand
- Delegation der Verwaltung

Festlegen der Active Directory-Standorte

Der Begriff Active Directory-Standort wird wie folgt definiert: »Ein oder mehrere gut verbundene IP-Subnetze«. Hierbei bezeichnet ein IP-Subnetz einen logischen Teil eines IP-Netzwerkes, der sich auf ein physisches Netzwerksegment bezieht (einfach ausgedrückt, ein Kabel). Nicht so klar definiert ist hingegen die Forderung »gut verbunden«. Im Hinblick auf das Active Directory wird hiermit eine schnelle, billige und verfügbare Verbindung gefordert. »Schnell« bedeutet in diesem Zusammenhang eine Übertragungsrate von mindestens 10 MBit, was einer etwas angestaubten LAN-Verbindung gleichkommt. »Billig« heißt, dass diese Verbindung ohne nennenswerte Mehrkosten genutzt werden kann, also keine teure Wählverbindung aufgebaut werden muss oder eine Verbindung nach teurem Transfervolumen abgerechnet wird. »Verfügbar« ist eine Verbindung, wenn stets davon ausgegangen werden kann, dass die Pakete, die versendet werden, auch sicher beim Empfänger ankommen.

Active Directory Standorte werden eingesetzt, um die Verzeichnisreplikation und die Nutzung von Ressourcen der Active Directory Clients zu steuern. Beide Aspekte werden im Folgenden beschrieben.

Replikationssteuerung

Standorte dienen hauptsächlich dazu, den Replikationsprozess der Verzeichnisdaten zu steuern. Für ein Netzwerk, das nur aus einem LAN besteht, ist die Standortstruktur sehr einfach zu bestimmen. LAN-Verbindungen sind im Regelfall schnell genug, verursachen keine Mehrkosten und sind auch meist verfügbar, so dass alle Maschinen des Netzwerkes in einem Standort verwaltet werden können. Sobald aber ein Netzwerk aus mehreren durch WANs verbundene LANs besteht, wird es schwieriger zu entscheiden, wo welche Standorte definiert werden sollen. Eine allgemeingültige Aussage zu treffen ist auch hier wieder unmöglich, da die Planung immer von der jeweiligen Organisation und den Zielen der Administration abhängt. Deshalb beschränken wir uns im Folgenden wieder auf Richtlinien und Beispiele für eine erfolgreiche Planung.

Angenommen eine Organisation hat ihre Zentrale in Mailand und je eine Filiale in Regensburg und München. In diesem Fall gibt es zum Beispiel folgende Möglichkeiten, die Lokationen miteinander zu verbinden:

- Langsame Wählleitung
- Virtuelles Privates Netzwerk (VPN) über das Internet
- Langsame Standleitung (z.B. 64 KBit)
- Schnelle ATM-Verbindung

In unserem Beispiel sind die Filialen über 64-KBit-Standleitungen an die Zentrale angebunden. Bei der Bestimmung der Active Directory-Standorte muss sich die Planerin zunächst darüber Gedanken machen, ob in den Filialen überhaupt ein Domänencontroller benötigt wird. Ist dies nicht der Fall, so gibt es auch keine Netzlast durch die Replikation des Verzeichnisses. Allerdings müssen die Clients dann auch die bestehende Verbindung nutzen, um sich am AD anzumelden und auf Ressourcen des Active Directory zuzugreifen. Dies ist nur dann akzeptabel, wenn die Verbindung schnell genug und vor allem auch ständig verfügbar ist.

Ob die in unserem, in Abbildung 10.22 gezeigten, Beispiel vorhandenen 64-KBit-Leitungen ausreichend für ein schnelles Arbeiten sind, ist schwer abzuschätzen. Die Entscheidung hängt unter anderem von folgenden Faktoren ab:

- Wird die Leitung auch von anderen Anwendern benutzt?
- Wie viele Benutzer arbeiten in der Filiale?
- Werden Server-Profile benutzt?
- Nutzen Anwendungen das Active Directory?

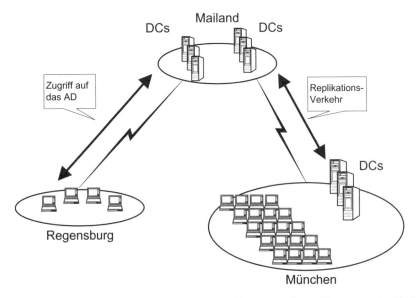

Abbildung 10.22: *Die Problematik der Wahl der Standorte hängt von der Verbindung zwischen den Lokationen ab. Es muss ein Gleichgewicht zwischen schnellen Zugriffen auf das Verzeichnis und der Verzeichnisreplikation gefunden werden.*

Die Lösung, die WAN-Strecke für den Zugriff auf das Active Directory zu verwenden, ist nur für sehr wenige Benutzer akzeptabel und nur in Ausnahmefällen oder für eine wirklich geringe Anzahl von Clients empfehlenswert. Im Regelfall sollten Filialen stets über einen eigenen Infrastruktur-Server verfügen und dann auch als eigener Standort konfiguriert werden. Auf einem Infrastruktur-Server laufen neben dem Active Directory auch noch andere Netzwerkdienste, wie DHCP oder DNS. Anwendungen, wie Exchange oder SQL-Server, sollten nach Möglichkeit auf einem oder mehreren dezidierten Anwendungsservern laufen. Obwohl ein heute gängiger Server von seiner Leistungsfähigkeit ohne weiteres 50 oder mehr Anwender im normalen Bürobetrieb bedienen könnte, so spricht doch einiges für die Trennung zwischen Infrastruktur- und Anwendungsservern. Insbesondere bei dezentraler Administration ist es schwierig, den lokalen Administratoren Rechte für ihre lokalen Anwendungen einzuräumen, ohne sie mit weit reichenden Administrationsrechten auf der Domänen-Ebene auszustatten. Um beispielsweise eine Anwendung als Dienst auf einem DC zu installieren, braucht man mehr oder weniger die Rechte eines Domänen-Administrators. Wird die Anwendung hingegen auf einem Mitgliedsserver installiert, so reichen lokale Administrationsrechte auf dieser einen Maschine. Durch die Trennung dieser beiden Bereiche (Infrastruktur und Anwendungen), kann auch die Administration besser aufgeteilt werden. Alle Konfigurationsänderungen am Infrastruktur-Server werden zentral von den Domänen-Administratoren erledigt, wogegen die Administration der Anwendungsserver an die lokalen Administratoren delegiert werden kann. Dies bedeutet aber nicht, dass lokale Administratoren keine Rechte im AD erhalten, denn dort kann man ja mit Hilfe von OUs beispielsweise die Benutzerverwaltung wunderbar delegieren. Abbildung 10.23 zeigt ein Beispiel für dieses administrative Konzept des Active Directory.

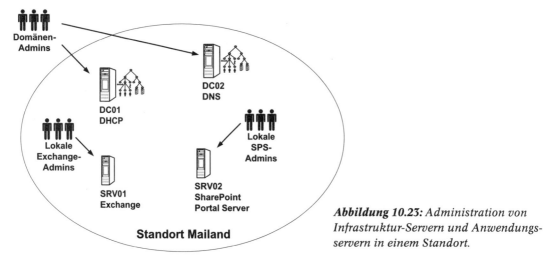

Abbildung 10.23: Administration von Infrastruktur-Servern und Anwendungsservern in einem Standort.

Für den Fall, dass die Replikation zwischen den Standorten sehr häufig erfolgen muss, bringt die Erstellung von unterschiedlichen Standorten noch den Vorteil, dass Daten vor der Replikation stets stark komprimiert werden und bei Bedarf Backupleitungen zum Einsatz kommen können. Hat man beispielsweise zwei Standorte, die über eine 2-MBit-Standleitung und eine zusätzliche Wählleitung miteinander verbunden sind, so kann die Verbindung so konfiguriert werden, dass die teure Wählleitung nur dann genutzt werden soll, wenn die Standleitung ausfällt. Dies kann beliebig konfiguriert werden, da AD die Verbindungen zwischen Standorten aufgrund frei definierbarer Kosten auswählt.

Anfragen an das Active Directory

Bei der Planung von Standorten muss auch darauf geachtet werden, welche Clients von welchen Servern validiert werden sollen bzw. welche Domänencontroller die Anfragen von bestimmten Clients an das Active Directory bedienen sollen. Bei der Anmeldung an das AD versucht ein Client immer einen Domänencontroller zu verwenden, der sich am selben Standort wie der Client befindet. Soll nun erreicht werden, dass Clients eine gute Verbindung zu einem Domänencontroller besitzen, so muss man die Standortstruktur an die Struktur des Netzwerkes anpassen. Im Extremfall wird jedes IP-Subnetz als Standort deklariert. Damit würden Anmeldungen und Anfragen der Clients an das AD im lokalen Subnetz abgewickelt. In Abbildung 10.24 wird das Prinzip der guten Verbindungen dargestellt.

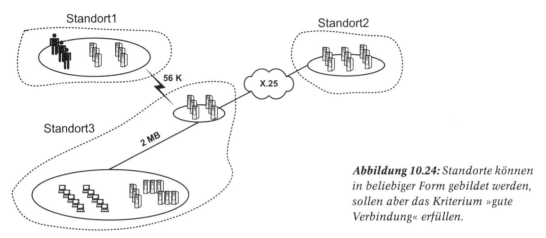

Abbildung 10.24: Standorte können in beliebiger Form gebildet werden, sollen aber das Kriterium »gute Verbindung« erfüllen.

Hierbei ist jedoch zu beachten, dass die Clients im Falle eines Ausfalls des lokalen Domänencontrollers auf einen beliebigen anderen Domänencontroller des Active Directory zugreifen. Es ist derzeit noch nicht möglich, übergeordnete Standorte zu erzeugen und somit Standorte zu gruppieren. Spätere Implementierungen des AD sollen über diese Möglichkeit verfügen. Angenommen, es wurden in einem LAN, das aus mehreren Subnetzen besteht, drei Standorte definiert, um die Anmeldung der Clients an bestimmten Servern zu steuern. Da dieses LAN sich in einem Gebäude befindet, nennen wir diese Standorte Stockwerk1, Stockwerk2 und Stockwerk3. Die gesamte Organisation, und damit auch ihr Netzwerk, geht allerdings weit über die Grenzen dieses einen Gebäudes hinaus und ist auf mehrere Lokationen weltweit verteilt. An diesen Lokationen wurden ebenfalls AD-Standorte eingerichtet und konfiguriert. Da diese Standorte nur über teure Wählverbindungen oder gar noch teurere Satellitenverbindungen erreichbar sind, wurden sie Teuer1 und Teuer2 genannt.

Möchte ein Client des Standorts Stockwerk2 auf das Active Directory zugreifen, so wird er im Normalfall von einem Domänencontroller aus diesem Standort bedient. Ist am Standort Stockwerk2 allerdings gerade kein Domänencontroller verfügbar, so sucht der Client nach einem alternativen Domänencontroller. In diesem Fall wird der erste DC verwendet, der auf ein PING des Anmeldedienstes antwortet. Mit Glück antwortet ein Domänencontroller der Standorte Stockwerk1 oder Stockwerk3 und hat damit wieder eine gute Verbindung. Nach Murphy's Gesetz wird aber in so einem Fall immer die ungünstigste Verbindung gewählt und der Client arbeitet mit einem DC aus den Standorten Teuer1 oder Teuer2. Diese Situation ist in Abbildung 10.25 noch einmal grafisch dargestellt.

Allerdings versucht der Client auch weiterhin, in regelmäßigen Abständen einen Domänencontroller an seinem Standort zu kontaktieren. Wird zu einem späteren Zeitpunkt ein Domänencontroller am Standort wieder verfügbar, so wird umgehend dieser für alle weiteren Interaktionen mit dem Active Directory verwendet. Der Domänencontroller aus dem entfernten Standort wird nicht mehr verwendet.

Implementieren von Active Directory

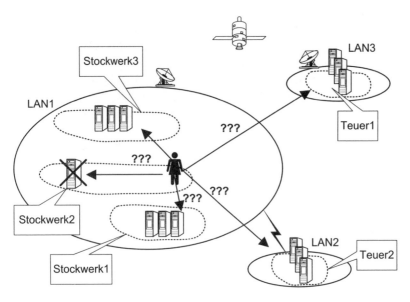

Abbildung 10.25: Falls in Standorten Clients auf »Anmelde-Basis« zugeordnet sind, muss beachtet werden, dass im Falle des Ausfalls der DCs dieses Standorts ein beliebiger anderer Domänencontroller verwendet wird.

Der Global-Catalog-Server

Neben der Planung der Domänenstruktur und der Standortstruktur spielt auch die Planung der Global-Catalog-Server eine wichtige Rolle bei der Einführung des Active Directory. Der Global-Catalog (GC) beinhaltet alle Objekte des gesamten Directory, also aller Domänen eines Forests. Allerdings wird im Global-Catalog nur eine Teilmenge der Attribute gespeichert. Welche Attribute dies sind, ist für die Standardattribute von Microsoft vordefiniert, kann aber für jedes Objekt von der Administratorin nahezu beliebig beeinflusst werden. Besteht ein Forest nur aus einer Domäne, so ist die Datenbank des GC-Servers identisch mit den übrigen Domänencontrollern. Sind mehrere Domänen vorhanden, wird der Global-Catalog umfangreicher. Implementiert ist ein Global-Catalog-Server als normaler Domänencontroller, der neben der vollständigen Domänenpartition auch noch eine Teilmenge der Attribute des gesamten Forests enthält. Aufgrund der großen Datenmenge muss diese Maschine über besonders leistungsfähige Hardware verfügen. Die Hauptaufgabe der Global-Catalog-Server liegt in der schnellen Reaktion auf Suchanfragen der Clients. Bei einer Anfrage eines Benutzers an den Global-Catalog-Server antwortet dieser meist mit den gesuchten Attributen oder zumindest dem DN des Objekts, worauf dann der zuständige Domänencontroller direkt angesprochen werden kann. Es muss also bei Anfragen an den GC nicht eine langwierige Suche durch alle Domänen des Forests eingeleitet werden, sondern die Anfrage kann im Regelfall sofort beantwortet werden. Um diese Anfragen möglichst schnell abwickeln zu können, sollte bei der Planung ein Global-Catalog-Server je Standort vorgesehen werden. Dies stellt sicher, dass jede Maschine zumindest zu einem GC-Server eine gute Verbindung besitzt.

Unter Windows 2000 ist es für die Anmeldung der Benutzer am Active Directory erforderlich, dass ein GC-Server verfügbar ist. Bei der Anmeldung werden nämlich die Mitgliedschaften eines Benutzers in den universellen Gruppen benötigt und diese werden nur im Global-Catalog gespeichert. Um gegen Ausfälle der WAN-Verbindungen gewappnet zu sein, musste also je Standort ein GC vorhanden sein. Unter Windows Server 2003 ist es möglich, dass normale Domänencontroller in den Standorten beim ersten Anmelden des Benutzers diese Mitgliedschaften zwischenspeichern. Die Informationen werden vom Domänencontroller up-to-date gehalten, indem er einen GC-Server regelmäßig kontaktiert und Veränderungen in seinem lokalen Cache für universelle Gruppen vornimmt. Diese Funktionalität kann für jeden Standort getrennt aktiviert werden. Somit ist es durch den Einsatz von Windows Server 2003 Domänencontrollern nicht mehr unbedingt erforderlich, einen Global-Catalog pro Standort zu haben. Dies ist vor allem in großen Forests von Vorteil, wo der GC viele Daten enthält und somit die WAN-Strecken mit einem hohen Replikationsverkehr belastet.

Planen der DNS-Infrastruktur

Der letzte Schritt bei der Planung des Active Directory liegt darin, für den gewählten Namensraum eine gute DNS-Infrastruktur zur Verfügung zu stellen. In den ▶ Kapiteln 4 und 5 wurden die Konzepte des DNS und deren Umsetzung durch Microsoft vorgestellt. An dieser Stelle gehen wir auf die Planung einer konkreten DNS-Infrastruktur ein. Bei dieser Planung muss zwischen einem komplett neuen DNS-Design und der Integration des Active Directory in eine bestehende DNS-Infrastruktur unterschieden werden.

HINWEIS: Wir haben in den vergangenen Jahren DNS als prinzipiell sehr klar strukturiertes und einfach zu implementierendes System kennen gelernt. Gleichzeitig wird es aber in vielen Unternehmen als komplexes, undurchschaubares und extrem fehleranfälliges System gehandhabt da es oft je nach Gegebenheiten unregelmäßig und ohne durchgehendes Konzept gewachsen ist. Gerade bei DNS sollte versucht werden den KIS-Grundsatz (Keep It Simple) zu beherzigen und komplexe, schwer zu durchschauende Strukturen zu vermeiden. Gerade im Bezug auf die Fehlersuche hat sich herausgestellt, dass mindestens 30% aller Probleme die dem Active Directory angelastet wurden, letztendlich durch eine mangelhafte DNS-Infrastruktur begründet waren.

Für die folgenden Überlegungen wird davon ausgegangen, dass die bisher beschriebenen vier Schritte der AD-Planung bereits durchgeführt sind und somit der Domänen-Name bereits gewählt ist und die Anzahl der Domänen und deren Organisation in einem Tree oder Forest schon festgelegt sind.

Ehe mit dem Design einer DNS-Infrastruktur begonnen wird, sollen hier nochmals ein paar wichtige Grundfunktionen in Bezug auf die Active Directory-Integration zusammengefasst werden:

- Ohne verfügbares DNS ist keinerlei Zugriff auf das Active Directory möglich. Für jeden Zugriff auf Ressourcen des Active Directory wird eine DNS-Anfrage verwendet, um einen Server zu finden, der den gewünschten Dienst bereitstellt.
- Informationen über Global-Catalog-Server sind nur in der Zone _msdcs der AD-Rootdomäne enthalten.
- DNS-Zonen können in den Replikationsprozess des Active Directory integriert werden.

Die Anforderungen an eine DNS-Infrastruktur können in einen unbedingt erforderlichen und einen optionalen Teil untergliedert werden. Diese Anforderungen sollten als Richtlinien für eine einfache, funktionierende Struktur aufgefasst werden. Dem DNS-Architekten sollte bewusst sein, dass andere Konstrukte meist komplexer und fehleranfälliger sein können.

Erforderlich sind folgende Konfigurationen:

- Schaffung einer unternehmensweiten DNS-Root über die alle Anfragen sowohl für das interne als auch für das externe Netzwerk beantwortet werden. Diese DNS-Root hat Informationen über alle Namensräume, die im Unternehmen eingesetzt werden und leitet Anfragen an die entsprechenden Server weiter.
- An jedem Standort sollen Anfragen bezüglich der an diesem Standort ansässigen Domänen von einem lokalen DNS-Server beantwortet werden können.
- Anfragen nach Informationen der Zone _msdcs der AD-Rootdomäne sollen ebenfalls von einem lokalen DNS-Server beantwortet werden.

Optional können folgende Konfigurationen vorgenommen werden:

- Zoneninformationen für AD-Domänen, von denen kein DC am Standort ist, beschleunigen nur das Auffinden der Ressource. Sie bringen keine höhere Verfügbarkeit von Resourcen, da im Falle eines Netzwerkausfalls auf die Ressource sowieso nicht mehr zugegriffen werden kann, auch wenn man aufgrund lokaler DNS Zonen wüsste wo sie wären.
- Reverse Zones für die Zuordnung von IP-Adressen zu DNS Namen werden für den Betrieb des Betriebssystems nicht benötigt. Allerdings muss man überprüfen, ob andere Programme diese Zoneninformation benötigen. In den vergangenen Jahren ist uns in diversen Unternehmen immer wieder aufgefallen, dass diese Reverse Zones dort gepflegt werden, aber niemand so richtig weiß, für was diese Zonen benötigt werden.

Einführen eines neuen DNS-Konzeptes

Wenn man die Gelegenheit hat und auf der »grünen Wiese« die Planung eines DNS-Konzeptes für die Unterstützung des Active Directory vornehmen kann, so gibt es folgendes Standardkonzept, das für die meisten Fälle anzustreben ist. Es ist mit minimalem Aufwand einzurichten und zu betreiben und sichert die optimale Verfügbarkeit des Active Directory. Folgende Schritte sollten hierbei vorgenommen werden:

1. Schaffung einer zentralen DNS-Root für das Unternehmen
2. Bereitstellen des DNS-Dienstes auf jedem Domänencontroller
3. Jeder DNS-Server hält die Zoneninformationen für denselben Namenskontext, für den auch der Domänencontroller (Dienst) zuständig ist
4. Jeder DNS-Server hält darüber hinaus die Zone _msdcs der Rootdomäne
5. Jeder DNS-Server hat als Forwarder die Server der DNS-Root eingetragen

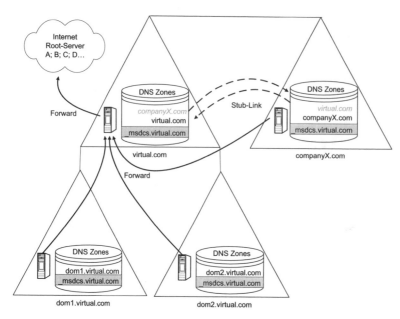

Abbildung 10.26: Der DNS-Dienst wird auf jedem DC installiert und die Zonen in das AD integriert. Jeder Server hält die Zonen für den Namensraum, für den er auch im AD zuständig ist und zusätzlich noch die Zone _msdcs der Rootdomäne. Verweise auf andere Trees des Forests werden über Stub-Zones realisiert. Die Namensauflösung für den Zugriff auf Rechner im Internet wird über Forward-Einträge auf die offiziellen Internet Root-Server ermöglicht.

In dem, in Abbildung 10.26, gezeigten Beispiel wurde eine zentrale DNS-Root auf den Domänencontrollern der Active Directory-Rootdomäne eingerichtet. Auf allen Domänencontrollern der AD-Rootdomäne werden hier die beiden Zonen *virtual.com* und *_msdcs.virtual.com* eingerichtet. Alle Zonen werden als AD-integriert, mit sicherem dynamischen Update konfiguriert. Allerdings unterscheiden sich die Speicherorte der beiden Zonen. *virtual.com* kann entweder im Domänen-Namenskontext *virtual.com* oder in der Application-Partition *DomainDNSZones* abgelegt werden. Die Zone *_msdcs.virtual.com* sollte hingegen unbedingt in der Application-Partition *ForestDNSZones* gespeichert werden, da diese automatisch auf alle Windows Server 2003-Domänencontroller repliziert wird, auf denen der DNS-Dienst installiert ist. Anfragen an benachbarte DNS-Namensräume, die auf der gleichen hierarchischen Ebene stehen, allerdings auch zum Unternehmen gehören, können über Stub-Zones oder bedingte Weiterleitung aufgelöst werden. Stub-Zones enthalten die NS-Einträge für andere DNS Zonen und haben den Vorteil, dass sie automatisch aktualisiert werden. Die bedingte Weiterleitung hilft, die Wege der Namensauflösung gezielt zu steuern. Beide Methoden sind in ▶ Kapitel 5 beschrieben. Für Anfragen nach Namen die außerhalb des Unternehmens liegen, sollte von den DNS-Servern dieser DNS-Root ein Forwarder auf die DNS-Server des Providers oder die Root-Server des Internets (A, B, C usw.) konfiguriert werden.

In jeder Sub-Domäne wurde ebenfalls auf allen Domänencontrollern der DNS-Dienst installiert. Auf diesen Servern wird die Zone der Sub-Domäne ebenfalls als AD-integriert mit sicherem dynamischen Update konfiguriert. Auch hier bleibt die Wahl, ob die Zone im Domänen-Namenskontext, oder der Application-Partition *DomainDNSZones* abgelegt werden soll. Ist der DNS-Server ein Windows Server 2003-Computer, so bekommt er die Zone *_msdcs.virtual.com* automatisch zugespielt. Bei einem Windows 2000 Server muss hier diese Zone manuell als Secondary-Zone eingerichtet werden. Als Forwarder müssen bei allen DNS-Servern alle DNS-Server der AD-Rootdomäne eingetragen werden. Die Clients und Mitgliedsserver dieser Domäne werden so konfiguriert, dass sie auf alle DNS-Server an ihrem lokalen Standort zeigen und darüber hinaus noch auf mindestens einen DNS-Server der zentralen AD-Rootdomäne. Auf diese Weise ist sichergestellt, dass sowohl im Falle eines Netzwerkausfalls, als auch im Falle eines Ausfalls aller lokaler DCs eine Anmeldung und der Zugriff auf das AD möglich sind.

Dieses Beispiel mit einer AD-Rootdomäne, zwei Sub-Domänen und einem parallelen Tree lässt sich auf beliebig viele Domänen und Trees erweitern. Es ist einfach zu verstehen und zu administrieren und kann außerdem in allen voll-gerouteten Netzen angewendet werden. Durch den Einsatz von Firewalls müssen evtl. die Forwarder und die Delegationen angepasst werden, aber auch dort funktioniert dieses Konzept. Für Abweichungen von diesem Konzept sollten wirklich triftige Gründe vorliegen, die es durchaus geben mag. Die Aussage »das haben wir schon immer so gemacht« ist kein Grund für ein komplexes und unverständliches Konzept.

Im Weiteren wollen wir auf häufig gestellte Fragen bei der DNS-Planung eingehen.

Belastung des Netzwerkes durch das DNS

Obwohl das DNS unter anderem auch dazu genutzt wird, die Belastung des Netzes durch Broadcasts für die Namensauflösung zu reduzieren, so erzeugt es dennoch auch selbst eine gewisse Netzlast. Diese ist in die folgenden beiden Kategorien zu unterteilen:

Netzlast durch die DNS-Server-Kommunikation

Diese Netzlast entsteht hauptsächlich durch den Zonentransfer. Bei AD-integrierten Zonen erfolgt der Zonentransfer über die normalen Active Directory Replikationsmechanismen und ist demnach zumindest standortübergreifend komprimiert. Auch werden nicht immer alle Attribute eines DNS-Records übertragen, sondern, da es sich ja um normale AD-Objekte handelt, nur die tatsächlich geänderten Attribute. Messungen haben ergeben, dass die Übermittlung von 10.000 neu angelegten

A-Records eine Netzlast von 1,5 MB auf dem WAN verursacht, wenn die Zone im AD integriert ist. Wird die Zone hingegen nicht im AD integriert, so verursachen 10.000 A-Record bei herkömmlichen Zonentransfer ca. 10 MB Netzverkehr (mit aktiviertem Notify) und ca. 5 MB Traffic, wenn die Notify-Funktion deaktiviert ist.

Netzlast durch die Kommunikation der Clients mit dem DNS

In diesem Fall wird das Netzwerk durch Standardanfragen der Clients für die Namensauflösung oder durch Änderungen der Datenbankeinträge beim Dynamischen Update belastet. Da diese Netzlast in unserem Konzeptvorschlag immer durch lokale DNS-Server bearbeitet wird und hier per Definition eine gute Netzverbindung herrscht, kann diese Netzbelastung als unbedeutend eingestuft werden.

Leistungsfähigkeit der Server

Der Microsoft DNS-Dienst stellt keine hohe Anforderung an die Leistungsfähigkeit der Hardware. Speziell, da in dem hier vorgestellten Konzept jeder DC gleichzeitig auch als DNS-Server konfiguriert ist, wird die Anzahl der Anfragen auf eine größere Anzahl von Maschinen verteilt. Um ein Beispiel der Leistungsfähigkeit des Microsoft DNS-Dienstes zu geben hier einige Messungen aus dem Whitepaper *Sizing Guidelines for Windows 2000 Domain Controller and Global-Catalog-Server*:

Testsystem: 4 x Xeon 500 CPU; 1 GB RAM; 100 MBit/s Netzanbindung

Testverfahren: Innerhalb von 15 Minuten werden von verschiedenen Clients aus, insgesamt 100.000 DNS-Anforderungen (Anfragen und Registrierungen) gesendet.

Testergebnis: Durchschnittlich wurden 406 Anfragen, 405 Antworten und 164 Dynamische Updates pro Sekunde bearbeitet. Interessanterweise waren die Prozessoren dieser Maschine im Durchschnitt nur zu 22% ausgelastet und die Belastung der CPUs überschritt nie die 25% Marke!

Um die eigene eingesetzte Hardware bezüglich ihrer Belastung beurteilen zu können, stehen Werkzeuge, wie z.B. der Windows Server 2003 System- oder Netzwerkmonitor bereit. Mit diesen Werkzeugen können die entsprechenden Leistungsindikatoren (CPU, Speicher, I/O-Operationen, DNS-Requests usw.) überwacht und ausgewertet werden.

Integration in ein bestehendes DNS-Konzept

Wird in der Organisation bereits DNS verwendet, so muss zunächst überprüft werden, ob der Name für die gewählte Root-Domäne bereits von der existierenden DNS-Infrastruktur verwaltet wird oder nicht. Ist dies nicht der Fall, so ist die einfachste Lösung, für diesen Namensraum einen Microsoft DNS-Server zu verwenden und auf diesem die entsprechende Zone anzulegen. Dieser Fall kann analog zu dem vorher beschriebenen neuen DNS-Design behandelt werden. Wird der Name der Root-Domäne bereits von einem bestehenden DNS-Server verwaltet, sind zwei Fälle möglich: Entweder der bestehende DNS-Server ist bereits ein Microsoft-Server oder es wird ein DNS-Server eines anderen Herstellers verwendet. Beide Fälle werden im Folgenden behandelt.

Microsoft DNS-Server ist vorhanden

Wenn bereits ein Microsoft DNS-Server verwendet wird, ist der Fall relativ unkompliziert, da nur sichergestellt werden muss, dass der DNS Dienst auf einer Windows 2000- oder Windows Server 2003-Maschine läuft. Ist dies sichergestellt, so kann noch gewählt werden, ob die Zonen in das Active Directory integriert werden (falls der Server ein Domänencontroller ist) und ob dynamisches Update der Einträge unterstützt werden soll.

Kein Microsoft DNS-Server vorhanden

Wird ein DNS-Server eines anderen Herstellers eingesetzt, so muss überprüft werden, ob die Mindestvoraussetzungen für die Unterstützung des Active Directory gegeben sind. Diese sind in den folgenden Standardspezifikationen definiert:

- Unterstützung von SRV Resource Records (RFC 2052)
- Unterstützung von dynamischem Update der Einträge (RFC 2136)

Hierbei ist die Unterstützung von SRV RRs zwingend erforderlich, da über diese Einträge die Clients ihre Domänencontroller finden. Die Unterstützung von dynamischem Update ist optional, aber dringend empfohlen. Wird dynamisches Update nicht unterstützt, so ist viel Handarbeit für die Administratoren angesagt, da in diesem Fall zumindest alle Server manuell in die DNS-Datenbank eingetragen werden müssen.

Werden die oben genannten beiden Voraussetzungen erfüllt, so kann der DNS-Server für das Active Directory verwendet werden und bei Bedarf weitere Microsoft DNS-Server als Secondary DNS-Server hinzugefügt werden. Der Vorteil dieser Lösung besteht darin, dass keine großen Änderungen am vorhandenen DNS-Konzept vorgenommen werden müssen. Als Nachteil ist die fehlende Integration von DNS in das Active Dircctory, mit den damit verbundenen optimierten Replikationsmechanismen und den mehrfachen SOAs, zu sehen.

Werden von dem vorhandenen DNS-Server die oben genannten Voraussetzungen nicht erfüllt, so muss geprüft werden, ob ein Upgrade des Servers auf SRV RRs möglich ist. Ist dies nicht der Fall, so muss man die Aufteilung des DNS-Namensraums des Unternehmens nochmals ändern und eine neu entstehende Zone an einen Microsoft DNS-Server delegieren. Abbildung 10.27 zeigt diese Situation.

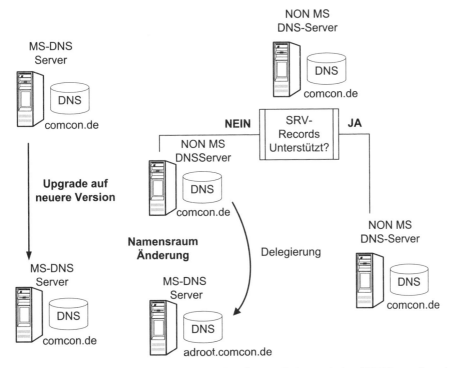

Abbildung 10.27: Werden von einem bestehenden DNS-Server keine SRV-Records unterstützt und ist auch kein Upgrade auf diese Funktionalität möglich, muss eine Änderung des Namensraums vorgenommen und die neue DNS-Domäne an einen Microsoft DNS-Server delegiert werden.

Beispiele für Domänenmodelle

Nachdem nun ausgiebig auf die verschiedenen Komponenten eingegangen wurde, die zur Verfügung stehen, um im Active Directory die vorhandenen Objekte zu organisieren, möchten wir nun anhand einer fiktiven Organisation unterschiedliche Realisierungswege aufzeigen und auf die Stärken und Schwächen der jeweils vorgestellten Domänenmodelle eingehen.

Die Organisation »Virtual«

Unsere Beispielorganisation trägt den Namen *Virtual* und ist in die 6 Sparten Fahrzeuge«, Maschinen, Anlagen, Energie, EDV und Dienstleistungen gegliedert. Die Sparten sind unterschiedlich groß und beschäftigen zwischen 200 und 13.000 Mitarbeiter. Das gesamte Unternehmen ist auf die vier Standorte London, Rom, Singapur und New York verteilt.

Zunächst sollen nun unabhängig von der physikalischen Netzwerkstruktur verschiedene Modelle besprochen werden, mit denen diese Organisation im Active Directory abgebildet werden kann. Natürlich sind dies nicht alle Möglichkeiten, allerdings haben sich die vorgestellten fünf Möglichkeiten bei diversen Projekten in den vergangenen Jahren als gut einsetzbar erwiesen.

Als Voraussetzung für dieses Beispiel wird davon ausgegangen, dass die gesamte Organisation in einem Forest mit einem zusammenhängenden Namensraum verwaltet werden soll. Als Name für die Root-Domäne wurde hier *virtual.com* ausgewählt, der auch bei ICANN registriert werden sollte.

Jedes Modell wird anhand bestimmter Kriterien auf Stärken und Schwächen hin untersucht. Die Kriterien sind:

- Hardwarebedarf
- Datenbankgröße des Active Directory
- Administration
- Abbildung der Organisationsstruktur eines Unternehmens
- Reorganisationsmöglichkeiten
- Replikationsverkehr

Organisationsmodell mit Domänen

Soll die Festlegung des Domänenmodells nach organisatorischen Gesichtspunkten geschehen, macht dies erfahrungsgemäß nur dann Sinn, wenn die Organisationseinheiten entsprechend groß sind. Eigene Gesellschaften in einer Holding-Struktur oder eigenständige Sparten eignen sich als Strukturelemente für ein solches Domänenmodell.

In einem solchen Modell arbeiten wir mit einer »leeren« Root-Domäne (Infrastruktur-Domäne). Sie dient hier als Platzhalter für den Organisationsnamen *virtual.com* und enthält außer den Standard-Systemobjekten nur noch Domänencontroller und administrative Konten und Gruppen. Auf diese Weise kann ein zusammenhängender Namensraum für alle weiteren Domänen genutzt werden.

In einer zweiten Hierarchieebene werden die unterschiedlichen Sparten des Unternehmens mit eigenen Domänen dargestellt. Die weitere Unterteilung der Sparten kann dann über zusätzliche Unter-Domänen, oder mit Hilfe von Organizational Units (OUs) realisiert werden. In Abbildung 10.28 ist das Organisationsmodell mit Domänen dargestellt.

Stärken

- Das Modell bildet die Struktur der Organisation sehr gut ab.
- Die unterschiedlichen Domänen begrenzen die Größe der AD-Datenbank pro Domäne.
- Festlegung von eigenständigen Sicherheitsrichtlinien pro Sparte (Domäne).

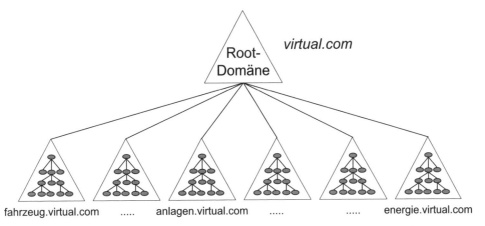

Abbildung 10.28: Die einzelnen Sparten werden in einer zweiten Hierarchiestufe mit eigenständigen Domänen abgebildet. Die Root-Domäne bleibt hierbei leer und dient nur als Platzhalter für den Domänennamen.

Schwächen

- Erhöhter Bedarf an Hardware, da für jede Sparte (Domäne) Domänencontroller benötigt werden.
- Verschieben von Objekten von einer Domäne zur anderen ist problematischer.
- Höherer Datenverkehr für die Replikation der Verzeichnisdaten, da sich DCs der unterschiedlichen Sparten an verschiedenen Standorten befinden können und somit die Daten über langsame WAN-Verbindungen repliziert werden müssen.

Organisationsmodell mit OUs

In diesem Modell wird die gesamte Organisation mit einer Domäne realisiert. Im Gegensatz zum vorhergehenden Modell wird die zweite Hierarchieebene und damit die Abbildung der Sparten mit OUs vorgenommen. Die weitere Aufteilung der Sparten in Abteilungen oder Projekte erfolgt auch in diesem Modell mit zusätzlichen Hierarchieebenen, die ebenfalls mit OUs realisiert werden. Abbildung 10.29 zeigt dieses Modell.

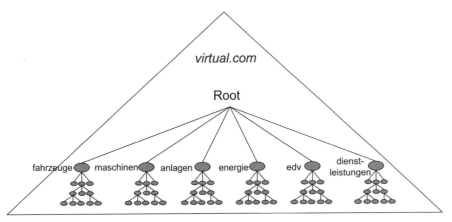

Abbildung 10.29: Die verschiedenen Sparten des Unternehmens werden in einer zweiten Hierarchieebene mit OUs abgebildet.

Implementieren von Active Directory

Stärken

- Gute Abbildung der Organisationsstruktur durch OUs
- Einheitliche Sicherheitsrichtlinien für die gesamte Organisation
- Einfache Reorganisation durch leichtes Verschieben von Objekten
- Geringerer Hardwareeinsatz, da weniger Domänencontroller benötigt werden
- Schnelle Suche und Anmeldung, da in diesem Modell jeder DC alle Daten der gesamten Domäne hält.

Schwächen

- Große Active Directory-Datenbank, die auf allen Domänencontrollern gespeichert werden muss, wodurch die Hardwareanforderungen an die Domänencontroller steigen.
- Hohe Netzbelastung, da alle Objekte auf alle Domänencontroller repliziert werden müssen.

Das gemischte Organisationsmodell

Das gemischte Organisationsmodell vereint die beiden zuvor beschriebenen Modelle. Hierbei wird ein Teil der Sparten, abhängig von der Anzahl der zu verwaltenden Objekte und den geforderten Sicherheitsansprüchen, in Form von Domänen realisiert. Die verbleibenden Sparten werden mit Hilfe von OUs abgebildet und entweder in einer weiteren Domäne zusammengefasst oder verbleiben in der Root-Domäne. Da dieses Modell kein einheitliches Konzept verwendet, besitzt es keine logische Konsistenz und erschwert somit die Verwaltung. In dem, in Abbildung 10.30, dargestellten Beispiel haben wir uns für eine separate Domäne für die Gruppen im Unternehmen entschieden.

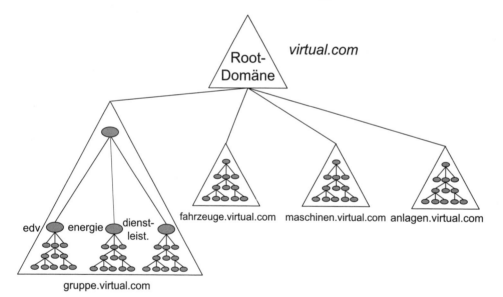

Abbildung 10.30: Manche Sparten werden in einer eigenen Domäne als OUs abgebildet, andere Sparten werden als Domäne realisiert. Die Root-Domäne ist leer und dient nur als Platzhalter für den Domänennamen.

Stärken

Da es sich um eine Mischform aus den beiden zuvor beschriebenen Modellen handelt, können hier sowohl die Vorteile der Organisation mit Domänen als auch die der Organisation mit Hilfe von OUs genutzt werden. Diese Lösung ist besonders in Fällen empfehlenswert, in denen organisationsinterne politische Zwänge starken Einfluss auf die Planung des AD nehmen und spezielle Sonderregelungen erfordern.

Schwächen

Wie auch schon bei den Vorteilen, so können auch hier bei schlechter Realisierung alle Nachteile der zuvor beschriebenen Modelle aufgezählt werden. Allerdings können diese durch geschickte Planung, welche Sparte als Domäne und welche als OU realisiert werden soll, minimiert werden. Als weiterer Nachteil ist in diesem Modell die fehlende konsistente Struktur des Verzeichnisses anzusehen. Dies kann unter Umständen die spätere Administration erschweren.

Geographisches Modell

Bei dieser Vorgehensweise wird die geographische Verteilung des Unternehmens in der zweiten Hierarchiestufe mit Hilfe von Domänen realisiert. Wie Abbildung 10.31 zeigt, werden die einzelnen Sparten anschließend je Lokation als OUs abgebildet

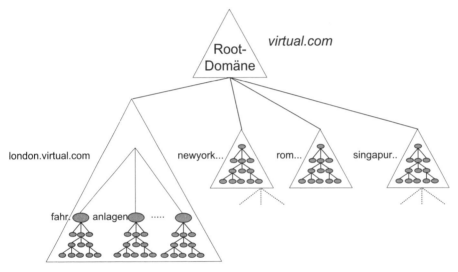

Abbildung 10.31: Die Domänen bilden die geographische Verteilung des Unternehmens ab. In jeder Region werden die Sparten mit OUs abgebildet.

Stärken

- Geringe Anzahl von Domänencontrollern, da pro Standort nur DCs einer Domäne benötigt werden
- Einfache Verschiebung der Objekte innerhalb der Regionen (Domänen)
- Der meiste Replikationsverkehr (Domänen-Namenskontext) ist auf das regionale Netz begrenzt
- Schnelle Anmeldung am Active Directory, da die DCs vor Ort am Standort sind

Schwächen

- Große Active Directory-Datenbank, da alle Objekte einer Region in der Datenbank gespeichert sind, und damit verbundene höhere Hardwareanforderungen
- Keine einfache Vergabe von Zugriffsrechten auf gesamte Gruppen einer Sparte, z.B. für die gesamte Entwicklungsabteilung der Sparte Fahrzeuge

Mandanten-Modell

Ein Mandaten-Modell kann eingesetzt werden, wenn in einem Forest mehrere Organisationen abgebildet werden sollen und diese einen eigenen Namensraum besitzen müssen. Die Forest-Root-Domäne ist ein eigener Tree. Für jeden Mandanten wird ebenfalls ein eigener Tree angelegt und in den Forest eingehängt.

Da die Root-Domäne weder Benutzer noch Ressourcen enthält, kann und sollte ihr Name nichts mit dem Namensraum des Gesamtunternehmens zu tun haben. Die Holding selbst (*virtual.com*) ist im, in Abbildung 10.32 gezeigten Beispiel, genauso als Mandant implementiert wie die einzelnen Sparten (*fahrzeuge.com, maschinen.com, ...*). Damit besteht die größtmögliche Flexibilität, wenn Umstrukturierungen des Unternehmens die Domänenstruktur und die Namensräume im Active Directory verändern. Die Forest-Root-Domäne bleibt immer erhalten, es können neue Trees eingefügt werden und bestehende Trees gelöscht oder in andere Trees migriert werden.

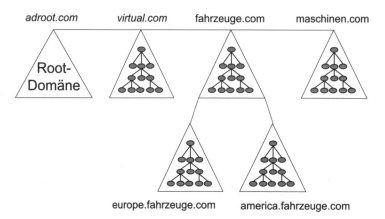

Abbildung 10.32: *Die Trees bilden die einzelnen Mandanten ab. Die Forest-Root-Domäne ist in einem seperaten Tree untergebracht.*

Stärken

- Mandantenfähiges Administrationskonzept einfach zu implementieren.
- Geringe Anzahl von Domänencontroller pro Mandant.
- Übersichtliche Größe der AD-Datenbank, da diese auf mehrere Domänen verteilt ist.
- Die Organisationsstruktur kann auch bei einem Firmenzusammenschluss abgebildet werden.

Schwächen

- Verschieben von Objekten zwischen Mandanten (Domänen) erfordert mehr Aufwand, als zwischen OUs.
- Mandanten unterliegen der Forestkonfiguration und Schema der Root-Domäne.

Wie anhand der vorgestellten Beispiele deutlich wird, gibt es kein perfektes Design für das Active Directory. Jedes Modell hat seine Vor- und Nachteile. Im Regelfall wird man immer eine Mischung aus mehreren Modellen vornehmen, um so möglichst viele Vorteile zu vereinen und auf der anderen Seite Nachteile auszumerzen. Das Design einer Active Directory-Struktur muss stets als iterativer Prozess angesehen werden, in dem man verschiedene Modelle gegenüberstellt und versucht, die Vorteile der Alternativen zu verschmelzen. Dabei werden sich allerdings auch immer neue Nachteile der gefundenen Lösung herausstellen, so dass man das bisherige Ergebnis erneut einem weiteren Modell gegenüberstellen muss, um evtl. auch diese Nachteile zu beseitigen.

Die hier vorgestellten Entwürfe wurden aufgrund weniger Annahmen erstellt. Die Struktur der Organisation (Sparten), der gewählte einheitliche Namensraum (*virtual.com*) und die geographische Verteilung der Organisation waren gegeben. Die Wahl eines geeigneten Modells zur Organisation der Objekte hängt allerdings noch von weiteren Faktoren ab, die hier nicht berücksichtigt wurden. Hierzu zählen vor allem die firmeninternen politischen Strukturen und die bestehende Netzwerkstruktur. Die firmeninternen politischen Strukturen und Machtverhältnisse sind sehr vielfältig und von variablen Größen beeinflusst, deren Berücksichtigung sehr viel Fingerspitzengefühl erfordert. An dieser Stelle Ratschläge zu erteilen wäre vermessen und bleibt das harte Los der Leser.

Der zweite Faktor, die bestehende Netzwerkstruktur, beeinflusst die Planung des Active Directory ebenfalls sehr stark. Die AD-Komponenten, die hier berücksichtigt werden müssen, sind die Active Directory-Standorte und die Positionen der Global-Catalog-Server. Das Ziel der Planung ist hierbei klar definiert. Es muss ein Gleichgewicht gefunden werden, bei dem sowohl ein schneller Zugriff auf Ressourcen gewährleistet wird als auch die Netzlast durch die zu replizierenden Daten sich in Grenzen hält.

Einbeziehung der Netzwerkstruktur

In folgenden Beispielen wird von folgender Netzwerkinfrastruktur ausgegangen:

- London-Rom40 MBit/s ATM-Backbone
- Rom-Singapur64 KBit/s
- New York-London2 MBit/s

Es besteht also nicht zwischen allen geographischen Standorten eine gute Verbindung, so dass hier auf alle Fälle Active Directory-Standorte zum Einsatz kommen.

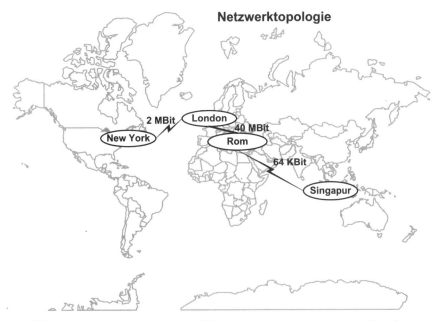

Abbildung 10.33: Die Leitungskapazitäten zwischen geographischen Standorten spielen eine wichtige Rolle bei der Planung des Active Directory

Die Stärke der Netzbelastung durch das Active Directory kann durch die Konfiguration von Standorten, durch die Anzahl und Positionierung der Domänencontroller und durch den Einsatz von mehreren Global-Catalog-Servern entscheidend beeinflusst werden. Eine beispielhafte Netzwerktopologie zeigt Abbil-

Implementieren von Active Directory

dung 10.33. Anhand von vier Beispielen werden hier die Auswirkungen der genannten Komponenten auf die Replikation der Verzeichnisdaten und die Reaktionsgeschwindigkeit des Systems dargestellt.

Beispiel 1:

In diesem ersten Beispiel wird als Organisationsmodell das Sparten-Modell mit der Realisierung über OUs gewählt. Dies bedeutet, dass alle Objekte des Active Directory in einer Domäne gespeichert sind und sich diese Domäne über das gesamte Netzwerk spannt. Hierbei halten alle Domänencontroller das gesamte Verzeichnis, so dass bei richtiger Planung ein schneller Zugriff auf alle Ressourcen des Active Directory gewährleistet ist. Das Beispiel ist in Abbildung 10.34 dargestellt.

Wird allerdings in dieser Konfiguration eine Änderung am Active Directory in Singapur vorgenommen, so muss diese auf sämtliche Domänencontroller in London, Rom und New York repliziert werden. Dies erzeugt einen nicht unbedeutenden Netzverkehr, den man jedoch durch die richtige Konfiguration von Standorten und deren Verbindungen in den Griff bekommen kann. Hierfür werden drei Standorte eingerichtet und in diesen alle Subnetze zusammengefasst, die über eine gute Netzverbindung verfügen. Der Standort Europa fasst die DCs der Lokationen Rom und London zusammen, Asien ist der Standortname für die DCs in Singapur und in Amerika werden die DCs aus New York gruppiert. Rom und London können deswegen als ein Standort angesehen werden, da diese beiden Lokationen über eine schnelle WAN-Verbindung verfügen. Anschließend können die Site Links (Standortverknüpfungen) zwischen den Standorten eingerichtet werden. Diese Site Links folgen den real existierenden Leitungen. In diesem Beispiel entspricht dies einem Site Link zwischen Amerika und Europa und einem zwischen Europa und Asien. Da zwischen Asien und Amerika keine direkte Verbindung besteht, muss dennoch sichergestellt werden, dass Änderungen am AD, die in Asien vorgenommen werden, auch auf die DCs in Amerika repliziert werden. Dies wird dadurch sichergestellt, dass der KCC in einer internen Funktion die Standortverknüpfungs-Objekte transitiv schaltet und somit Änderungen von Asien auch direkt nach Amerika repliziert werden müssen. Standortintern werden die Änderungen direkt auf alle Domänencontroller dieses Standorts übertragen. Dennoch werden bei diesem Beispiel relativ viele Daten über WAN-Strecken geschickt, da alle Domänencontroller über das komplette Verzeichnis verfügen. Auch muss sichergestellt werden, dass alle DCs leistungsfähig genug sind, um die gesamte Datenbank zu verwalten und darüber hinaus noch Anfragen in akzeptabler Zeit zu beantworten.

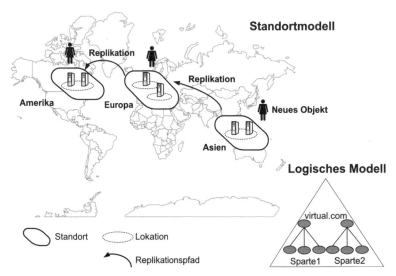

Abbildung 10.34*: Zwischen den Standorten werden Site Links und Site Link Bridges eingerichtet und die Replikation auf diesem Weg optimiert.*

Beispiel 2:

Im zweiten Beispiel wird das geographische Modell für den Aufbau der Domänenstruktur gewählt, so dass hier je Standort auch eine eigene Domäne eingerichtet wird. Dies ermöglicht es, den Netzverkehr auf den WAN-Strecken weiter zu reduzieren, da die Objekte nur noch in der Domäne repliziert werden, in der sie erstellt wurden, und die entspricht in diesem Beispiel dem Standort. Einzig und allein der Konfiguration-NC (Namenskontext) und der Schema-NC werden über die langsamen Leitungen repliziert. Diese beiden Namenskontexte werden auf allen Domänencontrollern des gesamten Forests gehalten. Allerdings erfordert dieses Modell einen erhöhten administrativen Aufwand, da nun drei Domänen zu verwalten sind und hierzu entsprechendes Administrationspersonal verfügbar sein muss. Abbildung 10.35 stellt einen Überblick zu diesem Beispiel dar.

Zu bedenken ist bei diesem Modell darüber hinaus, dass der Vorteil der minimalen Netzbelastung durch die Replikation nur solange gilt, wie die Anwender des Active Directory nur auf die in ihrer Domäne verfügbaren Objekte zugreifen. Angenommen ein Benutzer der Domäne Europa, natürlich aus Rom, möchte gerne Informationen über eine Kollegin aus Singapur abrufen (warum auch immer). Die Anfrage des Clients nach der Telefonnummer der Kollegin in Asien wird zunächst schnell vom lokalen Global-Catalog-Server beantwortet. Wird allerdings eine detailliertere Anfrage, beispielsweise nach einem Bild, gestellt, so ist diese Information normalerweise nicht mehr im GC verfügbar. In diesem Fall wird die Anfrage an den GC von diesem mit »Attribut nicht verfügbar« beantwortet. Nun muss eine erneute Anfrage direkt an einen Domänencontroller in der Domäne Asien gerichtet werden und bekommt von diesem die gewünschten Informationen. Somit müssen die gesamten Informationen (Anfrage plus Ergebnis) über die langsame WAN-Strecke geleitet werden. Auch wenn dank LDAP nur die abgefragten Attribute über die Leitung wandern und nicht das gesamte Objekt übertragen werden muss, so wird doch der Vorteil der minimalen Replikation auf diese Weise schnell zunichte gemacht. In den meisten Fällen wird zwar auf Objekte der eigenen Domäne zugegriffen, allerdings gibt es sicher auch Applikationen, die Informationen der gesamten Organisation nutzen und die dann sehr häufig Anfragen an andere Domänen stellen.

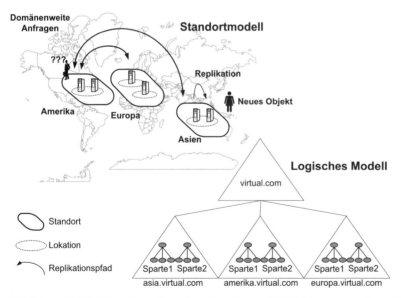

Abbildung 10.35: *Wenn Benutzer einer Domäne auf Objekte einer anderen Domäne zugreifen wollen und die gewünschten Attribute nicht im GC gespeichert sind, muss die Anfrage erneut an einen DC der entfernten Domäne gerichtet werden.*

Beispiel 3:

Im dritten Beispiel, dargestellt in Abbildung 10.36, wird wiederum das geographische Domänen-Modell verwendet und dementsprechend wieder drei Domänen aufgesetzt. Nun wird aber im Gegensatz zu Beispiel zwei an jedem Standort jeweils ein Domänencontroller aus jeder Domäne installiert.

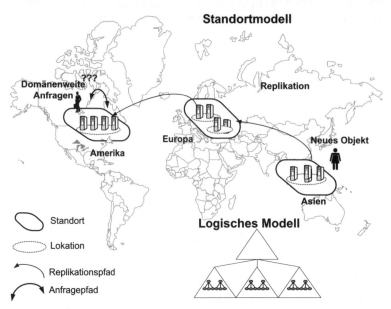

Abbildung 10.36: Zur Reduzierung der Netzlast durch domänenübergreifende Anfragen werden je Standort Domänencontroller aus allen Domänen platziert.

Bei diesem Design werden Anfragen der Clients an das Active Directory stets lokal verarbeitet. In einem ersten Schritt wird zwar ebenso wie in Beispiel zwei die Anfrage zunächst an den DC der eigenen Domäne gerichtet, auch der Verweis auf einen DC der entfernten Domäne ist gleich geblieben. Allerdings kann die Anfrage an die entfernte Domäne in diesem Fall lokal am Standort beantwortet werden, da nun die entsprechenden Domänencontroller vor Ort sind. Der Nachteil dieser Konfiguration besteht in den höheren Kosten, da zusätzliche Domänencontroller installiert und verwaltet werden müssen. Die Netzlast durch die Replikation der Verzeichnisse ist annähernd mit der aus Beispiel eins vergleichbar, da auch hier alle Objekte des gesamten Unternehmens an alle Standorte repliziert werden müssen. Anfragen von Benutzern werden schneller beantwortet als im zweiten Beispiel, da diese Anfragen stets lokal am Standort bearbeitet werden. Allerdings ist in dieser Konfiguration das Antwortverhalten des Systems immer noch langsamer als in Beispiel eins, da bei domänenübergreifenden Zugriffen zunächst ein Verweis auf einen zweiten DC notwendig ist. Verglichen mit Beispiel eins besteht der Vorteil in der deutlich kleineren Verzeichnisdatenbank, die ein DC verwalten muss. Dies ist damit zu erklären, dass die gesamten Objekte nun auf drei Domänendatenbanken verteilt sind.

Beispiel 4:

Im letzten Beispiel wird wiederum das geographische Modell mit drei Domänen und drei Standorten gewählt. Dieses Mal übernimmt allerdings in jedem Standort ein Domänencontroller auch die Rolle des Global-Catalog-Server. Der Global-Catalog speichert für alle Objekte des gesamten Forests eine konfigurierbare Teilmenge der Attribute. Stellt nun ein Client eine Anfrage an das Active Directory, so gelangt er zunächst stets an den Global-Catalog-Server seines Standorts. Dieser versucht die Anfrage mit Hilfe seiner Datenbank zu beantworten. Nur wenn die gesuchten Attribute vom GC nicht geliefert werden können, stellt der Client eine erneute Anfrage bei dem entsprechenden Domänencontroller. In Bezug auf die Menge der zu replizierenden Daten finden wir hier einen guten Mittelweg zwischen Beispiel eins und zwei. Da sich die Menge der replizierten Attribute je Objekt vom Administrator konfigurieren lässt, können so nur häufig angefragte Informationen in den Global-Catalog aufgenommen werden und die Replikation hält sich auf diesem Weg in Grenzen. Abbildung 10.37 zeigt dieses Beispiel.

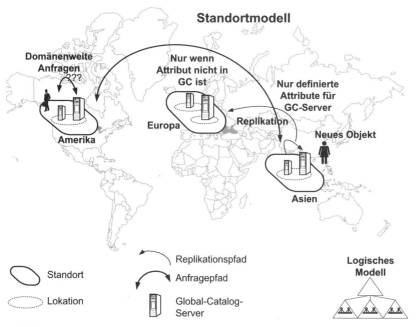

Abbildung 10.37: *Wenn ein Global-Catalog in jedem Standort installiert wird, können die Benutzer schnell nach Informationen aller Objekte der Organisation suchen.*

Implementieren von Active Directory

11 Migration zu Active Directory

242	Migrationsplanung
247	Wichtige Begriffe
254	Von Windows NT nach Windows Server 2003
268	Von Windows 2000 nach Windows Server 2003
270	Restrukturierung der bestehenden Domänenstruktur

Bei der Konzeption der Migration muss zunächst entschieden werden, welche Migrationsstrategie verfolgt wird. Es stehen grundsätzlich zwei Alternativen zur Verfügung:

- Inplace Upgrade, auch direkte Aktualisierung genannt
- Erstellen eines neuen Windows Server 2003-Forests

Bei der ersten Alternative werden die bestehenden Domänencontroller einfach auf das neue Betriebssystem aktualisiert. Dies bewirkt, dass die aktuelle Domänenstruktur beibehalten wird. Bei der zweiten Alternative wird ein neuer Windows Server 2003-Forest implementiert und nach und nach die Objekte der bestehenden Domänen migriert. Vor- und Nachteile der beiden Methoden werden im Laufe des Kapitels gegenübergestellt. Zunächst zeigen wir in Abbildung 11.1 den Unterschied beider Wege.

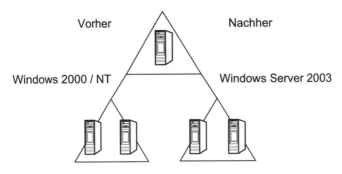

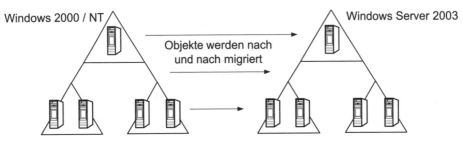

Abbildung 11.1: Zur Migration stehen zwei Alternativen zur Verfügung. Beim Inplace Upgrade werden bestehende Domänencontroller auf Windows Server 2003 aktualisiert. Bei dem Neuen Windows Server 2003 Forest wird ein Windows Server 2003 Forest implementiert und die Objekte aus der bestehenden Struktur nach und nach migriert.

Migrationsplanung

Unabhängig, welche Strategie verfolgt wird und welches Betriebsystem migriert wird, muss zuvor eine umfangreiche Migrationsplanung vorgenommen werden.

Der eigentliche Migrationsprozess hängt in hohem Maße von der Active Directory-Struktur ab, die erzeugt werden soll. Des Weiteren spielen die Sicherheitsvorkehrungen, welche für die Wiederherstellung des alten Systems getroffen werden müssen, eine entscheidende Rolle bei der Migrationsplanung.

Prinzipiell kann jede Migrationsplanung in folgende Schritte unterteilt werden:

- Ist-Analyse
- Definition des Zielzustandes
- Defininieren der Migrationsschritte
- Erstellen eines Wiederherstellungsplan
- Planen der Domänenrestrukturierung (nur bei Bedarf)

Spiegelt die Soll-Domänenstruktur des Active Directory die bestehende Domänenstruktur wieder, so kann auf den letzten Punkt verzichtet werden. Dies ist allerdings nicht immer empfehlenswert, da bestehende Domänenstrukturen oft aus Gegebenheiten der Vergangenheit gewachsen sind und nicht mehr den aktuellen Anforderungen genügen. In diesen Fällen sollte man die Gelegenheit nutzen, die bestehenden Strukturen zu überdenken und gegebenenfalls durch neue zu verbessern. Nur so ist sichergestellt, dass alle Vorzüge des Active Directory auch auf die akutelle Organisationsstruktur angepasst sind und voll genutzt werden können. Die Konsolidierung der Domänen kann während der Migration oder danach stattfinden. Um nicht zu viele Informationen auf einmal zu erwähnen und sie als Leser damit noch mehr zu verwirren, gehen wir erst am Ende des Kapitles auf die Restrukturierungsthematik ein.

Ist-Analyse

Für eine erfolgreiche Migration in Richtung Active Directory ist eine Analyse des bestehenden Domänenkonzepts ein absolutes »Muss«. Nur wenn man die genauen Zusammenhänge der Domänen, die eingesetzten Gruppen, die Verteilung von Benutzern und Ressourcen und die entsprechenden Rechte genau kennt und dokumentiert, kann das System sicher zum Active Directory überführt werden. Als Dokumentationstools kann zum Beispiel der „Reporter" von *Quest Software* eingesetzt werden.

Bei dieser Analyse sind folgende Informationen zu ermitteln und zu dokumentieren:

- **Domänenstruktur** Hierbei sollen die Namen sämtlicher bestehender NT- und Windows 2000-Domänen sowie die Anzahl der Domänencontroller und deren Standorte dokumentiert werden.
- **Vertrauensstellungen** Diese Dokumentation soll erfassen, zwischen welchen Domänen Vertrauensstellungen bestehen und in welcher Weise diese eingerichtet wurden (einseitig oder zweiseitig).
- **Benutzer und Benutzergruppen** Bei der Dokumentation der Benutzergruppen muss ermittelt werden, welche Benutzer und Benutzergruppen in welcher Domäne eingerichtet wurden. Darüber hinaus muss erfasst werden, an welchem geographischen Standort die Benutzer real arbeiten. Für die Dokumentation der Benutzergruppen ist es wichtig, die Art der Gruppe zu erfassen sowie deren Mitglieder.
- **Ressourcen** Bei der Dokumentation der Ressourcen ist es notwendig zu ermitteln, auf welchen Rechnern die Ressourcen verfügbar sind und wo diese Rechner geographisch angesiedelt sind. Hierbei ist auch zu dokumentieren, welche Netzlast der Zugriff auf eine bestimmte Ressource erzeugt und wie häufig auf eine Ressource zugegriffen wird.
- **Netzstruktur** Bei dieser Dokumentation ist es wichtig zu ermitteln, wie die tatsächliche Netzwerkstruktur aussieht. Die Kernpunkte der Dokumentation sollen folgende Bereiche beinhalten: IP-Struktur, verfügbare Bandbreite, Außenstellenanbindungen, Konfiguration der Firewalls und wenn vorhanden die DNS Infrastruktur.
- **Zugriffsrechte** Diese Dokumentation umfasst eine genaue Aufstellung darüber, welche Benutzergruppe bzw. welcher Benutzer auf welche Ressource welche Zugriffsrechte besitzt. In diesem Zusammenhang kann hier auch überprüft werden, welche Zugriffsrechte eine Benutzergruppe wirklich zur Erfüllung ihrer Aufgaben benötigt. In vielen Fällen wird hier sicherlich eine große Diskrepanz zwischen benötigten und vergebenen Zugriffsrechten festgestellt.

Auch wenn die hier aufgezählten Punkte auf den ersten Blick relativ trivial erscheinen, so darf man den hierfür benötigten Zeitaufwand auf keinen Fall unterschätzen. Speziell der letzte Punkt, die Analyse der Zugriffsrechte, wird in vielen Fällen länger dauern als geplant, da dies oft in firmenpolitische Auseinandersetzungen über Kompetenzen ausartet.

Definition des Zielzustandes

Der Zielzustand der Migration wird im Wesentlichen im Active Directory-Design festgelegt. Dies ist ausführlich im ▶ Kapitel 10 beschrieben. Die Problematik der Definition des Zielzustandes ist, dass oft in großen Projekten das Migrationsteam und das AD-Designteam wenig miteinander kommunizieren und jedes Team eine eigene Vorstellung des Zielzustandes vor sich hat. Die Migration selbst geht weit hinaus über die Grenzen des Active Directory, es müssen auch z.B. Zugriffsrechte auf Dateien und Anwendungen berücksichtigt werden. All diese Informationen sollten in ein Dokument fließen, so dass Berührungspunkte zum Active Directory berücksichtigt werden können.

Definieren der Migrationsschritte

Die Migrationsschritte müssen in Form eines Abhängigkeitsplan festgelegt werden. Für jeden einzelnen Schritt muss geprüft werden ob die erwartete Funktionalität vorhanden ist. Falls ja, dann kann der nächste Schritt durchlaufen werden. Im Rahmen dieses Buches die einzelnen Schritte zu beschreiben ist nicht möglich, da sie stark von der jeweilige Ist- und Soll-Situation abhängen. Dennoch werden wichtige Punkte die allgemeingültig sind in diesem Paragraph vorgestellt und kurz beschrieben. Die entscheidenden Schritte können so zusammengefasst werden:

- Migrationsvoraussetzungen
- Migrationsprozess
- Säuberungsprozess nach der Migration (Re-ACLing)
- Übergabe der migrierten Umgebung an den verantwortlichen Service- und Datamanager

Migrationsvoraussetzungen

Die wichtigste Voraussetzung für eine erfolgreiche Migration sind die dazugehörenden *Konzepte*. Die Versuchung, eine Windows Server 2003-CD in das CD-Laufwerk eines Windows NT 4.0-Domänencontrollers einzulegen ist oft größer als man denkt. Die vorliegenden Konzepte müssen vor der Realisierung auf jeden Fall auf Machbarkeit und Konsistenz geprüft werden. Ein unbedingtes Muß ist es, ein Testlabor bzw. eine Integrationsumgebung aufzubauen. Die Integrationsumgebung sollte nach Möglichkeit auch nach der Migration erhalten bleiben, um Tests von neuen Anwendungen, Service Packs usw. zu ermöglichen. Beim Aufbau der Integrationsumgebung ist auf eine möglichst realistische Abbildung der existierenden Produktionsumgebung zu achten. Ist das Unternehmen auf mehrere Standorte verteilt, sollte auch die WAN-Umgebung inklusive der Firewalls berücksichtigt werden. Zumindest eine Aussenstelle ist hierbei zu berücksichtigen. Das Personal, welches die Migration durchführt, muss entsprechend geschult sein. Die Benutzer selbst müssen rechtzeitig über ihr Glück (oder Unglück) informiert werden, und nach Möglichkeit in die Planung mit einbezogen werden. Somit kann die Akzeptanz des neuen Systems erhöht werden.

Migrationsprozess

Der Migrationsprozeß selbst variiert von Situation zu Situation. Im Falle eines Inplace Upgrade wird der Prozess ganz anders aussehen als bei einer Verschiebung der Objekte in einen neuen Forest. Eine große Rolle spielt, ob Exchange im Einsatz ist oder nicht. Falls ja, werden einer oder mehrere Active Directoy Connectoren benötigt, um die Exchange-Attribute von Benutzern oder Verteilerlisten mit dem Active Directory zu synchronisieren. Eine weitere Rolle im Migrationsprozess spielt, welche Tools für die Migration eingesetzt werden. Es stehen eine Reihe von Produkten von verschiedenen Herstellern zur Verfügung. Microsoft selbst stellt mit Windows Server 2003, ADMT 2.0 (Active Directory Migration Tool) zur Verfügung. Im Vergleich zu vorherigen Versionen, kann ADMT 2.0 auch

Passwörter migrieren und ist vollständig über Skripts steuerbar. Darüber hinaus sind viele kleine Verbesserungen gegenüber der vorherigen Version zu sehen. Weitere Informationen sind in der entsprechenden Dokumentation zu finden.

Säuberungsprozess

Die Migration selbst benötigt meistens bestimmte Vorkehrungen. Es werden zum Beispiel Vertrauenstellungen, Service Accounts und Gruppen extra für diesen Zweck erstellt. Teilweise werden Benutzerprofile und Benutzerdaten doppelt gehalten. Weiterhin werden die Benutzerkennungen mit dem SID-History Attribut gefüllt (näheres dazu später im diesem Kapitel). Es ist auch Aufgabe des Säuberungsprozesses diese Altlasten zu bereinigen.

Übergabe

Die Migration ist ein zeitlich begrenzter Prozess, mit einem definierten Anfang und Ende. Erst nach der abgeschlossenen Migration kann die Abnahme stattfinden. Vor einer Übergabe müssen auch die mit der neuen Umgebung verbundenen Arbeitsabläufe definiert und getestet werden. Alle Bedingungen, die für eine erfolgreiche Abnahme zu erfüllen sind, müssen unbedingt im Vorfeld genau definiert werden.

Wiederherstellungsplan erstellen

Um den Anwendern einen möglichst reibungslosen Übergang nach Windows Server 2003 zu ermöglichen und vor allem die Abarbeitung des Tagesgeschäfts nicht zu gefährden, muss auf alle Fälle *vor* dem ersten Griff zur CD ein Wiederherstellungsplan für das alte System erstellt werden. Dieser Plan muss eine Reihe von Informationen und Anweisungen beinhalten, wie das bestehende System zu jedem Zeitpunkt des Migrationsprozesses ohne allzu viel Aufwand wiederhergestellt werden kann. Es wird also ein Plan benötigt, der nach jeder umgestellten Maschine beschreibt, wie das komplette System oder auch eine einzelne Benutzerkennung wieder in den Ausgangszustand zurückgesetzt werden kann.

In Bezug auf den Wiederherstellungsplan sollen hier auch in Kürze die beiden grundsätzlichen Methoden der Migration näher betrachtet werden:

- **Umwandeln einer bestehenden Domäne in eine Windows Server 2003-Domäne mit automatischer Integration in einen Domain-Tree und Übernahme der Objekte.** In diesem Fall ist es schwierig, die Objekte der bestehenden Domäne wiederherzustellen. Der Vorteil dieser Methode besteht darin, dass die Umwandlung der Objekte während der Migration automatisch erfolgt und keine weitere Hardware benötigt wird.

- **Erstellen eines komplett neuen Forests, in den die Objekte der bestehenden Domänen, wie z.B. Benutzer, Gruppen oder Freigaben, kopiert (geklont) werden.** Diese Methode gewährleistet ein optimales Maß an Verfügbarkeit, da die bestehende Domäne erhalten bleibt und somit jederzeit wieder auf deren Objekte zugegriffen werden kann. Allerdings wird hierzu zusätzliche Hardware für den Aufbau der Windows Server 2003- Domänen benötigt und der Aufwand für das Klonen der Objekte ist je nach Anzahl nicht zu unterschätzen.

Für den zweiten Fall sind keine besonderen Vorkehrungen notwendig, da die alte Umgebung noch intakt und funktionsfähig bleibt. Falls was schief geht, kann sich der Benutzer an seiner alte Domäne anmelden. Für den ersten Fall, der Umwandlung einer bestehenden Domäne in eine Windows Server 2003-Domäne, wird folgende Vorgehensweise für die Wiederherstellung des Verzeichnisdienstes empfohlen.

Migration zu Active Directory

Bevor der erste Domänencontroller auf Windows Server 2003 umgestellt wird, soll wie in Abbildung 11.2 dargestellt, ein zusätzlicher Domänencontroller in die Domäne integriert werden (ein BDC, falls es sich um Windows NT handelt). Nachdem sich dieser mit der Domänendatenbank vollständig synchronisiert hat, wird die neue Maschine wieder außer Betrieb genommen. Dies gewährleistet, während aller Schritte der Migration eine originale Domänendatenbank zur Verfügung zu haben, um den alten Zustand jederzeit wiederherstellen zu können. Um im Falle einer Fehlfunktion wieder in den Ausgangszustand zu gelangen, müssen zunächst die bereits migrierten Domänencontroller außer Betrieb genommen werden. Der »neue« Domänencontroller kann anschließend wieder in das Netzwerk integriert werden. Durch das Einfügen dieser Maschine werden die Domänendatenbanken der verbleibenden Domänencontroller wieder in den Ausgangszustand versetzt.

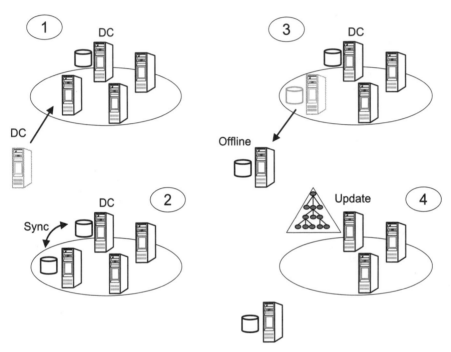

Abbildung 11.2: Um die Wiederherstellung der Domänendatenbank sicherzustellen, wird zunächst ein weiterer DC in die Domäne integriert (1). Nachdem sich dieser mit der Domänendatenbank synchronisiert hat (2), kann die Maschine außer Betrieb genommen werden (3). Nur im Fehlerfall wird diese Maschine wieder aktiviert (4).

Natürlich sollten auch kritische Dienste, wie DHCP, WINS und DNS, vor einer Migration gesichert werden. Ein Backup aller beteiligten Komponenten vor der Migration sowie entsprechende Recovery-Anweisungen für jede Maschine sollten in allen Fällen obligatorisch sein.

Planung der Domänenrestrukturierung

Unter dem Restrukturieren der Domänenstruktur versteht man, die bestehende Domänenstruktur zu überdenken und die Anzahl der zu verwaltenden Domänen wenn möglich zu verringern. Da die Domänenstruktur nicht immer aus organisatorischen Beweggründen gebildet wurde, sondern in vielen Fällen aufgrund von Unzulänglichkeiten der Domänen (besonders bei Windows NT), können viele dieser Gebilde bei der Migration überdacht und geändert werden. Diese Thematik wird am Ende des Kapitels beschrieben, da sie unabhängig von der Migration aus Windows NT oder aus Windows 2000 behandelt werden kann.

Wichtige Begriffe

Ehe in den folgenden Abschnitten auf die eigentliche Migration eingegangen wird, sollen hier zunächst folgende Begriffe erläutert werden:
- Windows 2000 Active Directory Domänenmodus
- Windows 2003 Server Functional Levels
- SID History

Diese Begriffe sind für das Verständnis der Vorgänge während der Migration von entscheidender Bedeutung.

Windows 2000 Active Directory Domainmodus

Die Unterscheidung zwischen Mixed-Mode (gemischter Modus) und Native-Mode (einheitlicher Modus) ermöglicht eine reibungslose Migration von NT-Domänen zu Active Directory-Domänen. Der Modus, in dem eine Active Directory-Domäne betrieben wird, ist als eine allgemeine Domäneneigenschaft zu betrachten und ist dementsprechend nur für die gesamte Domäne und nicht für einzelne Domänencontroller zu konfigurieren.

Mixed-Mode

Sobald eine neue Active Directory-Domäne aufgesetzt wird bzw. eine NT-Domäne auf Windows 2000 Active Directory migriert wird, befindet sich diese neue Domäne zunächst im Mixed-Mode. In diesem Modus verhält sich ein AD-Domänencontroller für andere NT-Domänencontroller (BDCs) wie ein NT-Domänencontroller (BDC oder PDC, je nachdem welche Rolle er hat). Standardmäßig übernimmt diese Rolle der erste installierte AD-Domänencontroller. Da diese Rolle zu den FSMOs (siehe ▶ Kapitel 6) gehört, kann sie natürlich an einen beliebigen anderen AD-Domänencontroller übertragen werden. Diese FSMO-Rolle wird PDC-Emulator genannt.

Dieser spezielle, in Abbildung 11.3 dargestellte Modus ist notwendig, da Domänencontroller von NT-Domänen keine Multimaster-Replikation unterstützen und somit stets auf eine zentrale Master-Maschine, den PDC, angewiesen sind, um Objekte zu replizieren. Durch diesen Mechanismus können Objekte, die sowohl auf den NT-Domänencontrollern als auch auf AD-Domänencontrollern verfügbar sein sollen, zwischen den beiden Welten ausgetauscht werden.

Dieser Modus unterliegt allerdings einigen Einschränkungen, wie z.B. der fehlenden Multimaster-Replikation, eingeschränkten Gruppenfunktionalitäten und der geringeren Anzahl der möglichen Objekte.

Sobald alle BDCs auf Windows 2000 migriert und in das AD eingebunden sind, sollte die Domäne in den Native-Mode geschaltet werden. Nur dann kann die volle Funktionalität des AD auch ausgenutzt werden. Das Umschalten einer Domäne vom Mixed-Mode in den Native Mode ist völlig unabhänig davon, ob sich in dieser Domäne noch NT 4.0-Arbeitsstationen oder Mitgliedsserver befinden. Eine Anmeldung von diesen Maschinen findet immer mit dem NTLM-Protokoll und nicht mit dem Kerberos Protokoll statt.

Migration zu Active Directory

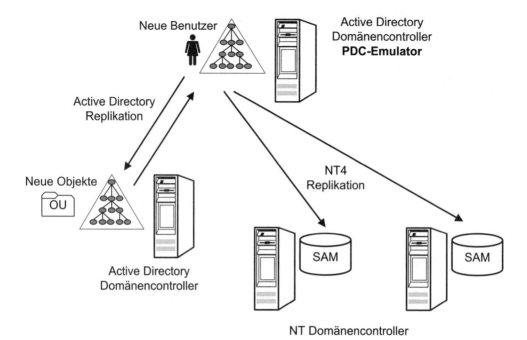

Abbildung 11.3: In einer Mixed-Mode-Domäne ermöglicht der PDC-Emulator, dass Objekte sowohl an NT-Domänencontroller als auch an AD-Domänencontroller repliziert werden.

WICHTIG: Das Umschalten in den Native-Mode geschieht nicht automatisch und muss immer manuell angestoßen werden.

Allerdings bestehen auch wichtige Gründe, die dafür sprechen, eine Domäne im Mixed-Mode zu belassen. Hierzu zählen:

- **Ein Anwendungsserver kann nicht auf Windows 2000 migriert werden.** Wird ein BDC als Anwendungsserver verwendet, und die ausgeführte Anwendung wird von Windows 2000 nicht unterstützt, so kann diese Maschine nicht migriert werden. Um die Maschine auch weiterhin mit der aktuellen Domänendatenbank abzugleichen, muss die Domäne im Mixed-Mode verbleiben. Um dennoch in den Native-Mode zu wechseln, sollte die Anwendung auf einen NT-Mitgliedsserver verlegt werden und der BDC auf Windows 2000 migriert werden.
- **Rückkehr zu Windows NT.** Um sich den Weg zur Rückkehr zu NT-Domänen offen zu halten, muss die AD-Domäne auch weiterhin im Mixed-Mode betrieben werden. Nur so können wieder NT 4.0-BDCs hinzugefügt werden, für die dann die Möglichkeit besteht, sie zu einem PDC heraufzustufen. Ein Wechsel in den Native-Mode kann nicht mehr rückgängig gemacht werden.

Native-Mode

Erst mit dem Wechsel in den Native-Mode einer Active Directory Domäne steht dort die volle Funktionalität zur Verfügung. Hierzu zählen die folgenden Features:

- Nutzung aller im Active Directory zur Verfügung stehenden Gruppentypen, z.B. universelle Sicherheitsgruppen.
- Volle Funktionalität der Gruppen (Verschachtelung).
- Aktivierung von SID History.

- Objekte aus anderen Domänen können importiert werden.
- Anzahl der Objekte kann drastisch erhöht werden (kein 40 MB SAM-Limit)

WICHTIG: Bei der Umstellung einer Domäne in den Native-Mode ist zu bedenken, dass dieser Vorgang *nicht rückgängig* gemacht werden kann.

Nach der Umstellung einer Domäne in den Native-Mode wird der PDC-Emulator in seiner eigentlichen Rolle als Replikations-Server für die BDCs nicht mehr benötigt. Der PDC-Emulator spielt aber dennoch auch in Domänen im Native-Mode eine entscheidende Rolle, da er auch für die schnelle Verfügbarkeit von Passwortänderungen zuständig ist. Änderungen am Passwort eines Benutzers in einer Mixed-Mode oder Native-Mode-Umgebung können an jedem Windows 2000-Domänencontroller vorgenommen werden. Bis alle Domänencontroller der gesamten Domäne über diese Änderungen informiert sind, kann, je nach Domänen- und Standortkonfiguration, eine mehr oder weniger lange Zeitspanne vergehen (Replikationsintervalle). Sollte sich der Benutzer während dieser Zeit an einem anderen Domänencontroller mit dem neuen Passwort anmelden, müsste dieser mit einer Fehlermeldung die Anmeldung verweigern. Um diesem ungerechtfertigten Fehler vorzubeugen, werden Passwortänderungen mit erhöhter Priorität zunächst auf den PDC-Emulator übertragen. Tritt nun bei einem beliebigen Domänencontroller der Fall ein, dass er eine Anmeldung aufgrund eines falschen Passworts zurückweisen muss, leitet der lokale Domänencontroller die Authentisierungsanfrage an den PDC-Emulator weiter. Nur wenn auch dieser die Authentisierung aufgrund des falschen Passworts nicht durchführen kann, erhält der Benutzer eine Fehlermeldung.

Windows Server 2003 Funktionsebenen

Microsoft erweitert mit Windows Server 2003 die Windows 2000 Mixed- und Native-Mode-Technologie um weitere Systemzustände. Diese werden als Funktionsebenen (Functional Levels) bezeichnet. Der Hintergrund der Funktionsebenen ist es, eine reibungslose Einführung der verschiedenen neuen Features von Windows Server 2003 zu ermöglichen, abhängig davon, welche Windows-Versionen sich gerade im Netz befinden. Funktionsebenen können von Microsoft beliebig erweitert werden, sei es in Form von Service Packs oder Hot Fixes. Dies wird dadurch erreicht, dass die aktuelle Funktionsebene durch ein Attribut im Active Directory beschrieben wird. Diese kann je nach Bedarf hochgezählt werden, um zukünftige Funktionsebenen zu definieren.

Generell gilt die Regel, dass alle Windows Server 2003-Features aktiviert sind, bzw. verwendet werden können, wenn alle Domänencontroller im Forest auf Windows Server 2003 umgestellt sind und diese manuell auf die Forest-Funktionsebene umgestellt wurden. Manche Features können aber bereits aktiviert werden, wenn sich im Netz noch Legacy-Domänencontroller befinden. Da sich die Migration über Monate oder teilweise auch über Jahre hinziehen kann, bringt Microsoft mit der Einführung der Funktionsebenen die Möglichkeit, neue Features sofort mit dem ersten Windows Server 2003 DC zu verwenden.

Es sind zwei prinzipielle Arten von Funktionsebenen vorgesehen:

- Domänen-Funktionsebene
- Forest-Funktionsebene

Für jede dieser Arten sind bereits mehrere Levels definiert und es werden in den kommenden Jahren sicher noch etliche weitere hinzukommen.

Folgende Regeln sind für die Fuctional Levels zu beachten:

- Sobald Funktionsebenen angehoben werden, können keine weiteren Domänencontroller mehr hinzugefügt werden, die ein von dieser Ebene nicht unterstütztes Betriebssystems besitzen.

- Standardmäßig wird bei der Installation des ersten Windows Server 2003 Domänencontrollers die niedrigste Funktionsebene gesetzt.

WICHTIG: Wie beim Domänenmodus ist es auch bei Funktionsebenen nicht möglich, wieder auf eine niedrigere Ebene zurückzukehren.

Domänen-Funktionsebene

Die Domänen-Funktionsebene (Domain Functional Level) bezieht sich auf Funktionalitäten mit domänenweitem Geltungsbereich. Das heißt, unabhängig von anderen Domänen, kann man, je nach installiertem Windows Betriebssystem, eine passende Funktionsebene verwenden. Diese gilt dann nur innerhalb der gewählte Domäne.

Tabelle 11.1 zeigt die Domänen-Funktionsebenen, die unterstützten Betriebssysteme für Domänencontroller und die dazugehörigen Features.

Funktionsebenen-Name	Unterstützte Betriebssysteme	Funktionalitäten
Windows 2000 mixed	Windows NT 4.0, Windows 2000, Windows Server 2003	Installation von Medium, Kein GC für die Anmeldung notwendig, Application Partition
Windows 2000 native	Windows 2000, Windows Server 2003	Universelle Sicherheitsgruppen, Gruppenverschachtelung, SID History
Windows Server 2003 interim mixed/native	Windows NT 4.0, Windows Server 2003	Wie *Windows 2000 mixed/native*
Windows Server 2003	Windows Server 2003	Domänen-Umbenennung, Replikation des *lastLogonTimeStamp*-Attributes, Password für *InetOrgPerson*-setzen

Tabelle 11.1: Domänen-Funktionsebenen

Folgende Punkte sind besonders zu beachten:

- Nur Domänen-Administratoren haben das Recht, die Funktionsebenen zu erhöhen.
- Domänen-Funktionsebenen-Operationen können nur auf dem PDC Emulator stattfinden.
- Die Domänen-Funktionsebene kann nur aktiviert werden, wenn alle Betriebssysteme der Domänencontroller die entsprechende Funktionsebene unterstützen.

Forest-Funktionsebene

Die Forest-Funktionsebene (Forest Functional Level) bezieht sich auf die Funktionalitäten mit einem forestweiten Geltungsbereich.

Funktionsebenen-Name	Unterstützte Betriebssysteme	Funktionalitäten
Windows 2000	Windows NT 4.0, Windows 2000, Windows Server 2003	Installation von Medium, Kein GC für die Anmeldung notwendig, Application Partition
Windows Server 2003 interim	Windows NT 4.0, Windows Server 2003	Replikation der einzelne Einträge in multi-valued Attribute, Verbesserter Algorithmus für den Inter-Site Replication Topology Generator. ▶

Funktionsebenen-Name	Unterstützte Betriebssysteme	Funktionalitäten
Windows Server 2003	Windows Server 2003	Domänen-Umbenennung Cross-Forest Vertrauensstellungen Replikation des *lastLogonTimeStamp* Attributs Objekte der *dynamicObject*-Klasse können im Domain Naming Context instanziiert werden Konvertierung eines Objektes der User Klasse in ein Objekt der *inetOrgPerson*-Klasse, und umgekehrt Password für *InetOrgPerson* setzen Erstellen von den neuen Gruppentypen *basic* und *query-based* für das neue Autorisierungsmodell Attribute und Klassen deaktivieren und neu erstellen.

Tabelle 11.2: Forest-Funktionsebenen

Folgende Punkte sind besonders zu beachten:

- Nur Enterprise-Administratoren haben das Recht, die Forest-Funktionsebenen zu erhöhen.
- Forest-Funktionsebenen-Operationen können nur auf dem Schemamaster stattfinden.
- Die Forest-Funktionsebenen können nur aktiviert werden, wenn sich alle Domänen in der Funktionsebene „Windows 2000 native mode" oder „Windows Server 2003" befinden.

SID History

In Windows NT, Windows 2000 und Windows Server 2003 wird jeder Security Principal (Benutzer, Gruppe und Computer) durch einen Security Identifier (SID) repräsentiert. Dieser SID ist eine eindeutige Zahl, die vom System beim Anlegen des Objekts erzeugt wird. Der Security Identifier ist aus zwei Teilen aufgebaut, wobei der erste Teil das System repräsentiert, auf dem das Objekt erzeugt wurde, und der zweite Teil das Objekt selbst. Wird ein Objekt beispielsweise in einer Domäne erzeugt, so repräsentiert der erste Teil die Domäne. Alternativ können Objekte auch auf Servern bzw. Workstations angelegt werden.

Im Folgenden ist ein gültiger SID abgebildet, wobei der überwiegende Teil des SID das System beschreibt und nur die letzten Stellen, in diesem Fall 1002, das Objekt selbst bezeichnen:

S-1-5-21-986072043-818699552-929701000-*1002*

Dieser SID wird für die Ermittlung der Zugriffsrechte verwendet. Bei der Anmeldung eines Benutzers erzeugt das System für diese Sitzung ein so genanntes Access Token (Zugriffstoken). Dieses Access Token ist mit einem Personalausweis vergleichbar und enthält für die eindeutige Identifizierung des Benutzers dessen SID und die SIDs der Gruppen, bei denen dieser Benutzer Mitglied ist (auch die SIDs von Gruppen in die der Benutzer über verschachtelte Gruppen Mitglied ist). Dieses Access Token dient nun bei jedem Zugriff auf eine Ressource dazu, die Zugriffsrechte dieses Benutzers anhand der enthaltenen SIDs zu überprüfen. Hierzu ist jede Ressource mit einer Zugriffssteuerungsliste (Access Control List, ACL) versehen, die ihrerseits wieder aus einer Reihe von Zugriffssteuerungseinträgen (Access Control Entrys, ACEs) aufgebaut ist. Ein ACE enthält einen SID und das diesem SID zugeordnete Zugriffsrecht auf diese Ressource. Greift ein Benutzer auf eine Ressource zu, so weist er sich mit seinem Access Token gegenüber dem System aus und dieses durchsucht die ACL nach einem ACE, der für die im Token enthaltenen SIDs den gewünschten Zugriff erlaubt. Es ist wichtig zu wissen, dass die Anzahl der SIDs im Access Token vom System begrenzt ist.

Folgendes in Abbildung 11.4 dargestellte Beispiel soll das oben erklärte Konzept verdeutlichen. Angenommen der Benutzer *MarkusP* ist Mitglied der Gruppe *Praktikanten*. Meldet sich *MarkusP* am System an, so bekommt er von diesem ein Access Token, das seinen SID und den SID der Gruppe *Praktikanten* enthält. Möchte *MarkusP* nun einen Drucker ansprechen, so durchsucht das Sicherheitssystem die ACL des Druckers, um zu überprüfen, ob ein ACE mit dem SID von *MarkusP* oder dem SID der Gruppe *Praktikanten* vorhanden ist. Ist dies der Fall, werden die Rechte des ACE ausgewertet. Aufgrund des Ergebnisses der Auswertung erhält *MarkusP* Zugriff auf den Drucker oder die Fehlermeldung »Zugriff Verweigert«.

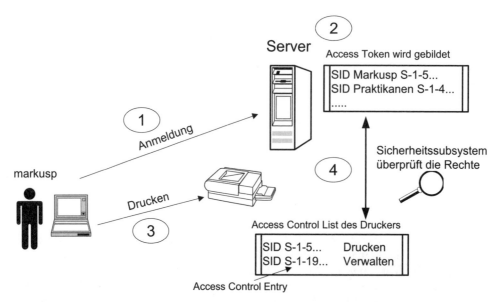

Abbildung 11.4: *Nach der Anmeldung (1) wird das Access Token gebildet (2). Bevor der Benutzer auf den Drucker zugreifen kann (3), überprüft das Sicherheitssystem, ob sich der Benutzer in der ACL des Druckers befindet (4) und welche Rechte er dort besitzt.*

Bei der Restrukturierung von Domänen werden Objekte von einer Domäne in eine andere verschoben. Da in jedem SID ein domänenspezifischer Teil enthalten sein muss, würde bei der Verschiebung der alte SID verloren gehen und damit auch die Zugriffsrechte auf Ressourcen (in der ACL der Ressource ist ja noch der alte SID hinterlegt).

Durch das Kopieren bzw. Verschieben der Objekte erhalten diese auf alle Fälle einen neuen SID, der auf die Empfängerdomäne hinweist. Um auch die Zugriffsrechte für das Benutzerkonto zu erhalten, wird auch weiterhin der alte SID benötigt. Dieser kann im Attribut *SIDHistory* des Objekts gespeichert werden.

Die nachfolgende Abbildung 11.5 zeigt, wie ein migriertes Benutzerkonto seinen Zugriff auf eine Ressource in der alten Windows NT Domäne behält.

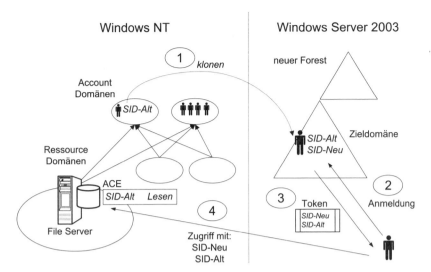

Abbildung 11.5: Benutzer können geklont (1) oder verschoben werden, abhängig vom gewählten Migrationsverfahren. In beiden Fällen wird der alte SID im Attribut SIDHistory des neuen Objekts gespeichert. Bei der Anmeldung in seiner neue Domäne (2) erhält der Benutzer das Access Token (3) mit den SIDs der Windows NT-Domäne (SID-Alt) und der Windows Server 2003 Domäne (SID-Neu). Der Zugriff auf den noch mit Windows NT laufenden File Server ist somit gewährleistet (4).

Die gleichen Überlegungen gelten auch für die in Abbildung 11.6 dargestellten Restrukturierungen innerhalb eines Forests. In diesem Fall werden die Benutzerkonten von einer Domäne in einer andere verschoben. Die SID der Quelldomäne wird im Attribut *SIDHistory* des Benutzerkontos in der Zieldomäne gespeichert.

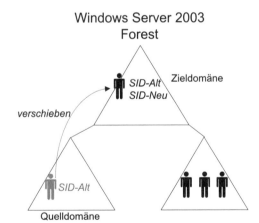

Abbildung 11.6: Das SIDHistory-Attribut wird auch bei der Verschiebung von Benutzerobjekten innerhalb eines Windows 2003-Forests im Rahmen von Restrukturierungen gesetzt.

Meldet sich nun der migrierte Benutzer an der neuen Domäne an, so bekommt er ein Access Token, das sowohl den neuen als auch den alten SID enthält. Werden neue Zugriffsrechte für Ressourcen an diesen Benutzer erteilt, so wird immer der aktuelle SID verwendet. Sollte beim Zugriff auf Ressourcen für den aktuellen SID keine Zugriffsberechtigung bestehen, so wird auch die Liste der alten SIDs daraufhin überprüft, ob eventuell in dieser Liste ein gültiger SID enthalten ist. Dieses Verfahren erlaubt ein Verschieben bzw. Kopieren von Benutzern, ohne die ACLs aller Ressourcen ändern zu müssen, auf die der Benutzer Zugriff hat.

Von Windows NT nach Windows Server 2003

Dieses Kapitel beschreibt mögliche Migrationswege aus einer reinen Windows NT-Umgebung. Nicht alle Unternehmen haben sich für eine Migration von Windows NT nach Windows 2000 entschieden, oft mangels Budget oder aus rein politischen Gründen. Somit werden sich die Leser eines solchen Unternehmens über dieses Kapitel besonders freuen (falls das Budget nun endlich freigegeben ist).

Für diejenigen die es vergessen haben oder noch nicht wissen, werden zuerst die möglichen Domänenmodelle in der Windows NT-Welt vorgestellt und im weiteren zwei mögliche Migrationsstrategien beschrieben:

- Inplace Upgrade (direkte Aktualisierung)
- Neuer Windows Server 2003-Forest

Windows NT-Domänenmodelle

Das Einzeldomänenmodell

Im Einzeldomänenmodell, das in Abbildung 11.7 dargestellt ist, wird die gesamte Organisation in einer einzigen Domäne abgebildet. Alle Benutzer, Computer und Gruppen werden in dieser Domäne erstellt und verwaltet. Den zentralen Punkt dieser Domäne bildet der primäre Domänencontroller, der die Domänendatenbank (Security Account Manager, SAM) verwaltet und Anmeldungen im Netzwerk validiert. Je nach Größe und geographischer Verteilung der Organisation kommen Backup-Domänencontroller zum Einsatz. Diese verfügen über eine Kopie der Domänendatenbank, die regelmäßig mit dem primären Domänencontroller abgeglichen wird. Die Aufgabe der Backup-Domänencontroller besteht darin, Anmeldungen zu validieren und somit den primären Domänencontroller zu entlasten. Da Änderungen an der Domänendatenbank nur an dem primären Domänencontroller vorgenommen werden, bildet diese einen »Single Point Of Failure« und stellt somit einen kritischen Punkt in diesem Modell dar.

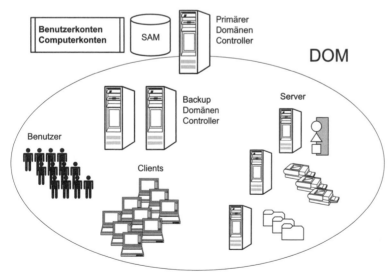

Abbildung 11.7: *Das Einzeldomänenmodell erlaubt aufgrund seines einfachen Aufbaus eine unkomplizierte Administration, bei der allerdings alles von einem Punkt ausgeht.*

Das Einzeldomänenmodell kommt bei Organisationen zum Einsatz, die eine zentralisierte und einfache Verwaltung der Domäne erwarten. Allerdings ist bei diesem Modell aufgrund der eindimensionalen Struktur die Delegation von Verwaltungsbereichen nicht möglich. Es gilt hier die Regel: »alles oder nichts«. Mitglieder der Administratorengruppe haben die uneingeschränkten Rechte zur Verwaltung aller Ressourcen, ihnen liegt praktisch die gesamte Domäne zu Füßen. Eine weitere Einschränkung dieses Modells liegt in der begrenzten Kapazität der Domänen-Datenbank. Diese ist zumindest theoretisch auf 40 MB begrenzt, was ungefähr für 20.000 Benutzer- und Computerkonten ausreicht.

Aufgrund dieser beiden Nachteile, eingeschränkte Datenbankkapazität und schlechte Aufteilung der Administration, wurden weitere Domänenmodelle entwickelt, welche den Organisationen mehr Flexibilität bei der Gestaltung ihres Netzwerkes einräumen. Eines dieser Modelle ist das nachfolgend beschriebene Masterdomänenmodell.

Das Masterdomänenmodell

Dieses Modell trennt die Verwaltung von Benutzern und Ressourcen und bildet diese unterschiedlichen Objekte, wie in Abbildung 11.8 aufgezeigt, in einer zweistufigen Hierarchie ab. In der ersten Hierarchiestufe werden in einer so genannten Konten-, oder Masterdomäne die Benutzer verwaltet. Die zweite Stufe besteht aus einer oder mehreren Ressourcendomänen, in denen die Ressourcen wie Drucker, Computer, Daten und Anwendungen administriert werden. In Bezug auf die Datenbankgröße weist dieses Modell nur geringe Vorteile auf, da immer noch alle Benutzerkonten in einer zentralen Datenbank verwaltet werden. Allerdings können die Computerkonten auf die Ressourcendomänen verteilt werden. Dies schafft weiteren Platz für Benutzerkonten in der Kontendomäne.

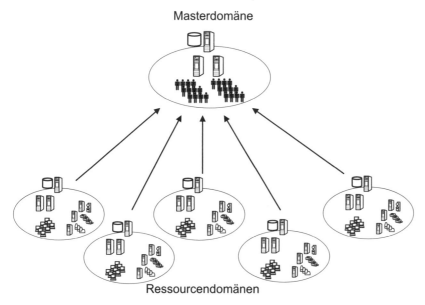

Abbildung 11.8: Das Masterdomänen-Modell eignet sich für Organisationen, die Benutzer immer noch zentral verwalten, die Ressourcen hingegen von den jeweiligen Administratoren der Ressourcendomänen verwalten lassen wollen.

Der wesentliche Vorteil dieses Modells besteht in den Möglichkeiten der dezentralen Verwaltung von Ressourcen. Jede Domäne verfügt über eigene Administratoren, die nur für die Verwaltung der Objekte dieser Domäne zuständig sind. Somit kann die Verwaltung von einzelnen Bereichen des

Unternehmens in Ressourcendomänen ausgelagert werden, wobei die Verwaltung der Benutzerkonten zentral über die Masterdomäne erfolgt. Damit den Benutzern Zugriffsrechte auf Objekte in den Ressource-Domänen gewährt werden können, müssen Vertrauensstellungen zwischen den Domänen eingerichtet werden. Diese Vertrauensstellungen sind logische Sicherheitskanäle zwischen den Domänen, die konfiguriert und administriert werden müssen. Bei einer Vielzahl von Domänen hat sich diese Aufgabe als aufwendig erwiesen. Des Weiteren sind diese Vertrauensstellungen nicht transitiv. Dies bedeutet, dass das »Vertrauen« nicht von Domäne zu Domäne weitergeleitet wird. Vertraut beispielsweise Domäne A der Domäne B und Domäne B der Domäne C, so besteht nicht automatisch ein Vertrauensverhältnis zwischen Domäne A und Domäne C. Aus diesem Grund kann mit NT-Domänen immer nur eine zweistufige Hierarchie aufgebaut werden.

Da im Masterdomänenmodell auch weiterhin die Begrenzung hinsichtlich der Datenbankgröße besteht und daher auch dieses Modell nicht für große Unternehmen geeignet ist, wurde das nachfolgende Multimaster-Domänenmodell entwickelt.

Das Multimaster-Domänenmodell

Das Multimaster-Domänenmodell ist ähnlich dem Masterdomänenmodell aufgebaut. Im Gegensatz zu diesem verwendet es allerdings nicht mehr nur eine Masterdomäne, sondern zwei oder mehrere. Auf diese Weise erfolgt eine Aufteilung der Benutzerkonten auf mehrere Domänen, wodurch die Einschränkung der Datenbankgröße keine Limitierung der Benutzeranzahl mehr darstellt. Die Ressourcen werden wie beim Masterdomänenmodell ebenfalls in eigenständigen Ressourcendomänen verwaltet. Abbildung 11.9 zeigt dieses Multimaster-Domänenmodell.

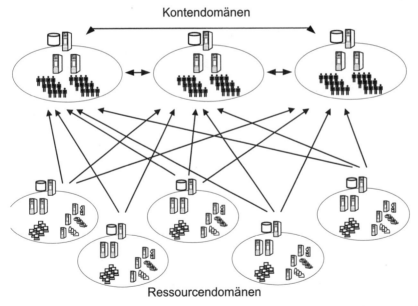

Abbildung 11.9: Das Multimaster-Domänenmodell ist auf eine beliebige Anzahl von Benutzern skalierbar, erfordert allerdings eine Vielzahl von Vertrauensstellungen.

Um in diesem Modell den Benutzern Rechte für den Zugriff auf Ressourcen einräumen zu können, müssen auch hier Vertrauensstellungen eingerichtet werden. Allerdings sind hier bedeutend mehr Vertrauensstellungen notwendig, da jede Ressourcendomäne mit jeder Masterdomäne verbunden werden muss und darüber hinaus auch noch Vertrauensstellungen zwischen den verschiedenen Masterdomänen eingerichtet werden müssen. In dieser Konstellation können allen Benutzern beliebige Rechte für den Zugriff auf Ressourcen eingeräumt werden. Die Konfiguration aller Vertrauensstellungen ist allerdings nicht zwingend erforderlich, sollte diese aus organisatorischen oder sicherheitsrelevanten Gründen nicht erwünscht sein.

Das Complete-Trust-Domänenmodell

Das Complete-Trust-Domänenmodell basiert auf mehreren eigenständigen Domänen, die wie in Abbildung 11.10 ersichtlich, über Vertrauensstellungen miteinander verbunden sind. Hierbei wird keine Trennung zwischen Konten- und Ressourcendomänen vorgenommen. Dieses Modell eignet sich für Organisationen, die in eigenständige Einheiten unterteilt sind und deren Administration auch dementsprechend organisiert ist. Jede Administratorengruppe verwaltet nur ihre Domäne und ist dort sowohl für Benutzer als auch für Ressourcen verantwortlich. Wird gewünscht, dass Benutzer einer Domäne auch auf Ressourcen einer anderen Domäne zugreifen sollen, so wird hierfür eine Vertrauensstellung zwischen diesen Domänen eingerichtet. Soll jede Benutzerin auf alle Ressourcen zugreifen können (Zugriffsrechte vorausgesetzt), so müssen zwischen allen Domänen Vertrauensstellungen eingerichtet werden, wodurch sich auch der Name ableitet.

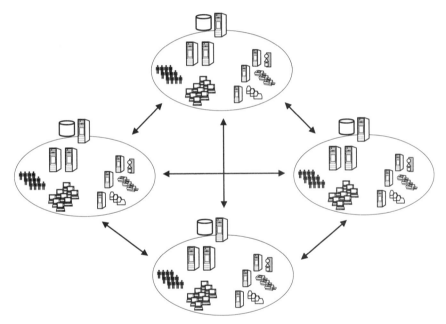

Abbildung 11.10: Das Complete-Trust-Modell eignet sich für Organisationen, die eigenständige administrative Einheiten einsetzen wollen und den Zugriff auf andere Domänen per Vertrauensstellung ermöglichen. Durch die Vielzahl der Vertrauensstellungen wächst allerdings auch der administrative Aufwand.

Bei diesem Modell bestehen keinerlei Grenzen in Bezug auf die Domänendatenbank, da diese auf beliebig viele Domänen verteilt werden kann. Das Complete-Trust-Domänenmodell ist allerdings bedeutend aufwendiger zu verwalten, da keine strikte logische Struktur eingehalten werden muss. Es besteht die Gefahr des Wildwuchses bei der Erstellung von Benutzerkonten und der Vergabe von Zugriffsrechten. Dies wird in den anderen Modellen durch die Trennung von Konten und Ressourcen verhindert.

Nachdem die Windows NT-Domänenmodelle vorgestellt wurden, wird auf die zwei möglichen Migrationsszenarien eingegangen: Das Inplace Upgrade und die Migration in einen neuen Windows 2003 Server-Forest.

Inplace Upgrade

Das Inplace Upgrade (direkte Aktualisierung) ist die einfachste Methode eine Domäne auf das aktuellste Betriebssystem zu aktualisieren. Auf den ersten Anblick erscheint es eine einfache Angelegenheit zu sein: CD einlegen, warten bis der Upgrade-Assistent erscheint, und anschließend die Aufforderung „Wollen sie das System Aktualisieren" mit OK bestätigen. Im großen und ganzen stimmt es auch so, aber es gibt auch Gründe, auf ein solches Verfahren zu verzichten. Bevor das Inplace Upgrade einer Windows NT-Domäne erklärt wird, werden hier die Vor- und Nachteile dieses Verfahrens aufgelistet:

Vorteile

- Alle Objekte der NT-Domäne befinden sich nach dem Upgrade im Active Directory
- Benutzerobjekte behalten ihr Passwort und Profil
- Mimimaler administrativer Aufwand
- Domänen können schneller in höheren Domänen-Funktionsebenen betrieben werden
- Die Systemrichtlinien bleiben während der Migration unverändert

Nachteile

- Erstmal wird das bestehende Domänenmodell übernommen. Eventuelle Restrukturierungen (Bereinigungen) müssen nachgezogen werden. Die Arbeit ist somit nur in die Zukunft verschoben und es besteht die Gefahr, dass sie am Ende doch nicht gemacht wird.
- Die Struktur der OUs sollte schon definiert sein, so dass die Objekte entsprechend verschoben werden können.
- Sicherheitseinstellungen für migrierte Objekte sollten schon definiert sein und rasch implemetiert werden.
- Der NetBIOS-Domänenname wird übernommen. Es ist kein Umbenennen möglich.
- Dieser Migrationsweg ist eventuell gar nicht möglich, da die Anwendungen auf einem oder mehreren Domänencontrollern nicht mit Windows Server 2003 kompatibel sind.

Die Migration einer einfachen Domäne ist sicherlich im Hinblick auf das Active Directory die leichteste Aufgabe. In diesem Abschnitt werden die einzelnen Arbeitsschritte besprochen und vor allem auf die richtige Reihenfolge der zu migrierenden Komponenten eingegangen. Hierbei sind drei Phasen zu durchlaufen:

- Migration des primären Domänencontrollers (PDC)
- Migration der Backup-Domänencontroller (BDCs)
- Integration der Server und Workstations

Diese Reihenfolge ist auch für alle anderen Domänenmodelle einzuhalten, da auch hier zunächst die jeweilige Domäne als einzelne Domäne anzusehen ist.

Migration des primären Domänencontrollers

Der erste Computer, der mit Windows Server 2003 in Berührung kommt, ist in allen Fällen der primäre Domänencontroller. Dies ist auch naheliegend, da auf diesem Computer immer alle Informationen über die NT-Domäne vorliegen und auch dort gepflegt werden.

HINWEIS: Windows NT muss mit mindestens Service Pack 5 installiert sein, sonst ist kein Upgrade möglich.

Auf dem PDC wird ein Inplace Upgrade von Windows NT auf Windows Server 2003 durchgeführt. Während des Inplace Upgrades befindet sich diese Maschine in einem undefinierten Zustand, zumindest in Bezug auf ihre Rolle in der Domäne. Die NT-Domäne selbst verfügt in dieser Phase über keinen PDC und daher können während dieser Zeit keine Änderungen an der Domänendatenbank durchgeführt werden. Erst durch das Erzeugen einer Active Directory-Domäne nach dem Neustart mit Hilfe des automatisch startenden Assistenten für die Installation von Active Directory ändert sich dieser Zustand wieder. Während der Ausführung dieses Programms kann entschieden werden, ob die Domäne in einen bestehenden Tree oder Forest integriert werden soll oder ob ein neuer Forest zu erstellen ist. Für dieses Beispiel gehen wir von einem komplett neuen Forest aus, da im Unternehmen nur eine NT-Domäne existiert.

Die Installationsroutine des Active Directory konfiguriert die erforderlichen Komponenten, wie das Kerberos-Protokoll und die Verzeichnisdatenbank. Anschließend werden die bestehenden Benutzer, Benutzergruppen und Computer in die Active Directory-Datenbank übernommen. Folgende Zuordnungen werden hierbei vorgenommen:

Windows NT-Objekte	Active Directory-Container/Objekttyp
Benutzer	Users/Benutzer
Globale Gruppen	Users/Globale Sicherheitsgruppen
Lokale Gruppen	Users/Lokale Sicherheitsgruppen
Globale Systemgruppen	Users/Globale Sicherheitsgruppen
Lokale Systemgruppen	Builtin/Lokale Sicherheitsgruppen
Computer	Computers/Computer
Domänencontroller	Domänencontroller/Computer

Nach diesem Schritt befindet sich die Active Directory-Domäne auf der Funkti,onsebene *Interim*. In diesem Zustand bleibt die Domäne so lange, bis ein Administrator dies explizit ändert. Die verbleibenden BDCs der NT-Domäne merken von dieser Änderung zunächst nichts, denn aufgrund der FSMO-Rolle PDC-Emulator stellt die soeben migrierte Maschine auch weiterhin die Funktionen eines vollwertigen PDCs zur Verfügung.

Ab diesem Zeitpunkt können bereits Objekte mit Hilfe von OUs strukturiert werden. Neue Benutzer werden bereits im Active Directory erzeugt. Handelt es sich dabei allerdings um Objekte, die auch auf die BDCs der NT-Domäne zu replizieren sind, so müssen diese von anderen AD-Domänencontrollern auf den PDC-Emulator gelangen. Dieser verteilt die Objekte dann per NT 4.0-Replikation an die verbleibenden BDCs. Für die *nicht* Active Directory-Clients präsentieren sich die Daten in der gewohnt flachen Struktur. Nur Clients mit Active Directory-Unterstützung können schon die Vorteile der Strukturierung durch OUs erkennen. Wenn Windows NT-Programme verwendet werden um neue Objekte zu erstellen, dann werden diese Objekte in den jeweiligen Container nach der obigen Tabelle erzeugt.

Migration der Backup-Domänencontroller

Nachdem der PDC erfolgreich auf Windows Server 2003 und Active Directory migriert wurde, sollten auch die verbleibenden BDCs so schnell wie möglich umgestellt werden. Dies kann ebenfalls mit Hilfe der Upgraderoutine von Windows Server 2003 und dem *Assistenten für die Installation von*

Active Directory erfolgen. Um Altlasten in der Registry zu vermeiden wird empfohlen, die restlichen BDCs einfach neu zu installieren (z.B. im Rollierenden Prinzip, falls die alte Hardware wieder verwendet werden kann oder soll), und mit dem Tool dcpromo.exe Active Directory zu implementieren. Nachdem alle BDCs migriert bzw. neu installiert wurden, kann die Domäne in eine höhere Domänen-Funktionsebene geschaltet werden, und damit die vollen Vorzüge einer Active Directory-Domäne genutzt werden.

Migration der verbleibenden Mitgliedsserver

Mitgliedsserver können nach und nach zu Windows Server 2003-Maschinen migriert werden. Auch dies erfolgt mit Hilfe der Upgraderoutine von Windows Server 2003. Für diese Maschinen besteht allerdings keine zwingende Notwendigkeit für die Migration, da sie auch weiterhin wie gewohnt die vom Active Directory emulierte NT-Domäne nutzen können. Nur wenn diese Computer spezielle Dienste des Active Directory einsetzen wollen, müssen sie auf Windows Server 2003 umgestellt werden. Diese Funktionen können normale Suchanfragen an das Active Directory sein, aber auch Anwendungen, die in das Active Directory integriert sind und dort Informationen publizieren möchten.

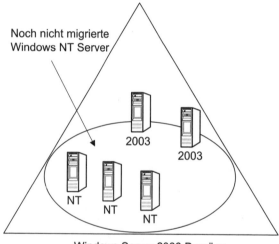

Abbildung 11.11: *Es ist nicht zwingend nötig sofort alle Windows NT Mitgliedsserver zu migrieren, denn Active Directory emuliert eine NT-Domäne.*

Beispiel Inplace Upgrade in komplexeren Umgebungen

Das Inplace Upgrade einer einzelnen Domäne wurde oben beschrieben. Wird von einer komplexeren Umgebung ausgegangen, sollten folgende Überlegungen gemacht werden.

Bevor die Migration in einen neuen Ziel-Forest besprochen wird, muss hier zunächst noch der Zusammenhang einer notwendigen Infrastrukturdomäne und des Inplace Upgrades, anhand eines Beispiels erläutert werden. Eine Organisation weist beispielsweise mehrere Masterdomänen und eine beliebig große Anzahl von Ressourcendomänen auf, die über Vertrauensstellungen mit den Masterdomänen verbunden sind. Die Organisation arbeitet also mit einem klassischen Multimaster-Domänenmodell. Um diese Struktur während der Migration beizubehalten, wird zunächst eine neue Infrastrukturdomäne für das Active Directory erzeugt. Die Masterdomänen können nun schrittweise zu Active Directory-Domänen migriert werden. Hierbei werden sie als untergeordnete Domänen direkt unter der Infrastrukturdomäne in den Namensraum des Trees eingegliedert. Auf diese Weise wird eine konsequente Struktur für den Aufbau des Namensraums sichergestellt.

Wird hingegen keine Infrastrukturcomäne gewählt, sondern eine der bestehenden Masterdomänen zur Root-Domäne auserkoren, so fehlt diese klare Struktur im Namensraum. Der Name einer Domäne wird zum Namensraum der Root-Domäne und die verbleibenden Domänen müssen sich in diesen Namensraum einpassen, obwohl die Domänen eigentlich gleichberechtigt waren. Dies wird in der Abbildung 11.12 verdeutlicht.

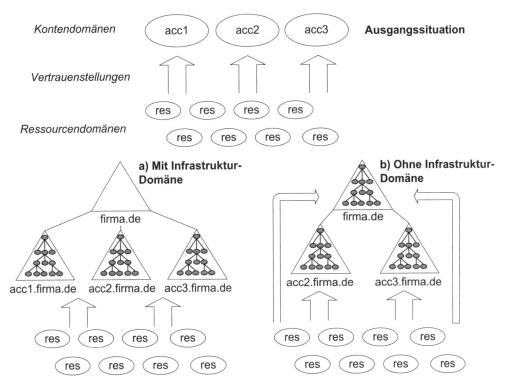

Abbildung 11.12: Die Infrastrukturdomäne hilft während des Upgrade-Prozesses die Struktur der NT-Domänen zu erhalten (a). Ohne diese Infrastrukturdomäne muss die Domänenstruktur grundlegend geändert werden (b).

Vertrauensstellungen

Im Zusammenhang mit der Migration von NT-Domänen zu einem Tree des Active Directory muss auch das Verhalten der Vertrauensstellungen zwischen den Domänen betrachtet werden. Grundsätzlich sind zwei verschiedene Typen von Vertrauensstellungen vorzufinden:

- **Windows NT-Vertrauensstellungen** zwischen NT-Domänen oder zwischen Domänen zweier verschiedener Forests.
- **Kerberos-Vertrauensstellungen** zwischen Active Directory Domänen

Während der Migration erfolgt automatisch ein schrittweiser Übergang von einer Art der Vertrauensstellung zur anderen, ohne dass dies die Administratorin ausdrücklich konfigurieren muss. In NT-Domänen bestehen im Regelfall zunächst zwischen den Domänen nur einseitige, nicht transitive Vertrauensstellungen. Wenn die erste Domäne zum Active Directory migriert wird, ändert sich zunächst nichts an den Vertrauensstellungen, sie bleiben Windows NT-Vertrauensstellungen. Sobald allerdings weitere NT-Domänen auf Windows Server 2003 und damit zu Active Directory migriert werden, gliedern sich diese Domänen in den Domain-Tree ein und bilden mit ihrer übergeordneten Domäne eine transitive Kerberos-Vertrauensstellung. Diese Änderung der Vertrauensstellung erfolgt automatisch zu dem Zeitpunkt, zu dem die Domäne in den Tree integriert wird. Die Eigenschaft, dass die Vertrauensstellungen ab diesem Zeitpunkt transitiv sind, ist bei der Migration auf alle Fälle zu berücksichtigen, da sonst unter Umständen unerwartete Effekte auftreten können und Benutzer eventuell auf Ressourcen zugreifen können, die nicht für sie bestimmt sind. Im folgenden Beispiel wird dies erläutert.

Im in Abbildung 11.13 erläuterten Beispiel wird davon ausgegangen, dass ein Unternehmen über zwei Kontendomänen verfügt und darunter mehrere Ressourcendomänen angesiedelt hat. Da nicht alle Benutzer auf alle Ressourcen zugreifen müssen, wurde *nicht* zwischen allen Ressourcedomänen und allen Kontendomänen eine Vertrauensstellung eingerichtet. Werden nun die Domänen über eine Infrastrukturdomäne zu einem Domain-Tree zusammengefasst, entsteht zwischen allen Domänen, aufgrund der transitiven Eigenschaft der Kerberos-Trusts, ein Vertrauensverhältnis. Ab diesem Zeitpunkt ist auch der Zugriff von der Domäne *Res1* auf die Domäne *Res2* möglich. Zugriffsrechte erlangen die Benutzer in *Res2* natürlich nur auf Ressourcen, die mit einer Berechtigung für die Gruppen *Jeder*, bzw. *Authentifizierte Benutzer* versehen sind.

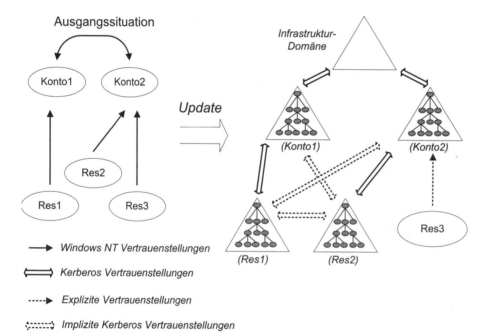

Abbildung 11.13: *Bei der Migration muss darauf geachtet werden, dass bestehende NT-Vertrauensstellungen in Kerberos-Vertrauensstellungen umgewandelt werden und diese transitiv sind.*

Neuer Windows Server 2003-Forest

Die zweite Alternative für eine Migration von Windows NT zu Active Directory ist es, bestehende Objekte in einen neuen leeren Forest zu migrieren. Der Migrationsprozess besteht im Wesentlichen aus zwei Schritten:

- Erstellen des Ziel-Forests
- Verschieben der Objekte

Erstellen des Ziel-Forests

Der Ziel-Forest wird gemäß dem zugrundeliegenden AD-Design aufgebaut. ▶ Kapitel 10 beschreibt, wie bei einem solchen Design vorzugehen ist. Die Voraussetzungen, um Objekte zu migrieren, sind beidseitige Vertrauenstellungen zwischen dem Ziel-Forest und der zu migrierenden Domäne. Darüber hinaus muss sich der Ziel-Forest mindestens in der Funktionsebene *Windows 2000 Native Mode* befinden.

Verschieben der Objekte

Nachdem der Ziel-Forest in Betrieb genommen wurde, muss zunächst geprüft werden, ob dieser ordnungsgemäß funktioniert. Dazu stehen mehrere Resource Kit Tools zur Verfügung wie z.B. *replmon.exe*, *dcdiag.exe* und *netdiag.exe* etc. Idealerweise sollte hierfür eine Überwachungs-Infrastruktur aufgebaut werden. Microsoft Operations Manager ist für diesen Zweck sehr empfehlenswert, da er nicht nur ein Monitoring prinzipiell ermöglicht, sondern bereits mehrere tausend Schwellwerte »Out Of The Box« mitliefert und somit schnell einsatzfähig ist.

Im nächsten Abschnitt wird beschrieben, welche Überlegungen wichtig sind, um folgende Objekte zu migrieren:

- Benutzer
- Gruppen
- Computer

Migrieren der Benutzer

Folgende Schritte sind zu beachten:

1. Einrichten einer expliziten Vertrauensstellung zwischen der Empfänger-Domäne (eine Active Directory-Domäne) des Ziel-Forests und der NT-Domäne, in der sich derzeit die Benutzerkonten befinden. Dies ist notwendig, damit die Benutzer auch während der Migration noch Zugriff auf die Ressourcen dieser Domäne besitzen.
2. Mit Hilfe von Tools wie ADMT 2.0 (Active Directory Migration Tool), FastLane Migrator oder Ressource Kit Utilities (ClonePrincipal, MoveTree) können nun die Benutzer migriert werden. In diesem Fall bleiben die Benutzerkonten in der NT-Domäne erhalten, wodurch eine einfache Wiederherstellung des alten Zustands möglich ist.

Migrieren von Benutzergruppen

Sobald eine oder mehrere Benutzerkennungen in die Zieldomäne verschoben werden, müssen auch die globalen Gruppen, in denen sich die Benutzer befinden, migriert werden. Dies ist notwendig, um zu gewährleisten, dass, sobald sich ein Benutzer an seiner neuen Windows Server 2003-Domäne anmeldet, die korrekte Gruppenzugehörigkeit ermittelt werden kann. Wenn die Gruppen in der alten Windows NT Domäne bleiben würden, ginge die Information über ihre Gruppenmitglieder verloren. Manche Migrationstools migrieren automatisch mit dem Benutzerobjekt auch die Globalen Gruppen, in denen dieses Objekt Mitglied ist. Das Migrieren von Benutzergruppen verläuft prinzipiell ähnlich wie die Migration von Benutzern. Dies ist aufgrund der starken Ähnlichkeit der beiden Objekttypen auch nachvollziehbar. Allerdings muss man in diesem Fall die verschiedenen Arten von Gruppen unterscheiden.

In Windows NT können drei Arten von Gruppen für die Zusammenfassung von Benutzern und die Vergabe von Rechten verwendet werden:

- Globale Gruppen
- Lokale Gruppen auf Domänencontrollern
- Lokale Gruppen auf Workstations oder Mitgliedsservern

Im Falle der globalen und lokalen Domänengruppen muss darauf geachtet werden, dass der alte SID in die neue Domäne mit übernommen wird (SID History).

Migration zu Active Directory

Im Falle der lokalen Gruppen auf Workstations und Mitgliedsservern muss nicht auf die SIDs geachtet werden, da diese von der lokalen Maschine erzeugt werden und nicht von einem Domänencontroller. Die SIDs sind in diesem Fall also nicht an eine Domäne gebunden und dementsprechend nicht von einer Migration betroffen.

Migrieren von Computern

Je nachdem, welche Rolle ein Computer in einer Domäne spielt, wird die Maschine während des Migrationsprozesses unterschiedlich behandelt. Bei den Überlegungen für den Umzug von Computern in andere Domänen spielt allerdings hauptsächlich die Reihenfolge der Umstellung eine Rolle.

Handelt es sich bei den Computern um einen NT-Domänencontroller, gleichgültig ob PDC oder BDC, so wird das direkte Verschieben dieser Maschine in eine Active Directory-Domäne nicht unterstützt. Diese Computer müssen zunächst auf Windows Server 2003 migriert und anschließend zu einem AD-Domänencontroller ernannt werden. Nun können sie per *dcpromo.exe* wieder zu einem normalen Server »degradiert« werden. Als diese normalen Server können sie danach in die Ziel-Domäne überführt werden, um dort je nach Bedarf wieder die Rolle eines Domänencontrollers zu übernehmen. Aufgrund der vielen Schritte die hierbei durchzuführen sind, ist ernsthaft zu überlegen, ob es nicht einfacher ist, die Maschine neu aufzusetzen.

Für Mitgliedsserver und Workstations sind keine Überlegungen bezüglich der SID anzustellen, da diese einfach ihre Kontendatenbanken mit übernehmen können, da ihre SIDs nicht an eine Domäne gebunden sind.

Migrationsbeispiele

Der Prozess der Migration ist je nach konkreter Umgebung eine mehr oder weniger komplexe Angelegenheit. Daher ist es auch nicht möglich, allgemeingültige Regeln für diesen Prozess aufzustellen. In den folgenden Abschnitten möchten wir Vorschläge für die Migration der Basis-Domänenmodelle aufzeigen, die jedoch nicht als einzig mögliche Lösung für die Problemstellung anzusehen sind. Vielmehr verstehen wir diese Vorschläge als Anregungen und Ideen, die für die eigene individuelle Lösung als Vorlage dienen können.

In unserem ersten Beispiel möchten wir auf allgemeine Vorgehensweisen für die Migration einer einzelnen Domäne eingehen. Diese sind auch auf die weiteren Beispiele anzuwenden, da jede Domäne zunächst als eigenständiges Gebilde anzusehen ist. Die weiteren Beispiele zeigen dann Situationen auf, in denen mehrere Domänen miteinander verbunden sind und legen hierbei ihren Schwerpunkt auf die Konsolidierung der Domänen. Bei allen Beispielen wird davon ausgegangen, dass die bestehenden NT-Domänen zu Active Directory migriert und anschließend konsolidiert werden. Es ist also kein vollkommen neuer Domain-Tree aufzubauen, in den dann die NT-Objekte geklont werden.

Migration eines Masterdomänenmodells

Die Migration eines Masterdomänenmodells erfolgt in mehreren Phasen und ist davon abhängig, ob die bestehende Domänenstruktur erhalten bleiben oder konsolidiert werden soll. In beiden Fällen sind allerdings die ersten Schritte identisch. Abbildung 11.14 zeigt die hier erläuterten Schritte.

1. Der erste Schritt umfasst immer die Auswahl der Root-Domäne. Dies beinhaltet die Auswahl des Namenskontexts und die daraus folgende Bereitstellung der dafür benötigten DNS-Infrastruktur. Im Falle des in diesem Beispiel vorliegenden Masterdomänenmodells ist es nahe liegend, die bestehende Masterdomäne für die Active Directory-Root-Domäne auszuwählen. Die Gründe hierfür liegen darin, dass diese Domäne auch im NT-Domänenmodell bereits eine zentrale Stellung eingenommen hat und die Benutzerkonten bereits in dieser Domäne angelegt sind. Anzumerken ist hier noch, dass der Name der alten NT-Domäne und der Name der neuen AD-Domäne nicht identisch sein müssen. Domänen des Active Directory verfügen über zwei voneinander völlig unabhängige Namen. Der

erste ist ein Fully Qualified Domain Name und ist für den Zugriff auf das AD zuständig. Der zweite Name ist ein NetBIOS-Name und ist nur für den Zugriff von *nicht* Active Directory-Clients zuständig. Nur dieser NetBIOS-Name muss identisch mit dem Namen der alten NT-Domäne sein.

2. In einem zweiten Schritt muss zunächst die Masterdomäne auf Windows 2003 und Active Directory migriert werden. Die hierzu notwendigen Aktionen wurden bereits im vorhergehenden Abschnitt »Migration einer einzelnen Domäne« beschrieben. Die Anwender können auch nach Abschluss dieser Phase normal weiterarbeiten, da die verbleibenden NT-Ressource-Domänen automatisch über eine explizite Vertrauensstellung mit der Active Directory-Domäne verbunden werden. Somit ist sichergestellt, dass Benutzer sich auch weiterhin anmelden können und Zugriff auf Ressourcen haben. Auch die Vergabe von Zugriffsrechten funktioniert an dieser Stelle noch wie gewohnt.

3. Schritt drei beschäftigt sich mit der Migration der Ressource-Domänen. Auch hier ist das Vorgehen analog zur Migration einer einfachen Domäne. Allerdings ist bei der Anwendung des Programms *dcpromo.exe* zu beachten, an welcher Stelle des Domain-Trees diese Domäne integriert werden soll. Nicht immer ist es sinnvoll, die Domäne hierarchisch direkt unter der Masterdomäne anzusiedeln. Bei NT-Domänen war dies aufgrund der fehlenden transitiven Eigenschaft der Vertrauensstellungen nicht anders möglich. Active Directory lässt hier einen bedeutend weiteren Spielraum, so dass beliebige Trees aufgebaut werden können und dennoch der Zugriff auf alle Ressourcen möglich ist.

4. Der vierte Schritt der Umstellung betrifft die Konsolidierung der Ressourcedomänen. Dies ist nicht zwingend erforderlich, allerdings sehr empfehlenswert, da aufgrund der neuen Möglichkeiten des Active Directory die Aufteilung der Domänen bei weitem nicht mehr so notwendig ist, wie dies noch unter NT erforderlich war. Welche Domänen konsolidiert werden sollen, ist vom individuellen Einzelfall abhängig.

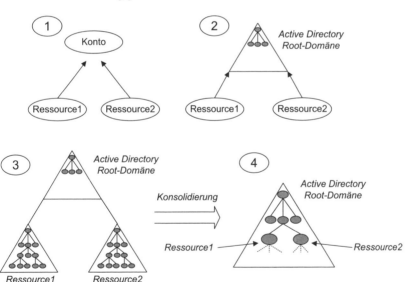

Abbildung 11.14: *Die Migration eines Masterdomänenmodells erfolgt in vier Phasen, wobei die beteiligten Domänen schrittweise in das Active Directory überführt werden.*

Migration eines Multimaster-Domänenmodells

Die Migration eines Multimaster-Domänenmodells erfolgt prinzipiell ähnlich der im vorhergehenden Absatz beschriebenen Migration eines Masterdomänenmodells. Der entscheidende Unterschied liegt bei der Wahl der Root-Domäne. Da dieses Domänenmodell per Definition mindestens zwei Kontendomänen besitzt, die auf der gleichen hierarchischen Ebene angesiedelt sind, kann keine der Domänen als eindeutige Root-Domäne identifiziert werden. Um dennoch eine konsistente Domänenstruktur zu erhalten, wird für dieses Modell der Einsatz einer Infrastrukturdomäne empfohlen. Dieser Infrastrukturdomäne können dann sämtliche Kontendomänen untergeordnet werden und bleiben somit von der Hierarchie her gleichberechtigt. Erst in einer dritten Ebene folgen dann die Ressourcendomänen. Hier nun die Schritte im Einzelnen die auch in Abbildung 11.15 dargestellt sind:

- **Erzeugen einer Infrastrukturdomäne** Diese neue Domäne muss auf zusätzlichen Maschinen installiert werden und erfordert somit weitere Hardware. Der Name dieser Root-Domäne bildet den Namensraum für das gesamte Unternehmen.
- **Migrieren der Masterdomänen** Dies erfolgt wieder analog zu den für die Migration einer einfachen Domäne vorgestellten Schritten. Bei der Ausführung des Programms *dcpromo.exe* werden diese Domänen jedoch der zuvor definierten Infrastrukturdomäne untergeordnet und folgen somit deren Namensraum.
- **Migrieren der Ressourcedomänen** Auch dies erfolgt über die bekannte Methode für die Migration der einfachen Domäne. Welcher Masterdomäne die Ressourcendomänen untergeordnet werden sollen, ist in diesem Fall frei wählbar und kann bereits der Unternehmensstruktur angepasst werden. Bei der Migration muss man sich hier nicht an die von der NT-Domäne vorgegebene Struktur halten.
- **Konsolidieren der Domänenstruktur** Bei der Konsolidierung stehen mehrere Möglichkeiten zur Verfügung, wie die Domänen zusammengefasst werden können. Eine Alternative besteht darin, alle Objekte in einer großen Domäne zu vereinen und somit die Administration zu zentralisieren. Alternativ können auch mehrere Ressourcendomänen zu einer oder mehreren Ressourcendomänen zusammengefasst werden, die dann ihrerseits wieder einer Masterdomäne unterstellt sind. Die Möglichkeiten sind hier nahezu unbegrenzt und müssen auf den individuellen Fall angepasst werden.

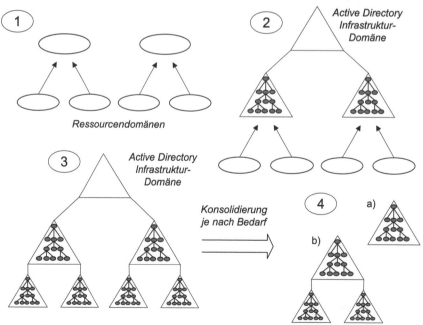

Abbildung 11.15: *Die Migration eines Multimaster-Modells erfolgt über eine Infrastrukturdomäne, welche die strukturierte Anwendung eines gemeinsamen Namensraums ermöglicht. Die Konsolidierung der Domänenstruktur muss nach den individuellen Bedürfnissen erfolgen.*

Natürlich ist dies nicht die einzige Alternative, wie ein Multimaster-Domänenmodell auf das Active Directory migriert werden kann. Es sind hier eine Vielzahl von Varianten denkbar. Die Auflistung aller Möglichkeiten würde den Rahmen dieses Buches weit überschreiten, so dass wir hier nur ein weiteres Beispiel anführen, um ihnen eine Anregung für die eigene Kreativität zu geben.

In diesem Beispiel, das in Abbildung 11.16 illustriert ist, wird mit insgesamt drei Infrastruktur-Domänen gearbeitet. Eine fungiert als Root-Domäne, wogegen die beiden anderen jeweils für die Konsolidierung der Master- bzw. Ressourcendomänen zuständig sind.

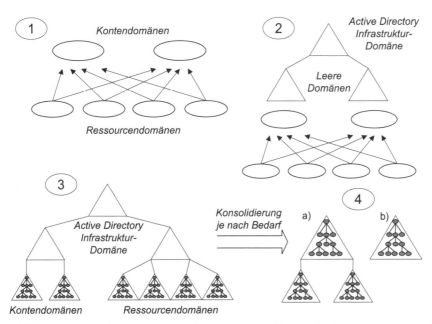

Abbildung 11.16: Alternativbeispiel für die Konsolidierung der Domänenstruktur. Hierbei wird mit drei Infrastruktur-Domänen gearbeitet und die Konten- und Ressourcendomänen getrennt konsolidiert.

Migration eines Complete-Trust-Domänenmodells

Das Complete-Trust-Domänenmodell wird von Organisationen verwendet, die über keine zentrale IT-Abteilung verfügen und deren IT-Landschaft auch dementsprechend dezentral verwaltet wird. Diese Unabhängigkeit der einzelnen Bereiche kann auch nach der Einführung des Active Directory erhalten bleiben, indem die bestehende Domänenstruktur nicht konsolidiert wird. Sollte eine totale Unabhängigkeit der einzelnen Bereiche erzielt werden, so können mehrere Forests aufgebaut und über explizite Vertrauensstellungen zwischen bestimmten Domänen der gegenseitige Zugriff auf Ressourcen ermöglicht werden. Dieses Modell eignet sich allerdings mehr für unabhängige Unternehmen als für eine Organisation mit übergeordneter Leitung. Ein möglicher Ansatz für die Migration besteht wiederum im Einsatz einer Infrastrukturdomäne. Dieser Domäne werden alle Domänen untergeordnet. Auf diese Weise wird wieder die Complete-Trust-Situation hergestellt und alle Benutzer können auf beliebige Ressourcen zugreifen (sofern sie über die nötigen Zugriffsrechte verfügen). Die Reihenfolge der Migration spielt in diesem Fall keine Rolle, da alle Domänen in diesem Modell gleichberechtigt sind, denn sie halten sowohl Benutzer als auch Ressourcen. Dieses Beispiel ist in Abbildung 11.17 dargestellt.

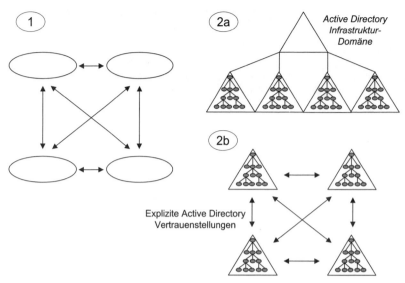

Abbildung 11.17: *Die Migration, von einem Complete-Trust-Modell ausgehend, kann als Ansatz für eine Zentralisierung des Netzwerks angesehen werden. Wird auch weiterhin eine komplette Unabhängigkeit der Domänenverwaltung gewünscht, so können auch separate Forests gebildet und der Zugriff auf Ressourcen über explizite Vertrauensstellungen ermöglicht werden.*

Von Windows 2000 nach Windows Server 2003

Die Migration von Windows 2000 nach Windows Server 2003 ist eine einfachere Angelegenheit als die Migration von Windows NT. Der entscheidende Punkt ist, dass sich die Objekte schon im Active Directory befinden. Es empfiehlt sich generell, ein Inplace Upgrade durchzuführen, außer wenn eine neue Domänenstruktur aufgebaut werden soll. Obwohl in diesem Falle auch eine nachträgliche Konsolidierung der Domänen in Betracht gezogen werden kann.

Inplace Upgrade

Das Inplace Upgrade ist zwar einfach und schmerzlos, dennoch müssen bestimmte Vorkehrungen im bestehenden Windows 2000-Netzwerk getroffen werden.

Vorbereiten von Domäne und Forest

Die Vorbereitungen werden mit dem Tool *ADPrep.exe*. welches sich auf der Windows Server 2003-CD befindet, durchgeführt. Die Setup-Routine *winnt32.exe* kontrolliert beim Upgrade eines Windows 2000-Domänencontrollers, ob der Forest und die Domäne schon prepariert sind. Falls dies nicht der Fall ist, dann erscheint ein Hinweis, dass kein Update möglich ist.

ADPrep kann in zwei Modi laufen: Forest- oder Domänen-Modus.

- ADPrep.exe */forestprep*
- ADPrep.exe */domainprep*

Der Forest-Modus muss einmal auf dem Schemamaster ausgeführt werden. Der Domänen-Modus hingegen muss in jeder Domäne auf dem Infrastrukturmaster ausgeführt werden.

Folgende Änderungen werden mit *ADPrep.exe* durchgeführt:

- Schema-Aktualisierung
- Änderungen am Default Security Descriptor
- Änderungen am Display Specifiers (Anzeigebezeichner)
- Änderungen an der ACLs von AD-Objekten und SYSVOL-Dateien
- Neue AD-Objekte (für COM+ und WMI)
- Neue Container für die Überprüfung des ADPrep-Prozesses

Update-Reihenfolge

Nach einer erfolgreichen Vorbereitung des Forests und der Domänen kann die eigentliche Aktualisierung der Domänencontroller stattfinden. Es empfiehlt sich, den Domain Naming Master als Ersten zu migrieren. Dies ermöglicht eine sofortige Nutzung der Application Partition für DNS. Der PDC-Emulator soll auch baldmöglichst migriert werden. Dies ist notwendig, denn manche Windows Server 2003-Anwendungen brauchen bestimmte Benutzergruppen, die erst vom System erstellt werden können, wenn der PDC-Emulator ein Windows Server 2003 ist. Falls der PDC-Emulator aus irgendwelchen Gründen nicht migriert werden kann, reicht es, die PDC-Emulator FSMO-Rolle auf einen Windows Server 2003-Computer zu verschieben. Damit werden auch die notwendigen Benutzergruppen erstellt.

Nacharbeitungen

Die Nacharbeitungen können in zwei Bereiche unterteilt werden:

- Active Directory-Datenbank
- Funktionsebenen

Active Directory Datenbank

Folgende Operationen können auf jedem migrierten Domänencontroller vorgenommen werden, ohne warten zu müssen, bis alle Domänencontroller auf Windows Server 2003 migriert wurden.

- **Offline-Defragmentierung** sollte als erstes durchgeführt werden (siehe dazu ▶ Kapitel 7), wodurch eine Reduzierung der Größe der Datei *ntds.dit* um ca. 40% erreicht wird und die Datenbankseiten auf das neue Windwos Server 2003-Format umgesetzt werden.
- **System State Backup** dieses vollständige Backup nach einer Systemänderung sollte schon als selbstverständlich gelten, aber wir kennen die Branche lange genug um zu wissen, dass es nicht immer so ist. Es immer wieder zu erwähnen schadet nicht! Kein Sicherungsband im Fall eines Systemcrashs vorliegen zu haben schadet sehr wohl.

Funktionsebenen

Nachdem auf allen Windows 2000-Domänencontrollern Windows Server 2003 installiert ist, können die Funktionsebenen auf Windows Server 2003 erhöht werden.

Neuer Windows Server 2003-Forest

Die zweite Alternative einer Migration von Windows 2000 auf Windows Server 2003 durchzuführen ist, wie auch bei einer Windows NT Migration, einen neuen Forest zu erstellen und die Objekte aus dem bestehenden Forest zu migrieren. Im Prinzip funktioniert die Migrationstrategie genauso wie bei der Windows NT-Migration. Es können auch die gleichen Migrationstools verwendet werden.

Auch in diesem Fall kann, wie bei dem Inplace Upgrade, der Ziel-Forest identisch mit dem Quell-Forest sein. Der Ziel-Forest könnte aber auch verschieden sein. In diesem Fall spricht man von einer Restrukturierung der Domänenstruktur. Diese kann während der Migration, oder anschließend stattfinden. Das hängt immer von der jeweiligen Anforderungen ab.

Restrukturierung der bestehenden Domänenstruktur

In den vorherigen Abschnitten wurden Methoden vorgestellt, um auf Windows Server 2003 zu migrieren. Falls das Inplace Upgrade gewählt wurde, oder eine 1:1-Abbildung der bestehenden Strukturen erfolgte, könnte es sein, dass der Wunsch vorliegt, die erzeugten Windows Server 2003 Domänen zu restrukturieren. Ein Ziel im Restrukturierungsprozess sollte es sein, soweit überhaupt möglich, eine Reduzierung der Domänenanzahl zu erreichen. Damit können die Administrationskosten und Hardwarekosten eines komplexen Netzwerkes verringert werden. Dieser Prozess wird auch Konsolidierung genannt.

Windows NT-Domänen

Besonders bei bestehenden Windows NT-Domänen spielen die folgenden vier Aspekte, eine entscheidende Rolle.

- Das Active Directory unterliegt bezüglich der Anzahl der zu verwaltenden Objekte nahezu keiner in der Praxis relevanten Begrenzung, da es mehrere Millionen Objekte aufnehmen kann. Bei NT-Domänen liegt die Grenze der zu verwaltenden Objekte bei ca. 40.000–50.000, was durch die Begrenzung der Datenbankgröße (SAM) auf ca. 40 MB begründet ist.

- Vertrauensstellungen sind im Active Directory transitiv, wodurch eine erhebliche Verringerung der benötigten Vertrauensstellungen erreicht wird. Im Active Directory benötigt man für die vollständige Verbindung von n Domänen $n-1$ Vertrauensstellungen. Sollen die gleichen Verbindungen zwischen NT-Domänen eingerichtet werden, so kommt hier das Complete-Trust-Domänenmodell zum Einsatz und man benötigt hierfür $n*(n-1)$ Vertrauensstellungen.

- Die Einführung von Standorten ermöglicht die Abbildung des physischen Netzwerks im Verzeichniss. Somit ist eine Steuerung des Datenverkehrs über langsame WAN-Leitungen möglich. Bei NT-Domänen kann das physische Netzwerk nicht in den Aufbau einer Domäne einbezogen werden. Um dies bei NT-Domänen zu erreichen, muss man die Domänen aufteilen und über Vertrauensstellungen miteinander verbinden.

- Eine Delegation der Administration wird ermöglicht, hierdurch kann die Administration von Teilen des Active Directory auf verschiedene Personen übertragen werden, ohne extra neue Domänen anlegen zu müssen.

Aufgrund dieser Tatsachen können die vorhandenen Konten- und Ressourcendomänen zusammengefasst und dadurch ihre Anzahl erheblich reduziert werden. Dies wird in vielen Fällen die Verwaltung des Netzwerkes vereinfachen. Abbildung 11.18 zeigt zwei solche Beispiele.

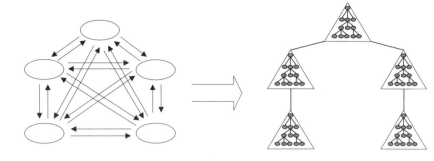

Vertrauenstellungen im Complete-Trust-Modell   *AD-Trusts im gleichen Modell*

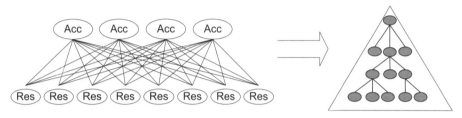

Domänen-Modell eines großen Softwareherstellers   *Active Directory (vereinfacht)*

Abbildung 11.18: *Die Anzahl der NT-Domänen und die Anzahl der daraus folgenden Vertrauensstellungen hat in manchen Unternehmen ein beträchtliches Ausmaß angenommen. Durch die Einführung des Active Directory und einer gezielten Konsolidierung der Domänenstruktur kann die Verwaltung erheblich vereinfacht werden.*

Active Directory-Domänen

Bei bestehenden Active Directory-Domänen spielen bei der Entscheidung für eine Konsolidierung bzw. Restrukturierung folgende Faktoren eine große Rolle:

- Laufende Kosten für die Verwaltung des Systems
- Zukäufe oder Verkäufe von Firmen (so genanntes Merging oder Splitting).

Im Fall, dass die Betriebskosten gestiegen sind und die Administration nicht mehr überschaubar ist, lohnt es sich, die Domänenstruktur zur überdenken. Eine Reduzierung der Domänenanzahl wird dadurch erreicht, dass Objekte von mehreren Domänen in eine Domäne verschoben werden. Hier spricht man von einer *Intra-Forest*-Restrukturierung. Darüber hinaus bietet Windows Server 2003 die Möglichkeit, bestehende Domänen umzubenennen. Dies kann eine große Hilfe sein, um eine konsistente Namenshierarchie zu bewahren. Allerdings muss der Forest in der Forest-Funktionsebene *Windows 2003* sein.

Im Falle von Organisationsänderungen sind mehrere Szenarien denkbar und in Abbildung 11.19 dargestellt. Ein Zukauf könnte einen weiteren Forest in die Organisation bringen. In einer solche Situation ist zu entscheiden, ob der neue Forest mit einen Cross-Forest-Trust integriert wird, oder vielleicht sogar eine Migration der Objekte zugeführt wird. Dies wäre eine *Inter-Forest*-Restrukturierung. Ein Verkauf einer Firma der Organisation könnte eine Reduzierung der Domänenanzahl mit sich bringen. Eventuell müssten Teile der nicht mehr benötigten Domänen in andere Domänen migriert werden, was auch eine Form der Intra-Forest Restrukturierung wäre.

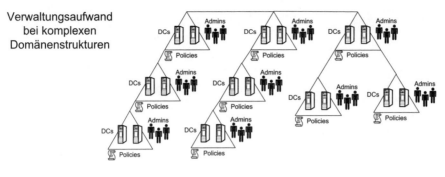

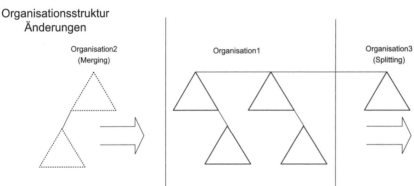

Abbildung 11.19: Die Betriebskosten sind proportional zur Anzahl der Domänen. Bei der Umstrukturierung von Organisationen, können bestimmte Domänen überflüssig werden, bei einem Zukauf können neue Domänen hinzukommen.

Inter-Forest- und Intra-Forest-Restrukturierung

Im obigen Absatz wurden Szenarien vorgestellt, in denen Intra-Forest- oder Inter-Forest-Restrukturierungen vorkamen. Der Unterschied zwischen diesen zwei Fällen ist, dass bei einer Intra-Forest-Restrukturierung Objekte von einer Domäne in eine andere Domäne eines Forests verschoben werden. Die Objekte existieren dann in der Quelldomäne nicht mehr. In einer Inter-Forest-Restrukturierung hingegen werden Objekte von einer Domäne eines Forests in eine Domäne eines anderen Forests geklont. Die geklonten Objekte bleiben in der Quelldomäne bestehen. Beide Vorgänge können mit dem Einsatz von ADMT 2.0 (Active Directory Migration Tool) durchgeführt werden.

Microsoft hat dazu eine sehr gute Dokumentation geschrieben, die Teil der technischen Referenz für Windows Server 2003 ist. Das Buch heißt: *Entwerfen und Einführen von Active Directory- und Sicherheitsdiensten für Windows Server 2003.*

12 Programmierschnittstellen

273   ADSI Einführung
276   Architektur
277   Einsatz von ADSI
280   OLE DB und ADSI
284   Verwalten des AD mit ADSI

In diesem Kapitel möchten wir die Programmierschnittstellen des Active Directory vorstellen. Mit Hilfe dieser Schnittstellen lassen sich auf (mehr oder weniger) einfache Weise administrative Vorgänge automatisieren und damit effizienter gestalten.

Die für den Zugriff auf das AD empfohlene primäre Schnittstelle ist das Active Directory Service Interface (ADSI). Dieses stellt ein integriertes Objektmodell für den Zugriff auf verschiedene Verzeichnisdienste zur Verfügung und wird standardmäßig von einer Vielzahl von Programmier- und Skriptsprachen unterstützt. ADSI ist allerdings nicht die einzige Schnittstelle für den Zugriff auf das AD. Neben ADSI steht auch das Standard-LDAP-API zur Verfügung. Dieses API stellt eine Sammlung von C-Routinen bereit, die den Zugriff auf einen LDAP-konformen Verzeichnisdienst ermöglichen.

Die Schnittstellen lassen sich in folgende drei Bereiche untergliedern:

- **ADSI** für den transparenten Zugriff auf einen beliebigen Verzeichnisdienst.
- **LDAP-API** für den standardisierten Zugriff auf LDAPv3-kompatible Verzeichnisdienste. Dieses API wurde im RFC 1823 spezifiziert und stellt die klassische Methode für den Zugriff über die Programmiersprache C dar.
- **Erweitertes LDAP-API** stellt spezielle Routinen und Klassen für C und C++ zur Verfügung, die auf die besonderen Eigenschaften des Active Directory ausgelegt sind.

ADSI Einführung

An dieser Stelle gehen wir nur auf die Architektur und Funktionsweise der ADSI-Schnittstelle ein. Für die in diesem Kapitel aufgeführten Beispiele haben wir die Skriptsprache VBScript verwendet, da diese nur einen kleinen programmtechnischen Overhead erzeugt und einfach in anderen Code übernommen werden kann.

Seit Anfang 2002 ist die .NET-Strategie von Microsoft Realität geworden. Es stellt sich die Frage, wie sich VBScript in dieses neue Programmiermodell integriert. Sollen bestehende VB-Skripts auf eine der .NET-Sprachen wie C#, Visual Basic .NET oder JScript .NET portiert werden? Die Antwort lautet: »es kommt drauf an.« Für einen IT-Administrator, der gängige Administrationsaufgaben automatisieren will, lohnt sich der Aufwand sicherlich nicht. Ein Skript ist einfach in seiner Syntax und muss nicht kompiliert werden. Für einen Programmierer der in seiner Webumgebung VBScript oder JScript verwendet hat, lohnt es sich auf jeden Fall die neuen Sprachen zu erlernen und seine Anwendungen auf die neuen Schnittstellen zu portieren.

Um die Skriptbeispiele nachvollziehen zu können, setzen wir Grundkenntnisse in Visual Basic voraus. Für ein tieferes Verständnis und die genauen Vorgehensweisen bei der Skripterstellung möchten wir auf nachfolgenden Quellen verweisen:

- Microsoft Developer Network (MSDN) für allgemeine Infos zu ADSI
- Resource Kits von Windows 2000 und Windows Server 2003 für die Spezifikationen von VBScript
- ADSI-Programmierhandbuch für praktische Programmierbeispiele

Ein Großteil dieser Quellen kann über die Microsoft-Website bezogen werden. Die genauen Links möchten wir hier nicht angeben, da diese sich leider zu schnell ändern und somit keine Aktualität gewährleistet ist. Bereits während der Entstehung dieses Buchs hat sich die Position der Quellen schon mehrmals geändert. Wir empfehlen daher, den Weg über die Suchfunktion auf der Microsoft-Website zu gehen und jeweils bei Bedarf die aktuelle Position zu ermitteln. Alternativ stehen ein paar dieser Links über die Site *activedirectory.de* zur Verfügung.

Zunächst eine Definition des Active Directory Service Interface:

ADSI ist eine Programmierschnittstelle, die ein Verzeichnismodell und eine COM-Schnittstelle bereitstellt, um Applikationen unter Windows den Zugriff auf die Netzwerkdienste eines beliebigen Verzeichnisses zu ermöglichen.

ADSI ist in die Windows Open System Architecture (WOSA) und das Open Directory Service Interface (ODSI) eingebunden und folgt diesen Richtlinien. Der Aufbau von ADSI ist in zwei Bereiche zu unterteilen. Der erste Bereich stellt die Schnittstelle zu den Applikationen, wogegen der zweite Bereich die Schnittstellen zu den verschiedenen Verzeichnisdiensten bildet. Wir wollen im Folgenden auf die Nutzung und die Vorgehensweisen eingehen und nicht den internen Aufbau von ADSI beschreiben. Die Schnittstellen zu den verschiedenen Verzeichnisdiensten sind als ADSI-Provider realisiert. Diese Provider sind so ausgelegt, dass sie ein beliebiges Objekt des Verzeichnisdienstes als COM-Objekt darstellen. Somit müssen sich Programmierer nicht an spezifische API-Aufrufe und Notationen anpassen, sondern können mit den (hoffentlich) bekannten COM-Objekt-Strukturen arbeiten. Diese werden innerhalb des ADSI über eine COM-Schnittstelle bereitgestellt. COM-Objekte sind allerdings nicht Teil der .NET Umgebung, dafür stehen eine ganze Reihe von .NET-Klassen zur Verfügung. Für .NET-Programmierer wurde vor der ADSI-Schnittstelle ein so genannter Wrapper eingebaut, d.h. die ADSI-Schnittstelle wird mit einer speziellen .NET-Klasse dargestellt (*System.DirectoryServices*). Ein Programmierer kann somit mit den gängigen .NET-Sprachen zugreifen. Dies ist in Abbildung 12.1 dargestellt.

Der Einsatz von ADSI-Providern hat eine große Flexibilität für beliebige bestehende oder zukünftige Verzeichnisdienste. Soll ein weiterer Verzeichnisdienst unterstützt werden, so muss »lediglich« ein neuer Provider implementiert werden, der sich an die ADSI-Spezifikationen hält. Änderungen an bestehenden Applikationen sind in den meisten Fällen nicht notwendig.

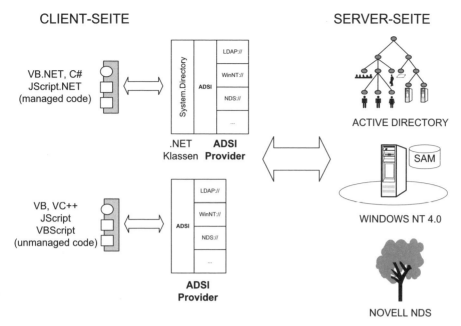

Abbildung 12.1: ADSI ist eine mächtige Schnittstelle, um mit beliebigen Verzeichnisdiensten zu kommunizieren. Sie wird auf dem Client installiert und kann mit verschiedenen Programmiersprachen angesprochen werden. Um die .NET-Umgebung einbinden zu können wurde ein Wrapper eingeführt, so dass .NET-Programmierer mit Managed Code arbeiten können.

Derzeit stehen Provider für folgende Verzeichnisse zur Verfügung:

- LDAP, auch für den Zugriff auf das Active Directory
- Windows NT/SAM
- Exchange 5.5
- Internet Information Server
- Novell Directory Services

Neben der Flexibilität in Bezug auf die anzusprechenden Verzeichnisdienste ist eine weitere Stärke von ADSI in seiner vielseitigen Unterstützung von Programmier- und Skriptsprachen zu sehen. Standardmäßig kann ADSI von VB, VBScript, VBA, J++, JavaScript, C und C++ aus angesprochen werden. Seit der Einführung von .NET werden auch VB .NET, JScript. NET und C# unterstützt. Durch die vielfältige Unterstützung von Skriptsprachen können schnell und unkompliziert kleine Applikationen und Tools erstellt werden, die dann mit dem Windows Script Host (WSH) direkt auf Kommandozeilenebene der Maschine ausführbar sind. VB- und Java-Skripts lassen sich relativ einfach in Internet-Anwendungen einbinden und stellen somit die Informationen der Verzeichnisdienste auch hier zur Verfügung. Um Verzeichnisinformationen sofort in bestehende Anwendungen einbinden zu können, steht mit VBA eine Möglichkeit zur Verfügung, mit Hilfe von Makros auf diese Schnittstelle zuzugreifen. Letztendlich kann natürlich auch über C, C++, C# und VB .NET die ADSI-Schnittstelle angesprochen werden, um auch in komplexen Anwendungen die Verzeichnisdienste nutzen zu können.

Für große Abfragen an die Verzeichnisdienste stehen mit ActiveX Data Objects (ADO) und OLE DB zwei mächtige Schnittstellen zur Verfügung, welche den Verzeichnisdienst wie eine Datenbank darstellen und auch eine derartige Bearbeitung, z.B. per SQL-Statement, ermöglichen. Seit der Einführung von .NET steht auch ADO.NET zur Verfügung. Auf die Integration von OLE DB in ADSI wird in einem eigenen Abschnitt dieses Kapitels eingegangen.

Architektur

Die Basis der ADSI-Architektur bildet das Objekt. Allerdings muss man hier die Objekte des Verzeichnisdienstes und die ADSI-Objekte unterscheiden. ADSI-Objekte werden für den Programmierer als COM-Objekte realisiert, deren Aufgabe darin besteht, die darunter liegenden Verzeichnisobjekte transparent darzustellen. Somit kann ein Entwickler unabhängig vom angesprochenen Verzeichnisdienst immer auf gleichartige COM-Objekte zugreifen und hält dadurch seine Anwendung flexibel. Wie die angesprochenen COM-Objekte eine Operation auf konkrete Verzeichnisobjekte abbilden, ist die Aufgabe des jeweiligen ADSI-Providers. Im weiteren Verlauf dieses Kapitels wird immer von ADSI-Objekten gesprochen, auch wenn diese genau genommen im Programm selbst als COM-Objekte angesprochen werden.

ADSI-Objekte lassen sich in die beiden Gruppen Leaf-Objekt und Container-Objekt unterteilen. Ein Container-Objekt kann im Gegensatz zu einem Leaf-Objekt andere Objekte enthalten. Angesprochen werden allerdings beide Typen als COM-Objekte, so dass sich die Applikation bzw. die Entwicklerin nicht um die erheblich komplizierteren API-Aufrufe für das Ansprechen der dahinter liegenden Verzeichnisdienste kümmern muss. Dies ist in Abbildung 12.2 dargestellt.

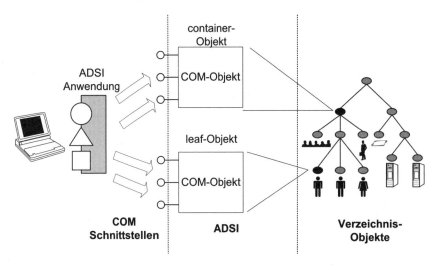

Abbildung 12.2: *ADSI abstrahiert die Verzeichnisobjekte und stellt sie als ADSI-Objekte dar. Ein ADSI-Objekt wird programmtechnisch als COM-Objekt angesprochen.*

Mit .NET wurden weitere Schnittstellen geschaffen um die Überführung von COM-Objekten nach .NET-Klassen zu erleichtern. Angenommen eine Active Directory-Anwendunge basiert auf COM-Komponenten. Um die Anwendung nicht auf .NET migrieren zu müssen, können bestehende COM-Objekte über .NET-Klassen angesprochen werden. Die dazugehörige Schnittstelle heißt RCW (Runtime Callable Wrapper) und wird von der .NET-Engine zur Laufzeit aufgerufen. Im Gegensatz dazu können .NET-Objekte als COM-Objekte dargestellt werden, so dass mit VBScript auf .NET-Objekte zugegriffen werden kann. Die zugehörige Schnittstelle heißt in diesem Fall CCW (COM Callable Wrapper). Beide Wrapper sind in Abbildung 12.3 dargestellt.

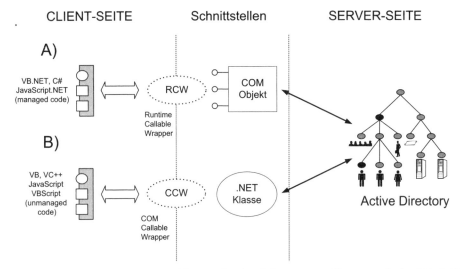

Abbildung 12.3: Um den Entwicklern mehr Flexibilität zu gewähren wurde der RCW (A) eingeführt. Diese Schnittstelle stellt ein COM-Objekt als .NET-Objekt dar und kann aus Managed Code heraus, der beispielsweise mit VB-NET oder C# erstellt wurde angesprochen werden. Der CCW (B) hingegen, stellt Instanzen einer .NET-Klasse als COM-Objekt dar und kann aus Unmanaged Code heraus angesprochen werden.

Einsatz von ADSI

Im folgenden Abschnitt werden Methoden für den Einsatz von ADSI zur Bearbeitung des Active Directory vorgestellt. Alle Beispiele sind hier mit der Skriptsprache VBScript codiert.

Der Einsatz von ADSI kann vereinfacht immer auf folgende Schritte reduziert werden:

1. Auswahl des zu bearbeitenden Objekts per AdsPath
2. Erzeugen eines COM-Objekts
3. Laden der benötigten Attribute in den ADSI-Cache
4. Auswertung oder Manipulation der Attribute
5. Übertragen der Änderungen in das Verzeichnis

Diese verschiedenen Schritte werden hier nun besprochen.

AdsPath

Ehe mit einem Objekt gearbeitet werden kann, muss sichergestellt werden, dass anhand einer eindeutigen Definition auch das richtige Objekt gewählt wurde. Dies wird durch den AdsPath gewährleistet, der eine eindeutige Identifikation sicherstellt, ähnlich einem Distinguished Name (DN) in der X.500- oder LDAP-Spezifikation. Ein AdsPath ist eine Zeichenkette, deren Syntax abhängig vom jeweiligen Provider ist. Grundsätzlich besteht jeder AdsPath aus zwei Teilen. Der erste Teil beschreibt den ADSI-Provider (hier unbedingt Groß- und Kleinschreibung beachten), der zweite Teil definiert den Namenskontext des Objekts in der providerspezifischen Syntax.

Provider://"Pfad des Namenskontexts"

Ein typischer AdsPath könnte wie folgt aussehen:

LDAP://DC=activedirectory,DC=de

Dieser AdsPath verweist auf den LDAP-Provider, der auch für den Zugriff auf das Active Directory verwendet wird. Weiter wird dann auf die Domäne *activedirectory.de* verwiesen.

Ein komplexerer AdsPath könnte folgende Gestalt aufweisen:

LDAP://SRV01/CN=Domain Admins,CN=Users,DC=activedirectory,DC=de

Hier kommt ebenfalls der LDAP-Provider für den Zugriff auf das Active Directory zum Einsatz. Allerdings zeigt dieses Mal der AdsPath auf die Gruppe *Domain Admins* im Container *Users* der Domäne *activedirectory.de*.

In diesem Fall ist SRV01 der Name des angesprochenen Domänencontrollers. Die Angabe dieses Servernamens ist optional. Wird der Name nicht angegeben, so versucht der Provider den nächsten Domänencontroller des Verzeichnisses zu kontaktieren. Im Regelfall sollte der Servername nicht fest codiert werden, da sonst die Applikation nur für diesen einen Server verwendet werden kann und damit weniger flexibel ist. Wird der Servername nicht angegeben, spricht man von einer *serverlosen Bindung*.

Erzeugen eines Objekts

Um ein Objekt mit ADSI bearbeiten zu können, muss zunächst das ADSI-Objekt erzeugt werden. Hierbei möchten wir nochmals auf die Unterscheidung zwischen Verzeichnisobjekt und ADSI-Objekt hinweisen. Das Verzeichnisobjekt besteht bereits und soll bearbeitet werden. Das ADSI-Objekt muss erzeugt werden, wodurch eine Beziehung zu einem Verzeichnisobjekt hergestellt wird. Um ein ADSI-Objekt zu erzeugen, stehen verschiedene Funktionen zur Verfügung, die je nach Skript- oder Programmiersprache zum Einsatz kommen. Bei VBScript kann beispielsweise der folgende Aufruf angewendet werden:

Set comObjektUser = GetObject("LDAP://SRV01/CN=FrancoM,CN=Users,DC=activedirectory, DC=de")

Hier wird mit dem Befehl *GetObject* das ADSI-Objekt *comObjektUser* erzeugt, das eine Beziehung zum Verzeichnisobjekt *FrancoM* der Domäne *activedirectory.de* aufweist.

Eine weitere Möglichkeit, eine Beziehung zu einem Objekt aufzubauen, ist die Funktion *OpenDsObject*. Im Unterschied zur Funktion *GetObject*, die immer den aktuellen Benutzerkontext für den Verbindungsaufbau verwendet, bietet die Funktion *OpenDsObject* die Möglichkeit, eine Beziehung in einem speziellen Sicherheitskontext aufzubauen. Dies ist beispielsweise erforderlich, wenn Skripts zeitgesteuert ausgeführt werden sollen und dann spezielle Zugriffsrechte benötigen. Das nachfolgende Beispiel baut ebenfalls wieder eine Beziehung zu dem Objekt *FrancoM* der Domäne *activedirectory.de* auf, verwendet allerdings dafür den Benutzerkontext von *MarkusP* und dessen streng geheimes Passwort.

Set comObjektUser = OpenDSObject("LDAP://SRV01/CN=FrancoM, CN=Users, DC=activedirectory,_ DC=de","MarkusP","margit65")

Die RootDSE

Die RootDSE ist ein spezieller Namenskontext (Verzeichniselement) eines LDAP-Servers. Die RootDSE im Active Directory wird immer unter dem Namen *rootDSE* angesprochen. Dieses Verzeichniselement beherbergt Informationen über das verwaltete Verzeichnis des gerade angesprochenen Domänencontrollers. Somit können Informationen, wie Domänenname, Schema, Konfiguration oder Servername, aus dem Verzeichnis ausgelesen werden. Diese Informationen können dann später im Skript oder Programm eingesetzt werden, ohne diese Informationen fest zu codieren. Somit kann der Programmablauf dynamisch gehalten werden und ist für unterschiedliche Umgebungen einsetzbar.

Der Zugriff auf Informationen der rootDSE der Domäne *activedirectory.de* kann beispielsweise wie folgt aussehen:

Set objRoot = GetObject("LDAP://activedirectory.de/RootDSE")
strDomain = objRoot.Get("DefaultNamingContext")
strServer = objRoot.Get("ServerName")

Im ersten Programmschritt wird über die Funktion *GetObject* eine Beziehung zur *rootDSE* des ersten gefundenen Domänencontrollers der Domäne *activedirectory.de* hergestellt. Um die Informationen der *rootDSE* auszuwerten, muss man an die Inhalte der Attribute dieses Objekts gelangen. Dies erfolgt über die Funktion *Objekt.Get*, mit deren Hilfe die Attributinhalte einer Variablen zugewiesen werden. Die Funktion *Objekt.Get* erwartet als Parameter den Attributnamen. Im Anschluss daran kann mit den Variablen weitergearbeitet werden.

Soll die rootDSE ausgewertet werden, so versucht das System immer einen Server zu erreichen, der möglichst schnell auf die Anfrage reagieren kann. Per Definition wird dies ein Server des Standorts sein. Sollten hier mehrere Server zur Verfügung stehen, so wird der erste reagierende Server gewählt. Dies ist in Abbildung 12.4 dargestellt.

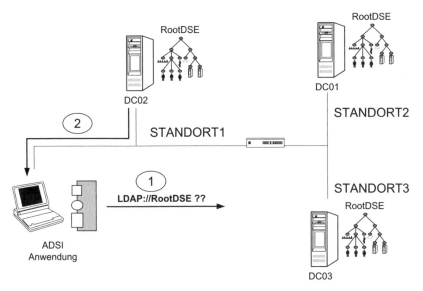

Abbildung 12.4: Die flexibelste Art, um mit dem Active Directory zu kommunizieren, besteht in der »serverlosen Bindung«. ADSI nutzt hier die AD-Standorte, um immer einen Server mit guter Verbindung anzusprechen.

Objekte verwalten

Nachdem ein Objekt erfolgreich erzeugt wurde, kann es ausgewertet und bearbeitet werden. Ein Objekt besteht immer aus einer bestimmten Anzahl von Attributen, die wiederum einen (single-valued) oder mehrere (multi-valued) Werte aufweisen. Um ein Objekt zu bearbeiten, müssen zunächst die Werte der gewünschten Attribute zur Verfügung stehen. Diese werden hierzu mit der Methode *Objekt.GetInfo* in den ADSI-Cache geladen. Der ADSI-Cache stellt einen Speicherbereich des Systems dar, in dem Attributwerte abgelegt und beliebig manipuliert werden können. Sobald ein Attributwert im ADSI-Cache bereitsteht, können mit Hilfe der Funktionen *Object.Get* und *Objekt.GetEx* die Werte aus dem Cache ausgelesen, bzw. mit den Funktionen *Objekt.Put* (single-valued) und *Objekt.PutEx* (multi-valued) Änderungen daran vorgenommen werden. Diese Änderungen erfolgen allerdings zunächst nur an den Werten im ADSI-Cache. Die eigentlichen Verzeichnisobjekte sind davon noch nicht betroffen. Erst mit Hilfe der Funktion *Objekt.SetInfo* können die geänderten Werte in das Verzeichnis übertragen werden.

OLE DB und ADSI

Um das Verzeichnis wie eine Datenbank ansprechen zu können, stellt ADSI einen eigenen Provider zur Verfügung: OLE DB. Somit können mit denselben Werkzeugen, die auch für Datenbankapplikationen eingesetzt werden, Auswertungen und Manipulationen an Objekten des Verzeichnisses durchgeführt werden.

Das Konzept von OLE DB

OLE DB ist eine universelle Schnittstelle, die auf Systemebene angesiedelt ist und dazu dient, die Kommunikation mit beliebigen Datenbanken zu vereinheitlichen. Somit kann erreicht werden, dass Anwendungen von den verwendeten Datenbanksystemen unabhängiger und dadurch flexibler werden. Abbildung 12.5 zeigt die Zusammenhänge.

Für den Einsatz von Skriptsprachen muss immer die zusätzliche Schnittstelle ActiveX Data Objects (ADO) angesprochen werden. Somit ist auf einer höheren Ebene gewährleistet, dass unabhängig vom verwendeten OLE DB Provider immer das gleiche Programmiermodell Anwendung findet. Auf diese Weise wird eine weitere Abstraktion der beteiligten Komponenten erreicht und die erstellten Skripts sind dadurch noch flexibler. Dieses Plus an Flexibilität wird durch leichte Einbußen bei der Performance erkauft. Für Programme, die in C oder C++ erstellt werden und bei denen eine hohe Performance im Mittelpunkt steht, besteht allerdings auch eine direkte Zugriffsmöglichkeit auf die OLE DB Provider. Die .NET- Umgebung stellt eine ähnliche Architektur zur Verfügung. Der OLE DB.NET Provider ersetzt OLE DB und ADO.NET durch ADO. Active Directory wird immer über ADSI, bzw. über den ADSI OLE DB Provider angesprochen. Die Überführung von .NET-Objekten zu COM-Objekten wird mit der COM InterOp-Komponente erreicht.

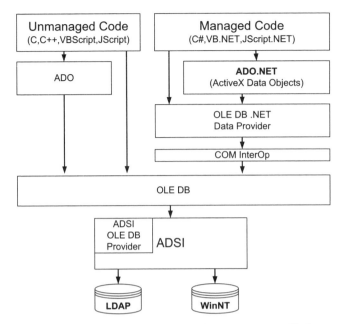

Abbildung 12.5: Der OLE DB Provider von ADSI stellt das Verzeichnis wie eine Datenbank dar, so dass die entsprechenden Datenbankwerkzeuge für die Bearbeitung verwendet werden können. Skriptsprachen können hierbei nur über die einheitliche ADO Schnittstelle zugreifen, wogegen für C und C++ auch der direkte Zugriff auf den OLE DB-Provider möglich ist.

Abfragen im Active Directory mit ActiveX Data Objects

Skriptsprachen müssen immer die ADO-Schnittstelle verwenden, um über OLE DB auf das Verzeichnis zugreifen zu können. Eine ADO-Sitzung besteht hierbei immer aus zwei Phasen; Verbindungsaufbau zu einem OLE DB Provider und den eigentlichen Aktionen auf die Datenbank. Der Code für den Verbindungsaufbau zum Active Directory kann in VBScript folgendermaßen aussehen:

Set Connection = CreateObject("ADODB.Connection")
Connection.Provider = "ADsDSOObject"
Connection.Open "Active Directory Provider"

Zunächst wird hier mit der Funktion *CreateObject* ein Objekt erzeugt, das auf eine Datenquelle verweist. Im Anschluss daran muss über die Methode *Connection.Provider* der Provider ausgewählt werden, der für die Anfragen zuständig ist. Für den Zugriff auf das Active Directory lautet das Aufrufsargument *ADsDSOObject*. Nun kann die Verbindung mit der Methode *Connection.Open* geöffnet werden und dem Zugriff auf das Verzeichnis steht nichts mehr im Weg.

Für die eigentlichen Zugriffe auf das Verzeichnis wird der auszuführende Befehl in einem Command-Object hinterlegt und auf dieses anschließend die Methode e*xecute* angewendet. Bei den anzuwendenden Kommandos stehen mit LDAP- und SQL-Befehlen zwei Alternativen zur Verfügung. Die Ergebnisse werden auf alle Fälle in Form einer Tabelle geliefert, die, wie könnte es auch anders sein, über ein Objekt (Recordset) auszuwerten ist.

Hier zunächst zwei Beispiele, wie die Kommandos für die unterschiedlichen Abfragetypen aufgebaut sein können.

ADO-LDAP-Kommando

Wie bei einem LDAP-URL, so müssen auch bei einem LDAP-Kommando für ADO die folgenden Bestandteile angegeben werden, um eine Abfrage zu definieren:

- **BaseDN** um den genauen Ort im Verzeichnis zu beschreiben, an dem mit der Suche begonnen werden soll.
- **SearchFilter** um zu spezifizieren, nach welchen Kriterien innerhalb des angegebenen Bereichs gesucht werden soll.
- **Scope** definiert, bis zu welcher Tiefe der Verzeichnishierarchie die Suche erfolgen soll.

Die Syntax für ein ADO-LDAP-Kommando ist wie folgt aufgebaut:

<BaseDN>;Filter;Scope

Eine Abfrage, die alle Computernamen einer OU *dive* in der Domäne *kohtao.net* liefern soll, deren Namen mit dem Buchstaben *s* beginnt, kann als LDAP-Kommando folgendermaßen aufgebaut sein:

<LDAP://OU=dive,dc=kohtao,dc=net>;(&(objectClass=Computer)(name=s));name;subtree*

ADO-SQL-Kommandos

Um nicht die LDAP-Syntax für Anfragen an das Verzeichnis lernen zu müssen, können alte Hasen auch die vorgegebene SQL-Syntax verwenden. Hierbei handelt es sich um eine, der Standard-SQL-Syntax sehr ähnliche Syntax. Dieselbe Anfrage wie oben sieht mit einem SQL-Kommando folgendermaßen aus:

SELECT name
FROM 'LDAP://OU=dive,dc=kohtao,dc=net'
WHERE objectClass='Computer' AND (name= 's')*

Recordset-Objekt

Wird eine Abfrage ausgeführt, so liefert diese, unabhängig von der verwendeten Syntax (SQL oder LDAP), ein Objekt vom Typ *Recordset*. Dieses Objekt besitzt Methoden, die es ermöglichen, die einzelnen Datensätze aufzulisten und bei Bedarf auch zu bearbeiten. Ein Datensatz besteht aus einem oder mehreren Feldern (Fields). Diese Felder sind mit den Spalten einer Tabelle zu vergleichen.

Beispiel

Im folgenden Beispiel wird ein komplettes Skript gezeigt, das mit ADO-LDAP das Active Directory nach Computern in der Domäne *comcon-gmbh.net* durchsucht, deren Namen mit dem Buchstaben »s« beginnen. Die gefundenen Computernamen werden in einem Fenster ausgegeben.

```
option explicit
Dim oConnection        'Connection Object
Dim objCommand         'Command Object
Dim rsData             'Recordset
Set oConnection = CreateObject("ADODB.Connection")
oConnection.Provider = "ADsDSOObject"
oConnection.Open       "Active Directory Provider"
Set objCommand= CreateObject("ADODB.Command")
objCommand.ActiveConnection = oConnection
objCommand.CommandText = "<LDAP://dc=comcon
gmbh,dc=net>;(&(objectClass=Computer)(name=*));name;subtree"
Set rsData = objCommand.Execute
While Not rsData.EOF
        Msgbox(rsData.Fields("name").Value)
```

>   *rsData.MoveNext*
> *Wend*
>   *'CleanUp*
> *rsData.close*
> *Set rsData = Nothing*
> *Set objCommand = Nothing*
> *Set oConnection = Nothing*

In Zeile eins wird zunächst eine Variablendeklaration als verbindlich angegeben

option explicit

Und dann in den Zeilen 2-4 die benötigten Variablen deklariert

Dim oConnection   'Connection Object
Dim objCommand   'Command Object
Dim rsData   'Recordset

In Zeile fünf bis sieben wird hier, wie schon zuvor beschrieben, ein Connection-Objekt erzeugt, diesem ein Provider zugewiesen und dann die Verbindung geöffnet.

Set oConnection = CreateObject("ADODB.Connection")
oConnection.Provider = "ADsDSOObject"
oConnection.Open   "Active Directory Provider"

Zeile acht bis zehn erzeugt ein Command-Objekt für die auszuführende Abfrage und weist diesem Objekt die zuvor geöffnete Verbindung zu. Anschließend wird noch die Abfrage in Form eines LDAP-Kommandos erzeugt.

Set objCommand= CreateObject("ADODB.Command")
objCommand.ActiveConnection = oConnection
objCommand.CommandText = "<LDAP://dc=comcon gmbh,dc=net>;(&(objectClass=Computer)(name=));name;subtree"*

Die Ausführung der Abfrage an das Active Directory wird in Zeile elf vorgenommen, wobei das Ergebnis einer Variablen vom Typ Recordset zugewiesen wird.

Set rsData = objCommand.Execute

Um alle gefundenen Computernamen in einem Fenster auszugeben, wird eine Schleife verwendet, welche das Recordset-Objekt bis zum Ende (*rsData.EOF*) durchsucht. Ausgegeben wird innerhalb der Schleife der Wert des ersten Feldes *Fields(0)*. Um zum nächsten Datensatz zu gelangen, kommt hier die Methode *Recordset.MoveNext* zum Einsatz.

> *While Not rsData.EOF*
>   *Msgbox(rsData.Fields("name").Value)*
>   *rsData.MoveNext*
> *Wend*

Zu guter Letzt folgt noch das leidige, aber notwendige aufräumen, so dass die Variablen wieder unbelegt und bereit für den erneuten Einsatz sind.

'CleanUp
rsData.close
Set rsData = Nothing
Set objCommand = Nothing
Set oConnection = Nothing

Programmierschnittstellen

Verwalten des AD mit ADSI

ADSI öffnet den Zugang zu allen Objekten und Attributen des Active Directory und bietet daher eine sehr flexible Möglichkeit der Verwaltung. Das Active Directory ist dadurch nicht mehr ein komplexes Gebilde, das seine Daten »irgendwo« ablegt, sondern kann als beliebig manipulierbare Datenbank betrachtet werden. Es können Benutzer, Gruppen und sonstige Objekte angelegt werden und das nicht nur wie bei Windows NT über eine mehr oder weniger praktische Oberfläche, sondern über eine mächtige Programmierschnittstelle. Jeder Administrator, der jemals vor dem Problem gestanden hat, 500 neue Benutzer einzurichten und von den unzähligen Mausklicks immer noch krumme Finger hat, wird die Vorzüge von ADSI sehr schnell zu schätzen lernen. Die nächsten Abschnitte zeigen einige grundlegende Beispiele für die Benutzerverwaltung mit ADSI.

Benutzerverwaltung

Benutzerkonten sind Objekte des Active Directory, die von Menschen oder auch Diensten genutzt werden können, um sich an einer Windows Server 2003-Maschine anzumelden. Jeder Anwender bzw. jede Applikation, die auf eine Ressource zugreifen möchte, benötigt ein Benutzerkonto, um sich am System zu authentisieren. Windows Server 2003 nutzt die in diesem Benutzerkonto enthaltenen SIDs, um die Zugriffsrechte für eine Ressource zu bestimmen, ehe ein Benutzer auf diese Ressource zugreifen darf. Wie jedes andere Objekt, so enthält auch ein Benutzerobjekt Attribute. Diese stellen die Daten eines Objekts dar. Jedes Benutzerobjekt besteht aus mehreren hundert Attributen, die im Active Directory gespeichert sind und auf alle Domänencontroller repliziert werden. Eine Untermenge dieser Attribute wird auch in den Global Catalog übertragen und kann dort bei Bedarf indiziert werden. Es gibt aber auch andere Attribute, die zwar an einem Domänencontroller gehalten, aber nicht auf andere Domänencontroller repliziert werden. Hierzu zählen beispielsweise die Zeit der letzten Anmeldung (*lastLogon*) und Abmeldung (*lastLogoff*) an dieser Maschine. Diese Informationen sind für andere Server nicht relevant und werden dementsprechend auch nicht weiter repliziert. Sollte dennoch nach einem derartigen Attribut gesucht werden, so muss die Suche explizit an jeden einzelnen Domänencontroller gerichtet werden.

Eine weitere Art von Attributen sind die »erzeugten Attribute«. Diese werden nicht im Active Directory gespeichert, sondern von den Domänencontrollern bei Bedarf berechnet. Hierzu zählen beispielsweise die Attribute *AdsPath* und *canonicalName*. Um alle möglichen Attribute und deren Syntax für ein bestimmtes Objekt zu ermitteln, kann das Schema-Snap-In verwendet werden. Alternativ stehen die Programme *adsiedit.exe* und *ldp.exe* zur Verfügung, die sehr detaillierte Aussagen über ein beliebiges Objekt liefern. Diese Programme sind Bestandteil der Support Tools der Windows Server 2003 Installations-CD.

Anlegen von Benutzern

Soll ein Domänen-Benutzer angelegt werden, so erfolgt dies immer in einem Container der Domäne. Standardmäßig ist dies der Container *Users*. Soll mit einem Skript oder einer Anwendung ein neuer Benutzer angelegt werden, so ist darauf zu achten, dass mindestens alle erforderlichen Attribute mit Werten belegt sind. Dies sind im Falle eines Benutzerobjekts die folgenden:

- **cn:** das Attribut cn ist der Name des Objektes und wird durch den Relative Distinguished Name (RDN) des Benutzers gebildet. Der Distinguished Name leitet sich aus diesem RDN plus der Position des Objekts im Active Directory ab.

- **SAMAccountName:** dies ist der Name des Benutzers, wie er gegenüber älteren Versionen von Windows, beispielsweise Windows NT, präsentiert wird. Dieser Name gewährleistet die Abwärtskompatibilität des Systems. Der *SAMAccountName* darf, wie unter Windows NT üblich, maximal 20 Zeichen umfassen.

Weitere Werte für Attribute können je nach Bedarf gesetzt werden. In manchen Fällen muss man allerdings die Default-Werte des Systems berücksichtigen, die automatisch gesetzt werden, wenn keine anderen Werte angegeben werden. Die wichtigsten Standardwerte sind hier im Folgenden aufgelistet:

AccountExpires = Nein
ObjectCategory = Person
name = cn
pwdLastSet = 0 (Benutzer muss bei der nächsten Anmeldung sein Passwort ändern)
memberOf = Domänen-Benutzer

Das folgende Beispiel zeigt den kompletten Ablauf, wie eine vollständige Benutzerkennung eingerichtet werden kann:

```
option explicit
Dim objRoot                     'rootDSE Objekt
Dim strDomainContext            'DomainKontext
Dim strOU                       'OU-Name
Dim strObjOU                    'ADsPath OU
Dim objOU                       'OU Container Objekt
Dim objUser                     'new User Object
Set objRoot = getObject("LDAP://comcon-gmbh.net/rootDSE")
objRoot.GetInfo
strDomainContext = objRoot.Get("DefaultNamingContext")
strOU = InputBox("Geben sie bitte die OU an:")
strObjOU = "LDAP://" & "OU=" & strOU & "," & strDomainContext
Set objOU = GetObject(strObjOU)
Set objUser = objOU.Create("user","cn=DeleteMe")
objUser.Put "sAMAccountName", "DeleteMe"
objUser.SetInfo
'CleanUp
Set objUser = nothing
Set objOU = nothing
Set objRoot = nothing
```

Zunächst wird in den ersten 7 Zeilen wieder die Deklaration der benötigten Variablen vorgenommen:

```
option explicit
Dim objRoot                     'rootDSE Objekt
Dim strDomainContext            'DomainKontext
Dim strOU                       'OU-Name
Dim strObjOU                    'ADsPath OU
Dim objOU                       'OU Container Objekt
Dim objUser                     'new User Object
```

Im Anschluss daran wird in Zeile acht bis zehn über die rootDSE der Namenskontext der Domäne ermittelt, in der das neue Benutzerobjekt angelegt werden soll

```
Set objRoot = getObject("LDAP://comcon-gmbh.net/rootDSE")
objRoot.GetInfo
strDomainContext = objRoot.Get("DefaultNamingContext")
```

In Zeile elf wird der Benutzer über ein Dialogfeld aufgefordert, die OU einzugeben, in welcher das Userobjekt erzeugt wird.

```
strOU = InputBox("Geben sie bitte die OU an:")
```

Zeile zwölf bildet dann aus diesen Informationen den AdsPath für diese OU.

```
strObjOU = "LDAP://" & "OU=" & strOU & "," & strDomainContext
```

Anschließend wird das OU-Objekt mit Hilfe der Funktion *GetObject* erzeugt.

```
Set objOU = GetObject(strObjOU)
```

Nun kann der Benutzer mit der Methode *Object.Create* in der OU erzeugt werden. Hierbei stehen die Parameter *user* für den Objekttyp und *cn=franzp* für den RDN des Objekts.

```
Set objUser = objOU.Create("user","cn=franzp")
```

Nun muss noch das zweite erforderliche Attribut *SAMAccountName* gesetzt werden. Hierbei kommt die Methode *Objekt.Put* zum Einsatz

```
objUser.Put "sAMAccountName", "franzp"
```

All diese Aktionen haben bisher im ADSI-Cache der Maschine stattgefunden. Um dieses ADSI-Objekt als reales AD-Objekt in das Active Directory zu übertragen, kommt nun die Methode *Objekt.SetInfo* zum Einsatz. Bei dieser Aktion werden dann auch die Default-Werte für das Objekt eingetragen.

```
objUser.SetInfo
```

Letztendlich wird noch ein bisschen aufgeräumt um die Umgebung wieder exakt so zu verlassen, wie sie vor dem Aufruf des Skripts war

```
'CleanUp
Set objUser = nothing
Set objOU = nothing
Set objRoot = nothing
```

Löschen von Benutzern

Das Löschen eines Benutzers ist relativ einfach. Es muss lediglich das ADSI-Objekt für die OU erzeugt werden, in welcher der Benutzer enthalten ist. Anschließend kann auf dieses ADSI-Objekt die Methode *Objekt.Delete* angewendet werden und das Objekt wird gelöscht.

```
strOU = "LDAP://OU=UsersBerlin,DC=activedirectory,DC=de"
Set objOU = GetObject(strOU)
ObjOU.Delete "user","cn=testUser"
```

Ändern der Attribute von mehreren Benutzern

Das folgende Beispiel zeigt, wie bei allen Benutzern einer OU eine Änderung an dem Attribut *Telefonnummer* vorgenommen werden kann. Dies war beispielsweise Anfang 1999 bei allen Telefonnummern in Italien notwendig, da die dortige Telekom keine Trennung mehr zwischen Vorwahl und Rufnummer vornimmt, sondern diese als eine Nummer ansieht. Der Algorithmus lautete also wie folgt:

neueRufnummer = Vorwahl + alteRufnummer

Diese Änderung ist nicht besonders komplex, allerdings muss sie bei allen Benutzern vorgenommen werden, was bei großen Organisationen doch einen erheblichen Aufwand darstellt. Das nachfolgende Skript liest die Rufnummer aus, ergänzt sie um die Vorwahl und schreibt die neue Nummer zurück in das Active Directory:

```
option explicit
Dim objRoot                       'rootDSE Objekt
Dim strDomainContext              'DomainKontext
Dim strOU                         'OU-Name
Dim strObjOU                      'ADsPath OU
Dim objOU                         'OU Cotainer Objekt
Dim objUser                       'User Object
Dim strTel                        'TelephonNumber aus AD
Dim strNewTel                     'neue Telefonnummer
Set objRoot = getObject("LDAP://comcon-gmbh.net/rootDSE")
objRoot.GetInfo
strDomainContext = objRoot.Get("DefaultNamingContext")
strOU = InputBox("Geben sie bitte die OU an:")
strObjOU = "LDAP://" & "OU=" & strOU & "," & strDomainContext
Set objOU = GetObject(strObjOU)
objOU.Filter = Array("user")
On Error Resume Next
For Each objUser in objOU
        objUser.GetInfo
        strTel = objUser.Get("telephoneNumber")
        strNewTel = "030" & strTel
        If Err.Number = 0 Then
                MsgBox objUser.name & " --> " & strTel
                objUser.Put "telephoneNumber", strNewTel
                objUser.SetInfo
                If Err.Number <> 0 Then
                        'Error loggen
                Else
                        'Success Aenderungen loggen
                End If
        Else
                Err.Clear
        End If
Next
On Error GoTo 0
'CleanUp
Set objOU = nothing
Set objRoot = nothing
```

Zu Beginn werden wieder diverse später benötigte Variablen deklariert.

```
option explicit
Dim objRoot                       'rootDSE Objekt
Dim strDomainContext              'DomainKontext
Dim strOU                         'OU-Name
Dim strObjOU                      'ADsPath OU
```

```
Dim objOU              'OU Cotainer Objekt
Dim objUser            'User Object
Dim strTel             'TelephonNumber aus AD
Dim strNewTel          'neue Telefonnummer
```

Anschließend wird der Namenskontext der Domäne *comcon-gmbh.net* über die rootDSE ermittelt und der Anwender aufgefordert, den Namen der OU anzugeben, in der die zu bearbeitenden Objekte liegen.

Set objRoot = getObject("LDAP://comcon-gmbh.net/rootDSE")
objRoot.GetInfo
strDomainContext = objRoot.Get("DefaultNamingContext")
strOU = InputBox("Geben sie bitte die OU an:")

Aus diesen Informationen wird dann der AdsPath für die OU gebildet:

strObjOU = "LDAP://" & "OU=" & strOU & "," & strDomainContext

Nun kann das ADSI-Objekt für die OU erzeugt werden. Über einen Filter wird sichergestellt, dass nur Userobjekte in dem Array verwendet werden:

Set objOU = GetObject(strObjOU)
objOU.Filter = Array("user")

Damit das Skript nicht abbricht, wenn bei einem Userobjekt die Telefonnummer nicht eingetragen ist, wird die Fehlerbehandlung so eingestellt, dass trotz des Fehlers das nächste Objekt des Arrays weiterbearbeitet wird:

On Error Resume Next

Mit der Methode »*for each Variable in Objekt*« können alle angegebenen Objekte, in diesem Fall die Benutzer im benannten Containerobjekt (der OU), in einer Schleife angesprochen werden:

For Each objUser in objOU

Bei jedem Schleifendurchlauf wird zunächst das Objekt aus dem Recordset geholt und anschließend das zu bearbeitende Attribut *telephoneNumber* ausgelesen:

objUser.GetInfo
strTel = objUser.Get("telephoneNumber")

Danach kann die neue Telefonnummer gebildet werden. Um den Fehler abzufangen, dass eine Telefonnummer eines Objekts auch nicht gefüllt sein kann, wird über die Methode *err.Number* dieser Fall abgefangen. Mit der Methode *Objekt.Put* können die Werte aus den Variablen wieder in den ADSI-Cache übertragen werden, von wo sie über die Methode *Objekt.SetInfo* in das Active Directory geschrieben werden können.

strNewTel = "030" & strTel
If Err.Number = 0 Then
        MsgBox objUser.name & " --> " & strTel
        objUser.Put "telephoneNumber", strNewTel
        objUser.SetInfo

Um den Status der Aktion protokolliert zu bekommen, kann der Fehlercode der zuvor verwendeten Methode *SetInfo* überprüft werden. Ist dieser ungleich »0« so muss ein Fehler protokolliert werden. Anschließend kann zum nächsten Eintrag des Recordsets gewechselt werden.

If Err.Number <> 0 Then
    'Error loggen
Else
    'Success Aenderungen loggen
End If
….
Next

Um auch hier wieder die Umgebung so zu verlassen, wie sie vor dem Aufruf des Skripts vorgefunden wurde, wird auch hier wieder ein CleanUp durchgeführt.

'CleanUp
Set objOU = nothing
Set objRoot = nothing

Diese kleine Einführung soll zunächst einen Eindruck über die Einfachheit und Leistungsfähigkeit der ADSI-Schnittstelle geben und dem Leser Lust auf einen tieferen Einstig in diese Materie mache.

Viel Spaß!

Stichwortverzeichnis

A

Abstract-Klasse 33, 135
Access Control Entry Siehe ACE 149
Access Control List (ACL) 3, 6, 46, 78, 149
Access Point 36
Access Token 124, 150, 153, 251
ACE (Access Control Entry) 149, 251
Active Directory 2
    Anmeldung 223
    Architektur 123
    Datenbankgröße 213
    Design 203
    Logischer Aufbau 10
    Physischer Aufbau 17
    Planen 198
Active Directory Service Interface (ADSI) 5, 273
    Provider 274
ActiveX Data Object (ADO) 275
AD/AM 5
Administratorinformationsmodell 25
ADMT 4
Aliasnamen 29
Anmeldedienst 78
Anmeldeprozess 223
Anonymous 58
Application Partition 4
ARPANET 66
AS (Authentication Server) 142
AS-Datenbank 142
ASN.1 (Abstract Syntax Notation One) 34
Asymmetrische Verschlüsselung 44
Attribut 26, 29, 33, 34, 53, 57
    deaktivieren 138
    Linked 178
    Multivalue 178
    optional 32
    Syntax 34
    Unlinked 178
    Versionsnummer 171
    zwingend 32
Attribute
    deaktivieren 4
Attributtyp 29, 34
Attributtypregeln 30
Attributwert 29
Authentication Header Protocol (AH) 157
Authentication Server Siehe AS 140
Authentifizierung 42, 58, 140, 150
Autorisierung 140
Auxiliary-Klasse 33, 135
AXFR (Full Zone Transfer) 79

B

Backup 118, 129
Backupleitungen 222
Base Object 55
bedingte Weiterleitung 82
Benutzergruppen 263
Benutzerinformationsmodell 24
Benutzerverwaltung 284
Berechtigung 141
BOOTP (Bootstrap Protocol) 91
Broadcast 93, 227

C

CA (Certificate Authority) 46
Cache-Only-DNS-Server 71
CCITT (Committee for International Telegraph and Telephone) 22
Chaining 36
Child Domain 207
Circular Logging 118
Client-Caching 72
Clients 10
ClonePrincipal 263
COM-Objekt 274
Complete-Trust-Domänenmodell 257
Conditional Forwarding 82
Container-Objekte 9, 276
Cross Forest Trust 4
Cross-Realm-Authentication 145

D

DAP (Directory Access Protocol) 8, 35, 49
    Operationen 39
Datenbankgröße 213
Datenbank-Layer 116
Datenbankstruktur 27, 30
Datenintegrität 141, 161
Datenvertrauchlichkeit 161

Datenvertraulichkeit 141
Dcpromo.exe 181, 264
Defragmentierung 126
Delegation 216
Delegierung 7, 270
DHCP (Dynamic Host Configuration Protocol) 76, 91
   Bereich 94
   Client 93
   Dienst 77
   Multicast-Bereich 98
   Relay Agent 93
   Server 92
DIB (Directory Information Base) 26
Digitale Signaturen 44, 159
Directory Information Base Siehe DIB 26
Directory Information Shadowing Protocol Siehe DISP 41
Directory Information Tree Siehe DIT 26
Directory System Agent Siehe DSA 23
Directory System Protocol Siehe DSP 36
Directory User Agent Siehe DUA 23
DISP (Directory Information Shadowing Protocol) 41
Distinguished Name 9
Distributed Password Authentification 7
DIT (Directory Information Tree) 26, 27, 31, 53, 122
DN (Distinguished Name) 9, 29, 53
DNS
   Application-Partition 85
   Boot-File 83
   Design 225
   Dynamische Updates 77
   Einträge 69
   Infrastruktur 225
   msdcs 88
   Namensauflösung 72
   Notify List 79
   Server 67, 209
   Server Liste 89
   Versionsnummer 79
DNS (Domain Name System) 67
DNS-Server, Internet Anfragen 72
Domain-Naming-Master 13, 128
Domäne 10
   Abgrenzung zur OU 220
   Restrukturieren 246
   Übergeordnete 207
   Untergeordnete 207
Domänen
   umbenennen 4
Domänencontroller
   umbenennen 4
Domänen-Funktionsebene 250
Domänenmodelle 230
DPA 7
DSA (Directory System Agent) 23, 35, 36, 50, 116, 151
DSA-Informationsmodell 26
DSP (Directory System Protocol) 36, 39
DUA (Directory User Agent) 23, 35

Dynamic DNS (DDNS) 77, 97
Dynamic Host Configuration Protocol (DHCP) 76, 91
Dynamic Update 77

E

Einzeldomänenmodell 254
Encapsulating Security Payload Protocol (ESP) 157
ESE (Extensible Storage Engine) 3, 116, 126
Exchange Server 215

F

File Replication Service (FRS) 186
Firewall 208
Forest 16
ForestDNSZones 86
Forest-Funktionsebene 250
Forwarder 72
FQDN (Fully Qualified Domain Name) 67, 206, 264
Fragmentierung 213
FSMO
   Rollen 12
FSMO (Flexible Single Master Operation) 12, 125
Fully Qualified Domain Name Siehe FQDN 67
Funktionsebene 4
   Allgemein 249
   Domäne 250
   Forest 250

G

Geheimschlüssel 142
Global Catalog
   Planen 224
Global Catalog (GC) 3, 6, 16, 192, 213
GPMC 4
GPO (Group Policy Object) 156, 216
Group Policy Editor 155
Group Policy Management Console 4
Group Policy Object Siehe GPO 156
GUID (Globally Unique Identifier) 168

H

Hacker 42, 144
Hash-Algorithmus 44
High-Watermark-Vektor 173
Home-DSA 36
Hostnamen 67
Hosts 66
Hypertext Transfer Protocol (HTTP) 8

I

ICANN 67
IETF (Internet Engineering Task Force) 49
in-addr.arpa 74
Infrastrukturmaster 13, 128
Inplace Upgrade 241, 254, 270
Inter Site Topology Generator Siehe ISTG 187
Internet 208
Internet Information Server (IIS) 8
Internet Security Association and Key Management Protocol (ISAKMP/Oakley) 157
Internet-Standard 7
Inter-Site Topology Generator 4
IP-Addr Lookup 74
IP-Adresse 66
IP-Konfiguration 91
IPSec 7, 157
IPSec Policy Agent 160
IPSec-Treiber 161
IP-Subnetze 18
ISAM (Indexed Sequential Access Method) 116
ISO (International Standards Organisation) 22
Ist-Analyse 197
ISTG 4, 187
Iterative Ermittlung 72
ITU (International Telecommunication Union) 22
IXFR (Incremental Zone Transfer) 79

J

J++ 275

K

KCC (Knowledge Konsistency Checker) 179
KDC (Key Distribution Center) 151
Kennwort 42
Kerberos 7, 58, 141
    Anmeldung 152
        Prozessablauf 142
        Vertrauensstellung 205
Kerberos-Trust 15
Kernel-Mode 123
Key Distribution Center Siehe KDC 151
Klassen 5, 134
    deaktivieren 4, 138
Knoten Siehe DNS 67
Kontendomäne 255

L

LAN-Verbindungen 220
LDAP
    Beispiel 237

LDAP (Lightweight Directory Access Protocol) 35, 49
    Authentisierungsmechanismen 58
    Definition 50
    Gateway 50
    Message 53
    Ressource 57
    Schema 53
    Server 50
    Suchfilter 55
    Verbindungsaufbau 54
LDAP-API 273
LDAP-URL (Uniform Resource Locator) 9, 56, 282
LDAPv3 51
leaf-Objekt 9, 27, 276
LGPO (Local Group Policy Object) 157
Lightweight Directory Access Protocol 8
Linked-Value-Replication 4
LMHOSTS-Datei 101
Local Group Policy Object Siehe LGPO 157
Local Security Authority (LSA) 124, 151
Log-Dateien 116
lost and found 177

M

MAC-Adresse 95
Mailbox 10
MAPI-Agent 115
Maschinennamen 66
Master Replikation 40
Metadaten 125, 129
Microsoft Developer Network (MSDN) 132
Microsoft DNS-Server 75
Migration
    Complete-Trust-Domänenmodell 267
    Einzeldomänenmodell 258
    Masterdomäne 264
    Multimaster-Domänenmodell 265
Mixed-Mode 247
MMC (Microsoft Management Console) 122
Multimaster-Domänenmodell 256
Multimaster-Replikation 40
Mutual Authentication 144, 151

N

Namensauflösung 8, 72, 78, 101
Namenskontext 8, 37, 120
    Domänen- 120, 168
    Konfigurations- 120, 167
    Schema- 121, 168
Namenskonventionen 9
Negative Caching 89
NetBEUI (NetBIOS Enhanced User Interface) 100
NetBIOS-Namen 101, 206, 264
NetBT-Namensauflösung 100
Netzwerkbandbreite 220
Netzwerkressource 67

Netzwerkstruktur 235
non-Circular Logging 118
NTLM (Windows NT LAN Manager) 7, 115
NTLM (Windows_NT LAN Manager) 150

O

Objekt 5, 26, 28
    Attribut 26
    Eindeutigkeit 29
    Klonen 245, 272
    Verschieben 272
Objektbezeichner 32
Objektklasse 32, 33, 53, 135
    Hierarchie 33
Objekttyp 129
Öffentlicher Schlüssel 44
OID (Object Identifier) 133
OLE DB 280
Online-Defragmentierung 126
Open Directory Service Interface (ODSI) 274
Organisationsmodell 236
Organisationsstruktur 199
Organizational Unit (OU) 13
OSI (Open System Interconnection) 22
OSI-Protokollstack 35, 49
OU
    Abgrenzung zur Domäne 220
    Definition 215
    Modelle 216
    Planen 204, 215
OU (Organisationseinheit) 13
Outlook Express 36

P

Parent Domain 207
Pass-Through-Authentifizierung 155
Passwort 42
Passwortänderungen 249
Passwort-Angriff 141
PDC-Emulator 13, 128, 247
PING-Befehl 97
Policies 3, 7, 156
Positive Caching 89
Primary-DNS-Server 70, 79
Privater Schlüssel 44, 142, 151
Programmierschnittstelle 273
PULL-Partner 104
PUSH-Partner 104

R

RDN (Relative Distinguished Name) 9, 29
Re-ACLing 244
Realm 140, 145
Rechnername 66

Referral 36, 74
Registrierung 156
Rekursive Ermittlung 72
Relative Distinguished Name 9
Remote Procedure Call Siehe RPC 186
Remote Ticket Granting Ticket Siehe RTGT 146
Repair-Modus 126
REPL-Agent 115
Replikation 6
    Änderungsmitteilungen 179
    Konflikt 176
    Kosten 185
    Master 40
    Modell 178
    Multimaster 6, 40
    Multivalue-Attribut 177
    Notification 179
    Querverbindungen 183
    Standort 180
    Standortinterne 179
    Standortübergreifende 185
    Topologie 179, 180
    Verbindungsobjekte 180
    Zeiten 179
    Zeitplan 185
Replikationsdienst 3, 18
Replikationsschnittstelle 115
Replikationsverkehr 211
Resolver 67, 72, 77
Resource Kit 123
Resource Records (RR) 69, 76
Ressourcendomäne 216, 255
Restrukturierung der Domänen 246, 270
    Interforest 271
    Intraforest 271
RID-Pool-Master 13, 128
Root 27, 68
Root-Domäne 16, 207, 228, 230
RootDSE 121, 279
Root-Hints 72
Root-Server 73
Router 93
RPC (Remote Procedure Call) 115, 186
RTGT (Remote Ticket Granting Ticket) 146

S

SAM-Agent 115
SASL (Simple Authentication and Security Layer) 58
SASL-Authentifizierung 52
SASL-Treiber 58
Schema 3, 5, 27, 30, 53, 129
Schema-Cache 132
Schema-Klasse 134
Schema-Manager 5
Schemamaster 12, 128
Schlüsselpaar 44
Schnittstelle ActiveX Data Objects (ADO) 280
Secondary DNS-Server 70

Secondary-DNS-Server 79
Secure Dynamic Update 78
Secure Socket Layer/Transport Layer (SSL/TLS) 150
Secure Sockets Layer 7
Security Association 160
Security Descriptor 149
Security Principal Name 10
Security Support Provider Siehe SSP 152
Server-Caching 72
Shadowing 41
Sicherheit 42
Sicherheitsprotokolle
    IPSec 157
    Kerberos 141
    NTLM 150
Sicherheitsrichtlinien 7, 156, 160, 212
SID (Security Identifier) 149, 152, 251
Simple Mail Transfer Protocol Siehe SMTP 186
Site Link 188, 236
Sitzungsschlüssel 142
Skriptsprachen 275
Smartcard 150
SMTP (Simple Mail Transport Protocol) 186, 208
SMTP (Simple Mail transport Protocol) 115
SQL (Structured Query Language) 281
SRI-NIC 66
SRV Resource Records 229
SSL 7
SSP (Security Support Provider) 152
Stand-Alone-LDAP-Server 51
Standort 18, 180, 223
    Definition 220
Standortbrücken-Objekt 189
Standortverknüpfungs-Objekt 188
Start of Authority 69, 79
Structural-Klasse 32, 135
Strukturinformatione 40
Stub Zones 82
Subdomäne 68
Subklasse 33
Subsystem 123
Suchoperation 54
Suchoperatoren 55
System Policy Editor 155
Systemschlüssel 151

T

TGS (Ticket Granting Server) 144
TGT (Ticket Granting Ticket) 144
Ticket 142
    Lebensdauer 152
Ticket Granting Server Siehe TGS 144
Ticket Granting Ticket Siehe TGT 144
Timestamp 143, 170
Time-To-Live (TTL) 69, 89, 102
Tombstone 213
Toplevel-Domänen 73
Transaktion 118, 169

Transaktionsprotokolle 117
Tree 14
Trojanische Pferde 141
Trust 15

U

Unicode 81, 207
Uniform Resource Locator 9
Update Sequence Number Siehe USN 169
UPN 10
Up-To-Dateness-Vektor 174
URL-Syntax 57
US-ASCII Zeichen 81
User Principal Name 10
User-Mode 123
USN (Update Sequence Number) 169
UTF-8 Protokoll 81

V

VBScript 273
Verbindungsobjekt 180
Vererbung 7
Verschlüsselung 42
Vertrauensstellung 15, 256
    Kerberos 261
    NTLM 261
Vertraulichkeit 157
Verzeichnis 5
Verzeichnisdienst 1
Verzeichnisreplikation 15, 179, 220
Visual Basic 274
VPN (Virtuelles privates Netzwerk) 158

W

Wählleitung 222
Wählverbindung 220
WAN-Strecke 200, 222, 237
Wert (Attribut) 26
White Pages 22
WHOIS-Dienst 21
Wiederherstellungsplan 245
Windows Internet Name Service See WINS 101
Windows NT LAN Manager 7
Windows Open System Architecture (WOSA) 274
Windows Script Host (WSH) 275
Windows Server 2003 3
WINS (Windows Internet Name Service) 101
    Client 102
    Proxy 105
    Replikation 104
    Server 102
WINS-Lookup-Record 77
WMI Provider 4

WMI-Schnittstelle 99
World Wide Web 8
WWW-Ressourcen 56

Schema 30
Standards 22
X.509 Zertifikate 150

X

X.500
- Aliasnamen 29
- Features 22
- Modelle 24
- Namensauflösung 38
- Namenskontext 29
- Objekt 28
- Root 27

Z

Zentralisierte-Modell 199
Zone 69
Zonendatei 69, 78, 83, 209
Zonentransfer 70
Zugriffsrechte 46, 243

Die Autoren

Peter Klement (Bankkaufmann, Diplom-Wirtschaftsinformatiker, MCSE, MCT) arbeitet als Berater in den Bereichen IT-Strategie, Geschäftsprozesse und IT-Lösungen (Schwerpunkt: Microsoft .NET-Technologien). Dabei verbindet er die Entwicklung von Konzepten mit intensivem Coaching und Wissenstransfer. Sie können ihn unter *peterk@ea-consultants.net* erreichen.

Franco Michela hat an der TU München Informatik studiert und als Microsoft Certified System Engineer (MCSE) zertifiziert. Seit über zehn Jahren ist er als freiberuflicher Berater und Trainer tätig. Sein Schwerpunkt liegt derzeit auf dem Themenkomplex IT-Infrastruktur auf Basis von Active Directory. In den letzten Jahren war er für Microsoft Consulting Services in großen und komplexen Infrastrukturprojeken tätig. Er ist unter *franco@francomail.net* erreichbar.

Markus Palme ist Dipl. Informatiker (FH) und arbeitet als Geschäftsführer der ComCon GmbH in Regensburg. Schwerpunktmäßig beschäftigt er sich mit den Themen Planung, Administration und Monitoring von IT-Systemen. In den vergangenen Jahren war er als Berater in Infrastrurkturpojekten unter anderem für Microsoft Consulting Services tätig. Erreichbar ist er unter *markusp@comcon-gmbh.com*.

(**Wissen aus erster Hand**)

Diese Anleitung für Administratoren bietet einfach alles, was Sie für Installation, Administration und Troubleshooting von .NET Server Terminaldiensten benötigen. Auf rund 500 Seiten finden Sie kompakte Informationen und praxiserprobte Anleitungen zu Thin Client und Server Computing. Dazu gibt es eine Begleit-CD mit zahlreichen Zusatzinformationen und Testversionen von Microsoft und Drittanbietern rund um Terminal-Server und die Terminaldienste.

Autor	Bernhard Tritsch
Umfang	500 Seiten, 1 CD-ROM
Reihe	Fachbibliothek
Preis	49,90 Euro [D]
ISBN	3-86063- 656-1

Microsoft Press-Titel erhalten Sie im Buchhandel, PC-Fachhandel und in den Fachabteilungen der Warenhäuser

Microsoft® *Press*

Wissen aus erster Hand

Dieses Buch behandelt die wichtigsten Themen rund um die Einführung von Servern und Clients im Netzwerk. Dabei wird auch auf die Implementierung von mehrsprachigen Clientumgebungen sowie auf die Planung von Datei- und Druckservern und von Terminaldiensten mit Windows Server 2003 eingegangen.

Autor	Microsoft Corporation
Umfang	700 Seiten
Reihe	Die technische Referenz
Preis	79,00 Euro [D]
ISBN	3-86063-420-8

Microsoft Press-Titel erhalten Sie im Buchhandel, PC-Fachhandel und in den Fachabteilungen der Warenhäuser

Microsoft Press

Wissen aus erster Hand

Dieses Buch setzt den Schwerpunkt auf die Netzwerkinstallation für Windows Server 2003. Zentrale Themen sind dabei die TCP/IP-Konfiguration, der Entwurf einer DHCP-Infrastruktur, sowie die Einführung von DNS (Domain Name System) und WINS (Windows Internet Name Service). Desweiteren wird auf Netzwerksicherheit und die Einrichtung von RAS eingegangen.

Autor	Microsoft Corporation
Umfang	650 Seiten
Reihe	Die technische Referenz
Preis	79,00 Euro [D]
ISBN	3-86063-418-6

Microsoft Press-Titel erhalten Sie im Buchhandel, PC-Fachhandel und in den Fachabteilungen der Warenhäuser

Microsoft Press

Wissen aus erster Hand

Sicherheit für Windows-Betriebssysteme, Server, Clients, Intranet- und Internetdienste – hier beschreiben die Autoren aus dem Microsoft Security Team die Planung einer umfassenden Sicherheitsstrategie, die Einschätzung von Gefährdungspotenzial, Konfiguration der Systemsicherheit, Schutz von Daten und die Überwachung von Sicherheitsereignissen. Mit Tools, Checklisten, Vorlagen und weiteren Hilfsmitteln auf CD und im Web.

Autor	Smith, Komar, Microsoft Security
Umfang	800 Seiten, 1 CD-ROM
Reihe	Die technische Referenz
Preis	69,00 Euro [D]
ISBN	ISBN 3-86063-957-9

Microsoft Press-Titel erhalten Sie im Buchhandel, PC-Fachhandel und in den Fachabteilungen der Warenhäuser

Microsoft® Press

Wissen aus erster Hand

TCP/IP Protokolle unter Windows .NET Server implementieren und warten – dieses Buch liefert Ihnen das notwendige technische Hintergrundwissen. Nacheinander werden die Schichten des OSI Modells vorgestellt und mit dem von TCP/IP verwendeten Netzwerkmodell verglichen. Dazu gibt es zahlreiche praktische Beispiele, die Sie für eine optimale Netzwerkleistung in LAN- und WAN-Umgebungen selbst einsetzen können.

Autor	Thomas Lee, Joseph Davies
Umfang	720 Seiten, 1 CD-ROM
Reihe	Fachbibliothek
Preis	49,90 Euro [D]
ISBN	3-86063-658-8

Microsoft Press-Titel erhalten Sie im Buchhandel, PC-Fachhandel und in den Fachabteilungen der Warenhäuser

Microsoft Press

Wissen aus erster Hand

Kompakt, klar, präzise – der handliche Praxis-Ratgeber für jeden Windows .NET Server Systemadministrator. Dieses Buch liefert Ihnen die Antworten auf Ihre Fragen zu Support und Administration von Windows .NET Server. Mit zahlreichen Übersichtstabellen, Listen, Befehlen und Arbeitsanleitungen – genau das Richtige für den täglichen Einsatz.

Autor	William R. Stanek
Umfang	550 Seiten
Reihe	Taschenratgeber
Preis	34,90 Euro [D]
ISBN	3-86063-646-4

Microsoft Press-Titel erhalten Sie im Buchhandel, PC-Fachhandel und in den Fachabteilungen der Warenhäuser

Microsoft Press